K u d r u n.

I0592453

Herausgegeben

von

B. Symons.

Halle.

Max Niemeyer.

1883.

Altdeutsche textbibliothek, herausgegeben von H. Paul.

No. 5.

Herrn Geh. Hofrat
Professor Dr. FRIEDRICH ZARNCKE.

*Mit fug und recht, verehrter herr professor,
kommt diese ausgabe der Kudrun zuerst an Sie. Ihre
vorlesung über das gedicht im wintersemester 1875/76
— es war die letzte, welche mir bei Ihnen zu hören
vergönnt war — führte mich zu einer eingehenden
beschäftigung mit demselben, welche seitdem vielfach
unterbrochen, aber niemals ganz aufgegeben wurde.
Damals sind mir von Ihnen die wege gewiesen zu den
untersuchungen über die geschichte der überarbeitungen
des textes, wie ich sie in den Beiträgen IX, 1—51
dargelegt habe. Die hauptresultate in bezug auf die
Nibelungenstrophen und die cäsurreime sind damals be-
reits von Ihnen ausgesprochen und begründet worden,
und meine nachprüfung hat sie durchaus bewährt ge-
funden. Möchte die ausführung im einzelnen, welche
nur mir zugerechnet werden darf, Ihnen die über-
zeugung schenken, dass Ihre saat nicht auf unfrucht-
baren boden gefallen ist.*

*Auch in den anmerkungen dieser anspruchslosen
ausgabe werden Sie hie und da Ihre gedanken wider-
finden. Nur einmal habe ich bei einer aufgenommenen
besserung Ihren namen genannt (zu 11, 1), weil ich
nur an dieser stelle mit sicherheit für Ihre urheber-*

*schaft einstehen konnte und ich Ihnen nichts unter-
schieben mochte, was sich vielleicht später als eigene
erfindung von zweifelhaftem werte herausstellen könnte.
Doch wird, namentlich im anfange, noch manches seine
quelle in Ihren vorlesungen finden: so, wenn mich mein
gedächtnis nicht täuscht, gleich zu 1, 4 die bemerkung
über den persönlichen gebrauch von rîche.*

*Gestatten Sie somit, dass ich an dieser stelle Ihnen
meinen herzlichen und aufrichtigen dank ausspreche
für die vielfache förderung, die vorliegende ausgabe
Ihrer vorlesung und Ihren mündlichen ratschlägen
verdankt, sowie für die bereitwilligkeit, mit welcher
Sie mir vor einer reihe von jahren die resultate Ihrer
Kudrunstudien zur benutzung überliessen.*

*Es ist für mich ein woltuender gedanke, diesen
blättern den namen des verehrten lehrers vorsetzen zu
dürfen, an dessen belebende und liebevolle leitung ich
stets mit dankbarer freude zurückdenken werde.*

B. Symons.

Vorwort.

———

    Die vorliegende ausgabe der Kudrun hat dem plane
der sammlung gemäss, in welcher sie erscheint, den
zweck das gedicht leicht zugänglich zu machen für
jedermann, der sich mit ihm zu beschäftigen wünscht.
Bei der ausarbeitung habe ich allerdings vorzugsweise
die benutzung des buches bei vorlesungen im auge ge-
habt, und es schien mir daher im einverständnis mit
dem herausgeber der Textbibliothek wünschenswert,
nicht nur die lesarten der handschrift, wo mein text
von derselben abweicht, sondern auch hin und wider
knappe anmerkungen verschiedener art beizugeben.
Ueber die einrichtung und bestimmung der anmerkungen
habe ich mich am schlusse der einleitung ausgesprochen.
Sie wollen dem studierenden winke zu tiefer eindringen-
dem studium geben, ihn auf schwierigkeiten hinweisen,
vor allem die überzeugung in ihm lebendig erhalten,
dass jeder versuch zur lösung der grossen kritischen
frage nach der entstehung und entwicklung der dich-
tung nur auf dem gesicherten boden allseitiger philo-
logischer durchforschung des überlieferten textes sich
erheben kann. Sie machen aber, ebensowenig wie die

ganze ausgabe, den anspruch, viel neues und wesent-
liches für die kritik und erklärung des epos zu bieten.
Was mir eigentümlich ist, geht aus der fassung der
anmerkungen klar hervor, denn ich habe mich bestrebt
das geistige eigentumsrecht anderer nach kräften zu
wahren.

Den text habe ich möglichst conservativ gestaltet,
indem ich mich auch in diesem punkte durch die rück-
sicht auf die praktische brauchbarkeit der ausgabe
leiten liess. In einem für lernende bestimmten buche
schadet meiner überzeugung nach ein möglicher fehler
der überlieferung immer weniger als eine willkürliche
conjectur. In vielen fällen bin ich daher, abweichend
von den früheren herausgebern, zur handschriftlichen
lesart zurückgekehrt. Namentlich sind änderungen aus
metrischen gründen vielfach wider von mir beseitigt.
Radicaler als meine vorgänger bin ich jedoch in zwei
punkten verfahren: in der herstellung einer sinnge-
mässen cäsur und in der herstellung einer sinnge-
mässen strophenordnung. Wo meine strophenzählung,
in den meisten fällen im anschluss an die erörterungen
von Wilmanns, von der überlieferten abweicht, ist
etztere in klammern rechts hinzugefügt.

Noch bemerke ich folgendes. Alle ergänzungen
im texte sind durch cursiven druck kenntlich gemacht.
Im anfange sind zuweilen offenbare schreibfehler der
handschrift in den lesarten nicht angemerkt: später ist
dies im allgemeinen wol geschehen. Da in der druckerei
die zeichen $\mathring{u}$ und $\mathring{v}$ in der schrift, welche zu den
noten verwant ist, nicht vorhanden waren, ist dafür
einfaches u und v gedruckt.

Die punkte der höheren und niederen kritik, in

denen ich von den bisherigen herausgebern abgewichen
bin, sind von mir eingehend erörtert in den Beiträgen
von Paul und Braune IX, 1—100. In den anmerkungen
ist auf diesen aufsatz mehrfach verwiesen (Beitr.).
Ebenda hoffe ich in einem zweiten artikel die skizze,
welche die einleitung von der entwicklung der sage zu
geben versucht, näher auszuführen und, wo dies nötig
ist, zu begründen.

Ein glossar hinzuzufügen schien unnötig. Dem
studierenden ist Lexers Taschenwörterbuch leicht zu-
gänglich, und auf schulen wird die Kudrun wol nicht
gelesen oder sollte sie doch nicht gelesen werden.

Die soeben erschienene textausgabe von Martin
konnte selbstverständlich nicht mehr benutzt werden.

Einige nachträgliche berichtigungen, die am schlusse
zusammengestellt sind, bitte ich zu beachten.

Groningen, März 1883.

B. S.

Einleitung.

I. Die sage.

Das gedicht von Kudrun zerfällt in der auf uns gekommenen gestalt in drei getrennte, nur genealogisch sowie durch das lose band gemeinsam in ihnen auftretender personen zusammengehaltene teile: Hagen, Hilde und Kudrun.

Einer zusammenhängenden untersuchung des in dem epos verarbeiteten sagenstoffes stellen sich sehr bedeutende, bis zu einem gewissen grade unüberwindliche schwierigkeiten entgegen. Namentlich für die eigentliche Kudrunsage, wie der letzte und bei weitem umfangreichste teil des gedichtes sie erzählt, gelten diese schwierigkeiten: bei dem mangel an quellen und zeugnissen einer- und der überarbeiteten gestalt, in welcher diese partie uns unleugbar vorliegt, andererseits wird jede sagenuntersuchung im einzelnen notwendig bestimmt werden durch die ergebnisse der forschungen über die entstehung des gedichtes, welche ihrerseits in der scheidung von echtem und unechtem ihre grundlage finden müssen. Solange diese ergebnisse sich nicht über den wert mehr oder weniger unsicherer vermutungen erheben lassen, scheint es für den zweck, welchen diese ausgabe im auge hat, geboten, auf eine eingehende sagenuntersuchung zu ver-

zichten und sich zu beschränken auf eine kritische
vorführung des vorhandenen materials [1]).

1. Seinem stoffe nach der ursprünglichste teil des
gedichtes ist der zweite (âventiure 5—9), welcher die
entführung der Hilde erzählt. Ihm entspricht im wesent-
lichen eine nordische sage, die sage von den Hjadningen,
deren älteste fassung Snorre's Edda bewahrt hat. In
den Skáldskaparmál c. 50 (SE AM I, 432. II, 355) wird
zur erklärung des umstandes, dass in der skalden-
sprache der kampf das wetter oder der sturm der
Hjadninge (*Hjaðninga veðr eða el*) und die waffen die
feuerbrände oder die ruten der Hjadninge (*Hjaðninga
eldar eða vendir*) heissen, die folgende erzählung mit-
geteilt. 'Ein könig, Hogne genannt, hatte eine tochter
namens Hilde. Diese raubte als kriegsbeute ein könig
namens Hedin, Hjarrande's sohn, während könig Hogne
zu einer königsversammlung gezogen war. Als er nun
hörte, dass in seinem reiche geheert und seine tochter
fortgeführt sei, machte er sich mit seinem gefolge auf,
um Hedin zu suchen, und erfuhr, dass dieser nordwärts
längs der küste gesegelt sei. Als aber könig Hogne
nach Norwegen kam, da vernahm er, dass Hedin west-
lich über das meer gesegelt sei. Da segelt ihm Hogne
nach ganz bis zu den Orkneys, und als er nach Haey

---

1) Die einzelheiten der folgenden skizze gedenke ich in einer zweiten
abhandlung zur Kudrun in den Beiträgen z. gesch. der deutsch. spr. u. lit.
näher zu begrunden. Wertvolle beiträge zur geschichte der Hilde- und
Kudrunsage (abgesehen von den weiter unten anzuführenden) sind die fol-
genden: P. E. Müller, Sagabibliothek 2, 570—579; zu Saxo Gramm. 5, 158—
161; W. Grimm, Die deutsche Heldensage [2] 336—342; L. Uhland, Schriften
zur gesch. der dichtung und sage 7, 278—285. 536 ff.; Klee, Zur Hildesage.
Leipziger dissertation, Leipzig 1873; Wilmanns, Die entwickelung der Ku-
drundichtung (Halle 1873) s. 221 ff. Ausserdem vgl. man die einleitungen
von Müllenhoff, Bartsch und namentlich von Martin (s. XXXV ff.) zu ihren
ausgaben. — Die sagenuntersuchung von A. Schott in der einl. zu Vollmers
ausgabe ist höchst willkürlich und dilettantisch; dasselbe gilt, obgleich in
geringerem masse, von derjenigen von W. von Plönnies in seiner ausgabe
s. 205 ff. Wertlos ist der abschnitt über die sage in San Marte's Gudrun
(1839) s. 225 ff., sowie J. Haupt, Untersuchungen zur deutschen sage. I.
Wien 1866. Auch die schrift von K. H. Keck, die Gudrunsage, Leipzig 1867
ist ohne wissenschaftlichen wert.

['der hohen insel'] kam, lag Hedin mit seinem heere davor. Da gieng Hilde zu ihrem vater und bot ihm namens Hedin einen vergleich an [1]); andernfalls, sagte sie, sei Hedin zum kampfe bereit und habe Hogne von ihm keine schonung zu hoffen. Hogne antwortet seiner tochter hart, und, als sie Hedin traf, sagte sie ihm, dass Hogne keinen vergleich wolle, und hiess ihn sich zum streite rüsten. Und also tun beide, gehen auf die insel und ordnen ihr heer. Da ruft Hedin seinen schwäher Hogne an und bot ihm einen vergleich und viel gold zur busse. Hogne aber erwidert: 'zu spät botest du dies, wenn du dich vergleichen willst, denn jetzt habe ich Dainsleif gezogen, das zwerge schmiedeten, und das eines mannes töter werden muss, so oft es entblösst wird, und niemals fehlt es im hieb, und keine wunde heilt, die es geschlagen.' Da erwidert Hedin: 'des schwertes rühmst du dich da, aber nicht des sieges; das nenne ich ein gutes schwert, das seinem herrn getreu ist.' Da erhoben sie die schlacht, die der kampf der Hjadninge (*Hjaðninga víg*) genannt wird, und kämpften den ganzen tag, und am abend begaben sich die könige zu den schiffen. Hilde aber gieng in der nacht auf die walstatt und erweckte durch zauberkunst alle die toten, und am andern tage giengen die könige auf das schlachtfeld und kämpften, und desgleichen alle, die tags zuvor gefallen waren. In solcher weise währte der kampf tag für tag, dass alle männer fielen [2]), und alle waffen, die auf dem schlachtfelde lagen, und

---

1) So habe ich übersetzt mit WU *ok bauð honum sætt af hendi Heðins.* Dagegen liest R *men at sætt*; die erwähnung des halsbandes findet sich allerdings auch in der Ragnardsdrápa str. 1 (SE I, 436), ist aber möglicherweise eine correctur auf grund dieser stelle. Andererseits kann gerade das halsband in der ältesten gestalt der Hildesage von bedeutung gewesen sein. Eine nähere untersuchung muss hierüber entscheiden.   2) So mit U: *at allir menn fellu.* Nur die waffen werden zu stein, nicht die krieger. Der zug, dass dämonische wesen, wenn sie sich vom strahle der sonne überraschen lassen, in steine verwandelt werden (Klee, Zur Hildesage s. 17), kann hier nicht in betracht kommen, da nach Snorre's darstellung wenigstens die versteinerung bei nacht eintreten würde. Ueberdies sind es nur zwerge (Alvíssmál 36) und riesen (Helg. Hiorv. 30) welche diese strafe ereilt.

alle schilde zu stein wurden. Aber sobald es tagte, standen alle toten wider auf und kämpften, und alle waffen waren wider brauchbar. In den liedern aber heisst es, dass die Hjadninge so fortfahren werden bis zur götterdämmerung.' — Im anschluss an diese erzählung führt die Edda als beleg einige strophen aus der Ragnarsdrápa an, einem lobgedichte auf Ragnar Lodbrok, das der skalde Brage der alte vor der mitte des neunten jahrhunderts verfasst haben soll. Die strophen[1]) sind jedoch gewis einige jahrhunderte jünger. Sie bieten keine wesentlich neuen oder abweichenden züge und haben Snorre offenbar mit als quelle gedient. Keinesfalls waren sie aber seine einzige quelle. Die *kvæði*, welche er erwähnt, müssen volkslieder gewesen sein: dies beweisen die durch das prosagewand noch durchblickenden stabreime, sowie die zuweilen wörtlichen übereinstimmungen mit andern nachweislich auf liedern beruhenden prosaerzählungen[2]). Die verbreitung der sage im norden vor Snorre bezeugen die *kenningar* der skalden, welche von ihr hergenommen sind[3]), und noch in stärkerem grade die wirkungen, welche die Hildesage auf andere nordische sagenkreise ausgeübt hat, namentlich auf die sagen von Helge Hundingsbane und Helge Hjorvardsson[4]).

1) Es sind vier vollständige und eine halbstrophe. An einer andern stelle der Edda (I, 370 ff.) sind noch 4½ strophen der drápa erhalten. Wisén, Carmina norrœna I (Lundae 1880), 2 f. nimmt noch ein paar einzeln überlieferte halbstrophen als bruchstücke der Ragnarsdrápa in anspruch. 2) Beispielsweise vgl. man zu den worten des Hogne, in denen er die kraft seines schwertes rühmt, die stelle der Hervar. s. c. 2 (Fas. I, 414 f.). 3) Sie sind gesammelt von P. E. Müller, Sagabibl. 2, 574 f. und zu Saxo s. 158 f. Vgl. HS² 339. S. auch Grundtvig, Udsigt over den nordiske oldtids heroiske digtning (Kph. 1867). s. 26 ff. 4) Vgl. einstweilen Bugge, Studier over de nordiske gude- og heltesagns oprindelse s. 174 f. (= Brenners übersetzung s. 181 ff.). Auch Wilken, Unters. zur Snorra Edda s. 144 f. hat darauf hingewiesen. Mit recht hat man in Helg. Hund. II, 21 (ed. Hildebrand) eine anspielung auf die Hildesage gefunden: vgl. Simrock, Myth.⁶ 429; Klee, Zur Hildes. s. 25; Edzardi, Germ. 23, 166. — Der behauptung Bugges a. a. o. s. 94 (98), die er später zu begründen hofft, dass die sage von den Hjadningen ihren grundstoff aus der sage von Jason, Medea und Aeetes geschopft habe, mit welchem die sage von Cadmus, Europa und

Die erzählung der Snorra Edda gibt unzweifelhaft
teilweise die deutsche Hildesage in ursprünglicherer ge-
stalt wider. Es stimmen zunächst die namen überein:
Hildr, Hǫgni, Heðinn sind *Hilde, Hagene, Hetele* unseres
gedichtes, die *Hjaðningar* sind die *Hegelinge*, welcher
name jedesfalls für ein älteres *Hetelinge* eingetreten
ist, vielleicht mit anlehnung an einen schon vorhan-
denen ortsnamen (vgl. Müllenhoff, Zs. f. d. a. 12, 314).
Nach der gewöhnlichen annahme ist auch *Hjarrandi*,
Hedins vater bei Snorre und in der Ragnarsdrápa, der
Hôrant der Kudrun, welcher dann vom vater zum lehns-
mann herabgesunken wäre. Zu dieser annahme ist an
sich ein genügender grund nicht vorhanden. Die namen
sind nicht dieselben: dem altn. *Hjarrandi*, ags. *Heor-*
renda entspräche vielmehr ein deutsches *Herrant*
(Müllenhoff a. a. o. 312 f.), und eine entwickelungsreihe
Hërrant — Hërant — Horant — Hôrant ist ohne
analogie. Eine stütze scheint die gleichung allerdings
zu finden in dem angelsächsischen gedichte 'Deórs
klage' [1], in welchem Deór klagt, dass er, der frühere
sänger der Heodeninge (*Heodeninga scop*) von Heor-
renda, dem liederkundigen manne (*leóðcræftig mon*)
aus seinem amte verdrängt worden sei (vs. 35—41).
Dazu kommt eine erwähnung des *Hjarrandahljóð* in
der saga Herrauds ok Bósa (Fas. 3, 223), die man wol
mit dem ags. zeugnis in verbindung setzen darf. Wenn
man jedoch bedenkt, dass in dem ags. gedichte jeder
deutliche hinweis auf die Hildesage fehlt, dass in der
nordischen überlieferung Hjarrandi [2]) weder ein sänger
noch ein dienstmann, sondern der vater Hetels ist, dass
endlich auch in der oberdeutschen sagengestalt Horants
wunderbarer gesang keinen wesentlichen einfluss auf
den gang der handlung hat [3]), so scheint es im hinblick
auf die verschiedenheit der namen vorsichtiger, die
frage ob Horant und sein spiel der Hildesage von
jeher angehört haben, nicht unbedingt zu bejahen.

Agenor verschmolzen sei, kann ich vorläufig nur meinen völligen unglauben
entgegenstellen. 1) Grein, Bibliothek der ags. poesie I, 249. 2) Auch
in dem Sorla þáttr (s. unten) ist Hedin der sohn des Hjarande. 3) Vgl.
Wilmanns s. 207.

Wie die namen, stimmen auch die begebenheiten
in Snorre's erzählung teilweise zu dem zweiten teile
der deutschen dichtung: die entführung ohne wider-
streben, das nacheilen des vaters, der versöhnungs-
versuch, aus welchem im epos notwendig eine wirk-
liche versöhnung werden muste. Vielleicht findet auch
die widererweckung der toten durch Hilde einen nach-
hall in der fussfälligen bitte der jungen königin an
Wate, ihren vater und alle andern verwundeten zu
heilen (str. 530 ff). Hognes schwert *Dáinsleif*[1]), auf
welches die nordische dichtung so grossen wert legt,
erinnert an Hagens *gêrstange*, die er (str. 447) im augen-
blicke der gefahr verlangt. Beachtenswert ist sogar
eine einzelheit: wie bei Snorre Hogne mit fühlbarer
ironie Hedins schwäher genannt wird, so auch Kudr.
490, 2. — Allein es ist nicht zu übersehen, dass einige
sehr charakteristische züge bei Snorre dem dritten teile
des gedichtes entsprechen, der erzählung von Kudruns
unfreiwilliger entführung. Hier wie dort geschieht die
entführung nicht durch anwendung einer list, sondern
gewaltsam (*at herfangi*), in abwesenheit des vaters;
nicht durch die vasallen, sondern durch den liebhaber
selber. Der vater setzt dem entführer nach und holt
ihn ein. Auf einer insel oder einem werder entbrennt
die schlacht. — Die dunkelheit macht dem kampfe ein
ende, nachdem der vater der geraubten mit dem grössten
teil seines volkes gefallen ist. Erst nach vielen jahren
kann der kampf erneuert werden, und in der rache
schlacht tötet der sohn des erschlagenen den räuber.
Nehmen wir an, dass dies, wie sich sogleich zeigen
wird, die ursprünglichste gestalt der deutschen Kudrun-
sage war, deren schluss durch die verbindung mit
einer anderen sage in unserer überlieferung nur ent-
stellt erhalten ist, so gelangen wir zu der annahme,
dass die täglich sich erneuernde Hjadningenschlacht
ihre entsprechung in der deutschen sage nicht in dem

---

1) So heisst es wol als werk des zwerges Dáinn (Vspá 11. Hyndl. 7,
vgl. Háv. 141), oder doch eines kunstreichen zwerges überhaupt.

ziemlich harmlosen kampfe um Hilde findet, sondern in
dieser sich gespalten hat in die schlacht auf dem Wülpen-
sande und die racheschlacht in der Normandie. Aus
dem mythischen ins epische übersetzt, konnte der
schluss der alten Hjadningensage schwerlich eine andere
gestalt annehmen, als diejenige, welche in dem alten
kerne der Kudrunsage vorliegt.

Zwei andere darstellungen der Hildesage im norden
haben dem berichte Snorres gegenüber nur eine unter-
geordnete bedeutung. Die ältere bietet der dänische
geschichtsschreiber Saxo Grammaticus im fünften buche
seines werkes.[1] Hithinus, der könig eines norwegischen
stammes, der freund und bundesgenosse des Dänen-
königs Frotho III., und Hilda, die tochter des Jüten-
königs Hoginus[2], liebcn sich, schon bevor sie sich ge-
sehen haben, und bei der ersten begegnung können
sie die augen nicht von einander abwenden. Der ge-
waltige Hoginus verbündet sich mit dem schönen, aber
kleinen Hithinus zu einem raubzuge. Bevor sie den-
selben antreten, verlobt jener dem Hithinus seine tochter,
und beide geloben sich, wer den andern überlebe, solle
des blutsbruders tod rächen. Nach einiger zeit wird
Hithinus verleumdet, dass er seine braut verführt habe.
Hoginus schenkt der beschuldigung glauben, greift den
schwiegersohn im Slavenlande an, wird aber besiegt
und muss in sein land zurück fliehen. König Frotho,
dessen friede gebrochen ist, sucht zu vermitteln, aber
vergebens. Da gestattet er den zweikampf, in welchem
Hithinus besiegt wird. Allein seine jugend und schön-
heit rühren des gewaltigen gegners herz und retten
jenem das leben. Nach sieben jahren jedoch entbrennt
der kampf aufs neue bei der insel Hithinsö, und beide
töten sich gegenseitig. Hilda aber, so wird erzählt,
hatte den gatten so lieb, dass sie nachts die erschlage-
nen durch zauberlieder zu neuem kampf erweckte. —
In einigen nebensächlichen zügen mag Saxo immerhin

1) Saxo ed. P. E. Müller s. 238 ff.   2) Von Jacob Grimm, Zs. f.
d. a. 2, 3 in *Hognius* geändert.

das echte bewahrt haben: dahin gehört die ausdrück-
liche angabe, dass Hedin und Hogne einander töten, was
freilich auch aus Snorres bericht genügend erhellt,
vielleicht auch der schwur, dass einer des andern rächer
sein soll, ferner die erneuerung des kampfes in der
nacht. Dagegen sind die motive des kampfes bei
Saxo willkürlich umgestaltet[1]). Auch die siebenjährige
frist zwischen dem ersten zweikampfe und seiner er-
neuerung bei Hithinsö ist nichts weiter als eine pseudo-
historische verrenkung des mythischen Hjaðningavíg.
Im übrigen ist die sage bei Saxo glaubhaft localisiert;
Hithinsö (Heðinsey) aber als schauplatz des entschei-
denden kampfes scheint nur dem gleichklang der namen
wegen von ihm gewählt. Merkwürdig ist die ein-
mischung Frotho III., wenn man sie mit dem auftreten
Fruotes in der deutschen dichtung zusammenhält. Die
nahe liegende annahme, dass der sagenberühmte Frið-
fróði von jeher der Hildesage angehört habe, ist den-
noch unstatthaft. In der ursprünglichen sage war für
ihn kein raum, und auch in Saxos erzählung nimmt er
eine äusserliche, unwesentliche stellung ein. Der
dänische geschichtsschreiber hat die sage, wie so viele
andere, um ihr ein historisches ansehen zu geben, unter
einen seiner fünf oder sechs Frothonen untergebracht.
Ganz unabhängig von dieser erzählung scheint Fróði
erst spät durch die vermittlung fränkischer oder säch-
sischer sänger aus der dänischen sage in die deutsche
dichtung von Hilde verpflanzt worden zu sein[2]).

In noch höherem masse umgestaltet tritt uns die
Hildesage entgegen in dem Sǫrla þáttr, einer isländi-
schen erzählung des XIV. jahrhunderts, welche in ver-
bindung mit der Óláfssaga Tryggvasonar zwischen 1370
und 1380 in die Flateyjarbók aufgenommen wurde[3]).
Innerhalb einer rahmenerzählung ist die Hildesage hier
verschmolzen mit dem in anderem zusammenhange

---

1) Vgl. Klee, Zur Hildes. s. 14 ff.   2) Vgl. Müllenhoff, Zs. f. d. a.
12, 338.   3) Sie findet sich gedruckt: Fornald. ss. 1, 391--407. Flatey-
jarb. 1. 275—289. Inhaltsangaben bei Klee, Zur Hildes. s. 31 ff. und bei
Bugge, Studier s. 93 f. (Brenners übers. s. 97 f.).

auch bei Saxo (Müller p. 112 f.) vorkommenden zuge
von der begegnung eines helden mit einer walkyrie im
walde, welche die anstifterin des streites wird. Dieser
zug, obgleich gewis nicht von dem verfasser des Sǫrla þ.
erfunden, ist nicht ursprünglich in unserer sage. Aber,
auch abgesehen von dieser sagencontamination und
ihrem einflusse auf die figuren von Hilde und Hedin,
bietet die erzählung kaum einen einzigen zug, aus
welchem sich der bericht Snorres berichtigen oder er-
gänzen liesse. Der schauplatz der schlacht, die insel
Ha(ey), stimmt zu Snorre. Hogne herrscht über Däne-
mark, was wol zu Saxo und auch zu Snorre stimmt,
obgleich dieser kein bestimmtes land nennt, Hedin da-
gegen über Serkland (Saracenenland). Der bis zur
götterdämmerung während kampf ist im sinne des
christentums umgestaltet: er dauert 143 jahre, bis Olaf
Tryggvason, der eigentliche einführer des christentums
im norden, dem spuk ein ende macht. Auch diese
änderung rührt übrigens wol nicht vom verfasser her.
Die ganze erzählung ist ins märchenhafte und roman-
tische übertragen, wie bei Saxo ins angeblich historische.

Als die ursprüngliche Hildesage im norden darf
demnach eine fassung angenommen werden, welche nur
wenig von der Snorres abweicht. Dem könig von
Dänemark, Hogne, wird seine tochter Hilde von Hedin,
dem könig von Norwegen, während seiner abwesenheit
entführt. Ohne widerstreben folgt Hilde ihrem ent-
führer. Der vater setzt dem räuber nach und holt
ihn bei Haey, einer der Orkaden, ein. Ein versöhnungs-
versuch der tochter scheitert. Der kampf entbrennt.
Hedin und Hogne töten sich gegenseitig, alle mannen
auf beiden seiten fallen. In der nacht aber erweckt
Hilde die toten. Der kampf beginnt aufs neue und
währt bis zum morgen. Allnächtlich widerholt sich
dieser vorgang und wird so fortgehen bis zur götter-
dämmerung.

In dieser gestalt ist die sage bereits ganz episch
geworden. Sie ist fest localisiert, die auftretenden per-
sonen sind rein menschlich gefasst, die ereignisse sind

nach den verhältnissen der heroenzeit umgebildet. Ein
angelsächsisches zeugnis lehrt uns, dass eine localisierung
der Hildesage sich bereits früh vollzogen hatte. Im
Wîdsîþ vs. 21 [1]) werden Haʒena als herrscher über die
Holmrygen und Heoden als herrscher über die Glommen
genannt [2]).

Durch das gewand der epischen erzählung blickt
aber der ursprüngliche mythus noch unverkennbar durch.
Mythisch ist vor allem der name und der charakter
der Hilde [3]). Sie ist ihrem ursprunge nach eine wal-
kyrie, und die allnächtliche erneuerung des kampfes,
der Saxo ein falsches motiv unterschiebt, ist eine auch
von Snorre nicht mehr verstandene und deshalb ohne
motivierung überlieferte vorstellung der walkyriennatur,
die sich am kampfe um des kampfes willen freut und
sich an demselben nie genug tun kan. Die in der
nacht wider auflebenden unermüdlichen kämpfer ge-
mahnen an die *einherjar* der nordischen mythologie,
welche die walkyrien dem Odin nach Walhall führen.
Auch Hogne (Haguna) ist eine mythische gestalt: der
vater der Hilde und gegner des Hedin führt mit dem
mörder des Siegfried und dem gegner Walthers von
Aquitanien auf éin und dasselbe dämonische wesen,
das störend oder vernichtend wirkt. Für Hedin ('der
mit fellen bedeckte') lässt sich mit geringerer sicherheit
mythischer ursprung vermuten aus dem von Snorre
und im Sǫrla þ. überlieferten namen seines vaters Hjar-
randi oder Hjarandi, der als beiname Odins erscheint [4]).

Allem anscheine nach liegt in der nordischen ge-
stalt der Hildesage bereits eine mischung zweier mythen
vor. Die erzählung von Hildes entführung und der
schlacht zwischen Hogne und Hedin, in welcher beide
fallen, steht in keinem notwendigen inneren zusammen-
hange mit dem schlusse der nordischen sagengestalt,

---

[1]) Grein, Bibl. der ags. poesie I, 251 ff. (2. ausg. von Wulcker I, 1, 1 ff.).
[2]) Die hs. liest *Holmrycum* statt *Holmryʒum* und *Henden* statt *Heoden*.
Beides besserte Jacob Grimm, Zs. f. d. a. 2, 2 und Gesch. d. deutsch. spr. 469 f.
[3]) Vgl. J. Grimm, Myth. 4 350, 286. Klee, Zur Hildes. s. 6 ff. [4]) SE
II, 472, 555.

der widererweckung der toten durch Hilde und der immerwährenden erneuerung des kampfes. Dieser schluss, ein walkyrienmythus, kann sich erst im norden an den entführungsmythus ankrystallisiert haben [1]). Er fehlt in der sage von Walther und Hildegunde, die man mit recht als eine weiterbildung desselben mythus aufgefasst hat, aus welchem sich auch die Hildesage entwickelt hat [2]). Beiden sagen liegt derselbe kern zu grunde: die entführung einer walkyrie aus der gewalt eines harten herrn und der kampf um sie. Hildegunde ist eine verdopplung des einfachen namens Hilde, der verfolger heist in beiden sagen Hagen. Es fehlt auch nicht an anzeichen, dass zwei für die Walthersage charakteristische züge, die blutsbrüderschaft der späteren gegner und der schatz, einmal eine wichtige rolle in der Hildesage gespielt haben. Der ausgang ist zwar verschieden in beiden sagen, allein der versöhnliche schluss der Walthersage ist offenbar jüngere umbildung unter dem einflusse anderer sagen. So ist die annahme gestattet, dass ein urgermanischer mythus, der die gestalt einer frauenraubsage angenommen hatte, sich bei den Ostgermanen zur Hildesage, bei den Westgermanen zur Hildegundesage entwickelt hat. Die deutung dieses mythus auf ein bestimmtes naturereignis ist häufig versucht, allein ohne erfolg. Soweit wir ihn verfolgen können, ist der mythus von Hilde bereits vollkommen menschlich geworden und hat er alles übernatürliche abgestreift. Der übernatürliche schluss scheint erst im norden hinzugefügt.

2. In welchem verhältnis steht nun die Kudrunsage zur Hildesage? Die beantwortung dieser frage wird wesentlich bedingt durch das urteil über die form, in welcher die Kudrunsage uns in unserem epos vorliegt. Wenn man den dritten teil des gedichtes, der

---

1) Die erweckung der toten im Oswald (Ettmüllers ausg. vs. 2890 ff.) stammt gewiss nicht aus der Hildesage, sondern aus der legende. 2) Vgl. J. Grimm, Lat. ged. des X. und XI. jh. s. 384 f.; Mullenhoff, Zs. f. d. a. 12, 274; Martin, Einl. s. XXXIX f.; Klee, Zur Hildes. s. 18 ff.

die entführung, gefangenschaft und erlösung der Ku-
drun berichtet, von allen nicht notwendig zum kern
der handlung gehörenden einzelheiten entkleidet, so
bleibt eine erzählung folgender gestalt übrig. Um
Kudrun, die tochter des königs Hetel von Hegelingen
und seiner gemahlin Hilde, werben zwei freier, Hart-
mut von der Normandie und Herwig von Seeland.
Beide werden von den eltern zurückgewiesen. Herwig
kündigt in folge dessen krieg an und gewinnt im
kampfe mit Hetel durch seine kühnheit das herz der
zuschauenden Kudrun. Sie trennt die kämpfenden und
wird dem Herwig verlobt. Aber noch vor der ver-
mählung, während Hetel seinen künftigen schwiegersohn
gegen Siegfried von Morland, welcher in dessen land
eingefallen ist, hülfe leistet, wird Kudrun von Hartmut
und seinem vater Ludwig geraubt. Sobald vater und
bräutigam von der entführung kunde erhalten, setzen
sie den räubern nach und ereilen sie auf dem Wülpen-
sande. Hetel fällt in der schlacht von Ludwigs hand.
mit ihm wird der grösste teil seines volkes erschlagen.
In der nacht ziehen die räuber unbemerkt davon und
führen Kudrun nach der Normandie. Dort beginnt
für sie eine zeit der bittersten leiden und der tiefsten
erniedrigung. Zur vermählung mit Hartmut ist sie
jedoch nicht zu zwingen. Ihre mutter erwartet in-
zwischen mit sehnsucht das heranwachsen eines neuen
geschlechts, um den tod des gatten zu rächen und die
tochter zu befreien. Erst nach langen jahren kann sie
das heer entsenden. Ortwin, Kudruns bruder, und
Herwig, ihr verlobter, ziehen mit; unter den übrigen
helden stehen Wate und Horant im vordergrunde. In
einer schrecklichen schlacht wird Ludwig von Herwig
erschlagen, Hartmut unterliegt fast dem ergrimmten
Wate, aber Herwig rettet ihn auf Kudruns bitte aus
seinen händen. Die feinde werden besiegt, Kudrun
zurückgeführt und mit Herwig vereinigt. — Dass auch
in dieser auf das unbedingt notwendige zurückgeführten
erzählung nicht eine einheitliche sage, sondern zwei
ursprünglich getrennte sagen vorliegen, ist zuerst von

Wilmanns [1]), meiner ansicht nach überzeugend, darge-
tan. Die rolle, welche Herwig in unserer dichtung
spielt, weist darauf hin, dass er ursprünglich der held
einer eigenen sage war, die erst nachträglich mit der
Kudrunsage verbunden wurde. Im kampf hat Herwig
Kudruns hand gewonnen. Vor der vermählung wird
sie ihm entführt. Herwig nimmt zwar an der ver-
folgung der räuber teil, aber, ohne Hartmut auch nur
ernstlich im handgemenge zu suchen, rät er nach Hetels
tod den kampf abzubrechen. Der königin überlässt
er die vorbereitungen zum rachezuge, und, als endlich
nach langen jahren die fahrt unternommen wird, zieht
er zwar mit, allein, statt jetzt wenigstens seinen feind
zu erschlagen, rettet er ihn aus Wates händen. Un-
möglich ist diese erzählung für ursprüngliche sage zu
halten. Man muss vielmehr vermuten, dass es eine
für sich bestehende sage gegeben habe folgender ge-
stalt: 'der seekönig Herwig wirbt um die hand einer
mächtigen königstochter. Er gewinnt sie im kampfe.
Ehe er mit ihr vermählt ist, wird sie geraubt. Herwig
verfolgt den räuber und erschlägt ihn im kampf' [2]).
Dass in der tat eine sage solcher grundgestalt in die
Kudrunsage eingefügt worden ist, wird zunächst durch
den schluss des epos selber bestätigt. Im entscheiden-
den kampfe streitet Herwig mit dem alten Ludwig und
erschlägt ihn. Ortwin und Wate kämpfen mit Hart-
mut. Wäre die Kudrunsage, wie sie uns im gedicht
vorliegt, eine ursprüngliche sage, so müste man not-
wendig eine andere gegenüberstellung der helden er-
warten: Herwig müsste den verletzer seiner ehre,
Hartmut, suchen; Ortwin und Wate, oder einer von
beiden, müssten den tod ihres vaters oder ihres herrn
an Ludwig rächen. Die darstellung wird nur erklär-
lich durch die annahme, dass ursprünglich Ludwig zur

---

[1] A. a. o. s. 220 ff. — Wie sich aus der folgenden darstellung ergibt,
stimme ich Wilmanns in diesem resultat seiner untersuchung vollständig
bei. Allein ich teile weder seine ansicht über das zustandekommen der
sagencontamination (s. 232 ff.), noch seine auffassung des verhältnisses der
Kudrun- zur Hildesage.   [2] Nach Wilmanns s. 224.

Herwigsage, Hartmut zur Kudrunsage gehörte, und
dass erst in der contaminierten sagengestalt der ent-
führer der Herwigsage zum vater des entführers der
Kudrunsage gemacht wurde. In der für sich bestehen-
den Kudrunsage muss demgemäss Hartmut den könig
Hetel erschlagen, und der sohn Ortwin, weniger wahr-
scheinlich der vasall Wate, die rache übernommen
haben. Es fehlt nicht ganz an anzeichen, dass von
diesem ursprünglichen verhältnis noch in späterer zeit
eine dunkle erinnerung vorhanden war: die worte, wo-
mit Herwig str. 1435 Ludwig anredet, klingen ganz so,
als sei Ludwig, nicht Hartmut der räuber seiner braut,
und höchst auffallend heisst es str. 1405, 3 [1]) geradezu,
Hartmut habe Hetel erschlagen.

Die annahme der sonderexistenz einer Herwigsage
erhält nun aber eine sehr bedeutende stütze durch ein
zeugnis, das, obgleich bereits früher bekannt, erst von
Wilmanns in richtiger weise für die entwickelungsge-
schichte der sage verwertet worden ist. Dieses zeug-
nis ist eine ballade, welche sich noch gegen ende des
vorigen jahrhunderts auf der Shetlandsinsel Fula oder
Foul (norw. *Fugley*) im munde des volkes lebendig
erhalten hatte [2]). Der inhalt der ballade ist kurz dieser:
Hiluge, ein vornehmer mann am norwegischen hofe,
freit um die königstochter Hildina, wird aber von ihr ver-
schmäht, obgleich der vater ihm gewogen ist. Ein
Orkneyjarl raubt sie während der abwesenheit ihres

---

1) Diese strophe ist allerdings eine Nibelungenstrophe, die aber eine
ältere Kudrunstrophe verdrängt haben muss. Vgl. Beitr. 9, 20 f.   2) Sie
wurde im jahre 1774 von dem schottischen reisenden Low aus dem munde
eines alten bauern in norwegischer sprache aufgezeichnet und 34 jahre später
abgedruckt in Barry's History of the Orkney Islands (London 1808). Neben
der aufzeichnung liess Low sich auch eine inhaltsangabe des nahezu unver-
ständlichen liedes anfertigen, welche uns das verständnis ermittelt. Diese
findet sich gedruckt in S. Hibbert's Description of the Shetland Islands
(Edinburgh 1822). P. A. Munch hat dann im 6. bande der 'Samlinger til
det norske folks sprog og historie' (Christiania 1839) zuerst die ballade ein-
gehend besprochen und ihre beziehung zur Kudrunsage erkannt. Für
Deutschland ist aber das zeugnis erst recht aufgedeckt und verwertet von
C. Hofmann, Sitzungsberichte der k. bair. akad. philos.-philol. cl. 1867,
s. 206—222. Vgl. ferner Klee, zur Hildes. s. 37 ff. Wilmanns s. 224 ff.

vaters und Hiluges auf einer kriegsfahrt. Hildina folgt ihm ohne widerstreben nach den Orkneys. Der könig und Hiluge setzen nach. Es gelingt aber Hildina, eine versöhnung zwischen ihrem vater und dem jarl zu stande zu bringen. Jener gibt sogar seine einwilligung, wird aber bald nachher von Hiluge bewogen, sie zurückzunehmen. Es kommt zum zweikampf zwischen Hiluge und dem jarl, und dieser fällt. Sein haupt wirft der sieger mit den härtesten schmähungen Hildina vor. — Sie kehren nun nach Norwegen zurück. Hildina lässt sich schliesslich überreden, Hiluge ihre hand zu reichen. Bei der hochzeit aber schenkt sie den gästen mit schlafkräutern versetzten wein. Als alle in schlaf gesunken sind, lässt sie den vater hinaustragen und wirft feuer ins gästehaus. Hiluge erwacht vom krachen des brandes und fleht um gnade, aber Hildina antwortet ihm so hart, wie er, als er ihr des jarls haupt brachte, und lässt ihn mit den gästen in der lohe sterben.

Die Shetlandsballade wird gewöhnlich als eine erweiterte fassung der Hildesage betrachtet. Allein in keiner einzigen fassung der Hildesage hat der entführer einen nebenbuhler, auch nicht in jenen letzten nachklängen der alten sage im dänischen, schwedischen und norwegischen volkslied[1]). Ein solcher erscheint ausser in der ballade nur in der Kudrun. Zur Hildesage stimmt nichts weiter in der ballade als der anklingende name des mädchens, die entführung ohne widerstreben, das lokal des kampfes. Mehr und wichtigere züge kommen mit dem dritten teil des epos überein: wie Hiluge in der ballade ist Herwig der unebenbürtige freier einer königstochter; die entführung findet vor der vermählung statt, während vater und verlobter im kriege abwesend sind; der räuber wird erschlagen. Anderseits sind die ereignisse, auf welchen im epos der hauptnachdruck ruht, der ballade fremd. Der vater bleibt im

---

1) Bei Grundtvig, Danmarks gamle Folkeviser II, 390 ff. III, 856 ff. — Afzelius Svenska Folk-Visor, No. 32.

hintergrunde, von seiner erschlagung im kampfe und
der rache für ihn ist nicht die rede. Das verhältnis
der entführten und des entführers ist geradezu umge-
kehrt. Der schluss der ballade mit seiner erschüttern-
den, an die nordische gestalt der Nibelungensage er-
innernden tragik hat im epos nichts entsprechendes.
Gerade diese übereinstimmungen einer- und grossen
verschiedenheiten andererseits führen zu dem schlusse,
dass die Shetlandsballade die im epos mit der sage
von Kudrun verschmolzene Herwigsage repräsentiert
in der selbständigen gestalt, welche sie vor der sagen-
contamination hatte. Ihre umgestaltung war eine not-
wendige folge ihrer verbindung mit der Kudrunsage,
allein, wie Wilmanns s. 226 scharfsinnig bemerkt hat,
gerade diese umgestaltung beweist die identität. In
dem epos ist es ganz unmotiviert, dass Herwig die
braut nicht sogleich heimführt. Das wahre motiv hat
die ballade bewahrt: die abneigung des mädchens gegen
den werber. Die wirkungen sind beibehalten, trotzdem
die ursachen entfernt sind. — Nach Wilmanns' ver-
mutung gehören demnach Herwig und Ludwig der
Kudrunsage nicht ursprünglich an: Herwig ist Hiluge,
zwar nicht dem namen nach, den C. Hofmann[1]) gewis
richtig als Illugi (= altn. *Illhugi* 'der bössinnige') ge-
deutet hat, aber dem stande und der bedeutung nach;
der Orkneyjarl ist Ludwig. Der namenlose vater ist
mit dem vater der Kudrunsage zu éiner person ver-
schmolzen. Hildina endlich hat möglicherweise den
anlass gegeben zur einführung einer doppelgängerin
der Kudrun in die sage, der Hildeburg.

Ist diese ausscheidung richtig, so bleibt für die
Kudrunsage vor ihrer verbindung mit der Herwigsage
folgende grundgestalt[2]) übrig: Dem könig Hetel von
Hegelingen wird seine tochter Kudrun von Hartmut
gewaltsam entführt. Er setzt dem räuber nach, holt
ihn auf einer insel ein und fällt im kampf von Hart-
muts hand; mit ihm fällt der grösste teil seines volkes.

---

1) A. a. o. s. 269 anm.   2) Vgl. Wilmanns s. 224.

Kudrun wird im fremden lande hart behandelt, da sie
Hartmut standhaft verschmäht. Ihre mutter erwartet
das heranwachsen eines neuen geschlechts, um den tod
des gatten zu rächen und die tochter zu befreien.
Erst nach langen jahren kann sie das heer entsenden.
In der racheschlacht erschlägt Hetels sohn Ortwin den
töter seines vaters und führt Kudrun ihrer mutter zu-
rück. Diese sage ist anderwärts nicht nachgewiesen.
Es ist auch kein genügender grund vorhanden, sie für
eine ursprünglich von der Hildesage getrennte sage zu
halten. Vielmehr deutet alles darauf, dass die erzählung
von Hilde und die erzählung von Kudrun sich aus
dem gemeinsamen kerne der alten Hildesage entwickelt
haben. Die eigentliche Kudrunsage wird nur als schöss-
ling der Hildesage verständlich; selbständig hat sie wol
niemals bestanden. Nach ausscheidung der Herwigsage
lassen sich die motive der Kudrunsage ohne jede künst-
lichkeit aus der alten gestalt der Hildesage erklären,
wie oben bereits angedeutet wurde. Sobald sich der
Hilde eine tochter zur seite gestellt hatte, war die ent-
wickelung von selber gegeben. Die namen der heldin,
ihres vaters und des entführers verblieben der ge-
schichte der mutter. Die alte darstellung der entfüh-
rung spaltete sich in zwei fassungen, deren jede alte
züge bewahrt hat: wie in der ursprünglichen sage folgt
Hilde ohne widerstreben, wird Kudrun vom liebhaber
in abwesenheit des vaters geraubt. Das nachsetzen
und das einholen des paares behielten beide sagen-
zweige bei. Der versöhnungsversuch der alten sage
muste in der sich umgestaltenden Hildesage notwendig
zur wirklichen versöhnung zwischen Hetel und Hagen
werden, wenn eine fortsetzung überhaupt möglich sein
sollte. Der furchtbare *Hjaðningavig* wurde dennoch
von der erweiterten sage nicht preisgegeben. Er lebte
fort in dem kampf zwischen Hetel und Hartmut und
in der racheschlacht: die gegner töteten einander nicht
mehr, sondern der sohn rächte des vaters tod nach
langen jahren. Diese spaltung des immerwährend sich er-
neuernden kampfes in zwei durch einen grossen zeit-

18

raum getrennte schlachten fand ihren natürlichen boden
in der auffassung von Kudruns entführung. War diese
eine gezwungene, so war eine zurückführung notwen-
dig, und, indem man die erlösung der geraubten schwester
mit der rache für den erschlagenen vater in die hand
des bruders und sohnes legte, erlangte die sage in
ihrer neuen entwickelung einen wahrhaft befriedigenden
schluss.

Es scheint, dass ein weiterer umstand die neue
gestaltung der sage beförderte. In unserer dichtung
steht im mittelpunkte der handlung die gefangenschaft
und das leiden der Kudrun. Dass dies von der ersten
spaltung der alten Hildesage an der fall gewesen sei,
kann um so weniger bezweifelt werden, als die ganze
anlage der Kudrunsage einen langen zeitraum zwischen
der entführung und der befreiung erforderlich machte,
und der heitere verlauf der neuen Hildesage zu einem
düsteren gegensatze in der geschichte der tochter
drängte. Für die ausprägung dieses teiles der sage
mag eine bereits bestehende sage von einer königs-
tochter, welche in fremder haft von einer bösen herrin
hart behandelt wird und magddienste verrichten muss,
züge hergegeben haben. Die existenz einer derartigen
sage in anderem zusammenhange bezeugt für den nor-
den die erste Guðrúnarkviða str. 9. 10[1]). Daher mag
dann auch die gestalt der bösen Gerlint stammen.

3. Es beruht demnach der inhalt des epos —
wenn von allen späteren zutaten und der ganzen vor-
geschichte Hagens einstweilen abgesehen wird — auf
der verschmelzung der aus der alten Hildesage durch
spaltung und differenzierung entwickelten Hilde-Ku-
drunsage mit der Herwigsage. Zu diesem resultate führt

---

1) Auf die ähnlichkeit in den schicksalen der Herborg, *Húnalands
dróttning*, und der Kudrun in unserem epos hat bereits Edzardi, Germ. 23,
183 f. hingewiesen. — Weitere folgerungen aus diesem zusammentreffen halte
ich nicht für erlaubt, möchte aber doch einstweilen darauf hinweisen, dass
in der Apolloniussage (þiðrekssaga cap. 245 ff.), welche nahe berührungen
mit der Kudrun zeigt (vgl. F. Neumann, Germ. 27. 1 ff.), die entführte
Herborg heisst.

die kritische sichtung des sagenstoffes, wie er in unserer Kudrun uns entgegentritt, und die äusseren zeug·
nisse, so spärlich sie sind, scheinen es zu stützen, ihm
jedesfalls nicht zu widersprechen. Als wissenschaftliche
hypothese mag es also eine vorläufige geltung bean-
spruchen. Für alle weiteren fragen, die sich anschliessen,
sind wir fast ausnahmslos auf vermutungen angewiesen.
Es bleibt die ursprüngliche heimat der Hildesage und
der Herwigsage zu bestimmen, ferner wie, wo und
wann die spaltung der Hildesage in die sagen von
Hilde und Kudrun und die verbindung letzterer mit
der von Herwig vor sich ging, endlich wann und auf
welchem wege die sage nach Oberdeutschland kam.
Eine andeutung der anhaltspunkte, mittelst welcher sich
vielleicht diese fragen einmal annähernd beantworten
lassen werden, muss hier genügen.

Das älteste und zugleich wichtigste zeugnis für
das vorhandensein der sage in Deutschland mag vorab
besprochen werden. Es ist die bekannte stelle in dem
Alexander des pfaffen Lamprecht, wo dieser die schlacht
am Euphrat zwischen Alexander und den Persern mit
den kämpfen auf dem Wülpenwerde und vor Troja ver-
gleicht. Die stelle lautet in dem ältesten Vorauer texte[1]):

man sagcht von dem sturm der ûf Wolfenwerde gescah,
dâ Hilten vater tôt lach
zewisken Hagenen unde Waten;
sô nemuother herzô nieth katen.
5 iedoch ne muothe nehein sîn,
noch Herewîch noch Wolfwîn,
der der ie gevaht volewîch
dem chunige Alexander gelîch.

Jedesfalls enthalten diese verse eine anspielung auf
die sage. Verschiedene erklärungen sind versucht[2]).

---

1) Diemer. Deutsche gedichte des XI. und XII. jhs., s. 220, 20 ff. —
Die Strassburger überarbeitung (Massmann, Deutsche gedichte des XII. jhs.,
vs. 1830 ff. Weismann vs. 1675 ff.) bietet ûf *Wulpinwerde*. *Wolfram* statt
Wolfwîn (: *sîn*) ist ein blosser abschreibefehler.   2) Vgl. HS² 341. J.
Grimm, Zs f. d. a. 2, 4. Müllenhoff, Kudr. s. 98. Zur gesch. der Nib. Nôt

2*

Die natürliche deutung der stelle ist aber doch wol
diese, dass nach der anschauung des dichters in der
schlacht auf dem Wülpenwerde Hildes vater 'zwischen
Hagen und Wate' getötet wurde, und dass Herwig und
Wolfwin (Ortwin?) an diesem kampfe teilnahmen[1]).
Wenn Wolfwin, wie durch die verbindung mit Herwig
sehr wahrscheinlich wird, ein gedächtnisfehler statt
Ortwin ist, so darf man dem dichter wol auch das
versehen zutrauen, dass er Hagen mit einem andern
helden, etwa Horant, verwechselt habe. Der schauplatz,
sowie die erwähnung Herwigs (und Ortwins) deuten
auf die Kudrunsage; die erwähnung Wates spricht nicht
dagegen; Hagen bleibt immer ein anstoss, auch wenn
man die stelle auf die Hildesage bezieht, denn die von
Hofmann und Klee vertretene auffassung, dass mit
Hilten vater und Hagen éine person gemeint sei, scheint
mir stilistisch unmöglich. So muss man sich doch
wol zu der annahme entschliessen, dass Lamprecht die
schlacht um Hilde mit der schlacht auf dem Wülpen-
werde zusammengeworfen hat. Das zeugnis bewiese
in diesem falle nur, dass bereits um 1140 die sagen
von Hilde und Kudrun, wesentlich in derselben gestalt,
wie wir sie kennen, in einer deutschen dichtung be-
handelt waren. Eine zwischenform der sage, welche
neben dem namen Hilde bereits züge der Kudrunsage
gekannt hätte, ergibt sich aus dem Alexander nicht.
Vielmehr deutet die verwirrung in den angaben ge-
rade darauf hin, dass die spaltung der heldin in
mutter und tochter sich bereits vollzogen hatte. Ebenso
setzt das zeugnis ausser zweifel, dass die verschmel-
zung der Kudrun- und Herwigsage damals bereits stattge-
funden hatte. Weitere vermutungen über die entwicke-
lung der sage lassen sich nicht auf die stelle gründen.
　　Dass die Hildesage in ihrer epischen gestaltung

---

s. 12 anm. Zs. f. d. a. 12, 316. C. Hofmann in den Sitzungsber. der bair. akad.
1867, II, s. 212. Martin einl. s. XLII ff. Klee, Zur Hildes. s. 42. 49 f. Wilmanns
s. 233 ff.　　1) Unter allen versuchen, die schwierige stelle zu deuten,
der am wenigsten glaubliche scheint mir der von Wilmanns, welcher vs.
6. 8 von den ersten fünf trennt.

ihre ursprüngliche heimat im skandinavischen norden
hat, darf man wol getrost behaupten. Der gemeinger-
manische mythus hat sich im norden zur Hildesage
entwickelt, und von den nordischen nachbarn ist der
stoff nach Deutschland gelangt. Diese annahme ergibt
sich aus den geographischen verhältnissen in den nor-
dischen quellen für die Hildesage und in der Kudrun.
Der nordischen dichtung von den Hjadningen galt
Dänemark als Hognes, Norwegen als Hedins reich, eine
der Orkneys als schauplatz des kampfes. Diese loka-
lisierung scheint die ursprüngliche. Eine verschiebung
der verhältnisse ist bereits im Wîdsîþ (oben s. 10.) be-
merkbar: Hagen gilt hier als norwegischer fürst, denn
die Hólmrygir der nordischen dichtung sind die be-
wohner der norwegischen landschaft Rogaland. Nun
deutet der inhalt dieses gedichtes ganz entschieden auf
eine zeit, 'in welcher England bereits mit den nordi-
schen heerleuten ziemlich genaue bekanntschaft gemacht
hatte'[1]), wie denn überhaupt meiner ansicht nach die
beiden anspielungen auf die Hjadningensage bei den
Angelsachsen nicht im mindesten als zeugnisse für eine
gemeingermanische entwicklung der sage brauchbar
sind, sondern ausschliesslich auf eine einwanderung
nordischer sagen nach England in der wikingerzeit hin-
weisen. Auf diese zeit deutet noch die gestalt der
Hildesage, wie das epos sie kennt, unverkennbar. Hetel
ist könig der Dänen, doch auch Wâleis (offenbar Wales)
ist ihm untertan, während andererseits Horant in Däne-
mark herrscht. Hagen herrscht in Irland; dass damit
nichts anderes gemeint sein kann als die grosse insel,
beweist der name von Hagens burg Baljân, in welchem
Ettmüller s. IX die in Irland nicht seltene ortsbezeich-
nung Ballyghan erkannt hat. Schon Wilmanns s. 269
hat aus diesen angaben und anderen, die nicht hierher
gehören, geschlossen, dass die sagen sich zu der zeit
consolidiert haben, als die Dänen in England herrschten.
In der tat deutet namentlich die machtstellung Hetels

1) K. Maurer, Zs. f. d. ph. 2, 447.

darauf, dass die Hildesage in dieser zeit, also wahr-
scheinlich in der zweiten hälfte des 9. jahrhunderts,
in Dänemark weiter ausgebildet worden ist, während
sie in Norwegen und auf Island in ursprünglicherer
gestalt fortlebte. Saxos bericht spricht nicht dagegen.
— Von den ländern, über welche Hetel noch weiter
herrscht, sind Friesen und Dietmers leicht bestimmbar.
Wenn Friesen einem vasallen zugeteilt wird (231, 4;
vgl. 272, 1. 481, 1.), so mag auch dies eine erinnerung
an die tatsache sein, dass in der wikingerzeit dänische
häuptlinge lehen in Friesland hatten. Niflant ist Liv-
land (vgl. Hildebrand, Zs. f. d. ph. 2, 477 f.), wo die
Dänen in späterer zeit besitzungen hatten. Hortland
(s. zu 204, 4) ist wol am ehesten Hǫrðaland. Die mark
ze Stürmen kam mit Wate in die sage (Müllenhoff, Zs.
f. d. a. 6, 62). — Der Hildesage gehören ursprünglich
an Hilde, Hagen und Hetel. Ob auch Horant, bleibt
unsicher (oben s. 5). Fruote scheint erst in späterer
zeit in die sage gekommen zu sein (oben s. 8).

Nach dem norden führt auch die Herwigsage.
Wilmanns s. 221 ff. hat aus den angaben des epos, in
welchem Herwig an den entscheidenden stellen als ein
mann von geringem geschlecht (656, 3), als der Kudrun
unebenbürtig, wie Hiluge in der ballade, vielleicht sogar
als landloser fürst auftritt, geschlossen, dass die alte
sage sich unter ihm einen *sækonungr,* einen wikinger-
häuptling vorgestellt habe. Aus dem seekönige sei
ein *künic von Sêwen,* dann *von Sêlant* geworden, und
darunter habe man später die dänische insel verstan-
den. Ich teile diese ansicht. Die fassung, welche wir
als die selbständige gestalt der Herwigsage zu ver-
muten haben, ist recht eigentlich eine wikingersage, ihr
held der typus eines nordischen seekönigs. Sie mag
sich in Dänemark um dieselbe zeit, welche für die
consolidierung der Hildesage anzunehmen war, gebildet
haben. Auf Dänemark als ihre heimat deutet die an-
knüpfung an Seeland[1]). Der name Herwîc mag einen

---

[1]) Es ist gar kein grund vorhanden zur annahme, dass die sage unter
Sêlant oder *Sêwen* ursprünglich die jetzige niederländische provinz Zeeland
oder die friesischen Seelande verstanden habe.

älteren verdrängt haben, kann auch übersetzung sein.
Unter den *sækonungaheiti* (SE I, 548) begegnet Hyrvi:
sollte aus diesem namen Herwîc geworden sein? Ob
Herwigs gegner, welcher durch sagencontamination zu
Hartmuts vater wurde, seinen namen bereits vor der
verpflanzung der sage nach Deutschland führte, erscheint
fraglich, aber nicht unwahrscheinlich. Ludewîc (altn.
Hlǫðver) kann recht wol der alte name des entführers
in der Herwigsage gewesen sein (vgl. Fas. 2, 205).
Da unserem Ludwig in der ballade der namenlose Ork-
neyjarl entspricht, so mag der umstand, dass die ge-
schichte der Orkneys wirklich einen Lödver kennt
(Munch, Det norske folks hist. II, 132; vgl. C. Hof-
mann a. a. o. s. 209 anm.), beachtung verdienen. Der
name kommt aber, zugleich mit dem des Hartmuot, in
der Herburtsage vor; in diesem zusammenhange kennt
sie der Biterolf vs. 6451 ff. Nach dieser stelle entführt
Herbort *ûz Tenelant* Hildeburg *ûz Ormanîe*, die toch-
ter Ludwigs und schwester Hartmuts. *Hildeburc von
Normandî* kennt auch die Klage vs. 2217 ff. (Bartsch).
Nach der Þiðrekssaga cap. 233—239 entführt Herburt
Hilde, die tochter des königs Artus von Bertangaland.
Aus diesen zeugnissen[1]) lässt sich mit bestimmtheit
nicht entnehmen, welcher sage die namen Ludwig und
Hartmut ursprünglich angehören. Dass aber der name
Hildeburg ursprünglich zur Herburtsage gehörte, wird
aus ihnen sehr wahrscheinlich. Ist nun die oben ange-
führte vermutung von Wilmanns richtig, dass die mit-
leidende und mitdienende genossin der Kudrun in unse-
rem gedichte ihrem ursprunge nach die königstochter
der Herwigsage ist, welche in der Shetlandsballade
Hildina heisst, so hätte diese gestalt bei der contami-
nation der Kudrun- und Herwigsage den namen der
entführten jungfrau aus der Herburtsage erhalten. In
der verschmolzenen sage wurde zugleich der räuber der
Herwigsage zum vater des entführers der Kudrunsage

---

1) Näher ist über dieselben gehandelt HS² 194 ff. 340; Müllenhoff,
Kudr. s. 99; Martin einl. s. XL f.; Klee, Zur Hildes. s. 52 ff.

gemacht. Hiess ersterer bereits in der selbständigen
gestalt der Herwigsage Ludwig, so wird es begreiflich,
dass die übereinstimmung dieses namens mit einem
namen der Herburtsage die veranlassung wurde, dass
mit Hildeburg auch der name Hartmut für seinen sohn
in die neue sagengestaltung überging.

Mit dieser vermutung ist bereits die weitere ent-
wickelung der sage berührt. Diese entwickelung im
einzelnen zu verfolgen, ist teils wegen des mangels an
quellen überhaupt unmöglich, teils wenigstens an dieser
stelle untunlich. Es ist anzunehmen, dass die spaltung
der Hildesage in die sagen von mutter und tochter
und die verschmelzung letzter mit der Herwigsage sich
nicht mehr in der nordischen heimat der sagen voll-
zogen hat, sondern in den Niederlanden oder in Nord-
deutschland, wohin die stoffe unverbunden von däni-
schen männern um die grenzscheide des X. und XI. jhs.
gebracht sein mögen. Dass die Nordseeküste in der
gegend der Schelde der landungsplatz — nicht die
heimat — der sage war, wird durch einige oder wenig-
stens éinen namen glaublich. Aber keineswegs darf
mit der üblichen sicherheit behauptet werden, die Kud-
runsage spiele ohne zweifel an der Nordseeküste in den
gegenden der Schelde und des Niederrheins. Der name
Kûdrûn[1]) (urgerm. **Gunþrûn,* altn. *Guðrún* aus **Gunn-
rûn*) zunächst beweist allerdings, dass die sage aus
einem sprachgebiete, wo der nasal lautgesetzlich vor
folgendem germ. *þ* unter verlängerung des voraus-
gehenden vocals geschwunden war, nach Oberdeutsch-
land gekommen ist: die ahd. form hiesse *Gundrûn* oder
Kundrûn. Im altniederfränkischen ist aber dieser

---

[1]) Diese form ist in der ausgabe durchgeführt. Die hs. hat als nor-
male namenform *Chaudrun,* daneben 18 mal *Chautrun.* Die übrigen formen
(*Chutrum* 575, 2. *Chüttrun* 576, 4. *Chautrum* 578, 4. 614, 3. 644, 1, und ein
paar mal in den überschrr., *Chautrumb* überschr. zu âvent. 10. *Chutron* 587, 3.
Chudrun 594, 4. *Chawdrun* 696, 4. 804, 4. *Chautrun* 754, 4) kommen nur im
anfange vor und müssen für schreibfehler gelten. In bezug auf die zu
wählende schreibung des namens stimme ich Bartsch Germ. 10, 49 und Martin
zu 575, 2 bei, doch vgl. Hildebrand, Zs. f. d. ph. 2, 468. 4, 357.

schwund des nasals mit ersatzdehnung vor der tonlosen spirans *þ* nicht eingetreten, ebensowenig noch mnl. oder nnl. So ist denn der name der heldin jedesfalls nicht 'an den mündungen der Schelde und des Rheins' für die tochter der Hilde erfunden, sondern offenbar aus dem norden mit eingewandert. Woher der name stammt, ist kaum zu ermitteln: dass er ursprünglich ein doppelname der Hilde war, wie Klee, Zur Hildes. s. 50 f. will, ist unwahrscheinlich. — Von den ortsnamen, die sonst für die genannte localisierung der Kudrunsage angeführt sind, kommen *Sêlant*, *Tenemarke*, *Wâleis* gar nicht in betracht; ebensowenig der umstand, dass die westliche Scheldemündung, die Seeland und Flandern trennte, ehemals *Hedensee* oder *Heidensee* hiess (vgl. J. Grimm, Zs. f. d. a. 2, 4), denn nur Saxo kennt Hithinsö als schauplatz des kampfes zwischen Hoginus und Hithinus (s. oben s. 8). Noch weniger besagen sodann die gleichungen *Môrlant* = *Maurungania*, *Îrlant* = *Eyerland* (Texel) oder das vorkommen einer ortschaft *Ormanscâpelle* auf einer karte v. j. 1608 (v. Plönnies s. 313)[1]. Mit grösserem grunde wird behauptet, dass der schon im Alexander bekannte schauplatz des kampfes, in welchem Hetel fällt, der *Wülpenwert* oder *Wülpensant,* nach der anschauung der sage, an den niederländischen küsten zu suchen sei. Ein 'keurbrief' von Brügge v. j. 1190[2] erwähnt die '*Wulpingi* homines de *Wulpia* sive de *Cassand*', und der ortsname *Wulpen* erscheint auf zwei karten

---

1) Noch andere localisierungen in den Niederlanden sind versucht von Jonckbloet, Geschiedenis der mnl. dichtkunst 1. 78 ff. Geschiedenis der nl. letterkunde 1. 39 ff.; vgl. von Plönnies s. 305 ff. - C. Hofmann a. a. o. s. 212 ff. hat manche namen der Kudrun aus localitäten auf den Orkneys und in deren nahe erklärt; seine scharfsinnigen untersuchungen sind aber im allgemeinen nicht überzeugend. Gänzlich phantastisch sind die geographischen aufstellungen von J. Haupt in dem oben genannten buche. Desgleichen müssen die localisierungen von C. Martinius, Das land der Hegelingen widergefunden im ostfriesischen Harlingerlande (Norden 1880), für „localpatriotische phantasien" gelten (vgl. E. Martin, Anz. f. d. a. 6. 98). 2) Bei Warnkönig und Kluit, Hist. crit. comit. Holl. et Zeel. 2, 1. 85. Die stelle ist aufgefunden von J. Grimm, Zs. f. d. a. 2, 4; vgl. noch Mone, Heldens. s. 46; v. Plönnies s. 307.

dieser gegend aus dem XIV. und XVII. jh, die auch
v. Plönnies seiner ausgabe beigegeben hat. Gewiss war
diese örtlichkeit zur localisierung des kampfes sehr
geeignet. *Cassand* oder *Catsand* hat man in dem
namen von Ludwigs burg *Kassiâne* widerfinden wollen,
welcher aber 1535, 2 zum ersten male im gedichte be-
gegnet und wol erst den zusätzen gehört. Eher könnte
Hetels burg *Matelâne* ihren namen führen nach *Mat-
linge* (Jonckbloet, Mnl. Dichtk. 1, 80) oder nach *Matel-
lia, Meteln* an der Vecht (J. Grimm a. a. o. s. 3). Der
andere name *Campatille* 235, 2 ist jedesfalls jung und
offenbar undeutsch: Zingerle, Germ. 6, 44 nimmt an, er
sei erst vom schreiber der Ambraser hs. oder ihrer
vorlage ins gedicht gebracht.

Welchen weg die sage nach Oberdeutschland ge-
nommen hat, kann nicht genauer verfolgt werden.
Müllenhoff hat Zs. f. d. a. 12, 315 die namen *Cutrun,
Chuterun, Gudrun*[1]) in bairischen urkunden des XII. jhs.
nachgewiesen, während die hochdeutschen namensfor-
men *Cundrun, Gunderun, Gundarun* schon aus dem
IX. jh. zu belegen sind. Ebenda s. 313 hat Müllenhoff
den Namen *Horant* in Tegernseer urkunden vom anfang
des XII. jhs. an nachgewiesen. Es ergibt sich aus
diesen zeugnissen, dass die sage vor 1100 in Baiern
gangbar war. Aus der anspielung im Alexander (s. o.)
muste geschlossen werden, dass sie bereits zu anfang
des XII. jhs. in einem berühmten gedichte epische be-
arbeitung fand. Die gewöhnliche annahme, dies ge-
dicht sei kein oberdeutsches gewesen, steht jedoch auf
schwachen füssen, denn der pfaffe Lamprecht, obgleich
seiner mundart nach in der nähe von Köln zu hause
(Pfeiffer, Germ. 3, 494), hat sein werk vielleicht nicht
in der heimat, sondern in Baiern verfasst (vgl. Scherer,
Quellen und Forschungen 7, 62). Bereits etwas früher
als der pfaffe Lamprecht spielt der dichter des Ro-
landsliedes (vs. 7801 = 266. 19 W. Grimm, vgl. HS² 314.

---

1) *Goterun* im Necrol. Aug. des X. jhs. darf wol als entstellung von
Goterun gelten.

Zs. f. d. a. 2, 5) auf den Wate der Kudrunsage an. Der
pfaffe Konrad dichtete nachweislich in Baiern, und der
könig Rother, den ein fränkischer spielmann gleichfalls
in Baiern gedichtet zu haben scheint, zeigt auffallende
übereinstimmungen mit unserer sage (vgl. Klee, Zur
Hildes. s. 57). Diese und andere überlegungen, deren
erörterung hier zu weit führen würde, veranlassen zu
dem freilich losen schlusse, dass die Hilde-Kudrunsage
im laufe des XI. jhs. in den Niederlanden und am
Rhein ihre völlige ausbildung erhielt und in der zwei-
ten hälfte dieses jahrhunderts von fränkischen spielleuten
nach Oberdeutschland, und zwar zunächst nach Baiern,
gebracht wurde. Auf lange pflege des stoffes in den
kreisen der fahrenden deutet die gewis nicht von dem
verfasser der Kudrun erfundene darstellung der listigen
entführung Hildes durch Hetels recken, welche sich
zugleich für kaufleute und vertriebene fürsten ausge-
ben[1]), sowie die einführung des milden Fruote und
vielleicht auch des ritterlichen sängers Horant (oben
s. 5). Auch Wate gehört der sage nicht ursprünglich
an, allein er hat seine stelle in ihr augenscheinlich
schon früh erhalten. Müllenhoff hat Zs. f. d. a. 6, 62 ff.
den nachweis geführt, dass Wate (Wado) eigentlich ein
mythisches wesen ist, wol ein meerriese. Noch in
unserem gedichte tritt seine riesische natur deutlich
hervor (vgl. namentlich str. 1392 ff. 1494, 1. 1508.
1522). Siegfried, Herwigs gegner, muss, aller wahr-
scheinlichkeit nach, bereits der Herwigsage in ihrer
selbständigen gestalt angehört haben. Auch in ihm
mag, wie man vermutet hat, die sage und dichtung
einen vertreter der epoche der Normannenzüge poetisch
festgehalten haben: den Dänenkönig gleichen namens,
der in der zweiten hälfte des IX. jhs. gegen die Fran-
ken heerte und im kampfe gegen die Friesen das leben
verlor. Spätere verwirrung machte ihn zum Mohren-
könig, wie auch sonst das mittelalter die heidnischen
Normannen als Saracenen bezeichnete.

---

1) Vgl. Beitr. 9, 56 ff.

Im übrigen sind die züge, welche bereits der entwickelung der sage oder der älteren dichtung angehören, nicht immer mit sicherheit zu trennen von denjenigen, welche erst der Kudrundichter oder gar die überarbeiter des gedichtes hineinbrachten. Indem auch die genauere erörterung dieses punktes an dieser stelle abgelehnt werden muss, sei nur noch bemerkt, dass der ganze erste teil des gedichtes (Hagens jugendgeschichte, âvent. 1—4) nicht auf älterer sage beruhen kann. Diese vorgeschichte ist eine, sei es nun von dem ursprünglichen dichter der Kudrun, sei es von einem überarbeiter, erfundene erzählung. Ihre erfindung und anfügung ging wol aus dem bestreben der fahrenden hervor, einem wunsche des publikums entgegen zu kommen, das solche vorgeschichten aus höfischen gedichten lieb gewonnen hatte. Vielleicht darf man geradezu an das vorbild von Wirnts Wigalois denken, dessen held in unserem epos eine statistenrolle hat (582, 2. 715, 1. 759, 1). Einzelnes in dieser jugendgeschichte wurde aus anderen sagen und aus der spielmannspoesie hinzugesetzt: so mag die begegnung mit dem löwen (102) auf der Iweinsage beruhen oder auf den erzählungen von Heinrich dem löwen (Liebrecht, Germ. 1, 479).

Die zeugnisse für das fortleben der sage im mittelalter sind spärlich und können sämmtlich ebensogut als zeugnisse für das bekanntsein des gedichtes gelten. Sie beziehen sich alle auf Horants gesang und sind zusammengestellt HS² 341 f. Zs. f. d. a. 12, 423 f. 427. Einige berührungen in den namen zwischen der Kudrun und anderen gedichten sind s. 23 erwähnt. Dass mit *Goldrûn diu vrouwe* Klage 2208 A Kudrun gemeint sei, wie Müllenhoff vermutete (Kudr. s. 99. Zs. f. d. a. 12, 316), ist recht unwahrscheinlich. *Sigebant von Îrlant* findet sich Rabenschlacht 248 wider, er stammt dort gewiss aus der Kudrun, an welche auch sonst anklänge im gedichte vorkommen (Martin, Deutsch. Heldenb. 2, LIV)[1]).

---

1) Andere wirkliche oder scheinbare übereinstimmungen, welche Klee' Zur Hildes. s. 57 f. zusammenstellt, dürfen in keinem falle als zeugnisse für die sage gelten.

In neuerer zeit haben Bartsch und Schröer das fort-
leben der Kudrunsage an den entgegengesetzten enden
des deutschen sprachgebietes bis auf unsere tage be-
hauptet. Bartsch hat in Mecklenburg aus den jugend-
erinnerungen einer alten dame notizen über eine volks-
sage gesammelt[1]), die allerdings teilweise merkwürdig
an die Kudrunsage gemahnen würde, wenn nicht ge-
wichtige gründe gegen die wahrscheinlichkeit des treuen
fortlebens derartiger einzelheiten der sage und für die
annahme einer selbsttäuschung sprächen. Schröer hat
in drei volksliedern aus Gottschee nachklänge der
Kudrunsage zu hören gemeint[2]). Eines derselben hat
in der tat grosse ähnlichkeit mit der erkennungsscene
zwischen der waschenden Kudrun und Herwig am
strande. Darf man wirklich an einen zusammenhang
denken, so müste doch angenommen werden, dass das
lied nicht aus der lebendigen volkssage, sondern aus
dem mhd. gedichte des XIII. jhs. hervorgegangen sei,
denn die einzige wahrhaft überraschende übereinstim-
mung (mit str. 1225, 1 und 1294, 3) bezieht sich auf
einzelheiten, deren ausprägung man ohne zweifel erst
dem Kudrundichter zuschreiben muss. Als erwiesen
ist das fortleben der sage bis auf unsere zeit demnach
nicht zu betrachten.

II. Das epos.

1. Die erhaltung des epos von Kudrun verdanken
wir einem günstigen geschicke. Es ist überliefert in
einer einzigen späten pergamenthandschrift aus dem
anfang des XVI. jahrhunderts, welche aus dem schlosse
Ambras bei Innsbruck stammt und sich jetzt in der
Ambraser sammlung zu Wien befindet. Die grosse
Ambraser hs. ist in den jahren 1504 bis 1515 von
Hans Ried, zöllner am Eisack in Bozen, auf bestellung

---

1) Germ. 12, 220. 14, 323. Vgl. Bartsch, Sagen, märchen und gebräuche
aus Meklenburg I (Wien 1879). S. 469.   2) Germ. 14, 327. Die drei lieder
sind wol verschiedene versionen einer ballade vgl. Martin, Einl. s. L f. —
Dazu s. Germ. 17, 208. 425.

des kaisers Maximilian, angefertigt[1]) und umfasst nicht
weniger als dreiundzwanzig gedichte, unter denen ausser
der Kudrun auch der Biterolf, der Erec und die beiden
büchlein Hartmanns von Aue, sowie das frauenbnch
Ulrichs von Lichtenstein, von kleineren abgesehen, nur
durch sie auf uns gekommen sind[2]). Die Kudrun steht
in ihr zwischen den Nibelungen und dem Biterolf auf
blatt 140ᵃ bis 167.

Der schreiber hat das gedicht in die laut- und
formverhältnisse seiner zeit übertragen: es ist demnach
die erste aufgabe der kritik, es in die mhd. sprachfor-
men zurückzuübersetzen. Auch sonst fällt der text-
kritik eine bedeutende rolle zu. Nachlässigkeit und
missverständnis haben den offenbar sorgfältigen text
der vorlage in unserer überlieferung schwer geschädigt.
Nicht nur vielfache schreibfehler müssen gebessert, um-
stellungen der worte berichtigt, sondern auch zusätze
entfernt und lücken ergänzt werden, um den text der
vorlage zu gewinnen[3]). Diese vorlage muss allem
anschein nach noch dem XIII. jahrh. angehört haben, war
aber, wie ich mit Martin Einl. s. II annehme, nicht
fortlaufend wie prosa, sondern mit absetzung der reim-
zeilen geschrieben (vgl. z. b. zu 457, 4. 978, 2. 1016,
3 u. ö.).

Allein, auch wenn es annähernd gelungen ist, das
gedicht aus dem wuste der späten und nachlässigen
überlieferung in die gestalt zu übertragen, wie sie
einem werke aus dem anfang des XIII. jhs. zugetraut
werden darf, wird es noch durch eine weite kluft ge-
trennt von der form, in welcher es aus der hand des
ursprünglichen dichters hervorgegangen sein kann. Wie
uns die Kudrun vorliegt, ist das gedicht formell und
inhaltlich stark überarbeitet.

---

1) Vgl. Germania 9, 381.　　2) Den inhalt der handschrift verzeich-
net von der Hagen, Heldenbuch (1855) I, s. XII f. Ein facsimile, das den
anfang der Kudrun darstellt, gab gleichfalls von der Hagen im dritten
bande seiner Gesammtabenteuer (1850).　　3) Am eingehendsten und über-
sichtlichsten sind diese punkte zusammengestellt und behandelt von Bartsch,
Germ. 10, 41—59.

Auf der grenze zwischen den überlieierungsfehlern, mögen sie nun unserer hs. oder bereits deren vorlage zufallen, und den schädigungen, welche das epos durch überarbeitung erlitten hat, steht die unordnung in der reihenfolge der strophen. Von einzelnen fällen abgesehen, hat zuerst Wilmanns in seiner unten zu erwähnenden schrift darauf hingewiesen, dass an vielen stellen die strophen nicht so geordnet sind, wie es ihr dichter beabsichtigte, und dass häufig ein sinngemässer zusammenhang sich leicht herstellen lässt durch verbesserung der überlieferten strophenfolge. Allein die ursachen der strophenvermengung scheinen nicht in allen fällen dieselben gewesen zu sein. In manchen sind sie bloss graphischer art, nämlich der gleiche anfang zweier oder mehrerer auf einander folgenden strophen und dadurch veranlasstes abirren des schreibers, der dann später sein versehen bemerkte und die ausgelassenen nachtrug (vgl. zu 466—468. 501—510. 592—594. 940—943. 1029—1050 und dazu Beitr. 9. 74). In andern fällen ist die verwirrung veranlasst durch die einfügung von zusätzen, namentlich Nibelungenstrophen, an unrechter stelle (vgl. zu 14 f. 280 f. 474. 556—558. u. ö.)[1].

Führt so bereits die unleugbar hervortretende unordnung in der reihenfolge der strophen auf die annahme von zusätzen, welche der ursprünglichen dichtung fremd waren, auch im übrigen wird durch äussere und innere kennzeichen die stark überarbeitete gestalt, in welcher uns die einzelnen teile des gedichtes vorliegen, über allen zweifel erhoben. Aeussere kennzeichen sind vor allem die zwischen die Kudrunstrophen eingemischten Nibelungenstrophen und die caesurreime[2].

Die unserem gedichte eigentümliche strophenform hat sich aus der Nibelungenstrophe entwickelt. Von

---

1) Näheres s. Beitr. 9, 61 ff.   2) Ich habe über die Nibelungenstrophen und die caesurreime in der Kudrun Beitr. 9, 1—51 ausführlich gehandelt und muss mich hier darauf beschränken, die resultate dieser untersuchung mitzuteilen.

dieser weicht sie in der dritten und vierten zeile ab, welche klingenden ausgang haben. Ueberdies hat die letzte halbzeile eine hebung (einen fuss) mehr als in der Nibelungenstrophe, also deren fünf. Die caesuren sind nicht gereimt [1]). Von dieser strophenform weicht unsere überlieferung in doppelter weise ab, von denjenigen fällen abgesehen, in denen die entstellung des strophenmasses, namentlich die unvollständigkeit der letzten halbzeile, den schreibern zur last fällt.

Einmal gibt es in der Kudrun im ganzen 99 strophen — sie sind in dieser ausgabe durch einen stern bezeichnet —, welche die Nibelungenstrophenform haben. Sodann sind von den 1705 strophen des gedichtes 401 mit caesurreimen geschmückt, d. h. sie haben ausser dem endreim auch noch einen inreim, entweder bloss in der vorderen hälfte (im ganzen 217), oder in der hinteren hälfte allein (117), oder endlich in beiden hälften (67). Indem durch die reimung der caesuren überschlagende reime entstehen, wird der charakter der strophe wesentlich durch sie verändert: der durch beide hälften durchgeführte inreim macht geradezu aus der vierzeiligen strophe eine achtzeilige. Die Nibelungenstrophen und caesurreime sind unabhängig von einander; jene müssen bereits im gedichte gewesen sein, bevor diese hineinkamen. Eine genaue untersuchung führt zu folgendem resultate. Die Nibelungenstrophen sind, wie bereits Ettmüller annahm, durch bearbeitung in das gedicht gekommen. Es sind teilweise frei erfundene interpolationen, teilweise jedoch haben sie ältere strophen verdrängt oder umgestaltend auf die unmittelbar vorhergehenden Kudrunstrophen eingewirkt. Wahrscheinlich rühren die Nibelungenstrophen von einem und demselben bearbeiter her, der durch bequemlichkeit, sowie durch eine ziemlich genaue kentniss des Nibelungenliedes zur wahl dieser strophen-

_____

3) Ueber die metrik der Kudrun vgl. M. Rieger in v. Plönnies' ausg. s. 241 ff.; Bartsch, Germ. 10, 59 ff.; Martin, Einl. s. VI ff. Ueber einzelnes Beitr. 9, 81 ff.

form veranlasst wurde. Anders verhält es sich mit den caesurreimen. Diese sind in weitaus den meisten fällen in älteren strophen nachgetragen. Technik, grammatische eigentümlichkeiten, abweichungen im sprachgebrauch, vor allem aber die gezwungenheit und gespreiztheit des ausdrucks, die sich in sonst unerklärlicher weise von den andern teilen der strophen abhebt, führen zu der annahme, dass der caesurreim von einem bearbeiter herrührt, dessen interesse ausschliesslich auf die form gerichtet war, und dessen tätigkeit vorwiegend in der formellen umgestaltung fertig vorliegender strophen bestanden hat. Damit soll nicht geleugnet werden, dass manche strophen mit caesurreim interpoliert sein können. Allein der caesurreim darf niemals an sich als kennzeichen des jüngeren ursprungs der strophe gelten, in welcher er begegnet.

Eine dritte formelle eigentümlichkeit tritt nur vereinzelt hervor: der übergang der construction aus einer strophe in die andere (vgl. zu 1326/1327). Sie begegnet ausschliesslich an stellen, wo die dichtung noch andere spuren der bearbeitung trägt.

Innere kennzeichen der bearbeitung sind die widersprüche und unverträglichkeiten, welche sich im gedichte finden, sowie die innerhalb der einzelnen teile unleugbar bemerkbare verschiedenheit des tons. Ganze abschnitte stehen mit der grundanlage der dichtung in unlösbarem widerspruch, so die episode, wie Hartmut unerkannt an Hetels hofe weilt und die neigung der Kudrun gewinnt (vgl. zu âvent. 11 und Beitr. 9, 60 f.), ebenso die werbung Siegfrieds von Morlant um Kudrun (zu 579 — 586). Andere episoden unterbrechen den gang der handlung und sind meist aus der sucht nach romanhafter spannung hervorgegangen, so der wechsel des locals 337 — 342. 352 f., die einführung des obersten kämmerers und die anfängliche zurückhaltung Horants in der scene in Hildes kemenate (394. 397 — 400. 408. 411 — 424, vgl. Beitr. 9, 65), das retardierende moment in der vogelprophezeiung (zu 1177 ff.), die nutzlose höfische scene 1306 — 1311. In den aven-

tiuren, welche Horants gesang, den empfang der braut
durch Hetel, den kampf um Hilde erzählen, ist die
überarbeitung klar erkennbar (Beitr. 9, 65 ff.). Manche
strophen zeigen ungenügenden zusammenhang mit ihrer
umgebung (zu 441. 715. 1000. 1018. 1088—1090. 1093 f.
1198. 1295. 1320.). Andere sind lästige widerholungen
(vgl. zu 576). Zuweilen machen mehrere auf einander
folgende strophen den eindruck, als seien sie aus éiner
ursprünglichen entstanden (zu 850 f. 1193 f. 1339 ff.).
Oefter wird das gleichmass der darstellung durch fremdar-
tige bestandteile verletzt (zu 1175 f. 1368 ff.). Namentlich
in der einleitung von Hagens abenteuerlicher jugend
und im schlusse von str. 1650 an, aber auch in den
mittleren teilen des gedichts nehmen die schilderungen
von festen und turnieren, von kleidern und anderen
sachen, überhaupt die äusserlichkeiten der ritterlichen
mode einen ungebührlichen raum ein. Eine redselig-
keit und breite, die zu der vornehmen zurückhaltung
und wortkargheit der schönsten abschnitte der dichtung
einen auffallenden gegensatz bilden, kennzeichnen diese
ausführungen.

2. Mehrere kritiker haben sich bemüht, die dich-
tung von den späteren anwüchsen zu befreien und in
ihrer ursprünglichen gestalt widerherzustellen. Zuerst
hat Ettmüller (1841), auf Lachmanns kritik der Nibe-
lungen fussend, den versuch gemacht, die dichtung in
ihre bestandteile zu zerlegen, die alten zu grunde liegen-
den volkslieder, welche er zu erkennen glaubte, aus-
zuschälen und sogar die zusätze der verschiedenen be-
arbeiter zu sondern. Ihm folgte Müllenhoff (1845),
diesem W. von Plönnies (1853). Unter diesen ver-
suchen ist der von Müllenhoff unstreitig der bedeutendste
und geistvollste. Er erklärt nach äusseren und inneren
kennzeichen von den 1705 strophen unserer überliefe-
rung nur 415 (die alten fortsetzungen und verbindungs-
stücke mitgerechnet) für echt. Dies alte gedicht zer-
fällt in zwei grosse abteilungen, von denen die erste
die werbung um Hilde, die zweite die schicksale der
Kudrun erzählt. Das vorspiel von Hilde (92 echte

strophen) zerlegt Müllenhoff in 7 abschnitte. Der kern
der dichtung, Kudruns not und erlösung, gliedert sich
nach seiner kritik[1]) in vier lieder, deren jedes aus
kleineren abschnitten zusammengesetzt ist: I. str. 587—
955 (die entführung), 4 abschnitte nebst zwei alten
fortsetzungen (56+34 echte strophen), dazu zwei jüngere
verbindungsstücke (8+2 strophen). — II. str. 956—1193
(Kudruns not), 3 abschnitte (68 echte strophen), dazu
zwei verbindungssätze (6+6 strophen). — III. str.
1195—1376 (das widersehen), 1 ursprünglicher ab-
schnitt (26 echte strophen) nebst einer alten fortsetzung
(Kudruns list, 37 echte strophen), dazu zwei verbin-
dungsstücke (8+10 stophen). — IV. str. 1392—1530
(Kudruns erlösung), 5 abschnitte (62 echte strophen).
— Müllenhoff nahm allerdings an, dass die echten teile
des gedichtes von einem dichter herrühren, allein die-
ser soll nicht von anfang an die ansicht gehabt haben,
die ganze sage in einem fortlaufenden epos zu besingen.
Einzelne lieder bildeten die grundlage, aus denen durch
einfügung verbindender zwischenglieder das ganze her-
vorgegangen sei. Die interpolationen rühren nach
Müllenhoff nicht von einem und demselben verfasser
her: er unterscheidet wenigstens drei verschiedene
hände, aber er verzichtete darauf, die zusätze im ein-
zelnen unter dieselben zu verteilen.

Die annahme, dass der dritte (zweite) teil des ge-
dichtes aus liedern entstanden sei, welche schon vor
ihrer zusammenfügung und verbindung in einzelne
abschnitte zerfielen, ist so künstlich, dass sie auch von
entschiedenen anhängern der Müllenhoffschen kritik
aufgegeben ist[2]). Allein, auch wenn man sich mit der
annahme begnügt, der verfasser des ursprünglichen
gedichtes habe seinen stoff in zwei liedern behandelt,
einem kürzeren (Hilde) und einem längeren (Kudrun),
welche beide aus einer reihe zusammenhängender ab-
schnitte bestehen, so ergeben sich gegen Müllenhoffs

1) Vgl. Müllenhoffs 'nachträgliche berichtigung' s. 125 f. 2) Vgl.
Martin, Einl. s. XXVII; Scherer, Gesch. der deutsch. litt. s. 134.

gliederung und ausscheidung gewichtige bedenken. Zwischen den einzelnen abschnitten fehlt häufig die natürliche verbindung, die einzelnen strophen schliessen innerhalb der einzelnen abschnitte nicht immer genügend an einander; während sich einerseits in dem von Müllenhoff hergestellten gedichte lücken bemerkbar machen, die einer verständigen zusammenhängenden erzählung nicht gemäss sind, finden sich in ihm andererseits widersprechende bestandteile vereinigt. Es ist nicht glaublich, dass aus einem solchen kerne hätte entstehen können, was unsere überlieferung bietet, man müsste denn den interpolatoren eine arbeitsweise zutrauen, die psychologisch nicht zu erklären wäre. Was aber der kritik Müllenhoffs wie derjenigen seines vorgängers und nachfolgers vollends jeden festen boden entzieht, es beruht sein verfahren notwendig auf der voraussetzung, dass wir die Kudrun noch wesentlich in derselben gestalt haben, in welcher das gedicht in seiner überarbeiteten gestalt zuerst niedergeschrieben wurde, d. h. dass strophenüberarbeitungen nicht oder doch nur in verschwindend geringem masse stattgefunden haben. In wirklichkeit sind aber nachweislich durch die interpolation der Nibelungenstrophen ältere strophen verdrängt oder umgestaltet, und durch die einführung der caesurreime ist das gedicht namentlich in der mitte fast zur unkenntlichkeit entstellt. An dieser doppelten übertünchung scheitert von vornherein jeder versuch, den alten kern des gedichtes widerherzustellen. Der inhalt führt zu demselben ergebniss: es machen sich lücken bemerkbar (s. zu 1000. 1088 f.), und sowol in der zeitbestimmung des rachezuges, wie in der erkennungsscene sind deutlich bruchstücke einer älteren bearbeitung zu erkennen (s. zu 930. 1235. 1274—79. 1320.).

So kann es sich nicht um eine widerherstellung der ursprünglichen dichtung handeln, sondern bloss darum, die dichtung, wie sie vorliegt, zu begreifen und das zustandekommen der überlieferung zu erklären. Zu diesem resultate ist auch Wilmanns in seiner scharfsinnigen und vielfach fördernden untersuchung des gedichts gelangt[1]). Wilmanns gelangt freilich zu diesem ergebnisse auf anderem wege. Er hat das unhaltbare der liedertheorie erkannt und sucht die überlieferte gestalt der dichtung zu erklären aus der contamination zweier dichtungen in echten Kudrunstrophen. Beide dichtungen wurden vor der contamination überarbeitet, der contaminator erweiterte dann die dichtung seinerseits, indem er willkürlich echte Kudrunstrophen, strophen mit caesurreimen und Nibelungenstrophen für seine zusätze brauchte. Wahrscheinlich aber hat es noch eine dritte verkürzte Kudrundichtung gegeben, welche zuerst die sagen von Hilde, Herwig und Kudrun zu einem sagencomplexe verband. Die jüngeren zusätze sind an vielen stellen nicht richtig eingeordnet.

Die theorie, welche Wilmanns an die stelle der liedertheorie gestellt hat, steht und fällt mit der richtigen ausscheidung der jüngeren zusätze. Dass diese ihm gelungen sei, kann schon deswegen nicht zugegeben werden, weil das vorkommen der caesurreime auch von ihm fälschlich als kriterium der unechtheit verwant worden ist. Im übrigen muss hier auf eine widerlegung von Wilmanns theorie verzichtet werden. Im grossen und ganzen halte ich in betreff der entstehung der Kudrun die folgenden punkte für die wesentlichen ergebnisse der bisherigen forschungen: a. Aus den untersuchungen von Ettmüller, Müllenhoff und Wilmanns hat sich zur genüge ergeben, dass die Kudrun ein formell und inhaltlich[2]) stark überarbeitetes gedicht ist. — b. Viele strophen sind in unserer überlieferung falsch geordnet; ihre sinngemässe anordnung genügt an manchen stellen, die verkehrtheit der darstellung zu heben. — c. Die bearbeitung letzter hand ist eine formelle gewesen und hat in der massenhaften ausschmückung des fertig vorliegenden gedichtes mit

---

1) Die entwickelung der Kudrundichtung untersucht von W. Wilmanns, Halle 1873. 2) Bartsch, Germ. 10, 160 gibt nur eine formelle überarbeitung zu. Ich gestehe, dass für mich die annahme, das gedicht sei das werk eines dichters, völlig unbegreiflich ist.

caesurreimen bestanden. — *d.* Vor der einführung der
caesurreime sind die Nibelungenstrophen interpoliert.
Sie haben ältere Kudrunstrophen teilweise verdrängt
oder umgestaltet und verdanken wahrscheinlich ihr
vorkommen einer und derselben tätigkeit. — *e.* Das
gedicht hat bereits vor diesen vorzugsweise formellen
bearbeitungen vielfache zusätze erhalten. Stellenweise
scheinen sogar bruchstücke einer älteren gestalt erkennbar.
Ganze teile sind offenbar hinzugedichtet, andere erwei-
tert. Mit den uns zu gebote stehenden mitteln zu
einigermassen gesicherten resultaten über die zusammen-
setzung der dichtung zu gelangen, ist jedoch unmöglich.
Aeussere kennzeichen des jüngeren ursprungs sind nicht
in genügender anzahl vorhanden; metrik, reim und
sprachgebrauch geben für die unterscheidung älterer
und jüngerer teile keine handhabe; die inneren gründe
dafür sind mit äusserster vorsicht zu verwenden [1]). Na-
mentlich ist es oft sehr schwer zu bestimmen, welche wider-
sprüche und unverträglichkeiten der darstellung durch
bearbeitung, und welche durch verbindung verschiede-
ner sagen oder sagenzüge ins gedicht hineingekommen
sind. — *f.* Am allerwenigsten ist an eine widerher-
stellung der ursprünglichen dichtung zu denken.

3. Der kern des gedichtes, soweit er sich aus der
überlieferung erkennen lässt, muss um das jahr 1210
verfasst sein. Für diese zeitbestimmung spricht das
verhältnis desselben zu anderen werken der mhd. lite-
ratur. Die Kudrun setzt das Nibelungenlied voraus
und zeigt im vergleich mit demselben einen bemerkens-
werten fortschritt in der scharfen gliederung und der bis
ins einzelne überlegten composition des epischen stoffes,
in der charakteristik, welche alles typische vermeidet,
in dem farbenreichtum der darstellung und der aus-
gebildeten technik. Viele einzelheiten, welche in den
anmerkungen nachgewiesen sind, hat das gedicht mit
dem Biterolf gemeinsam, welcher im anfang des XIII. jhs.
entstanden sein muss: die frage, welches von beiden

----

1) Vgl. Beitr. 9, 51 ff.

gedichten dem andern zeitlich vorhergeht, lässt sich noch nicht sicher beantworten. Der einfluss der höfischen poesie auf den stil der Kudrun ist unverkennbar, der minnegesang hat ihn nicht unberührt gelassen, die durchdringung der unter französischer einwirkung ste- henden adligen bildung und der geklärten heimischen spielmannskunst feiert in den ältesten teilen der Kudrun ihre schönste vollendung. Die strophe der Kudrun ist aller wahrscheinlichkeit nach von Wolfram von Eschenbach zur Titurelstrophe umgebildet; wenn, wie anzunehmen ist, die Kudrunstrophe von dem verfasser unseres ge- dichtes erfunden ist, so ergibt sich auch hieraus als terminus ad quem etwa das jahr 1215.

Aus sprachlichen gründen wird klar, dass die dichtung in Oesterreich enstanden ist. Auf diese heimat weisen reimfreiheiten wie *getrouwen : vrouwen* 165, 4. 198, 4. 215, 3. 251, 4. 269, 4. 326, 3. 363, 4. 411, 4. 491, 4. 620, 4. 654, 4. 948, 4. 992, 4. 1036, 4. 1161, 4. 1305, 4. 1436, 3. 1527, 3. 1541, 4. 1687, 4: *schouwen* 51, 3. 537, 4. 1363, 4. 1387, 4: *houwen* 1457, 4. *gerou- wen : vrouwen* 499, 4. 738, 4: *houwen* 717, 4. *soume : koume* 1603, 3; ferner *handen* neben *henden* im reim, *hiete(n)* 443, 3. 1015, 4. *duo* (: *vruo*) 827, 1. *ieht* und *nieht* (: *lieht*) 1243, 2. 1325, 2; sodann wörter wie *sun- derbâr* 84, 4. *vreide* (s. zu 495, 4). *widerwinne* 236, 4. 733, 4 u. a. Wegen der auffallenden übereinstimmungen mit dem Biterolf, den man nach Steiermark setzte, hat man auch für die Kudrun steirische heimat angenom- men. Allein es ist zweifelhaft, ob der Biterolf nach Steiermark gehört[1]).

Ueber den verfasser der ursprünglichen dichtung ist weder etwas bekannt noch etwas zu vermuten.

Auf die gleiche heimat und nicht sehr viel jüngere zeit deuten auch die zusätze. In Oesterreich ist auch die bearbeitung letzter hand, die einführung der caesur- reime, vor sich gegangen (vgl. Beitr. 9, 48 ff.).

4. Die erste nachricht der von Kudrun gab im jahre

[1] Vgl. R. von Muth, Zs. f. d. a. 21, 182 ff.

1817 A. Primisser. Abgedruckt wurde dann das gedicht nach der handschrift im zweiten bande der Deutschen gedichte des mittelalters von v. d. Hagen und
Büsching (1820), mit besserungen und ergänzungen
im texte wie in den anmerkungen. Der abdruck v.
d. Hagens kann unter berücksichtigung der collation
von Gärtner, Germania 4, 106 ff. und der nachlese von
Martin, Bemerkungen zur Kudrun s. 6 f. als vertreter
der handschrift gelten. Den ersten versuch, das gedicht
in die mhd. sprachformen des XIII. jhs. zu übertragen,
machte A. Ziemann (band I der Bibliothek der gesammten deutschen nationalliteratur, Quedlinburg und Leipzig 1835). Ziemanns ausgabe, so unvollkommen sie
war, hat für die Kudrun erneute aufmerksamkeit wachgerufen. In den nächsten jahren wirkten Wilhelm
Grimm durch vorlesungen über das gedicht an der
Berliner universität[1]), Gervinus durch proben einer
nhd. bearbeitung in hexametern, K. A. Hahn und M.
Haupt durch kritische bemerkungen zum texte für die
verbreitung und reinigung des epos. Im jahre 1841
erschien der erste versuch, das gedicht von den späteren anwüchsen zu befreien, von L. Ettmüller (Gûdrûnlieder, Zürich und Winterthur 1841; schulausgabe,
Leipzig 1847). Ziemlich gleichzeitig gaben sodann A.
J. Vollmer das ganze gedicht (Leipzig 1845) und K.
Müllenhoff die von ihm als echt erkannten teile desselben heraus (Kiel 1845): des letzteren text wurde
von K. A. Hahn mit einigen besserungen neu herauscgegeben (Wien 1853, zweite auflage 1859). Ausserdem
sind bis jetzt folgende ausgaben erschienen: von W.
von Plönnies (Leipzig 1853), urtext und übersetzung
der dem herausgeber für echt geltenden teile mit mancherlei beigaben, von K. Bartsch (Deutsche Classiker
des mittelalters, Band II. Leipzig 1865, vierte auflage
1880) mit erläuterndem commentar für den weiteren

---

1) Von W. Grimms textverbesserungen ist einiges veröffentlicht in
Müllenhoffs und Martins ausgaben (vgl. Bartsch, Germ. 10, 161 f. und Martin,
Bemerkungen s. 6).

kreis der gebildeten (von demselben eine schulausgabe mit glossar, Leipzig 1875), von E. Martin (Germanistische handbibliothek, bd. II. Halle 1872), mit allseitig erklärenden anmerkungen. Eine nach Müllenhoff und Martin verkürzte ausgabe von A. E. Zwitzers (Hannover, 1881) ist ohne wert. Nachdem ein ungenannter (Gervinus) den probegesang einer nhd. bearbeitung des gedichts in antikem masse veröffentlicht (Leipzig 1836) und San Marte (1839) das epos nach dem muster von Tegnérs Frithiofssaga in romanzenform aufgelöst hatte, lieferte A. Keller die erste wirkliche übersetzung (Stuttgart 1840). Ihr folgte bald die von K. Simrock (Stuttgart 1843, zehnte auflage 1877). Andere übersetzungen teils des ganzen gedichts, teils einzelner teile desselben sind die von F. Koch (1847), W. von Plönnies in seiner ausgabe (1853), M. A. Niendorf (1855), A. Bacmeister (1860), G. L. Klee (1878).

Die bedeutendsten schriften und abhandlungen zur kritik und geschichte der Kudrun sind ferner die folgenden: M. Haupt, Zs. f. d. a. 2, 380. 3, 186. 5, 504; K. Bartsch, Germ. 7, 270. 10, 41. 148 (letztere abhandlung auch einzeln: Beiträge zur geschichte und kritik der Kudrun, Wien 1865); E. Martin, Bemerkungen zur Kudrun, Halle 1867; C. Hofmann, Sitzungsberichte der k. bair. akad. der wiss. 1867. II. s. 205. 357; R. Hildebrand, Zs. f. d. phil. 2, 468. 4, 356; W. Wilmanns, Die entwickelung der Kudrundichtung, Halle 1873; G. L. Klee, Germ. 25, 396. Noch vgl. man A. Rassmann, Gûdrûn bei Ersch und Gruber, Sect. 1, bd. 96, s. 121 und E. Kolisch, die Kudrun-dichtung nach Wilmanns' kritik, Stettiner programm, 1879, sowie zur aesthetischen würdigung des epos H. Rückert, Ueber das epos von Gudrun (Heinrich Rückerts kleinere schriften I. Weimar 1877, s. 180 ff.). Neuerdings hat W. Scherer, Geschichte der deutschen litteratur s. 132 ff., eine vortreffliche charakteristik des gedichts gegeben. Auf anderes ist unter dem texte verwiesen.

Es ist noch übrig über die einrichtung dieser ausgabe ein paar worte hinzuzufügen. Die bei der textesherstellung von mir befolgten grundsätze sind in den Beiträgen 9, 79 ff. dargelegt. Die knappen anmerkungen bringen zunächst die lesart der handschrift, wo im texte von derselben abgewichen wurde. Bloss orthographische dinge habe ich jedoch nur angemerkt, wo besondere gründe es forderten. Von ganz selbstverständlichen änderungen abgesehen, bin ich bestrebt gewesen bei jeder von anderen gemachten besserung, die in den text aufgenommen wurde, den namen ihres urhebers sorgfältig zu verzeichnen. Dabei sind die folgenden abkürzungen gebraucht: B. = Bartsch, E. = Ettmüller, W. Gr. = Wilh. Grimm, v. d. H. = von der Hagen, C. Hofm. = Conrad Hofmann, Hpt. = M. Haupt, M. = Martin, Mh. = Müllenhoff, Pl. = von Plönnies. V. = Vollmer, W. = Wilmanns, Z. = Ziemann. Die übrigen abkürzungen sind die gewöhnlichen. Die weiteren bemerkungen unter dem texte, welche zwischen die lesarten gestellt werden musten, haben, dem in der vorrede ausgesprochenen zwecke der ausgabe gemäss, die absicht den lernenden zu selbständigem weiterstudium anzuregen. Sie erläutern schwierige stellen, weisen auf fragen der höheren kritik hin und suchen durch den hinweis auf parallelstellen das verhältnis der Kudrun zu verwanten dichtungen zu verdeutlichen. Doch bitte ich, diese kurzen bemerkungen nicht als commentar, sondern ausschliesslich als winke mit einem vorzugsweise praktischen zwecke zu betrachten.

Ditze buoch ist von Kûdrûn.

(I. âventiure)

1 Ez wuohs in Îrlande   ein rîcher künic hêr;
geheizen was er *Sigebant,*   sîn *vater der hiez* Gêr.
sîn muoter diu hiez Uote   und was ein küniginne.
durch ir hôhe tugende   sô gezam dem rîchen wol ir minne.

2 Gêre dem rîchen künege,   daz ist wol erkant,
dienten vil der bürge;   er het sîben vürsten lant.
dar inne het er recken   vier tûsent oder mêre,
dâ mite er tegelîchen   mohte erwerben beide guot und êre.

3 Dem jungen Sigebande   man gên hove gebôt,
dâ er solte lernen,   ob im des würde nôt,
mit dem sper rîten,   schirmen unde schiezen,
so er zúo den vînden kœme,   daz ers deste baz möhte ge-
niezen.

4 Er wuohs unz an die stunde,   daz er wâfen truoc.
in heldes ahte er kunde   alles des genuoc,
des in solten prîsen   man unde mâgen.
des lie der helt edele   sich deheine zîte betrâgen.

Ueberschrift: *Chautrun* (vgl. s. 24 anm.).   **I.** 1—3 vgl. Nib.
20,1. 2.   **2** *Sigebant, sîn vater der hiez* fehlt, ergänzt von vdH.   4 *richen*]
riche vermutet C. Hofm. (reichsoberhaupt, herrscher. Indes wird *riche*
in diesem sinne kaum anders gebraucht als mit bestimmter beziehung auf den
deutschen kaiser. Vgl. die beispiele Mhd. Wb. II. 693. Lexer II, 418)
2,1 *Ger.*   2 er *het* streicht C. Hofm.   3 *oder oder mere.*   **3.** 1 Ellipse
eines verbums der bewegung, vgl. Gramm. 4, 135 ff.   4 *dester bas.*   **4,** 3
mágen, so die hs.] *mâge* die herausgg. Ich habe die starke form nicht durch-
führen mögen, da auch ausserhalb der Ambraser hs. die schwache plural-
form *mágen* zu belegen ist vgl. Jänicke zu Bit. 3822 und Weinhold, Mhd. Gr.
§ 442.   4 *dhain zeit sich,* umgestellt von B.

5 Dar nâch in kurzen stunden   dô schiet si der tôt,
sô noch den edelen liuten   geschiht ze grôzer nôt.
ja erstênt diu urkünde   in aller vürsten rîchen,
der wir mit grôzen sorgen   müezen warten allertegelîchen.

*6 Diu Sigebandes muoter   den witewenstuol besaz.
der mære holt guoter,   dar umbe liez er daz,
daz er niht wolte minnen   ze rehter siner ê.
der edelen küniginne   was nâch Sigebanden wê.

7 Sîn muoter riet dem rîchen,   daz er im næme ein wip,
dâ von getiuret würde   sîn lant und ouch sîn lîp
nâch sô grôzem sêre,   er und ouch sîn künne:
nâch sînes vater tôde   volgte im beide vreude und michel
wünne.

8 Siner muoter lêre   diu behaget im wol;
der begunde er volgen [sêre]   als man vriunden sol.
er hiez *im* werben eine   die besten von den rîchen,
diu saz in Norwæge.   des hulfen im sîne mâge vlîziclîchen.

9 Si wart im gemahelet,   alsô ist uns geseit.
dô wart ir hovegesinde   vil manic schœniu meit
und siben hundert recken   von Frideschotten lande.
die vuoren mit ir gerne,   wan si den jungen künic wol
erkanden.

10 In magetlîchen êren,   die ir dâ vuoren mite,
si brâhtens im ze lande   nâch rîchem küniges site.
die si dâ sâhen gerne,   die begunden îlen.
bedecket man die strâze   vant vil wol in vierdehalber mîle.

11 Zertretet allenthalben   bî den wegen was
von der liute krefte   bluomen unde gras.

5, 2 *ze* W. Gr.?] *in*.   3 *diu urkünde*]   'grabdenkmäler'? (vgl. 909, 2).
4 *aller tage tägelichen*, gebessert von V.   6, 1. *den witewenstuol besitzen*]
· *in dem witewenstuol sitzen* 'wittwe sein'; als gegensatz dazu *den w. ver-
kéren, verrücken* 'wider heiraten'. Ein besonderer sitz *(der witewenstuol)* war
wol das symbol des wittwenstandes. Vgl. Rechtsalt. 453.   4 *der edelen
küniginnen*. Die behauptung widerspricht 7, 1. Vgl. über die interpolierte
Nibelungenstrophe Beitr. 9, 11.   8, 2 *sére* ist zusatz des cäsurreimers,
von E. gestrichen.   3 *im* fehlt, ergänzt von B.   4 *Horwage*.   9, 1 *mit
im*, gebessert von E.   10, 1 *ir* Hpt] *ye*.   3 *begunden ze eylen*, gebessert
von B.   4 *vierdhalben meylen*, gebessert von V.   11, 1 *Zertretet*] *be-
decket* hs. (aus 10, 4); *geweten* oder *gewetet* vermutet C. Hofm. Die aufgenom-
mene besserung rührt von Zarncke her.   2 *baide plůmen vnd*, gebessert von V.

ez was in einen zìten, sô diu loup entspringent
und daz ouch in dem walde   diu vogellìn ir wîse beste
    12 Gelfer tumber liute   reit mit ir gennoc.   [singent.
vil manic soumære *rìch gewæte* truoc,
daz ir hovegesinde brâhte von dem lande.
der gienc bî ir tûsent   geladen mit schatze unde mit gewande.

    13 Enphangen wart vil schône   daz minniclîche kint
ûf zweier lande marke,   dâ si der westerwint
von des meres ünde   wæjen ab begunde.
man gap ir herberge,   daz der júnge künie vil wol geschaf-
                                                     fen kunde.

    *14 Mit buhurt wart enphangen   diu ritterlîche meit:
der was nu zergangen   mit grôzer arbeit.
diu vrouwe wart gevüeret   in daz Gêren lant.
si wart dâ vil gewaltic   und sider verre bekant.

    *15 Swaz si ir kunden dienen,   des was man ir bereit,
den vil guoten mœren   diu guoten satelkleit
hiengen vür die hüeve   nider ûf daz gras.
ahî wie hôhes muotes   der voget von Îrlande was!

    16 Dô er küssen solte   die minniclîchen meit,
bî im wart gedrungen   mit grôzer arbeit.
dâ hôrte man erdiezen   manegen buckel rîchen
von ir schilde stœzen.   si kunden einander niht entwîchen.

    17 An dem næhsten morgen   dô wart vür gesant,
wie si komen solte   in des vürsten lant,
dâ si bî *dem* recken   solte tragen krône.
si wart sît küniginne   und diente an dem helde michel lône.

---

3. 4. vgl. Walth. 45, 37 ff.   4 *walde aller hande vogelin ir weyse am*
pesten singen, so gebessert von V. und B.   **12**, 2 *soumære* V] *sawber-*
maule   rîch gewæte fehlt, ergänzt von Z.   4 *tausent bey ir*, umgestellt von Z.
13, 2 *veste wint*, gebessert von Z.   Der westwind, der von Schottland (vgl.
9, 3) nach Irland führen soll, zeigt, dass dem dichter die geographi-
schen begriffe nur unklar vorschwebten.   **14**. **15** Die beiden interpo-
lierten Nibelungenstrophen sollten vielleicht nach der absicht ihres dichters
auf str. 16 folgen, statt ihr voranzugehen. Jedesfalls war str. 16 bestimmt,
auf str. 13 zu folgen. Vgl. Beitr. 9, 12.   **14**, 2 *es was unzergangen*, ge-
bessert von vdH. und V.   3 *des G.*   **15**, 2. 3 vgl. Klage 4170 f. (ed.
Bartsch).   3 *hüeffen.*   **16**, 4 *schilden.*   **17**, 2 *solten*   3 *dem* fehlt,
ergänzt von B.   *solten*   4 *verdienet   lône* erklärt M. als den nicht umge-
lauteten plural von *lôn.* Vielleicht verdient B's änderung *lônen* den vorzug.

18 Daz er si solte minnen. daz dûhte nieman reht.
si was ein küniginne, dô was er dannoch kneht;
doch muost er tragen krône ob edelen vürsten rîche:
des hulfen im sîne mâge. sît wart er ze künde lobelîche.

19 Vünf hundert recken nâmen bî im swert.
alles des si wolten, wurden si gewert
von rossen und von kleidern, von maneger hande wæte:
der junge künic edele beleip an sînen êren harte stæte.

20 Er saz in Îrlande sît vil manegen tac,
daz sîn hôhiu êre ringe nie gelac.
er rihte swem er solte und rach der armen anden.
er was bevollen milte und was ein tiurer helt ze sînen

*21 Im dienten sîne huobe daz krettige guot. [handen.
sîn wip diu küniginne diu was ouch sô gemuot.
der sî gewaltic tæte drizic künege lant.
ob si diu haben solte, diu zergæbe gar ir hant.

22 Inner drîen jâren, sô wir hœren sagen.
si begunde bî dem künege ein edel kint tragen.
daz wart getoufet unde sît genennet
bî sînem namen Hagene, dâ von man daz mære wol erkennet.

23 Man hiez ez ziehen schône und vil vlîziclichen
phlegen.
geriete ez nâch dem künne, sô würde ez wol ein degen.
sîn phlâgen wîse vrouwen und vil schœne meide.
sîn vater und sîn muoter sâhen an im ir liehten ougen
weide.

18.3 doch] da hs., dô ausgg. **19.**3 und fehlt, ergänzt von Z.
20.2 hoch. 4 benolhen. **21** Die Nibelungenstrophe ist entweder inter-
poliert oder hat eine echte Kudrunstrophe verdrängt. Letzteres ist wegen
der gezwungenen ausdrucksweise das wahrscheinlichere. 1 'Seine hufen
trugen ihm grosse reichtümer ein (als schuldige abgabe)'. Oder ist nach
huobe ein komma zu setzen, und daz kreftige guot als apposition zu huobe
zu fassen? 2 ff. ouch ist kaum verständlich. lant ist entweder acc., ab-
hängig von zergœbe, oder, wie die interpunction im texte es auffasst, gen. pl.,
abhängig von gewaltic. Die apokope lant für lande wäre allerdings sehr
stark und wol nur zu erklären durch die umarbeitung der ursprünglichen
Kudrunstrophe zu einer Nibelungenstrophe. Vgl. jedoch auch Hildebrand
Zs. f. d. Philol. 4, 360. und dazu Beitr. 9, 9 anm. 2. **22.**1 Inner drîen
jâren C. Hofm.] In den nachsten dr. j. hs. Mit recht streicht C. Hofm.
næhsten als überflüssigen erklärenden zusatz, der den vers überladet. 4b
vgl. 197, 4. **23.**2 vgl. Nib. 660, 3. 1852, 1. 4 für sâhen vermutet
C. Hofm. sach (vgl. 141, 4 und Gramm. 1, 198 ff.).

24 Dô was ez gewahsen   ze siben jâre tagen:
man sach ez dicke recken   ûf ir handen tragen.
im leidet bi den vrouwen   und liebte bî den mannen.
sît wart ez in vremede: ez wart von in gevüeret verre
    25 Swâ daz kint diu wâfen   ûf dem hove sach   [dannen.
(der mohte ez bekennen),   dicke daz beschach.
daz ez ze kleidern gerte   helm unde ringe.
daz *wart* im sît vremede.   dô gelac *vil* gar sîn gedinge.
    *26 Eines tages Sigebant   ûf einer grêden saz.
sîn wîp diu küniginne   mit im redete daz
under einem zêderboume: 'wir haben êren vil.
mich wundert einer mære,   der ich verdagen niht enwil.'
    27 Er vrâgte, waz daz wære.   dô sprach daz edele wîp:
'des verdriuzet sêre   mîn herze und mînen lîp,
daz ich dich sihe sô selten,   dar umb sô ist mir leide,
bî dînen küenen helden   in der mînen *liehten* ougen weide.'
    28 Dô sprach der künic edele: 'wie solte daz geschehen,
daz du mich woltest gerne   vor mînen recken sehen?
daz lâz du mich ervinden,   küniginne hêre.
durch *den* dînen willen   sô hân ich arbeite deste mêre.'
    29 Si sprach: 'sô rîche niemen   ist lebendic erkant,
der habe sô vil der bürge   und ouch wîtiu lant,
silber und gesteine,   unde golt daz swære.
dem tuon wir ungelîche: des ist mir ze lebene vil unmære.
    *30 Dô ich magetlîchen   in Frideschotten saz,
— her künic, mîniu mære   merket âne haz —
dô sach ich tegelîchen   mînes vater man
nâh hôhem prîse werben,   des ich hie künde nie gewan.
    31 Ein künic sô rîcher solte   sich dicker lâzen sehen,
als ir sît genennet   und ich iu hœre jehen,

24,1 Die ausgg. stellen um *ez was*   2 *iren* (und so durchgängig
possessive formen für den gen. *ir*).   Zu 3 vgl. Bit. 2028 ff.   25,2 Ich habe
mit M. die übliche lesart beibehalten: *bekennen* mit dem gen. ist nicht un-
erhört (Mhd. Wb. I, 807b). B's änderung *der mohte ez vil bekennen* bringt
einen ungehörigen sinn hinein.   3 *claider begerte*, gebessert von V.   4 *wart*
fehlt, ergänzt von Z.   *vil* fehlt, ergänzt von B.   26 Vgl. Beitr. 9, 17.
27,2 *mein leib*.   4 *liehten* fehlt, ergänzt von E.   28,1 *sol*, gebessert
von Z.   3 *her*.   4 *den* fehlt, ergänzt von B.   *arbait dest mer*.   30, 4
k. noch nie g., gebessert von E.   31,1 *Sy sprach ein kunig so reicher
der solt dicker sehen*, gebessert von B. nach 14, 2.

mit den sînen helden   ofte buhurdieren,
dâ mite er sîniu erbe   unde sich selben solte zieren.

32 Ez ist an rîchen vürsten   harte kranker muot,
die zesamene bringent   âne mâze guot,
obe siz mit recken   niht willeclîchen teilen.
die si ûz stürmen bringent,   tiefe wunden, wie sol man die
                                                     heilen?'

33 Dô sprach der künic edele: 'vrouwe, ir spottet mîn.
ich wil in dem gedingen   vlîziclîchen sîn
daz sich des mîn herze   nimmer sol verkêren,
man müge mich vil lîhte   edeler vürsten site noch gelêren.'

34 Si sprach: 'sô sult ir senden   nâch vürsten in daz lant
und bieten in ze gebene   schaz und gewant:
sô wil ich boten senden   nâch mînen mâgen;
ich enbiute in holden willen: sô mac uns deste minner hie
                                                     betrâgen.

35 Der künic von Îrlande   zuo sînem wîbe sprach:
'ich wil iu gerne volgen,   als ez mêr geschach,
daz man nâch vrouwen râte   lobeten hôchzîten.
mîne und iuwer mâge   wil ich her ze hove heizen rîten.'

36 Dô sprach diu küniginne: 'daz ist mir niht leit.
sô gibe ich besunder   vünf hundert vrouwen kleit;
vier und sehzic meiden   den gibe ich guot gewæte.'
dô daz der künic erhôrte,   er jach daz er ez willeclîchen tæte.

37 Dô er lobete hôchzîte,   dar nâch in ahtzehn tagen
den vriunden und den mâgen   hiez er allen sagen,
die hin ze Îrlande   gerne wolten rîten,
daz sî nâch dem sumere   von des winters stunden solten

38 Gesidele hiez er werken,   sô wir hœren sagen. [bîten.
des muostę man von dem walde   wite dar tragen.

---

3 *er solte mit seinen helden*, gebessert von B. 4 *solte und sich selber*,
umgestellt von Z. **32**,2 *on massen*. **33**,2 *vleissiklicher*, gebessert
von V. 4 *leichter*, gebessert von Z. *edeler vürsten site noch* B] *nach edler
fürsten site*. Der schreiber irrte in die folgende zeile hinüber, wie er um-
gekehrt aus der folgenden zeile in diese gekommen ist. **34**,1 *nach
edlen fürsten*, gebessert von V. **35**,2 *volgen wie es*, gebessert von M.
(vgl. Bemerkk. s. 7 und anm. z. d. st.). **37**,1 *Dô er* B] *Der:* 'als er
das fest beschlossen hatte'. **38**,2 *das m. m. von dem wilden wald dar*,
so gebessert von B., der die conjectur später aufgegeben hat, s. jedoch
Beitr. 9, 90.

schzic tûsent helden   den hiez man allen benken.

daz kunden wol geprüeven   des küneges truhsæzen unde

  39 Riten si begunden   ûf vil manegen wegen, [schenken.

— die ze hove kômen,   der hiez man schône phlegen —

unz daz dem künege   ûz *aller vürsten* rîchen

kômen heim ze hove   sehs und ahzic tûsent lobelîche.

  40 Von des wirtes gademe   kleider man dô truoc.

allen die ir gerten,   den gap man ir genuoc.

dar zuo gap man in schilde   und ros von Îrlande.

diu edele küniginne   zierte ouch vil *der vrouwen* mit ge-

  41 Si gap wol tûsent wîben   hêrlîche wât   [wande.

unde vil den meiden,   daz kinden rehte stât,

von borten und von gesteine   und manegen phelle rîchen.

die minneclîchen vrouwen   stuonden in ir wæte sûberlîchen.

  42 Alle die sîn gerten,   heten guot gewant.

dâ sach man ros springen   den knaben an ir hant.

die brâhten liehte schilde   unde schefte rîche.

Uote diu vil edele   saz in den venstern lobelîche.

  43 Dô erloubte buhurdieren   der wirt den gesten sîn.

des wart dâ tunkel   vil maneges helmes schîn.

die wol gelobeten vrouwen   sâzen alsô nâhen,

swes die helde phlâgen,   daz si ez bescheidenlichen sâhen.

  44 Der buhurt werte lange,   sô dicke ist geschehen.

der wirt sich wolte lâzen   bî sinen gesten sehen.

daz lobete in guoter mâze   sîn wîp diu küniginne,

wande si sô nâhen   saz *mit den vrouwen* obene an der zinne.

  45 Dô er geriten hête,   als ez vürsten wol gezam,

dô begunde er wenden   — daz tet er âne scham —

den sînen lieben gesten   die starken arbeite

nâch vil grôzen êren.   dô was er vür die vrouwen ir geleite.

  46 Uote diu schœne   grüezen dô began

die vremeden zuo den vriunden.   dâ von si gewan

manegen gast mit willen,   die si ouch gerne sâhen.

diu Uoten gâbe   dorfte ir deheinem niht versmâhen.

39,3 *untz daz dem kunige aus reiche*, so ergänzt von M.; dagegen ergänzt
B. *âzer Irriche*.   4a So die hs! B. stellt um *heim ze hove kômen*; M. ändert,
wol ohne not, *heim* in *hin*.   **40**,4 *der vrouwen* fehlt, so ergänzt von C. Hofm.
43,2 *tunckl da*, umgestellt von Z.   *manig schein*; vgl. zur ergänzung Nib. 290,2.
44,3 *lob*, gebessert von vdH.   4 *wande* B] *vnd*   *mit den vrouwen* fehlt, ergänzt
von V.   **45**,4 *nâch vil grôzen êren* zieht B. zum folgenden und tilgt *dô*.
46,4 *der U. dhannen*.

Kudrun.   4

47 Ritter unde vrouwen   man bî einander vant.
in was des wirtes wille   allen wol bekant,
daz er in êren gunde   bî sinen hôchzîten.
wider âbendes   hiez er aber die werden geste riten.
48 Diu hôchgezît werte   unz an den niunden tac.
swes man mit ritters vuore   bî dem künige phlac,
die varnde diet des mohte   lützel dâ verdriezen.
die heten arbeite: wan si sîn ouch wolten geniezen.
49 Pusûnen unde trumben   vil lûtę man dâ vernam;
vloiten unde harphen,   swes man dâ began,
rotten unde singen,   des vlizzen si sich sêre,
phîfen unde gîgen.   in wart der guoten kleider deste mêre.
50 An dem zehenden morgen   — nu hœret wunder sagen! —
nâch ir aller wünne   muoste ir maneger klagen.
von der hôchzîte   hebent sich niuwiu mære.
nâch ir grôzen vreuden   si kômen in vil herzenlîche swære.
51 Dô der wirt mit vreuden   bî sînen gesten saz,
dô kom der varnden einer.   mit vlîze kunde er daz,
daz er vür si alle   — wer möhte des getrouwen? —
dâ spilte mit gevuoge,   daz in werde vürsten muosten
52 Dô wîste an ir hende   ein schœne magetîn [schouwen.
dâ ûz Îrlande   des wirtes kindelîn.
dâ mite giengen vrouwen,   die sîn mit zühten phlâgen,
und ouch des wirtes vriunde: jâ zugen ez mit vlîze sîne
53 In des wirtes hûse   hôrtę man grôzen schal. [mâgen.
die liute begunden lachen   allez über al.
des jungen Hagenen magezogen   kômen gar ze nâhen,

47, 4 So (*abents*) die hs.; *wider âbunde* B., *wider âbendes stunde* M.
(vgl. 387, 1. 1197, 3). Ich habe den ausdruck, den auch Wackernagel's
Basler hss. 22a bieten (Lexer I, 10), nicht zu entfernen gewagt. Vgl. ad-
verbiale bildungen wie *widerhœres*, *widersinnes* (Gramm. III, 91) und *wider-
teiles* j. Tit. 2196. S. auch Lexer III, 825.   **48**, 1 *hochzeit*, vgl. B. Germ.
10, 166.   2 *fûren*, gebessert von V.   3 *des mochte die varnde diet*, umge-
stellt von C. Hofm.   **49**, 1 *trummeln*   3 *vnd springende vlissen*, ge-
bessert von vdH.   **50**, 3 *hochzeit erhebent*, gebessert von B.   **51**, 2
varnder.   **52**, 4 *freunde zugen es mit vleisse sinen magen* hs. Die ausgg.
seit V. lesen *vriunde: die zugen ez mit vlîze sînen mâgen.* C. Hofm. schlug
vor *sus zugen ez mit vlîze sîne mâge*, indem er mit recht bemerkt, dass von
den *mâgen* nur als erziehern die rede sein kann: *vriunde* und *mâge* zusam-
men erziehen das kind den eltern.   Wegen des schwachen plurals *mâgen* s. zu
4, 5.   **53**, 3 *manzogen*, gebessert von vdH.

daz si der jungen meide   und des kindelines niht ensâhen.

54 Des wirtes ungelücke   nâhen dô began,
dâ von er und vrou Uote   grôziu leit gewan.
ez het der übele tiuvel   gesant in daz rîche
sînen boten verre.   daz ergienc in allen klagelîche.

55 Ez was ein wilder grîfe,   der kom dar gevlogen.
daz im der künic Sigebant   het ze liebe erzogen,
sîn grôz ungelücke   mohte er dâ bî kiesen: [vliesen.
sînen sun den jungen   muose er von dem starken grîfen

56 Er begunde schatewen   dar in sîn gevidere truoc,
als ez ein wolken wære.   starc was er genuoc.
vor ir manegen vreuden   si nâmens war vil kleine.
diu maget mit dem kinde   stuont vor dem hûse vil eine.

57 Vor des grîfen krefte   der walt dâ nider brach.
dô diu maget edele   den vogel vliegen sach,
dô nerte si sich selben   und lie daz kint belîben.
durch ditze starke mære   möhte man ez vür ein wunder
schrîben.

*58 Der grîfe lie sich nidere   und beslôz daz kindelîn
in sîne klâwe.   dô tet er grôze schîn,
daz er grimmic wære   und übele gemuot.
daz muosten sît beweinen   die helde küene unde guot.

59 Ez begunde lûte erschrîen,   ez was sêre erschrahte.
er truoc ez harte hôhe   mit der sînen maht.
dô kêrte er gegen dem lufte   zuo den wolken verre.
daz muoste dô beweinen   ûzer Îrlande der herre.

*60 Sigebandes vriunde   greif disiu leide nôt.
si klageten harte sêre   des kindelînes tôt.

53, 4 *die jungen maide daz sy das kindel,* gebessert von B.   **54,** 2
grosser, so gebessert von B.   3. 4 vgl. Nib. 215, 4. Bit. 918 f.   **55,** 3
So interpungiert mit B.; *daz* und *da bî* sind correlativa. Dagegen fassen
V. und M. die zeile als parenthese. 4 *verliesen.* Ueber den greifen in
der mhd. litteratur vgl. Bartsch Herzog Ernst CLII ff.   **56,** 1 *Er*] *Es,*
mit B geändert, *da schatewen* nicht wol unpersönlich sein kann. Auch er-
klärt sich das *Es* der hs., auf den greifen bezogen, leicht d..rch falsches
verständnis von *als ez ein wolken wære* in z. 2.   *schatewen*] schatnen.   3 *freun-
den* gebessert von vdH.   **57,** 3 *selber.*   4 b vgl. 1697, 4.   **58. 59.**
vgl. Beitr. 9, 18.   **58,** 2 *kla   grossen*   4 *sit* vdH] *sy   küene* V] schone.
59, 4 *aus Eyrlant,* gebessert von B.   **60—69** vgl. Beitr. 9, 12. 18.
60, 1 *griffen dise l. n.,* gebessert von W. Gr., wozu M. verweist auf Rab. 916, 1.
955, 1. 2. B. liest *frieschen dise nôt.*

des was in unmuote   der künic und ouch sin wip.
si klageten al gemeine   des kindes werdeclichen lip.
*61 Von dem unmuote   diu werde wirtschaft
diu muoste sich zerlâzen.   die het mit sîner kraft
der grîfe sô zervüeret,   daz si mit arbeit
sich alle muosten scheiden: in was vil innerlichen leit.
*62 Der wirt weinte sêre,   sîn brust diu wart im naz.
diu edele küniginne   mit zühten sprach dô daz,
daz er die klage lieze: daz liut læg allez tôt,
ez müese sich verenden,   als got von himele gebôt.
*63 Die geste wolten rîten.   dô sprach diu künigin:
'jâ sult ir, edele helde,   noch hie ze hove sîn,
und lât in niht versmâhen   silber unde golt.
daz haben wir ze gebene: wir sîn in grœzlichen holt'.
*64 Dô nigen ir die recken.   si begunden alle sagen
vil hôhez danken.   der wirt hiez in tragen
manegen rîchen phelle,   die wâren ungesniten.
si wâren sumeliche   von verren landen dar geriten.
*65 Dar zuo gab er in mœre,   zelter unde marc,
diu ros ûz Îrlande   michel hôch unt starc.
man gab in golt daz rôte,   silber ungewegen.
der wirt hiez sîner geste   schône und güetlichen phlegen.
*66 Dô lie diu küniginne   scheiden manic wip
und vil der edelen meide,   alsô daz ir lîp
ir gâbe was getiuret.   si truogen guot gewant.
diu hôhzît sich endet.   si rûmten Sigebandes lant.

---

60. 4 *alle.   werdeclichen]* werden; *wärtlichen* B., *des edelen kindes werden*
lip V. M.   **62.** 3 *daz liut læg* M.] *das laute lage.* Die anderen heraus-
geber andern verschieden. Die königin sagt (in indirecter rede): 'alle
menschen müssten sterben, alles müsse sich nach gottes willen fügen.' Es
ist die fatalistische anschauung des deutschen altertums. **64.** 1 *naigten*
2 *vil* fehlt   *hôhez* V.] *hohe ze.* **65.** 1 *er* fehlt, ergänzt von Z. *mœre*
zelter unde marc] die beiden letzten ausdrücke finden sich in der Kudr. nur
in dieser Nibelungenstrophe. *mœre* auch 15, 2. 438, 3. 923, 3. — *marc* ist im
Nibelungenliede im reime nicht selten, im Bit. gewöhnlich (doch nicht im
eingange 1–1988); die Klage kennt es, im Alphart findet es sich nur 443, 1,
ferner Ortnit 455, 3. 565, 1. Wolfd. A 489, 4. 503, 2, 510, 4. 514, 2. Laurin
142 (nach Müllenhoffs vermutung).

(2.) Âventiure,
wie Hagene von dem grîfen wart hin gevüeret.

*67 Nu lâzen wir belîben,   wie dâ gescheiden wart,
und grîfen an diu mære,   welch ein swindiu vart
mit dem wilden grîfen   daz kint dannen treit.
ez heten sîne mâge   umbe ez vil starkez leit.

*68 Ez was noch unerstorben,   wan ez got gebôt.
iedoch het ez besunder   dar umbe grôze nôt,
wan ez der alte grîfe   den sînen jungen truoc.
dô ez die vor in hêten,   dô het ez arbeit genuoc.

*69 Als diu kunft des alten   zuo dem neste ergie.
daz kint er ûz den klâwen   zuo den jungen lie.
dô zuhte ez ir einer.   daz er ez niht verslant,
dâ wart diu gotes güete   vil verre an bekant.   [tragen.

70 Si woltenz hân zerbrochen,   mit klâwen gar zer-
dâ hœret michel wunder   von sînen sorgen sagen,
wie dâ den lîp behielte   von Îrlant der herre.
in habet der jungen einer   under sînen klâwen harte verre.

71 Von boume ze boume   er mit dem kinde vlouc.
den grîfen dô sîn sterke   ein teil *ze sêre* trouc.
er gestuont ûf einem aste,   dem was er ze swære: [wære.
des muoste er ûf die erde,   dô er zuo dem neste gerner

72 Von des grîfen valle   das kindel im enbrast.
sich barc in einem krûte   der wênige gast.
er was noch übele enbizzen   an dem sînen lîbe.
sît kom er ze trôste   in Îrlande manegem schœnen wîbe.

*73 Got tuot michel wunder: des mac man verjehen.
von der grîfen sterke   was ouch ê geschehen,
daz drîer künege tohter   wâren dar getragen.
si sâzen dâ vil nâhen.   nu kan iu nieman gesagen,

67, 1 Ueber diese art des übergangs, die sich auch 630. 1. 951, 1. 1071, 1
findet. vgl. Jänicke zu Bit. 3973.   2 *swinder*.   3 *das edel kint ward danne
trait*, gebessert von V.   69, 3 *ir* fehlt, ergänzt von B.   4 *des g. verren*.
70, 4 *habet* B.] *het*.   71, 2 *dem   ze* fehlt, ergänzt von vdH. *betrog*.
3 *er ein tail ze s.*; gebessert von E. *ein teil* stammt aus der vorhergehenden
zeile.   4 *gerne*. gebessert von Z.   72. 2 *verparg*, gebessert von B.
4 Die zeile ist sehr unverständig. M's änderung *in dem lande* macht sie
nur wenig besser. Wie die in str. 74 übergehende Nibelungenstrophe 73
zeigt, ist der bearbeiter hier tätig gewesen, vgl. auch W. s. 13] f.   73. 74
vgl. Beitr. 9, 18.

74 Wie si den lîp nerten   ie sô mancgen tac,
wan daz ir got von himele   vil gnædiclîchen phlac.
Hagene solte belîben   dâ niht al eine.
die minneclîchen meide   vant daz kint in einem *holn* steine.

75 Dô ez die vrouwen slîchen   sâhen an den berc,
dô wolten si des wænen,   ez wære ein wildez twerc
oder ein merwunder   von dem sô gegangen.   [phangen.
sît kom ez in sô nâhen: jâ wart ez von in güetlîche en-

76 Hagene wart ir innen: si wichen in daz hol.
alles unmuotes   was ir herze vol,
ê daz si ervünden,   daz ez ein kristen wære.
mit sîner arbeite   schiet er si sît von maneger herzen swære.

*77 Dô sprach diu eltiste: 'wie getarst du zuo uns gân,
sît wir von gote von himele   dise herberge hân?
nu suoche dîne genôze   in dem wilden sê.
wir lîden doch arbeit   und ist uns hie griulichen wê'.

78 Dô sprach daz edele kindel: 'lât mich iu wesen bî,
ob ir daz welt gelouben,   daz ich ein kristen sî.
mich truoc der wilden grîfen   einer zuo dem steine.
ich wære bî iu gerne: jâ mac ich niht hie belîben eine'.

79 Dô enphiengens minneclîchen   daz wênige kint.
si gewunnens künde   von sînem dienste sint.
si begunden vrâgen   von wannenz komen wære.   [wære.
von sînes hungers sorgen   verdrôz ez *gên den vrouwen* der

80 Dô sprach daz edele kindel: 'mir wære enbîzens nôt.
welt ir mir mite teilen   iuwer trinkẹn und iuwer brôt —
daz ist mir gewesen tiure   wol drîer tage wîle.
wande mich der grîfe   truoc dâ her wol hundert lange mîle'.

81 Dô sprach der vrouwen einiu: 'ez ist sô geschehen,
daz wir unser schenken   selten haben geschen
noch unser truhsæzen,   die uns solten tragen spîse'.
si lobeten gotes güete   und wâren in ir tumben jâren wise.

---

74. 3 *sol*, gebessert von Z.   4 *vant* E] *vnd   holn* fehlt, ergänzt von B
vgl. 76, 1. 84. 4.   **75,** 4 *guettlichen*.   **77,** 3 *genossen*.   **79,** 2 'sie
machten später die bekanntschaft desselben durch die dienste, die es ihnen
bewies'.   4 *gên den vrouwen* fehlt, so ergänzt von E; doch ist die aus-
fullung keineswegs sicher.   **80,** 1 *enbizens* B] *ein ymbis*.   3 steht ana-
koluthisch statt des eigentlich zu erwartenden nachsatzes: 'so werdet ir
mir eine woltat erweisen'.   4 *wann mich truy d. g. daher*, gebessert von B.
81, 3 *vnnsern*.   4 *lebten*, gebessert von vdH.

*82 Si begunden balde suochen   wurzen und ander krût.
si wolten bî in neren   daz Sigebandes trût.
des si dâ lebeten,   des brâhtens im genuoc.
ez was ein vremede spîse,   die im diu juncvrouwe truoc.

*83 Diu krût diu muoste er niezen   durch des hungers
müelîch ist ze lîden   der bitterlîche tôt.   [nôt.
er wonte bî den vrouwen   dâ vil manegen tac,
daz er ir güetlîche   mit sînem dieneste phlac.

84 Ouch heten sin in huote,   daz wil ich iu sagen.
jâ wuohs er dâ mit sorgen   in sînen jungen tagen,
unze daz den kinden   bî ir grôzen swære
vor dem holn steine   erstuonden aber diu sunderbæren mære.

85 Ich enweiz von welhem ende   gevlozzen über mer
kom zen steinwenden   ein grôzez gotes her.
die starken gruntwelle   kelten sî vil sêro.
die ellenden meide   heten ungemüetes deste mêre.

*86 Die kiele in zerbrâsten   des liutes niht genas.
die alten grîfen kômen   dâ daz geschehen was.
si truogen zuo ir neste   vil manegen tôten man;
des *manic wîp von* vrâge   vil *der* sorgen gewan.

, 87 Dô si den jungen grîfen   ir spîse heten lân,
die alten grîfen kêrten   von ir geniste dan,
ich enweiz in welhez ende   ûf des meres strâzen.
si heten ûf dem berge   einen grimmen nâchgebûren lâzen.

88 Hagene rât der liute   sach ligen bî dem mer,

82, 2 Ueber die klingende cäsur mit kurzsilbiger hebung in unserem
gedichte, die B. an dieser stelle durch aufnahme der form *nerjen* beseitigt,
vgl. Beitr. 9, 89. *des S.*   4 Man erwartet den plural *die juncvrouwen*
wie in z. 1—3. Jedesfalls hat der überarbeiter bei der verwandlung der ur-
sprünglichen Kudrunstr. in eine Nibelungenstr. den singular eingeführt.
B. stellt eine Kudrunstrophe her mit den reimworten *genüege : trüegen*.
83,1 *krenter*, gebessert von B.   4 *dienste*.   **84**,1 *sy sich in*, gebessert
von E.   2 *er* fehlt.   **85**,1 *enweiz*] *wais nit*.   2 *zu den stainwenden*
kam, umgestellt von C. Hofm.   *grosser*, gebessert von vdH.   3 *gruntwelle*]
plur. stf., nur in der Kudr. (ausser hier 261, 4. 1137, 3): 'die wellen die bis
auf den grund des meeres dringen und die zurückweichend ihn blosslegen'
(Martin). *kelten* Hpt.] *kerten*.   **86**,1 *Der kiel in zerprast*, gebessert von Z.
4 Die hs. Hat bloss *des frage vil sorgen gewan*. Verschieden ergänzt, hier
nach B.   **87**,3 *âf* fehlt, ergänzt von Z.   4 *ein grimmen nachpaurn*
gelassen, so gebessert von B.   **88**,1 *rât* W. Gr.?] *noch*. Nicht der an-
blick verschiedener leichen kann in Hagen die hoffnung erwecken speise

die dâ ertrunken wâren — daz was ein gotes her —;
dô wânde er daz er solte vinden dâ ir spîse.
vor den übelen grîfen sleich er zuo dem stade harte lîse.

89 Dô vant er nieman mêre, wan gewâpent einen man;
des er von den grîfen grôze nôt gewan.
er schutte in ûz den ringen; er liez in niht versmâhen.
bogen und gewæpen vant êr der sîten harte nâhen.

90 Dô garte sich selben daz wênige kint.
dâ obene in den lüften hôrte er einen wint.
dô hete sich versûmet der wênige herre.
dô kom der alte grîfe; Hagene was dem steine gar ze verre.

91 Er swanc sich zornicliche nider ûf den griez.
den sînen burgære, den er dâ heime liez,
den wolte er harte gerne an der zît hân verslunden.
dô wart der küene in vil guotes heldes mâze vunden.

92 Mit sîner blœder krefte het er ûf gezogen
manic starke strâle schôz er ûz dem bogen.
er kundes niht versnîden: wes mohte er dâ geniezen?
dô versuohte erz mit dem swerte. er hôrte die vrouwen
klagen unde riezen.

93 In sînen siten tumben grimme *er* was genuoc.
dem grîfen einen vetechen er von der ahsel sluoc
und verhoute *in* aneme beine starke unde sêre,
daz er getragen mohte von der stat sînen lîp niht mêre.

94 Den sie het er erworben. der eine der was tôt.
schiere kom der ander: des leit er sundernôt.

---

zu finden (auch findet er ja 89, 1 nur éinen toten), sondern am strande um-
herliegende gerätschaften (*rât*). 2 *da die* waren e. *des* warn *gotes her*, so
hergestellt von B. Einige herausgg. fassen kaum richtig die ganze zeile
als parenthese. 3 *da vinden*, umgestellt von Z. 4 *gstade* (so öfter!)
89.3 Die hs. vertauscht die beiden vershälften. *schuttet.* **90.**1 *gurte,*
gebessert von Z. *selben*] *selber* hs., *selbe* ausgg. Es soll aber wol nicht
heissen. dass er sich ohne fremde hülfe rüstet, sondern dass er die rüstung,
deren er den toten mann entkleidet hat, sich selbst anlegt. **91.**2 *bur-*
geren die 4 *er küene,* gebessert von vdH. **92.**2 *manic starke strâle*
ist ἀπὸ κοινοῦ construiert (ebenso 214, 3. 478, 4. 483, 4. 538, 2. 654, 3. 752. 2.
1194, 4). **93.**1 *Irn sitenn,* gebessert von vdH. *er* fehlt. .2 *ein fettich*
3 *in* fehlt, ergänzt von vdH. *aneme* B.] *an ainem* 4 *sinen lîp* B.] in.
94.2 *der lîdt sundernôt*] 'ausserordentliche bedrängnis', selten (Lexer
II, 1310).

sît sluog er si alle,   die jungen zuo den alten.   [gewalten.

des half im got von himele;   jâ mohte er solher krefte niht

95   Als er daz michel wunder   hete dâ getân,

dô hiez er sîne vrouwen   von dem steine gân.

er sprach: 'lât iu erschînen   den luft und ouch die sunnen,

sît uns got von himele   wil etelîcher vreuden gunnen'.

96   Si enphiengen *in* güetlîchen.   ofte bî der stunt

wart er von den vrouwen   geküsset an den munt.

ir voget lac dâ veige.   waz mohte in dô gewerren,

si giengen an dem berge   *nâch ir wi'len* nâhen oder verren?

97   Dô in der. grôzen sorgen   von im gar gebrast,

dô lernte sô wol schiezen   der ellende gast,

daz im die vogele'kunden   vliegende niht entrinnen.

er lernte swes er gerte,   dô er nâch sîner nôt begunde sinnen.

98   Er wart sô baldes herzen,   sô vrevele und sô zam.

hei waz er von tieren   sneller sprunge nam!

als ein pantel wilde   lief er ûf die steine.

jâ zôch er sich selbe: er was aller sîner mâge eine.

99   Wie ofte er zuo den linden   durch kurzwîle gie!

er sach in dem wâge   die râwen vische ie: ·

die kunde er gevâhen,   möht er ir iht geniezen.   [driezen.

sîn kuchen din rouch selten: des mohte in alle tage dâ ver-

100   Von sîner herberge   gienc er in den walt.

dâ sach er vil der tiere   vrevele unde balt.

dar under was ir einez,   daz wolte in verslinden.

daz sluoc er mit dem swerte: ez muoste sînes zornes harte

*101   Einem gabilûne   was ez anelîch.   [enphinden.

er begunde ez schinden.   dô wart er krefte rîch.

96 1 *in* fehlt. ergänzt von vdH.   *2 da vard*   4 *nâch ir willen* fehlt. ergänzt von Z.   **97**, 1 *im* E.] *in*   4 'das bewustsein seiner hülflosen lage spornte ihn zu kraft und energie des willens'. B. ändert ohne genügenden grund *lernte* in *rämte* um und *nôt* in *nar*.   **98**, 2 Der überlieferte text kann nur erklärt werden: 'hei wie schnelle sprünge er von den tieren lernte.' Doch verlangt der zusammenhang, der Hagens fertigkeit im jagen schildert (die vögel str. 97, die fische str. 99), dass gesagt sei: 'hei wie viele tiere fing er in schnellen sprüngen', und es empfiehlt sich aus diesem grunde die vermutung von W. s. 120 *hei waz er der tiere in snellen sprungen nam.*   3 vgl. Nib. 917. 3.   **99**. 2 *rowhen*, d i. *râwen*, nicht *râhen* (vgl. C. Hofmann s. 226).   *ie* V.] *hie*   3 *iht* E.] *nicht*   4 vgl. Parz. 485, 7.   **101** u. **102** Diese Nibelungenstrophen sind interpoliert, vgl. Beitr. 9, 13. An **100**. 4 schliesst sich **103**. 1 gut an.   **101**. 1 *Seinem*. — Ueber den

in luste sines bluotes.   dô er des vol getranc.

dô gewan er vil der krefte.   er hete manegen gedanc.

*102 Mit des tieres hiute   der helt sich bewant.

bî im er harte nâhen   einen lewen vant;

der mohte im niht enphlichen.   wie schiere er zuo im gie!

des beleip er unverhouwen.   der helt ez güetliche enphie.

103 Daz tier daz er hête   *dâ* ze tôde erslagen,

daz gedâhte er ze hûse   heim mit im tragen.

die vrouwen zaller zîte   genuzzen sîner güete.

von der vremeden spîse   hôhte sich ir herze und ir gemüete.

104 Viur was in tiure,   walt heten si. gennoc.

ûz einem herten velsen   er manegen vanken sluoc.

daz in vor was vremede,   des wurden si berâten. [brâten.

jâ tet ez ander niemen,   si muostenz selbe bî der glüete

105 Dô si die spîse nuzzen,   dô mêrte sich ir kraft.

ouch kuhten sich ir sinne   von gotes meisterschaft.

si wurden an ir lîben   schœne und lobebære,

sam *ir* ieclichiu   *dâ heime* in ir vater lande wære.

106 Ouch het der wilde Hagene   krefte zwelf man,

des er bî sînen zîten   hôhen lop gewan.

in und die juncvrouwen   muote daz harte sêre,

daz si in der wüeste   solten belîben immer mêre.

*107 Dô bâten si sich wîsen   zuo des wazzers vluot.

si giengen schamlîchen.   jâ wâren niht ze guot

ir kleider diu si truogen.   diu strihte ir selber hant,

dâ si der junge Hagene   in ir ellende vant.

*108 Tage vier und zweinzic   si giengen durch den tan.

an einem morgen vrüeje   dô sach der junge man

ein schif geladen swære.   ez kom von Garadê.

den ellenden vrouwen   den tet ir arbeit vil wê.

---

gabilûn (als wappentier *capelûn* Rother 4944. *gampelûn* Parz. 383, 2. 375, 27) vgl. ausser J. Grimm in Haupts zs. 2, 1 namentl. F. Liebrecht Germ. 1, 479 und J. Zacher bei Martin z. d. st.   4 b vgl. Amelung zu Ortnit 98, 2. **102,** 1 *Mit* V.] *In*   4 b 'der held nam es wol auf, war damit zufrieden' (W. Gr.). V. und B. lesen *in güetliche enphie.*   **103,** 1 *dâ* fehlt, so ergänzt von B. 2 *des haim zehawse,* umgestellt von Z.   **104,** 4 *anders nyemands selber.*   **105,** 1 *nützten* 2 *kückten* 3 *vnd auch l.,* gebessert von Z. 4 Die hs. hat bloss *sam ettliche in ir vaterland wäre;* die besserung und ergänzung nach B.   **107,** 1 *fluss* 3 *strickte.*   **108,** 3 In der hs. *ein schiff geladen schwäre rueffen er began es kam von Karade ry wollen uber see,* hergestellt von Z.   4 *vrouwen*] *ferjen* vermutet C. Hofm., doch ist die letzte zeile der Nibstr. blosses flickwerk.

109 Hagene ruofte lûte,   daz in des niht verdrôz,
swie sêre von den winden   daz mer mit ünden vlôz:
daz schif begunde krachen.   die bî in vuoren nâhen,
si vorhten wildiu merkint,   dô si die vrouwen an dem stade
    110 Daz schif het einen herren   ûz Salmê.   [sâhen.
Hagene und sîn künne   was im vil kunt ê.
er was ir nâchgebûre   dâ her von Îrlande.
sun den Sigebandes   der pilgerine einer niht bekande.
    111 Der grâve sînen schifman   zem stade niht enliez.
der ellende recke   vüeren sich dô hiez
durch die gotes güete   von dem wilden sande.
dô erbaldet ir gemüete,   dô er Crist sô vrevellîche nande.
    112 Der grâve selbe zwelfte   in eine barken spranc.
ê er diu mære ervüere,   diu wîle dûhte in lanc,
obe ez schrâwaz wæren   oder wildiu merwunder.
er gesach bî sînen zîten   nie niht sô hêrlîchiu kunder.
    113 Er begunde vrâgen,   ê er zem stade gie:
'sît ir kint getoufet,   waz tuot ir danne hie?'
er sach ir lîp den schœnen   in jungen mies gewunden.
dô bâten si die geste.   daz si in mit in ze varne gunden.

(3.) Âventiure.
wie Hagene an den kiel kam.

*114 Ê si zem schiffe giengen.   dô brâhte man in ge-
daz die pilgerine   mit in vuorten in daz lant.   [want
swie kiusche si wæren,   daz muosten si dô tragen.
jâ schamten si sich sêre: iedoch verendet sich ir klagen.
    115 Dô si die schœnen meide   brâhten ûf die vluot,
dô giengen in engegene   die ritter stolz und guot.
si enphiengen vlîzielîche   die vürsten tohter tiure.
swie si sich ê versâhen   daz si wæren wilde und ungehiure.

---

109. 3 bi in B] bey im du. — Die worte daz schif begunde krachen
sollten das zweite glied des concessivsatzes bilden: der starke wellenschlag
und das krachen der schiffswände erschweren Hagens versuche, sich ver-
ständlich zu machen. **110.** 3 er was er ir, gebessert von B. da het
von Eyrlant 4 bekant. Die aufgenommene besserung ist von B.; vgl. über
die strophe, die vielleicht erst ein abschreiber zur Nibelungenstrophe um-
gewandelt hat, Beitr. 9, 3. **111.** 1 zem] zu dem (ebenso 113, 1. 114, 1 und
oft). 3 des g. 4 erkaltet, gebessert von B. **112.** 1 ainen b.
3 schrâwaz] vgl. Myth.¹ 396. III, 138. 4 niht fehlt, so ergänzt von B.
113, 3 den fehlt, ergänzt von B. **115.** 4 das erste si fehlt, ergänzt von vdH.

116 Dô beliben si des nahtes   bî in ûf dem sê.
diu ungewonheite   tet den kinden wê.
hêten siz vür wirde,   sô diuhten si mich wîse.
der grâve von Garadîe   hiez in *balde* geben guote spîse.

*117 Dô si gespîset wâren   und er bî in gesaz,
der grâve *von Garadîe*   hat im sagen daz,
wer si *sô* rehte schoene   braehte zuo dem sê.
den kinden tet sîn vrâgen   und ouch ir arbeite wê.

118 Dô sprach diu eltiste,   diu under in dâ saz:
'ich bin von verren landen,   herre, wizzet daz,
von Indiâ der guoten   — dâ was künic inne |gewinne'.
mîn vater, dô er lebete —:   dâ ich krône leider nimmer mêr

119 Dô sprach diu mitteliste: 'ich bin von verren komen;
mich hât ein wilder grîfe   ze Portegâl genomen.
der mîn dâ jach ze kinde,   der was dâ landes herre.
ein voget vil gewaltic   *was er geheizen* nâhen unde verre'.

120 Diu jungiste drunder,   diu bî dem grâven saz,
diu sprach gezogenlîche: 'herre, ich sage iu daz:
ich bin von Îserlande,   dâ was mîn vater herre.
die mich dâ ziehen solten,   den kom ich *sît* leider al ze verre'.

121 Dô sprach der ritter edele: 'got hât vil wol getân,
sît er iuch bî den mâgen   niht enwolte lân;
ir sît mit genâden   ûz grôzer nôt enbunden,
sît ich iuch sô schône,   meide, hân an disem stade vunden'.

122 Swes er dâ vrâgen möhte,   des waere im unnôt,
wie daz komen waere,   daz si den grimmen tôt

- - -- - - ---

116. 2 *ungewonhait* (uber die formen in *-heite*, ahd. *-heiti* s. B. Germ.
10. 169). Gemeint ist nicht 'die ungewohnte umgebung' (B. und M.), son-
dern das ungewohnte tragen fremder kleider (der pilgerkutten), das sie als
eine ihnen angetane ehre (*vür wirde*) betrachtet hätten, wären sie besser mit
den höfischen bräuchen vertraut (*weise*) gewesen (vgl. C. Hofmann s. 226 f.)
4 *balde* fehlt.   **117.** 2 *von Garadîe* fehlt, ergänzt von vdH.   3 *woheer
sy recht schöne bracht*, so gebessert von B.   4 *arbait*   **118,** 2 *wisset ir
das*, gebessert von B.   3 *guten der da*, gebessert von vdH.   4 *dô er lebete*
B] *da erlaite*; ist die hsliche lesart eine contraction?   **119.** 4 *was er ge-
heizen* fehlt, so ergänzt W. Gr.]   **120.** 1 *drunder* W. Gr.] *vnnder den*
2 *gezogenliche*] Der ausdruck ist sehr beliebt in Kudr. und Bit., ziemlich
häufig in den Nib. (die stellen bei Jänicke zu Bit. 4436), auch im Alphart
5. 1. 146, 1. 155 1. 316, 1. 364. 1.   4 *sît* fehlt.   **121.** 1 *nicht wolle beleiben
lan*, gebessert von C. Hofm.   **122.** 1 *Swes*] *Was*.

niht von den grifen nâmen.   die si ze neste truogen.
si liten *leit* manegez,   des si doch nie *mêre* gewuogen.
123 Dô sprach der riche grâve   wider den jungen man:
'vriunt und geselle,   ir sult mich hœren lân.
sît daz mir die vrouwen   gesaget hânt ir wære.
nu weste ich harte gerne,   wâ inwer lant oder künne wære'.
124 Dô sprach der wilde Hagene: 'daz wil ich iu sagen.
mich hât der grifen einer   ouch dâ her getragen.
min vater hiez Sigebant;   ich bin von Îrrîche
und bin bî disen vrouwen   gewesen vil lange kumberliche'.
125 Dô vrâgten si alle: 'wie mohte daz wesen.
daz ir bî den grifen   so lange sît genesen?'
dô sprach der junge *Hagene*:   'daz wolte diu gotes güete;
an in ist wol erküelet   beidiu min herze und ouch min ge-
                                       müete'.
*126 Dô sprach der ûz Garadie: 'daz solt du mir sagen,
wie dir sî diu nôt geringet?'   'dâ hân ich erslagen
die alten zuo den jungen.   ir einer niht genas.
bî den ich mines lîbes   in *vil* grôzen sorgen was'.
*127 Dô sprâchens al gemeine: 'sô ist stare diu lip.
dich mugen loben balde   beide man und wip.
ez möhten unser tûsent   nimmer hân getân.
daz wirs erslagen hôten: ez ist dir sælicliche ergân'.
128 Der grâve und sin gesinde   vorhten ditze kint.
ez het unmæzlîch sterke: daz geschadete in sint.
man wolte in von *den* wâfen   mit listen hân gescheiden.
daz werte er zornicliche.   jâ mohte in sin komen balde leiden.
129 Dô sprach aber der grâve: 'mir ist wol geschehen
nâch manegem schaden grôzen.   den ich hân gesehen.
und bist *du* der mâge   dâ her von Îrlande
des vürsten Sigebandes.   sô wil ich dich haben mir ze phande.
130 Du bist mir komen rehte.   daz sî dir geseit.
mir habent dine vriunde   getân sô manegiu leit

122.4 *leit* fehlt. Die herausgg. erganzen verschieden (*dd vil* Z. E.,
vil V. M.. *sêr vil* B.): der ausfall von *leit* erklärt sich durch den gleichen
anlaut mit dem vorhergehenden worte. *mêre* fehlt. ergänzt von Z.   **125.**3
Hagene fehlt. ergänzt von V.   4 vgl. 1460,4. Bit. 9358 f.   **126.**1 *Gradie*
2 *geringet die not*. umgestellt von V.   4 *den*] *dem   vil* fehlt. ergänzt von V.
127.4 *seliklichen*.   **128.**3 *den* fehlt. ergänzt von E.   **129.**3 *du* fehlt,
ergänzt von Z.   4 *mir haben*. umgestellt von A.

ze Garadie dem lande,   daz lît in gar ze nâhen:
si hiezen mîne helde   in herten stürmen slahen unde vâhen'.

131 Dô sprach der junge Hagene: 'unschuldic ich des
daz si iu getâten. nu bringet mich ze in,   [bin,
sô getrouwe ich wol versüenen   ir haz und iuwer strîten.
lât mich genædiclîche   zuo den mînen kunden erbîten'.

132 Der grâve sprach zem kinde: 'du muost mîn gîsel
sô sîn mîn hovegesinde   diu schœnen magedîn. |sîn:
diu wil ich mir ze êren   haben in mînem lande'.
diu rede dûhte Hagenen,   si wære im *beide* schade unde
                                                    schande.

133 Der recke sprach in zorne: ·ich wil niht gîsel wesen.
des enmuote niemen,   der welle genesen.
ir guote schifliute,   ir bringet mich ze lande:
des lône ich iu gerne,   ich gilte mit schatze und mit gewande.

134 Er muotet mînen vrouwen   sîn ingesinde wesen;
âne sîne helfe   si mügen wol genesen.
sî ieman hie sô wîse,   der volge mîner lêre.
wendet iuwer segele,   daz man gên Îrlande iht kêre'.

135 Das liut in wolte vâhen;   ir herre daz gebôt.
dô stuont er in ze nâhen: des kômens in grôze nôt.
er holte bî dem hâre   wol drîzic in die ünde.
diu kraft sînes lîbes   wart den pilgerînen harte künde.

136 Hêtenz niht gescheiden   diu minniclîchen kint,
den helt von Garadîe   hiet er erslagen sint.
si wâren im gelîche   die armen zuo den hêren.
die selben schifliute   muosten dô gên Îrlande kêren.

137 Îlen si begunden,   daz si niht wurden vlorn,
wan si muosten vürhten   des jungen Hagenen zorn.
tage sibenzehene   si vil unmüezic wâren.
si vorhtęn in al gemeine,   wan si in sâhen übele gebâren.

―――――――――――――
130,4 *in herten stürmen* C. Hofm.] *in ainem herten sturm* hs., *in einer
herte* B. M. Der plural wird auch gefordert durch *manegiu leit* in z. 2.
131,2 *getâten* B.] *getan hand*   4 *zu meinen kunnen arbaiten*, so gebessert
von B.   **132,**2 *sîn* B.] *sind*   4 *Hagen*   *beide* fehlt, ergänzt von B.
134,1 *Ir m. meiner jr. daz sy ewr gesinde wesen.* gebessert von B.   4 *wendet*
V.] *keeret umb.* *man das schif gen;* C. Hofm. streicht *daz schif* mit recht;
kêren ist ebenso absolut gebraucht wie 136, 4, wo der schreiber es ohne an-
stand stehen liess.   **135,**2 *in* E.] *im*   4 *pilgramen.*   **136,**1 *Hetten*
sy. gebessert von V.   3 *herren.*   **137,**3 *sibentzehen ee sy.*   4 *sahen in,*
umgestellt von B.   *geporn.*

138 Dô er begunde nâhen   in sînes vater lant
— die vil wîten bürge   het er ê bekant —,
einen palas hôhen   kôs er bî dem vluote;
driu hundert türne   sach er dâ vil veste unde guote.
139 Dar inne was her Sigebant   und ouch sîn edel wîp.
die pilgerîne muosten   sorgen umb ir lîp,
ob ir würde innen   der ûz Îrrîche,
daz er si alle slüege.   daz understuont Hagene lobelîche.
140 Dô sprach zuo den gesten   der wætlîche man:
'ich wil ez gerne süenen.   swie ich niht enhân
gewaltes hie ze lande,   ich wil dar boten senden   [enden.
und wil haz den alten   mit iu und mit dem künege gar ver-
141 Der nu welle dienen   an mir michel guot,
diu mærę diu ich enbiute,   swer daz gerne tuot,
der diu sage dem künege,   dem gibe ich golt daz rîche.
jâ lônet im vil gerne   mîn vater und mîn muoter rilîche.'
*142 Der pilgerîne zwelve   hiez er rîten dan.
'nu saget daz dem künege',   sprach der junge man,
'obe er welle Hagenen   sînen sun sehen,
an dem von einem grîfen   im herzenleide was geschehen.
143 Ich weiz wol, sîn geloubet   der edele künic niht.
sô vrâget mîne muoter,   ob si iu des vergiht,
daz si mich haben welle   danne zeinem kinde,
ob si ein guldîn kriuze   vor an mîner brüste bevinde.'
144 Die boten riten dannen   nâhen in daz lant.
dâ saz in einem hûse   vrou Uote und Sigebant.
dô erkante er, daz dâ vüeren   dâ her von Garadîne:
ez wâren sîne vînde.   dar umbe zurntę der wirt und ouch
    die sîne.
145 Er iesch, wie si getörsten   komen in daz lant.
dô sprach einer drunder: 'dâ hât uns her gesant

138,3 der flut, gebessert von E.   **139**,2 musten sorgen von nöeten
emb iren leib; von nœten hat V. gestrichen.   **140**,1 wäydeliche   3 poten
dar, umgestellt von Z.   **141**,1 welle gerne dienen; gerne, das aus z. 2
stammt, hat V. richtig gestrichen.   3 diu fehlt, ergänzt von Z.   4 reich-
liche.   **142**,2 duz fehlt, ergänzt von B.   **143**,1 wol daz sein, ge-
bessert von E.   3 dann haben welle, umgestellt von Z.   4 prust vinde,
gebessert von C. Hofm.   **144**,3 dâ nach daz fehlt: die herausgg. er-
ganzen si.   **145**,1 iesch Hpt] hiess sy fragen.

din sun der junge Hagene.   swer den gerne sæhe,
der ist hie so nähen,   daz daz in kurzer zite wol geschæhe.'
    146 Dô sprach der vürste Sigebant: 'ir trieget âne nôt.
er ist so hin gescheiden,   daz mir des kindes tôt
dicke hât erwecket   mines herzen sinne.'
'ob irs niht geloubet,   sô vrâget iuwer wip die küniginne.
    147 Der ist er alsô dicke   gewesen nähen bî.
ob im an siner brüste   ein guldin kriuze sî,
ob man des an dem degene   die rehten wârheit vinde,
geruochet ir des beide,   sô müget ir sin wol jehen zeinem
    148 Dô Uoten der vrouwen   ditze wart geseit. [kinde'.
si vreute sich der mære;   ô was ir ofte leit.
si sprach: 'wir suln rîten   dâ wirz ze rehte ervinden.'
der wirt hiez dô satelen   im und sinen besten ingesinden.
    149 Zehant dô sprach ein pilgerin   der schœnen Uo-
                                                ten zuo:
'wilt du mir, vrouwe, volgen,   ich râte dir waz du tuo:
du solt bringen kleider   den vil schœnen kinden. [sinde.'
die koment dir zallen êren;   si heizent dines jungen inge-
    *150 Man brâhte richiu kleider   mit der vrouwen dan.
ouch volgte der küniginne   vil manic küener man.
her Hagene was gestanden   nider ûf den sant.
dâ man die von Garadie   bî dem ellenden vant.

(4.) Âventiure,
wie Hagene enphangen wart von vater und von muoter.

*151 Dô gesach er rîten   wîp unde man.
dô wolte in Hagene   hin engegene gân.
wer im grüezen kunt tæte,   daz wolte er gerne sehen.
dâ muoste ein starkez dringen   von sînen vriunden geschehen.
    152 Der künic hiez in willekomen   sin in sin lant.
er sprach: 'sît irz der recke,   der nâch uns hât gesant

    145,3. 4 *der ist so nahen werden gerne sühe daz das in kurtzer zeit
warlich wol geschähe*, gebessert von E.   **146,**1 *triegent mich on not; mich*
von B. mit recht gestrichen, vgl. Nib. 1481, 1 und Kudr. 1290, 1.   **147,**4
ir sin B] *irs euch*, vgl. Germ. 10, 171.   **148,**1 *Vten der frowen ditz da
w. g.*, gebessert von C. Hofm.   3 *wirz* vdH.] *wir*   4 *do hiess*, umgestellt
von Z.   *seinem*.   **149,**3 *den* W. Gr.?] *deinen*   4 *des seines junge*, ge-
bessert von vdH.   **150,**4 *man* M.] *er   Garady*.

und jehet zeiner muoter   der edelen küniginne?
und sint wâr diu mære,   sô bin ich vrô von allen mînen
   153 Uote diu schœne   gezogenlîchen sprach: [sinnen.'
'heiz uns vor den liuten   schaffen hie gemach.
ich sol in wol erkennen,   ob im hie zimt diu krône'.
si ervant diu wâren bilde;   dô enphiengen si den jungen
     helt vil schône.

*154 Mit weinenden ougen   si kuste in an den munt.
'ê west ich mich sieche,   nu bin ich wol gesunt.
bis willekomen, Hagene,   mîn einigez kint.
nu mügen sich dîn wol trœsten   die hie bî Sigebande sint.'

*155 Der künic trat *dar* nâher,   sîn vreude diu was grôz.
von sînes herzen liebe   ûz sînen ougen vlôz
im vil der heizen trehene: *der sach man* dâ genuoc.
dem kinde er holden willen   von schulden vriuntlîchen truoc.

   156 Die ellenden vremeden   vroun Uoten wurden kunt.
si gap in maneger hande   grâ unde bunt,
phelle ob liehten vederen,   daz wol gezam ir libe.
sich ringet ir gemüete   von des küneges Sigebandes wîbe.

   157 Man kleite die schœnen vrouwen   als ez in wol
     gezam.
die zît muostens dulden   dar under michel scham,
unze si behangen   mit rîchen borten giengen.
der wirt und sîne helde   die jungen meide vlîziclîch en-
     phiengen.

   158 Hagene hiez genædic   den von Garadîe sîn
den künic und die liute   durch den willen sîn,
daz er in vergæbe   schaden unde schulde.
Hagene der junge   der gewan den pilgerinen hulde.

152,3 *geet.*   **153**,2 Der sinn ist: 'heiss die umstehenden zurück-
treten!' Dadurch soll Hagen ungenierte gelegenheit (*gemach*) geboten wer-
den, seine brust zu entblössen, um durch das muttermal seine identität zu
erweisen.   **154**,2 *sieche*] *siechen* hs. und ausgg.; die schwache form des
adj. wäre kaum zu rechtfertigen, und ebensowenig die auffassung von *siechen*
als infinitiv.   **155**,1 *dar* fehlt, ergänzt von B.   3 *der sach man* fehlt.
Die herausgg. seit V. lesen: *ime der vil heizen trehene* dd *genuoc,* doch ist
die trennung des subst. von seinem adj. durch die cäsur nicht zu dulden
und von mir überall beseitigt. s. Beitr. 9, 90. Aus demselben grunde, doch
verschieden, ändert C. Hofm. s. 228.   **156**,3 *getzam wol,* umgestellt
von B.   4 *ringeret,* gebessert von B.]   **157**,1 *claidet*   3 *müsten sy*
3 *mit* V.] *in.*   **158**,1 *Garadi.*

Kudrun.   5

159 Dô der künic mit kusse   versuonte sînen zorn,
dô muoste man in gelten   swaz si heten verlorn.
daz was in vrume vil grôziu   und was ouch Hagenen êre.
sît wurden sî vînde   mit dem von Îrlande nimmer mêre.

*160 Dô hiez man den gesten   tragen ûf den sant
in dem vride Hagenen   ir spîse und ir gewant,
daz si dâ ruowen solten   ze vierzehen tagen.
die stolzen pilgerîne ,   muosten im des gnâde sagen.

161 Dô riten si mit schalle   von dem mere dan.
zuo der burc ze Baljân   kom vil manic man
durch diu vremeden mære,   daz noch leben solte
des vil rîchen küneges sun.   lützel ieman daz gelouben wolte.

162 Nâch tagen vierzehenen   scheiden man dô lie (164)
die wazzermüeden helde,   die bî in wâren hie.
dô gab in sîne gâbe   der wirt von liehtem golde.
durch sînes sunes liebe   ze stæten vriunden er si haben
                                         wolde.

163 Hagene sîne vrouwen   niht unberuochet liez. (162)
baden ze allen zîten   ers vlîziclîchen hiez.
den minniclîchen meiden   den diente er vil lîse.
man gab in rîchiu kleider;   er was in sînen jungen jâren
                                         wîse.

164 Wahsen er begunde   bevollen zeinem man. (163)
dô phlag er mit den helden   swes man ie began,
daz ritter prüeven solten,   mit werken und mit handen.
sît wart er gewaltic   in sînes vater Sigebandes landen.

165 Der junge Hagene lernte   daz helden wol gezam, (165)
vor sô manegem degene,   daz er des âne scham
muoste belîben.   daz lobeten schœne vrouwen.
er wart sô rehte milte,   daz es nieman möhte wol getrouwen.

166 Dar zuo wart er sô küene,   als uns ist geseit,
daz er getorste rechen   sîner vriunde leit.

159, 3 *in* V.] *ir   Hagen* (ebenso 160, 2).   **161,** 4 *das yemand*, um-
gestellt von V.   **162 – 164.** So geordnet mit V. Die Hs. hat str. 162
nach 163. 164. Durch diese umstellung und die ausscheidung der Nibstr. 160
wird der zusammenhang notdürftig hergestellt, doch ist das gedicht hier
offenbar stark überarbeitet. Vgl. auch Wilmanns s. 125 f. und Beitr. 9, 62.
162, 1 *do man*, umgestellt von Z.   **165,** 2 *vor* V.] *von*   4 *des es nyemand
wol mochte g.*, gebessert von vdH. und V.

er behabete gar sîn êre   an aller hande dingen.

des hôrte man in dem lande   von dem helde sagen unde
singen.

167 Er wuohs in einer wüeste,   der edele vürste junc,
bî den wilden tieren.   des mohte im einen sprunc
lebendes niht enphliehen,   swaz er wolte vâhen.

er wæne und sîne vrouwen   bî dem mere manic wunder
sâhen.

168 Sîn rehter name hiez Hagene.   sît wart er genant
Vâlant aller künege.   dâ bi was er bekant
von der sînen sterke   wol in allen rîchen.

Hagene der küene   urborte sînen namen vlîziclîche.

169 Im rieten sîne mâge,   er würbe umb ein wîp.
diu was im dâ vil nâhen,   daz nindert schœner lîp
lebete in al der werlde   ûf dem ertrîche.

diu hete erzogen in selben;   jâ wuohs er bî ir harte sorclîche.

170 Si was geheizen Hilde   und was von Indîân.
sie het *im* ofte liebe   in grôzer nôt getân,
dô er si aller êrste   vant in einem steine.

ûz allen landen   gerte er vür si bezzer deheine.

171 Sîn vater hiez in gâhen,   daz er næme swert
mit hundert sînen helden: tûsent marke wert
gæb er ie vier gesellen   vür ros und vür gewæte.

dô sprach der degen Hagene,   daz er daz vil williclîchen

172 Dô hiez er ez künden   in diu vürsten lant. [tæte.
wanne ez wesen solte,   daz tet man in bekant.
sît wart sîn grôziu milte   harte wol bevunden.

man sagete die hôchzît   in drîen tagen und in jâres stunden.

173 Dar zuo sich vlizzen recken   die gerne wolten dar.
si hiezen würken schilde   liecht *und* wol gevar.

167, 3 *lebentigs* 4 *er wæne* V.] *wann er*.   **168**, 3 *allem reiche*, ge-
bessert von V.   4 *urborte* Hpt. = 'erwarb *urbor* von' (vgl. uber das vor-
kommen des wortes Jänicke zu Bit. 4190)] *erpot*.   **169—176**. Ein
besserer zusammenhang der erzählung wird erzielt, wenn man ordnet: 168.
171—175. 169. 170. 176. Mit W. s. 127 betrachte ich str. 171—175 als eine
an unrechter stelle eingefügte interpolation, aber auch str. 170 scheint jünger.
Vgl. Beitr. 9, 62.   **169**, 2 *lip* vdH.] *weib*   3 *aller weld*   4 *im*   *ir vil
hart*, gebessert von V.   **170**, 1 *von* vdH.] *in*   2 *im* fehlt, ergänzt von
vdH.   4 *allem lande*, gebessert von V.   *vür* E.] *fueren*.   **171**, 2 *seiner*.
3 *ye für vier*, gebessert von V.   **173**, 2 *und* fehlt, ergänzt von Z.

dar zuo man in bereite   satele vil riche.

vürbüege und zoume   bereite man von golde süberlîche.

174 Ûf einem wîten plâne   herbergen man dô hiez
des rîchen küneges geste.   wie wênic er des liez
des si an in gerten!   dâ sidelte man vil wîten.

man sach an allen enden   sîne geste zuo dem lande rîten.

175 Die vremeden die dâ wâpen   wolten mit im nemen,
die hiez er kleiden alle: daz muoste in wol gezemen.

die dâ von vremeden erben   kômen zuo dem lande,
der wâren tûsent helde.   die zierte er wol mit rosse und mit
gewande.

176 Er sprach ze sînen vriunden: 'nu râtet ir mir daz,
daz ich ein künic heize.   ez zimt mir deste baz,
ob ich von herzen minne   diu bî mir trage krône.
ich erwinde nimmer,   unz ich ir ir arbeit gelône.'

177 Wer diu vrouwe wære,   des vrâgten sîne man.
diu vor sînen helden   ze hove solte gân.

er sprach: 'daz ist vrou Hilde   von Indîâ dem lande,
der ich und mîne vriunde   ze dirre werlte haben wênic schande'.

178 Wol behagete ez sîner muoter   — sîm vater tet ez
daz man si solte krœnen,   dô si daz vernam.   [sam —,
si was wol in der mâze,   daz lant het ir êre.

wol sehs hundert degene   nâmen bî im wâpen oder mêre.

179 Nâch siten kristenlîchen   wîhen man dô hiez
beide zuo der krône: niht lenger man daz liez.

her Hagene nnd vrou Hilde   riten vor in dannen.

manegen buhurt rîchen   sach man dâ von des küneges
mannen.

180 Her Sigebant reit selbe;   hôhe stuont sîn muot.
in ahte harte ringe,   verzert er michel guot.

173,3 4. *beraitet;* B. liest an zweiter stelle *bruofte.*   **174**,1 d*ô*
Hpt.] *die.*   **175**,1 *die da wolten ir wappen* hs., *die dâ wolten wâfen* B.
Meine umstellung hat den zweck, die trennung des verb. finit. von dem ab-
hängigen infinit. durch die cäsur zu vermeiden.   3 *da die,* umgestellt von V.
4 *rossen.*   **176**,3 *diu* vdH.] *vnd*   4 ein *ir* fehlt, ergänzt von E.
177,1 *Sy sprachen wer die wäre,* gebessert von C. Hofm.   2 *solten.*
178,2 *si* nach *man* fehlt, ergänzt von vdH.   **179**,1 *kristenlîchen* V. (vgl.
Nib. 1788, 4)] *sittlichen* (veranlasst durch das vorhergehende *siten*)   2 *daz* M.]
da (vgl. Nib. 556, 2. 594, 2).   **180**,2 *er verzerte,* umgestellt von B.

dô si geriten hêten   wol nâch ritters relite,   [knehte.

dô wurden vil unmüezic   ûf des küneges hove die kamer-

181 Si truogen an gesidele   breit unde lanc,

stüele unde tische.   dô man vol gesanc,

ze hove reit vron Uote   und mit ir vil der vrouwen,

die die jungen helde   dâ vil williclîchen mohten schouwen.

182 Dô der künic Sigebant   bî vroun Uoten saz

und Hagene bî Hilden,   die liute redeten daz:

im wære wol gelungen   an sînem lieben kinde. [ingesinde.

den krach von manegem schafte   pruofte vor den tischen ir

*183 Vier und zweinzic recken   die wâren ûf den plân(184)

komen under schilde.   dâ wart ez wol getân.

manic rîchiu tjoste   wart von in getriben.

daz sâhen schœne vrouwen: jâ wær daz übele beliben.

184 Dô der herre ûz Îrlande   vol enbizzen was, (183)

schiere wart ze molten   bluomen unde gras

von sînen manegen gesten;   die riten dâ mit schalle. [alle.

die man gesunde weste,   die buhurdierten *vor den vrouwen*

185 Sun der Sigebandes   den buhurt selbe reit. (185)

daz sach sîn triutinne: jâ was ez ir niht leit.

ob si im iht gedienet   het in vremeden landen,

des lônte er ir gerne.   er was ein *mærer* helt ze sînen handen.

186 Dâ vant man under stoube   dem wirte rîten bî,

daz ouch künige hiezen,   zwelf unde drî,

die lêhen von im hêten,   kristen unde heiden.

Sigebande und Hagenen   den dienten si vlîziclîchen beiden.

187 Diu hôchzît werte *lange*;   diu vreude diu was grôz,

von hurte und von dringen   ludem unde dôz.

180, 4 *hofe vil manig cammerknecht*, so gebessert von B.   **181**, 1 *an das gesidel*, gebessert von B.   2 *wol sang*, gebessert von V. Indes ist die er- wähnung des kirchlichen gesangs an dieser stelle (vgl. Nib. 300, 1. 1004, 1) sehr verspätet und abgerissen.   4 *die die* B.] *so die*.   *da ze hofe vil*, ge- bessert von V. (*ze hove* stammt aus z. 3, vgl. 180, 4).   **182** vgl. str. 560. **183** nach **184**. Doch war die interpolierte Nibstr. offenbar für die stelle bestimmt, die ich ihr gegeben habe. 183 schildert die *tjoste* (das wort findet sich in der Kudr. nur hier!). 184. 185 aber den *buhurt*, und 185, 1 muss unmittelbar anschliessen an 184, 4.   **183**, 1 *dem*   3 *reicher* 4 *daz* vdH.] *da   war des*, so gebessert von V.   **184**, 1 *vol Z.*] *wol* 4 *cor den vronwen* fehlt, ergänzt von B.   **185**, 1 *des S.*   4 *mærer* fehlt, ergänzt von B.   **186**, 1 *man vant*, umgestellt von vdH.   *den*   4 *Hagene*. **187**, 1 *lange* fehlt, ergänzt von V.   2 Die zeile lautet in der hs: *von hurte*

der wirt liez sîne geste   ir arbeite lâzen.

dô wart in daz erloubet,   daz si zuo den vrouwen gesâzen.

188   Vor den sînen gnôzen   sprach her Sigebant,
'mînem sune Hagenen   gibe ich miniu lant,
die liute mit den bürgen   nâhen unde verren.
alle mîne recken   suln in *in* haben zeinem herren.'

189   Dô sich verzigen hête   der vürste Sigebant,
dô begunde Hagene lîhen   bürge unde lant
mit vil guotem willen.   die si nemen solton,
er dûhte si sô biderbe,   daz sis von im gerne nemen wolten.

190   Nâch lêhenlîchem rehte   gestraht ir maneges hant
wart dem jungen künege.   schaz und ouch gewant
gab er sînen gesten   nâhen unde verren.   [werren.
sô miltes vürsten hôchzît   möhte noch den armen niht ge-

*191   Ze hove wâren vrouwen,   die mit im in daz lant
wâren gevüeret.   nâch der einer wart gesant;
die hiez man zuo vroun Hilden   vür den künic gân.
diu was von Îserlande   und was ze wunsche wol getân.

192   Ir gerte ein junger vürste.   der hete si gesehen
bî der küniginne.   des mohte er wol verjehen,
daz si von allem rehte   solte tragen krône.   [lône.
si was gespil vroun Hilden: sît wart ir ein rîchez lant ze

193   Dô schieden sich die geste,   der künic und sîne man.
die edelen juncvrouwen   vuorte man dan
gegen Norwæge   in des vürsten rîche.
nâch ir grôzer leide   sô stuont ir dinc vil genendiclîche.

194   Dô begunde rihten   her Hagene in Îrlant.
swaz er unbillîches   an den liuten vant,
des muosten si engelten   von im harte sêre.
in einem jâre   enthoubter *ir* ahtzic oder mêre.

---

vnd von manigen dingen In dem vnde dos, berichtigt von vdH. u. V. (vgl.
Nib. 883, 1. *was* V. M. oder *wart* B. vor *Indem* wird nicht durch die hs. ge-
boten und kann aus z. 1 ergänzt werden).   3 *ir* Z.] sein   4 *gesázen* M.]
sassen.   188 vgl. Nib. 657.   1 *Vor* vdH.] *Von*   4 ein *in* fehlt, er-
gänzt von B.   189, 4 *si* V.] *sich*.   190, 1 *gestrackht Er m. h.*, ge-
bessert von B.   191, 2 *ainen*, gebessert von Z.   192, 1 *Er begerte*,
gebessert von Z.   4 *frawen*.   193, 4 *genendicliche* (vgl. Jänicke zu
Bit. 12955)] *gnediclich.* B. vermutete *gemelliche* (Germ. 10, 173).   194, 4
im jar, gebessert von Z.   *ir* fehlt, ergänzt von Z.

195 Nu schuof er herverte   in sîner vînde lant.
durch die armen wolter   vüeren dęhcinen brant.
swâ ir mit übermuote   deheiner wart ervunden,
dem brach er die bürge   und rach sich mit den tiefen verch-
                                                wunden.

196 Swâ er kom ze strîte,   er was ein ritter guot.
den hôchvertigen helden   swachet er den muot.
von sîner vorgetæne   nâhen unde verren   [gewerren.
er hiez Vâlant aller künege: daz mohte sînen vînden wol

197 Der helt lebete schône;   vrô was er genuoc.
von Indîâ diu vrouwe   bî dem recken truoc
eine tohter schœne.   sît wart diu genennet
nâch ir muoter Hilde,   dâ von man diu mære wol erkennet.

198 Dô hiez der wilde Hagene   ziehen sô daz kint,
ez beschein diu sunne selten   noch daz ez der wint
vil lützel an geruorte.   sîn huoten edele vrouwen.
sam tâten sîne mâge,   den er aller beste mohte getrouwen.

199 Inner zwelf jâren   diu hêrlîche meit
wart unmâzen schœne.   verre ez wart geseit.
edele vürsten rîche   die begunden sinnen,   [minnen.
wie si wolten werben   nâch des wilden Hagenen tohter

200 Der selben vürsten einer   bî Tenemarke saz
ze Wâleis in dem lande.   dô er gehôrte daz,
daz si *sô* schœne wære,   dô ranc er nâch ir sêre.
daz versmâhte Hagenen: er nam im beide lîp unde êre.

201 Swaz man ie boten sande   nâch der megede guot,
die hiez her Hagene vliesen   durch sînen übermuot.
er woltes geben deheinem   der swacher danne er wære.
dô hôrte man allenthalben   sagen von dem vürsten daz mære.

202 Boten hiez er hâhen   wol zweinzic oder mêr
— diez niht gerechen mohten,   den was ez herzen sêr —,

195,1 statt *nu* vermutet B. ansprechend *sit*.   **196**,1 *zu streite
kam*, umgestellt von B.   2 *swechete*.   **196**,3 *von sîner*] *in sein*. *vor-
getœne* ist ein sonst unbekanntes wort und wahrscheinlich entstellt. Zu
erwarten wäre ‘von seiner grossen kraft und tapferkeit hiess er usw.’
197,2 *die fraw von Indïa*, umgestellt von B.   4 *dabey man*, gebessert von
V. (vgl. 22,4. 617,4).   **198**,3 *huettetn*   4 *tettens s. m. der*, gebessert
von V.   **199**,1 *Inner* V.] *In ir*   2 *ward es*, umgestellt von B.   **200**,3
das fehlt, ergänzt von vdH.   *sô* fehlt, ergänzt von Z.   **201**,1 *magete*
3 *dhainem fursten der*, gebessert von vdH.   **202**,2 *diez*] *ditz*   *ez* B.] *er*.

alle die man sande   nâch sîner tohter hêre.   [mêre.
genuoge den manz sagete,   die gerten ir ze wîbe nimmer
203   Noch beleip ez ungeworben   von guoten recken niht.
hât ir einer übermuot,   alsô man des giht,
dâ bî man vindet einen,   der dunket sich sam hêre.
von ir hôhen minne   huop sich sîner sorgen *desie* mêre.

(5.) Âventiure,
wie Wate ze Îrlande vuor.

204   Ein helt der was erwahsen   in Tenelant.
ze Stürmen in einer marke,   daz ist wol erkant,
da sâzen sîne mâge,   die zugen in nâch êren.
im diente ouch Hortlant.   jâ was er vil gewaltic unde hêre.

205   Einer sîner mâge   — Wate was er genant —
der hete von *dem* degene   bürge unde lant.
durch daz er was sîn künne,   er zôch in vlîziclîchen.
er lêrte in alle tugende;   er liez in ûz der huote niht ent-
                                                    wîchen.

206   Ze Tenemarke herre   was Waten swesterkint,
Hôrant der biderbe.   der verdiente sint
an Hetelen dem künege,   daz er *im* der krône
wol ze tragene gunde.   er gaps dem helde volliclîch ze lône.

207   Hetele der rîche   ze Hegelingen saz
nâhen bî Hortlande,   ich wil iu sagen daz;

202,4 *mann es   beyerten.*   **203,**2 *als   3 vindet man,* umgestellt
von B.   2. 3 haben wol ein sprichwort im sinne; M. verweist auf Boner
83, 47 *sô stark ist nieman noch sô grôz, etswâ vinde er sîn genôz,* vgl. auch
Zingerle. Die deutschen sprichwörter im mittelalter (Wien 1864), s. 153.
4 *sein sorge,* gebessert von Z.   *deste* fehlt, ergänzt von B.   **204,**2 *Sturme,*
vgl. M. zu der stelle. (das richtige hat die hs. 223, 3. 231, 2 u. ö.)   3 *nach
grosser ere,* gebessert von E. und B.   4 *Ortlant.* — Die hs. hat die fol-
genden formen: *Hortlant* 468, 4. 520, 1. 749, 3. 884, 3. 939, 1. 1154, 1. 1173, 3.
1235, 1. 1573, 1. 1642, 2. 1676, 1. *Hortriche* 481, 1. 1367, 3. 1371, 3.   *Horlant*
1404, 1. 1417, 4. 1513, 2. 1531, 1.   *Horriche* 634, 3.   *Ortlant* 204, 4. 207, 2. 273, 1.
565, 1. 716, 1. 920, 1.   *Nortlant* 371, 3. 1096, 1. 1103, 1. 1704, 2 (1618, 1 fälsch-
lich *Normandinen).*   Die überlieferung weist also auf die form mit anl.
H als die echte form, sie ist in dieser ausgabe überall geschrieben.   **205,**2
dem fehlt, ergänzt von vdH.   **206,**3 *Hettelein.* *im*
fehlt, ergänzt von vdH.   4 *gab dem helden vólliklich die z. l.,* gebessert
von E. Eine beziehung auf das verhältnis Bohmens zum reiche vermutet
R. Schröder Zs. f. d. Philol. 1, 259 f.   **207,**1 *Hegelinge* (so auch 215, 4
u. oft).   2 *Ortlannde.*

dar inne het er bürge   wol ahtzic oder mêre.   [êre.
die der phlegen solten,   die dienten im tegelîch mit grôzer
   208 Er was ze Friesen herre   wazzer unde lant.
Dietmers unde Wâleis   was in sîner hant.
Hetele der was rîche   und hete vil der mâge.   [lâge.
er was ouch grimme küene.   ofte schuof er sînen vînden
   209 Hetele was ein weise.   dâ von sô wart *im* nôt,
ob er ein wîp hête.   im wâren beide tôt
vater und ouch muoter,   die im diu lant dâ liezen.
sus het er vil der vriunde.   bî den muos in ze lebene ver-
                                  driezen.
   210 Dô rieten im die besten,   er solte minne phlegen,
diu im ze mâze kœme.   dô sprach der junge degen:
'ich enweiz deheine,   diu zen Hegelingen   [bringen.'
mit êren wære vrouwe,   noch die man mir ze hûse möhte
   211 Dô sprach von Niflande   Môrunc der junge man:
'ich weiz eine *vrouwen*,   als ich vernomen hân,
daz deheiniu lebet sô schœniu   nindert ûf der erde.
wir suln ahten gerne,   daz si iu zeiner triutinne werde.'
   212 Er vrâgte, wer si wære   oder wie si sî genant.
er sprach 'si heizet Hilde   und ist ûz Îrlant.
ir vater heizet Hagene   und ist daz *Gêren* künne.
kumt si her ze lande,   sô hâst du immer vreude unde wünne.'
  *213 Dô sprach der vürste Hetele: 'nu ist mir doch
swer werbe nâch ir minne,   ez sî ir vater leit.   [geseit,
dar umbe sî erstorben   vil manic edel man.
deheinem mînem vriunde   ich des tôdes niht engan.'
  *214 Dô sprach aber Môrunc: 'sô sende in sîn lant.
heiz Hôranden bringen: dem ist wol erkant

208,1 Vor *wazzer unde lant* hat die hs. *im diente*, das E. mit recht
strich: es stammt aus 207,4 her. *wazzer unde lant* ist accusativ des raumes,
wie *erde unde mer* 593,2 (vgl. Haupts Zs. 3,268), hier die ausdehnung des
gebietes bezeichnend, wie ähnlich Walth. 35,1 *Liupolt, zwir ein vürste*, *Stir
und Osterrîche*. Zur änderung C. Hofmanns a. a. o. s. 229 *im diente mer
unt lant* liegt kein grund vor, zumal die verderbnis durch sie nicht erklärt
wird.   2 *Diethmers vnd was Walais*, gebessert von vdH.   **209**,1 *im*
fehlt, ergänzt von B.   4 *sunst*.   **210**,2 *im* vdH.] *mir*   3 *ich wayss*.
211,1 Mit *Niflant* ist Livland gemeint, vgl. Mh. s. 184 und Hildebrand
Zs. f. d. Philol. 2,477 f.   2 *vrouwen* fehlt, so ergänzt von V.   **212**,3
Gêren fehlt, ergänzt von V.   **213**,4 *nicht gan*.   **214**,2.3 vgl. zu 92,2.

alle site Hagenen   hât er wol gesehen.

âne sîne helfe   kunde ez nimmer geschehen.'

215 Er sprach: 'ich wil dir volgen,   nu si *sô* schœne sî.

dâ man si sol gewinnen,   dâ muost du wesen bî,

wan ich dir alles guotes   von schulden wol getrouwe.

du hâst es vrum und êre,   wirdet si ze Hegelingen vrouwe.'

216 Dô hiez er boten rîten   hin ze Tenelant,

dâ man Hôranden   sînen neven vant.

er enbôt dem recken,   daz er in sehen solte

inner tagen sibenen,   ob er im deheinen dienest leisten wolte.

*217 Dô die boten kômen   und daz er die vernam,

getriulîcher dienste   was *er* im sô zam,

daz er leiste gerne   swaz er im gebôt.

des gewan er sider arbeit   unde grœzlîche nôt.

218 Er reit ze hove schiere   mit sehzic sîner man.

dô der helt dâ heime   urloup genam,

dô gâhte er deste vaster,   daz er diu mære ervünde,

wâ mite er dem degene   wol nâch êren gedienen künde.

219 An dem sibenden morgen   kom er in daz lant.

er und sîne gesellen   truogen guot gewant.

der künic *hin* engegene   gie den recken guoten.

dô sach er bî dem recken   von Tenemarke den küenen

Fruoten.

220 Ez was im ein liebez mære,   daz si wâren komen.

der künic sach si gerne.   dâ von im was benomen

ein teil *sîner* sorgen,   die er het in sînem muote.

dô sprach er lachende: 'bis willekomen, nevè Fruote.'

221 Dô giene vür den *herren*   Fruote und Hôrant.

er vrâgte wie ez stüende   dâ heime in Tenelant.

214, 3 *sitten.*   **215**, 1 *só* fehlt, ergänzt von E.   3 *wol von schul-den,* umgestellt von V.   4 *wirdet* B] *wirt.*   **217**, 2 *er* fehlt, ergänzt von vdH. 'er war ihm so gehorsam in bezug auf die leistung treuer dienste': *zam* c. gen. ist sehr selten (*ruomes zam* MSH. 2,145b: mhd. wb. III, 890a). Die gezwungene ausdrucksweise ist widerum kennzeichnend für den stil der Nibelungenstrophen.   **218**, 2 *helt al da haime*, gebessert von F.   4 *nach eren wol*, umgestellt von B.   **219**, 3 *hin* fehlt, an dieser stelle ergänzt von Pl.   3. 4 Vielleicht hat V. mit recht den cäsurreim *engegene : degene* hergestellt (vgl. 468, 1. 1105, 3. 1587, 3), der aber dann doch erst später ein-geführt wäre. Das ursprüngliche war wol: *dô sach er bî Hôrande.*   **220**, 5 *sîner* fehlt, ergänzt von Z.   **221**, 1 *herren* fehlt, so ergänzt von B.

dô sageten si im beide: 'wir haben in kurzen stunden
in herten stürmen geslagen vil schedeliche wunden.'
  222 Er vrâgte, wâ si wæren durch vehten hin geriten.
'dâ ze Portegâle haben wir gestriten.
des wolte uns niht erlâzen der edele künic riche,
er enschadete uns *sêre* in der marke aller tegelîche.'
  223 Dô sprach der junge Hetele: 'nu lât ez hin gân.
jâ wæne ich, Wate der alte der welle niht lân
die marke dâ ze Stürmen, dâ er dâ sitzet inne.
danc hab er des immer, der im eine burc an gewinne.'
  224 Die helden giengen sitzen in einen palas wît.
mit tumplîchen witzen begunden reden sît
von edeler vrouwen minnen Hôrant unde Fruote.
der künic hôrte ez gerne. dar umbe gab er in miete guote.
  225 Hetele Hôranden biten dô began:
'ist *dir* daz mære künde, du solt mich wizzen lân,
wiez stê umb vroun Hilden, die jungen küniginne?
der wolde ich mînen dienest unde mîne botschaft heizen
                                bringen.'
  226 Dô sprach der degen küene: 'eist mir vil wol er-
maget alsô schœne ich mêre nie bevant   [kant.
als von Îrlande Hilde die rîchen,   [lîche.'
des wilden Hagenen tohter. jâ stüende ir ein krône lobe-
  227 Hetele dô vrâgte: 'möhte daz gesîn,
daz mir ir vater *gœbe* daz schœne magedîn?
und diuhte ich in sô biderbe, sô wolte ich si minnen
und wolte im immer lônen, der mir die maget hülfe ge-
                                winnen.'
  228 'Daz mac sich niht gevüegen', sprach Hôrant.
'ze boten rîtet niemen in daz Hagenen lant.
des wil ich mich *selbe* nimmer vergâhen.   [hâhen.'
den man dar gesendet, den heizet man dâ slahen oder

222,2 *sy sprachen ze Portigal da h. w. g.,* gebessert von B. 4 *en-
schadete* Z.] *schaidte sére* fehlt, ergänzt von B. **223,**4 *angewinne.*
224,2 *begundens,* gebessert von B. **225,**2 *dir* fehlt, ergänzt von vdH.
3 *wie stet es. fraw.* **226,**1 *es ist mir vil wol gesait erkant* 2 *die magt,*
gebessert von E. 3 *riche* 4 *ein* V.] *an.* **227,**2 *gœbe* fehlt, ergänzt
von vdH. *magetlein.* **228,**2 *des H.* 3 *selbe* fehlt: vdH. ergänzte
selben. 4 *den man dar gesendet* fehlt: die herausgg. ergänzen die fehlende
halbzeile auf verschiedene weise. Hier nach B., vgl. 201,1.

229 Dô sprach aber Hetele: 'mirst nâch ir alsô nôt.
lâhet er mir einen,   dar umbe müese tôt
selbe geligen Hagene   der künic von Îrrîche.   [liche.'
er ist nie sô vrevele,   im kome sîn grimmer muot vil schede-

230 Dô sprach der degen Fruote: 'wolte Wate sîn
gegen Îrlande   nu der bote dîn,
sô möhte uns wol gelingen   und bræhten dir die vrouwen,
oder uns würden wunden   ûf daz herze al durch den lîp
gehouwen.'

231 Hetele der herre   sprach: 'dâ wil ich hin
senden zuo den Stürmen.   ân angest ich des bin,
Wate rîte gerne   swar ich im gebiute.
heizet mir von Friesen   komen Îroldẹn und sîne liute.

232 Die boten riten gæhes   ze Stürmen in daz lant,
dâ man Waten den küenen   bî sînen helden vant.
man saget im von dem künege,   daz er im komen solte.
Waten hete wunder,   waz sîn der künic von Hegelingen wolte.

*233 Er vrâgte, ob er vüeren   solte mit im dan
helm oder brünne   und ieman sîner man.
der boten sprach dô einer: 'des enhôrte wir niht,
daz er bedürfte iht recken,   wan daz er iuch gerne siht.'

*234 Wate wolte dannen.   sîne liute er lie
dem lande und den bürgen.   dô er ze rosse gie
dô volgte im nieman mêre,   wan zwelve sîner man.
Wate der vil küene   ze hove gâhen begân.

235 Er kom ze Hegelingen.   dô der degen reit
hin ze Campatille,   daz was niht ze leit
Hetelen dem degene.   er begunde zuo im gâhen.
er dâhte wie er Waten   sînen alten vriunt solte enphâhen.

229 2 habt e. m. ainen poten: das glossem boten strich V.   4 im kam.
230,4 als durch, gebessert von E.   231,1 ich wil dahin, umgestellt
von Z.   3 swar Z.] wohin.   232,4 vgl. Nib. 84,1.   233. 234. Die
beiden Nibelungenstrophen sind überflüssig, wenn auch nicht störend, vgl.
Beitr. 9,16.   233,3 dô fehlt, ergänzt von Z. enhôrte] über die apokope
des n in der 1. pers. plur. vor enklitischem wir vgl. Weinhold mhd. gramm.
§ 352. 379.   4 iuch] auch.   234,1 von dannen (und so oft statt dannen).
liute, wofür B. huote liest, habe ich beibehalten: Wate nimmt seine mannen
nicht mit. sondern lässt sie zum schutz von land und bürgen zurück.
3 nun zwelf.   235,2 Ueber das nur hier erscheinende Campatille vgl.
Zingerle Germ. 6,44, und Einl. s. 26.

236 Er gruozte in willicliche.   der vürste lûte sprach:
'her Wate, sît willekomen.   daz ich iuch niht ensach,
des ist nu lange zîte,   daz wir ensamet sâzen
dâ wir uns urliuges   ûf unser widerwinnen vermâzen.'

*237 Wate im antwurte: 'ensamet solten wesen
gerne guote vriunde: sô möhten si genesen
vor ir starken vînden   immer deste baz.'
er vieng in bî der hende   und tet vil güetlîchen daz.

238 Si giengen beide sitzen   und ander nieman mêr.
der künic der was rîche,   Wate der was hêr
und ouch übermüete   ze allen sînen dingen.
Hetele hete gedanke,   wie er in ze Îrlande solte bringen.

239 Dô sprach der junge recke: 'ich hân nâch dir gesant.
boten ich bedörfte   in des wilden Hagenen lant.
nu enweiz ich niemen,   der mir dar bezzer wære,   [bære.'
danne ir, Wate, lieber vriunt: ir sît zer botschaft vil rede-

240 Dô sprach Wate der alte: 'swaz ich werben sol
iu ze liebe und zêren,   daz tuon ich gerne und wol.
des sult ir mir getrouwen,   ich bringe ez an ein ende
nâch iuwerme willen,   ez ensî daz michs der tôt erwende.'

241 Hetele sprach: 'mir râtent   al die vriunde mîn,
ob mir geben welle   die schœnen tohter sîn
Hagene der starke,   daz si ein küniginne
werde in mînem lande.   dar nâch stênt hôhe mîne sinne.'

242 Wate sprach mit zorne: 'swer dir daz hât geseit,
ob ich hiute stürbe,   daz wære im niht ze leit.
jâ hât dich ander niemen   gereizet des gedingen,
wan Fruote von Tenemarke,   deich dir die schœnen Hilden
                           müge bringen.

243 Ez ist in solher huote   diu minnecliche meit;
Hôrant unde Fruote,   die ditze hânt geseit,

236,3 *ensambt warn rude sassen*, gebessert von vdH.   **237** Auch
diese Nlbstr. könnte ohne schaden fehlen. Wate braucht nicht zu ant-
worten.   **238**,1 *nyemands*   3 *vbermuetig*, gebessert von B. (die jüngere
bildung).   **239**,2 *dorffte*, gebessert von Z.   *Hagen*.   **240**,3 *bring es
euch an*, gebessert von E.   4 *nâch iuwerme willen* fehlt, ergänzt von B.
nach Nib. 2307.3, vgl. auch 2306,1.   *michs* B.] *mich*.   **241**,1 *alle*
4 *hoch*.   **242**,3 *anuders*   4 *daz ich*. — Vielleicht betrachtet B. mit recht
müge bringen als reimglättung eines schreibers für ursprüngliches *bring*:
nötig ist die änderung indes nicht.   **243**,2 Mh., der diese strophe auf-

daz si sî sô schœne,   ich wil ê niht erwinden,   [vinden.'

du solt mich und si beide   in dînem dienst genendiclîchen

   244 Er wolte nâch in beiden   senden an der stunt;

mêre sîner vriunde   tete man ez kunt,

daz si ze hove solten   vür den künic hêre.

heimlîcher sprâche   heten si dar umbe deheine mêre.

   245 Wate der vil küene,   dô er Hôranden sach

unde ouch Fruoten,   wie schiere er dô sprach:

'got lône iu helden beiden,   daz ir der mînen êre

und mîner hovereise   under wîlen muotet alsô sêre.

   246 Ir sît es vil genœte,   daz ich bote bin.

nu müezet ir ouch beide   mit samet mir dâ hin.

sô sul wir dem künege dienen   wol nâch sînen hulden.

der mîns gemaches vâret,   der sol die selben triuwe von mir

                                            dulden.'

   247 Dô sprach der *recke* Hôrant: 'ich wil dar gerne

                                            varn.

ob michs der künec erlieze,   so wolte ich niht bewarn,

ich enwolte haben arbeit   dâ ich schœne vrouwen sæhe,

daz mir und mînem künne   êrlîchiu vreude von in geschæhe.'

   248 'Wir suln', sprach her Fruote,   'siben hundert man

die reise mit uns vüeren.   her Hagene nieman gan

deheiner voller êre.   er ist nie sô vermezzen,   [vergezzen.

ob er uns wænet twingen,   sô muoz er sîner hôchvart gar

   *249 Her künic, ir sult heizen   bereiten ûf die vluot

ein schif von ziperboumen   veste unde guot,

---

genommen hat, beseitigt den cäsurreim durch umstellung der namen: *Fruote
unde Hôrant.* Gewis hiess es ursprünglich so. Die verschränkte construction,
die M. einl. s. XXV beanstandet, ist sehr charakteristisch für den poltern-
den alten.   4 *gnediclichen*, gebessert von E.; derselbe fehler 193,4. 725,4.
244,3 *solten ze hofe*, umgestellt von Z.   **246**,1 *es* V] *ir* 4 *gemaches
gefaret*, gebessert von E.   *von* C. Hofm.] *mit:* die einfachste besserung der
verderbten stelle. Beachtung verdient auch die änderung von Z.: *der sol
selbe entriuwen mit m. d.*   **247**,1 *recke* fehlt, so ergänzt nach 311,1.
313,4 u. ö.   2 *ob mich der kunig des erliesse*, gebessert von Z.   3 *ich wolt*
4 *erleich.* B's änderung *etlichiu* ist unnötig; vgl. z. b. *êrlîchiu wirde* j. Tit.
169 (Lexer I, 651).   *in* E.] *im.*   **248**,3 *ist] dunket sich.*   **249**,2 *von
ziperboumen*] 'von cypressenholz.' Vgl. C. Hofmann a. a. o. s. 374, der aus
Konrad von Megenberg (ed. Pfeiffer s. 319) den gebrauch des cypressenholzes
zum bauen nachweist. Die stelle wird auch von M. angeführt.

daz iuwer gesinde   müge wol getragen.
von silberwîzen spangen   suln siule werden geslagen.
250 Und werbet umbe spîse   die man haben sol.
heizet würken helme   vlîzielîchen wol
und halsperge veste,   die wir vüeren hinnen.   [winnen.
des wilden Hagenen tohter   müge wir deste baz *also* ge-
251 Jâ sol mîn neve Hôrant,   der ist ein wîser man,
stên in sîner krâme   — des ich im wol gan —
nuschen unde bouge   verkoufen den vrouwen,   [wen.
golt und edel gesteine: *sô* sol man uns deste baz getrou-
252 Wir sul vüeren veile   wâfen unde wât.
sît ez umb Hagenen *tohter*   sô angestlîchen stât,
daz si nieman mac erwerben,   er enmüeze umb si strîten:
nu kiese Wate selhe,   welhe er mite welle heizen rîten.'
253 Dô sprach Wate der alte: 'ich kan niht koufes
phlegen.
mîn habe ist vil selten   müezic her gelegen.
ich teiltes ie mit helden: daz ist noch mîn gedinge.
ich bin niht sô gevüege,   daz ich kleinât schœnen vrouwen
bringe.
254 Sît ez mîn neve Hôrant   ûf mich gerâten hât,
er weiz in guoter mâze,   wie ez umb Hagenen stât.
der genôzet sich mit sterke   sehs und zweinzic mannen.
gevreischet er daz werben,   sô komen wir harte sorclîche
dannen.
255 Her künic, heizet gâhen.   decken man uns sol
unser schif mit dillen.   jâ muoz ez unden vol
wesen guoter recken,   die uns helfen strîten,   [rîten.
ob uns der wilde Hagene   niht mit gemache welle lâzen

249,4 *siule*] Es sind hier wol die mastbäume gemeint, vgl. *kiles sâl*
Ernst 3328. M. Bemerkk. s. 8 schlägt vor: *mit s. sp. suln sie werden beslagen;*
doch gibt das beschlagen der *ziperboume* mit silberspangen keinen beson-
deren sinn. **250**,1 *vmb ein speyse*, gebessert von B. 3 *fueren von h.*
(und so oft statt *hinnen*). 4 *alsô* fehlt, ergänzt von B. **251**,3 *die
nusche vnd poge sol v.*, gebessert von V. 4 *sô* fehlt, ergänzt von vdH.
252,1 *wât* Z.] *gewannt* 2 *tohter* fehlt, ergänzt von vdH. 3 *seydt sy mag
nyemand*, gebessert von Z. *muesse*. **253**,3 *tailt es;* der schreiber ver-
stand das in *teiltes* steckende *si* nicht. 4 *kleinât*] die hs. hat hier die ge-
schwächte form *klainet*, doch steht 297,2 *kleinâten* in der cüsur. **255**,4
mit gemache welle nicht, umgestellt von V.

256 Der suln wol hundert   stritlich gewant
mit uns hinnen viteren   gegen Îrlant.
sô sol mîn neve Hôrant   mit zwei hundert mannen [danne.
wesen in der krâme: sô koment zuo im schœne vrouwen
    257 Dar zuo sol man würken   guoter kocken drî,
die ros unde spîse   uns nâhen tragen bî,
daz uns in einem jâre   des sî unzerrunnen. [entrunnen,
wir suln sagen Hagenen,   daz wir kûme ûz Stürmen sîn
    *258 Und daz *uns* ungenâde   der künic Hetele tuo.
mit unser grôzen gâbe   sul wir ofte *zuo*
ze Hilden und ze Hagenen   hin ze hove gân:
sô wirt uns von dem künege   sin vride vil stæte getân.
    259 Wir suln jehen alle,   daz wir in æhte sîn.
zehant sô vâhet gnâde   der wilde Hagene mîn.
man heizet herbergen   uns ellenden geste:
sô lât uns her Hagene   in sînem lande lützel iht gebresten.'
    260 Die helde vrâgte Hetele: 'wanne mac daz sîn,
daz ir scheidet hinnen,   lieben vriunde mîn?'
si sprâchen: 'swanne ez sumeret   von des winters ziten,
sô sî wir gekleidet   und suln aber her ze hove riten.
    261 Die wile man uns würket   daz man haben sol,
segele unde riemen   vlizieclichen wol,
kocken und galeide,   die wir suln viteren,
daz uns die gruntwelle   ze schaden iht mügen an gerüeren.'
    262 Her Hetele sprach: 'nu rîtet   heim in iuwer lant.
ir durfet niht verkosten   ûf ros noch gewant.
allen die iu volgent,   den gibe ich solch gezouwe,
daz iuch wol mit êren   mac gesehen ein ieslîchiu vrouwe.'
    263 Dô reit mit urloube   Wate in Stürmlant:
Hôrant unde Fruote   die kêrten sâ zehant

256,1 B. schiebt nach *hundert* vielleicht mit recht *degene* ein.
257,3 *sy vns zerynnen*, gebessert von vdH.; das wort findet sich auch 528,3.
1403,4, 1468,4 (?), ist sonst aber kaum belegt. In gleichem sinne wird
435,4 *niht gebrosten* gebraucht, vgl. *ungebrosten* Bit. 5033.   4 *kumen aus
Sturmen lannde s. entrunen*.   **258**. Diese an 257 angeflickte Nibstr. trägt
alle kennzeichen der interpolation an der stirn.   1 *uns* fehlt, ergänzt von
vdH.   2 *zuo* fehlt, ergänzt von Hpt.   **260**,1 *fragten Hettel*   3 *von
C. Hofm.] gen:* V. u. B. lesen *gen des meien ziten*, vgl. aber auch 37,4.
261,1 *wurcht man*, gebessert von B.   4 über *gruntwelle (gruntwellen* hs.)
s. zu 85,3.   *iht Z.] nicht.*   **262**,3 *solhe*.   **263**,2 *sâ] so*.

hin ze Tenemarke,   dâ si hiezen herren.   [geverren.

si gedâhten sich mit dienste   dem künic Hetelen *nimmer*
264 Dô tete sînes willen   dâ heime Hetele schîn.

ez wurden vil unmüezic   die zimberliute sîn.

sîniu schif si worhten   sô si beste kunden.

die wende zuo den stœzen   wurden mit silber wol gebunden.

265 Die masboume wurden   veste unde guot.

dô bewant man diu ruoder   rôt alsam ein gluot

mit dem liehten golde.   der herre *der* was rîche.

dô si varn solten,   si bereiten *sich* zer vart lobelîche.

266 Ir ankerseil wurden   dâ her von Arabê

geviteret harte verre,   daz man sît noch ê

deheiniu alsô guoten   nindert vinden künde.

deste baz si vuoren   von Hegelingen ûf den tiefen ünden.

267 Dô worhte man die segele   spâte unde vruo.

der künic hiez des îlen.   dô welte *man* dar zuo

von Abalî der sîden   die besten die si vunden.

vil unmüezic wâren   die si würken solten an den stunden.

*268 Wer mac uns daz gelouben,   daz man ûz silber guot

hiez die anker würken?   des küneges gernder muot

stuont nâch hôher minne.   er machte manegen man

vil gar unmüezic,   dô er sîn gâhen begun.

269 Gedillet und getrâmet   diu schif man dô vant

gên wetere und gên strîte.   schiere wart gesant

nâch den die varn solten   nâch der schœnen vrouwen.

dar zuo bat man niemen,   wan den der künic wol mohte

getrouwen.

*270 Wate reit von Stürmen   dâ er Hetelen vant.

sîn ros giengen swære   von silber und gewant.

vier hundert manne   vuorte er mit im dan.

Hetele der biderbe   vil küene geste gewan.

263,4 *nimmer* fehlt, ergänzt von E.   **264**,4 *die stœze* erklärt E.
wol richtig als die stellen, an denen die langseiten des schiffes zusammen-
stossen.   **265**,1 *Maspaume die*, umgestellt von Z.   3 *der* nach *herre*
fehlt, ergänzt von Z.   4 *sich* fehlt, ergänzt von vdH.   **266**,1 *Arabi*
3 *künden.*   **267**,2 *welte* V] *wolt*   *man* fehlt, ergänzt von vdH.   3 *Aba* i
B.] *Agaby:* vgl. 864,4 *von Abalie ein hemede;* 1248,2 *von Abalî der stein;*
Bit. 1155 *wât von Abalîn.* Es war auch 1684,3 herzustellen.   **268**, 3. 4
machet vil manigen man gar u., umgestellt von Z.   **269**,1 *Getillet*
3 *solten* Mh.] *wolten.*   **270**,1 *Hetllein*   3 *man*   4 *kunne.*

271 Dar reit von Tenemarke Hôrant der küene man. (272)
boten guotes willen Hetele dô gewan
tûsent oder mêre, die er wolte senden.
wære er niht sô riche, er enkünde ez nimmer verenden.

272 Môrunc der snelle dâ her von Friesen reit. (271)
er brâhtę zwei hundert degene; dem künege wart geseit,
daz si komen wæren mit helme und mit brünne.
vil schiere kom ouch Îrolt. jâ wâren si Hetelen künne.

273 Îrolt von Hortlande liet sich sô bereit, (273)
ob im der künic gæbe nimmer sîniu kleit,
doch wâren sine helde und er sô berâten,
swâ si hin gewanden, *daz* si lützel ieman ihtes bâten.

*274 Der künic si alle gruozte, als ez wol gezam.
Îrolt bî der hende er güetlichen nam.
er gienc dâ er sitzen den alten Waten vant.
dô die heldę mit witzen solten rûmen daz lant,

275 Dô hiez man allenthalben vil kleine nemen war,
swaz si vüeren solten daz siz heten gar.
die helden sâhen selbe ir schef diu wâren riche.
nâch der schœnen Hilden sande er sîne boten listeclîche.

276 Zwô galie niuwe, veste unde guot,
und ouch zwêne kocken die hetens bî der vluot,
und einen kiel den besten, den bî allen stunden
ûf des meres ünden in dem lande ieman hête vunden.

277 Dô wolten si von dannen. ir ros und ouch ir wât
daz was ûf den schiffen. Wate sînen rât
gap dô *dem künic Hetelen, unz* si komen solten, [ten.
daz er sich wol gehabete, wan si im alle gerne dienen wol-

278 Der künic sprach trûrende: 'lât in bevolhen sîn
die tumben, die von hinnen in dem dienste mîn
varent sorclîche. durch iuwer selber êre
aller tegeliche gebet den tumben helden iuwer lêre.'

---

271 nach 272. Die umstellung bedarf kaum der begründung; die
helden kehren zurück, um die reise anzutreten: 270 Wate, 271 Horant,
272, 1—3 Morunc, 272, 4 — 273 Irolt.   271, 1 *Dar* V] Da   4 *er kund.*
272, 3 *helme* vdH.] *helde.*   273, 1 *Ortlannde*   4 *daz* fehlt, ergänzt
von V.   274, 4 *mit witzen* ist eine törichte änderung des cäsurreimers
statt eines ursprünglichen epitheton ornans, wie *küene* M., *mære* B. oder
dergl. Ich habe indes die cäsurreime nirgends beseitigt.   275, 4 *listec-*
liche B.] *lustlich.*   276, 2 *zwo kuechen*   3 *und* fehlt, ergänzt von V.   *der*.
277, 3 *dem künic Hetelen unz* fehlt; so ergänzt von V.

279 Wate sprach zem künege: ·swaz man dort getuot,
nu schaffet sô hie heime,   daz iu iuwer muot
niht dar an geswîche,   swâ man sol haben êre.
hüetet uns der erbe;   iu gebristet niht an mîner lêre.'

⸗280 Hundert man dô welte   die dâ solten sin (281)
verborgen in dem scheffe,   dâ man daz magedîn
mit strîte solte erwerben,   ob in des geschæhe nôt.
sîne grôze gâbe   der künic in williclîchen bôt.

281 Fruote der küene   der kameren dô phlac, (280)
dâ golt und gesteine   und vil dinges inne lac.
der künic leiste gerne   swes man an in gerte: [werte.
des Fruote einez wolte,   der künic in ieclîchs wol drîzic

282 Aller hande liute   vuortens mit in dan, (282)
ritter unde knehte   drîzic hundert man,
sam si gerûmet hêten   ir lant mit arbeite.   [geleite!'
Hetele sprach zen helden: 'nu gebe iu got von himele sîn

283 Hôrant sprach zem künege: 'ir sult ân angest sîn.
swenn ir uns sehet nâhen,   sô schœne magedîn
müget ir danne schouwen,   die ir gerne sult enphâhen.'
der künic hôrte ez gerne.   dannoch was ir komen vil unnâhen.

284 Mit kusse liez er scheiden   manegen von im dan.
nâch ir arbeite   der junge künic gewan
trûric gemüete;   er vorhte ir alle stunde.
der künic sich getrœsten   ir in sînen siten niht enkunde.

285 Dô kom in daz ze heile,   daz ein nortwint
den helden nâch ir willen   ir segele ruorte sint.
ir schif giengen ebene,   dô si ûz dem lande kêrten.
die zarbeite kunden,   die tumben si dô williclîchen lêrten.

---

280 nach **281**. Die umstellung schlug W. s. 92 vor, dem ich folge,
ohne seine weiteren ausführungen zu billigen. Die interpolierte Nibstr. 280
ist an falscher stelle eingereiht, sie sollte zur einleitung von 281 dienen,
in welcher die freigebigkeit des königs (280, 4) weiter ausgeführt wird.
280, 3 *mit liste s. e. ob in streytes g. n.*: die lesart im texte nach einem vor-
schlage von C. Hofm. mit einer änderung von M.   **281**, 2 *vil des dinges*,
gebessert von V.   4 *yetlichs wol dreyssig in werefe*, umgestellt von B.
282. 4 *iu* fehlt, ergänzt von Z.   *vom h.*   **283**, 3 *dann ir*, umgestellt
von Z.   **284**, 2 *nâch*] steht hier in der bedeutung 'im hinblick auf', ist
aber ursprünglich sinnlich gedacht: der könig blickt den abfahrenden nach,
und der gedanke an die gefahren, die sie erwarten, erfüllt ihn mit be-
sorgnis.   4 *ir* fehlt, an dieser stelle ergänzt von B.   ●**285**, 4 *willic-
lichen* fehlt, von mir ergänzt. Die neueren ausgaben lesen: *die ze arbeite*

286 Wir kunnenz niht bescheiden   noch wizzenz niht
wà si ir nahtselde   ze sehs und drîzic tagen   [ze sagen,
ûf dem mere nâmen.   die dâ bî in vuoren,
mit gestabeten eiden   ze behalten si die alle swuoren.

*287 Swie sô was ir wille,   ûf dem wilden sô
sô was in etewenne   von ungemache wê.
dâ bî sô hetens ruowe,   sô daz mohte wesen.
swer die ünde bouwet,   der muoz mit ungemache genesen.

288 Si het wol tûsent mîle   daz wazzer dan getragen
hin ze Hagenen bürge,   sô wir hœren sagen,
dâ er herre wære,   ze Baljân, lasterlîche.
si liegent tobelîche: ez enist dem mære niht gelîche.

289 Dô die von Hegelingen   wâren hin bekomen
zuo der Hagenen bürge,   dô wart ir war genomen.
die liute wundert alle,   von welher künege lande
si die ünde trüegen.   si wâren wol gezieret mit gewande.

290 Ir schif si schiere bunden   mit anker ûf den grunt.
ir segele nider lâzen   wurden sâ ze stunt.
dô werte daz unlange,   unz daz man sagete mære
in der Hagenen bürge,   daz *dar* vremede liute komen wæren.

291 Si giengen ûz den schiffen   und truogen ûf den sant.
swes *sô* man bedorfte   veile man dâ vant

---

kunden (iht). die tumben si dö lêrten. Die auseinanderzerrung des relativ-
satzes durch die cäsur ist jedoch nicht zu dulden. V. vermeidet diese härte
zwar, indem er liest *die ze arbeite kunden,* | *die tumben helde si dö lêrten,*
macht aber die zweite halbzeile um eine hebung zu kurz.   **286** vgl.
Bit. 833 ff.   1 *künden das,* gebessert von V.   2 *nachtsedel,* von V. ge-
bessert (derselbe fehler in der hs. 639, 3).   3 *die dâ* B.] *da sy*   4 *gestabe-
ten* vdH.| *gestackten* (einen ähnlichen fehler hat die hs. Bit. 1875 *mit ge-
strackten ayden   mit gestabten eiden*). *die* B] *do.*   **287.** 1 *swie sô was ir
wille* ist ironisch gemeint; anders B., der *ûf den wilden sê* liest und diese
worte zum vordersatz zieht.   3 *so das mochte sein rnde wesen,* gebessert
von vdH.   zu 4 vgl. Bit. 228 f.   **288,** 2 *purg ze Baliane so,* gebessert
von vdH.   3 *ze Polay;* woraus C. Hofm. *Pôlán* gewinnen will (a. a. o.
p. 230).   4 *ist.* Die strophe ist schwierig: der dichter scheint eine andere
fassung der sage zu bekämpfen, in der Hagen als grausamer herrscher
(*lasterlîche*) dargestellt wurde. Näheres s. Beitr. 9, 94. wo auch die deutung
unserer str. durch Conrad Hofmann erörtert ist. [Vgl. auch Klee, Germ.
25, 397 f.]   **289,** 4 vor *si* hat die hs. fehlerhaft *wie,* das vdH. strich.
290, 2 *so zestund*   3 *unz Z*] *vnd*   4 *dar* fehlt.   **291,** 1 *truogen*
scheint absolut gebraucht zu sein: ein object ist zu ergänzen wie *ir habe* o. ä.
Nach M. wäre *swes sô man bedorfte . . . und swes ieman gerte* ἀπὸ κοινοῦ
zu construieren (vgl. zu 92, 2).   2 *sô* fehlt, ergänzt von E.

und swes ieman gerte.   ir armuot diu was kleine.   [seine.
swie manege marc si hêten,   der sande man nâch koufe vil
    292 In burgære mâze   sach man ûf dem stade stân
sehzic oder mêre   der wætlîchen man.
von Tenemarke Fruote   meister was dar under;   [sunder.
ouch truog er bezzer kleider   danne *ander* iemen dâ be-
    293 Der stat rihtære   von der burc ze Baljân,
durch daz er die geste   sô rîche dâ gewan,
mit sînen burgæren   reit er dâ si vunden
die spæhe koufliute.   die gehabeten sich sô si beste kunden.
    294 Der rihtære vrâgte,   wannen si gevarn
über sê dar wæren.   '*got müeze iuch bewarn*',
sô sprach der degen Fruote,   'unser lant lît verren.
wir sîn koufliute   und haben in dem scheffe rîche herren.'
    295 Her Wate iesch gedinges   des landes herron biten.
man mohte dâ wol kiesen   an sînen hêren siten,
den sîn gewalt gereichte,   daz er dâ grimme *wære*.
Hagenen dem künege   brâhte von den gesten man diu mære.
    296 Er sprach: 'mîn geleite   unde mînen vride
den wil ich *in* enbieten.   er büezet mit der wide,
der an iht beswæret   die unkunden herren.
des sîn âne sorge: in sol in mînem lande niht gewerren.'
    297 Dem künege si dô gâben   wol tûsent marke wert
an rîchen kleinâten.   er hete niht gegert
gên einem phenninge,   wan daz si liezen schouwen
waz si dâ *veile* hêten,   daz wol gezæme rittern unde vrouwen.

291,3 *und was.*   **292**,2 *waydelichenn*   + *ander* fehlt, ergänzt
von B.   **293**,1 *state.*   **294**,1. 2 lauten in der hs.: *der richter fragt
sy von wanne sy waren vber see dar gefaren.* Ich habe die umstellung und
ergänzung von B. aufgenommen, die freilich keineswegs zwingend ist, aber
den vorzug verdient vor den anderen besserungsversuchen von Z. V. Hpt.
(Zs. 5, 505) und M.   3 *sô* B.] *alsô.*   **295**,1 *iesch* Hpt.] *haisst*   3 *ge-
reichte* Hpt.] *gerüchte.*   *wære* fehlt.   4 *pracht man die geste mit dem* märe
hs. und ausgg. Meine änderung ist unbedingt nötig und wird gestützt
durch 304,3. Dass die fremden hier noch nicht persönlich vorgelassen
werden, zeigen die strr. 296 und 298, wo der könig von ihnen in der dritten
person redet. Erst 305 kommen sie selber. Vgl. Beitr. 9, 95.   **296**,2 *in*
fehlt, ergänzt von V.   **297**,1 *da sy*, umgestellt von V.   2 *begert*
3 *gên einem phenninge*] vgl. *umb einen phenninc* Bit. 499J, *eines phenninges
wert* Wolfd. B. 252,2; Zingerle, Ueber die bildliche verstärkung der negation
bei mhd. dichtern, s. 47.   4 *veile* fehlt, ergänzt von C. Hofm.

298 Her Hagene dankte sêre. er sprach: *und sol* ich
drîer tage stunde,   daz si mir hânt gegeben.   [leben
daz wirt den mînen gesten   alsô vergolten,
hânt si ihtes gebresten,   daz ich immer *mêre* bin bescholten.'

 299 Der künic begunde teilen   daz im was vür getragen;
bouge drunder lâgen,   die mohten wol behagen
den minniclîchen vrouwen.   die borten alsô rîche,
schapel unde vingerlîn,   die teilte dô der wirt vliziclîche.

300 Sin wîp und ouch sîn tohter   heten wol gesehen,
daz sô rîche gâbe   selten was geschehen
von deheinen koufliuten   in des küneges landen.
Hôrant unde Wate   allerêrste hin ze hove ir gâbe sanden.

301 Sehzic rîcher phelle,   die besten die man vant,
und vierzic sigelâte   truoc man ûf den sant.
purpur unde baldekîn   het man dâ unwert vunden.
si gâben hundert sabene,   die besten die si bî in vinden
                                                    kunden.

302 Nâch der phelle mâze,   die man ze hove truoc,
bezoge vil rîche   der gap man dâ genuoc.
der mohte werden   vierzic oder mêre.
sol ieman lob erkoufen,   sô muosen si der gâbe haben êre.

303 Dar brâhte man gesatelet   zwelf kastelân,
und ouch manege brünne   und helme wol getân
hiez man mit in vüeren   unde zwelf schilte,
gevazzet mit golde.   des *künic* Hagenen geste wâren milte.

*304 Mit der gâbe Hôrant   dô ze hove reit
und Îrolt der starke.   dem künege wart geseit
(man brâhte im aber mære   von den gesten sîn),
si wæren landes herren.   daz was wol an der gâbe schîn.

298,1 *sprach ich lebe*. gebessert von vdH.   2 *ir mir habet* g.
3 *wirt euch* m. g.   4 *mêre* fehlt, ergänzt von V.   **301**,4 *die si* V.] *sy
da*. Zu dem inhalt der strophe, die wol einem jüngeren teile der dichtung
angehört (s. Einl. s. 34) vgl. die zusammenstellungen bei A. Schultz, Das
höfische leben zur zeit der minnesinger I (Lpzg. 1879) s. 249 ff.   **302**,3
ist vielleicht mit B. zu lesen: *der mohte werden vierzic | oder dannoch mêre*.
303,1 *Dar* B.] *Dartzn*.   *kastelân*] 'kastilisches pferd' (span. *castellano*).
Es ist allerdings ein höfischer ausdruck, findet sich aber auch Ortn. 47,2.
480,1. Wolfd. A. 240,1. 330,1. 385,1., ferner öfter in Rab. und Dietr. fl.
4 *gevazzet*] 'bedeckt, überzogen', nicht 'angefüllt' (B.), vgl. Lexer III,35.
künic fehlt, ergänzt von B.   **304**,1 *dô* fehlt hier, steht aber falschlich
in z. 2 vor *dem*.   4 *wol* vor *schîn*, umgestellt von B.

305 Ze hove mit in kômen   wol vier und zweinzic man
die si mit in vuorten,   die wâren wol getân.
si wâren sô gekleidet,   ob ez kiesen wolten   [solten.
des künic Hagenen recken,   sam si des tages swert nemen
    306 Einer sprach zem künege: 'herre, ir sult enphân
dise gâbe grôze,   diu iu wirt getân.
ir sult ouch ungedanket   niht den gesten lâzen.'
swie rîche er selbe wære,   er dankte den gesten âne mâze.
    307 Er sprach: 'ich danke ins gerne,   als ich des schulde
sîne kamerære   hiez man dar gân.   [hân.'
man hiez si daz gewæte   schouwen al besunder.
dô siz rehte ersâhen,   dô nam si der gâbe michel wunder.
    308 Dô sprach ein kamerære: 'herre, ich sage iu daz,
ez lît hie bî von silber   und von golde manic vaz
mit edelem gesteine,   edele unde rîche.
ze zweinzic tûsent marken   hânt si iu gegeben sicherlîche.'
    309 Der wirt der sprach: 'die geste   müezen sælic sîn.
nû wil ich teilen   mit den recken mîn.'
der künic gab in allen,   swer an in ihtes gerte.
ieclîchen sunder   er *wol* nâch *dem* sînen willen werte.
    310 Der wirt hiez zuo im sitzen   die zwêne junge man.
Îrolden und Hôranden.   vrâgen er begân,
wannen si dar wæren   komen in daz rîche:
'wan mir gâben geste   bî mînen zîten nie sô lobelîche.'
    311 Dô sprach der recke Hôrant: 'daz wil ich iu sagen.
herre, ûf genâde   sô müezen wir iu klagen:
wir sîn vertribene liute   von unser selber landen.
ez hât ein künic rîche   an uns getân sînen grôzen anden.
    312 Dô sprach der wilde Hagene: 'wie ist er genant,
durch den ir muoset rûmen   iuwer bürge und iuwer lant?

305, 3 *also klaidet*, gebessert von V. 4 *kuniges. tages das swert,*
gebessert von Z.   **307.** 2 *seinen*   3 *daz* V] *die.*   **308,** 1 *kammere*
4 vor *ze* hat die hs. *wol*, das sich aus 309, 4 hierher verirrt zu haben scheint.
309, 3 *icht*   4 *er nach seinem willen w.*   **310,** 3 *von wannen. komen*
wärn, umgestellt von Z.   **311,** 4 *getân* nach *hât;* B. ändert *getân* in ge-
rochen, das hier aber nicht passt. Freilich aber ist *sînen anden tuon* nicht
weiter nachweislich, und es ist vielleicht zu lesen *uns getân vil græzliche*
ande, wo *ande* als adverb zu fassen wäre. Vgl. 776, 2. 928, 4 und im allge-
meinen Jänicke zu Bit. 3702.   **312,** 2 nach *ir* hat die hs. *da*, von V. ge-
strichen.

ich sihe iuch in der mâze,   künde er witze walten,
ir dunket mich alsô biderbe,   sô möhte er iuch gerne hân
                                          behalten.'

313 Er vrâgte, wie er hieze,   der si ze ælite bôt
unde von des schulden   si wâren in der nôt,
daz si in ir vlühte   suohten vremediu rîche.   [sicherlîche.
dô sprach der recke Hôrant: 'den tuon wir iu bekant
*314 Sîn name heizet Hetele   von Hegelinge lant.
sîn kraft und ouch sîn ellen,   sîn sterke und ouch sîn hant
hânt uns gemachet âne   maneger vreuden guot,
daz wir sîn von schulden   deste trüeber gemuot.'

315 Dô sprach der wilde Hagene: 'ez ist iu wol be-
ez wirt iu gar vergolten   daz er iu hât genomen. [komen;
ez ensî daz mir gebreste   a!sô gar des mînen,
den künic von Hegelingen   sult ir selten biten des sînen.'

316 Er sprach: 'und welt ir recken   bî mir hie bestân,
sô wil ich mit iu teilen   diu lant diu ich dâ hân,
daz iu der künic Hetele   nie gebôt die êre.
swaz er iu genomen hât,   des gibe ich iu zehen stunt mêre.'

317 'Wir belîben bî iu gerne',   sprach von Tenen Hôrant;
'iedoch ob uns gevreische   hie in Îrlant
ûz Hegelingen Hetele   — jâ sint im kunt die strâze —,
ich sorge zallen zîten,   daz uns der recke nindert leben læze.'

318 Hagene der herre   zuo den gesellen sprach:
'vereinet iuch sîn rehte   und schaffet iu gemach.
iuch getar her Hetele   nimmer hie ze lande
gesuochen schedelîche,   wan daz wære mir ein grôziu schande.'

319 Er hiez si herbergen   balde in die stat.
sîn selbes burgære   der wilde Hagene bat,

312,4 *als.*   **313**--**315** sind wol an die stelle éiner ursprünglichen
strophe getreten, die Horants antwort enthielt. Str. 313 bietet eine uner-
trägliche tautologie, 314 hat Nibelungenschluss und 315 gibt in anderen
ausdrücken was str. 316 besser widerholt. Vgl. W. s. 64. Beitr. 9,63.
313,1 *wie sy h.,* gebessert von vdH.   2 *von desselben sch.,* gebessert von V.
4 *dô sprach der recke Hôrant* (311,1) fehlt, ergänzt von B. (wegen statt
recke).   **314,**2. 3 lauten in der hs.: *sein crafft vnd auch sein ellen sind
starch vnd auch sein hanndt hat vns gemachet an manigen freunden gut;* vgl.
zur motivierung meiner herstellung Beitr. 9,95.   **315,**3 *es sey dann daz,*
gebessert von B.   *alsô* fehlt, ergänzt von M.   4 *des meinen.*   **316,**4
des gibe ich iu] ich *gib euch.   stunt* B.] *mal.*   **317,**1 *beleiben,* falsch auf-
gefasst aus einem *beliben* der vorlage.   2 *iedoch* M.] *wir fürchten*   3 *kunne.*
319 I vgl. Nib. 151,1. 247,1.

daz si in erbüten êre   swâ sô si kunden.

die wazzermüeden helde   si vil dicke an ir gemache vunden.

320 Von der stat die liute   in werten sîner bete.
hûs diu aller besten   — mit willen man daz tete —
vierzic oder mêre   wurden in dâ lære,
den ûz Tenelande.   dar ûz zugen sich die burgære.

321 Zuo dem stade si brâhten   daz kreftige guot.
die dâ verborgen lâgen,   die heten ofte muot,
daz si in herten stürmen   gerner wolten strîten,
danne si gelückes   nâch der schœnen Hilden solten bîten.

322 Der künic hiez vrâgen   die werden geste sîn, ·
ob si wolten niezen   sîn brôt und sînen wîn,
unze si besæzen   bî im vürsten rîche.   [liche.
dô sprach von Tenen Fruote: 'daz stüende uns allen scheme-

323 Ob uns der künic Hetele   ze rehte wære holt,
und ob wir ezzen solten   silber oder golt,
des möhte wir dâ heime   wol sô vil bevinden,
daz wir grôzen hunger   dâ von ofte möhten überwinden.'

324 Fruote hiez ûf swingen   sîner kræme dach.
von sô rîchem koufe   daz wunder nie geschach
al umbe in den landen,   daz ie burgære
gæben guot sô ringe: si möhten eines tages werden lære.

325 Ez kouften die ez wolten   steine unde golt.
der künic was sînen gesten   ze guoter mâze holt.
swer aber âne koufes   ir gâbe ihtes gerte,
si wâren in dem willen,   daz man ir manegen güetliche werte.

326 Swaz aber ieman sagete   von den küenen man,
von Waten und von Fruoten,   waz dâ wart getân,
der milte was noch mêre   dan ieman möhte getrouwen.
si wurben vaste umb êre.   daz sagete man ze hove den
                                    schœnen vrouwen.

<hr />

319,3 *swâ sô*] *wo.*   **320** 1 *gewerten in*, gebessert von B.   4 *den*
fehlt, ergänzt von vdH.   **321**,3 *gerne*, gebessert von vdH.   **322**,3
in das vürstear. Der vers findet seine erklärung durch 316,2: 'bis sie die
von Hagen versprochenen fürstlichen lehen in besitz bekommen würden'
(vgl. C. Hofm. a. a. o. s. 358).   4 *schemeliche* B.] *schedlich.*   **325**,3 *âne*
koufes] über die verbindung der präpositon *âne* mit dem gen. vgl. Lachmann
z u Nib. 2108,3 und Lexer Nachtr. zum mhd. handwb. 2; Gewöhnlich aber
kommt nur der gen. des personalpronomen in dieser verbindung vor.   4 *ge-*
werte.   **326**,1 *den* Z.] *dem*   2 *waz dâ wart getân*] ist abhängig von
sag-te. M. schreibt *saaz*, Klee (Germ. 25,398) vermutet *dar.*   3 *der* E.]
des. dann *sein jemand*, gebessert von V.

327 Man sach arme liute   tragen ir gewant.
die sich verzert hêten,   den wart dicke ir phant
gelœset und gevriget.   von ir kamerære
diu junge küniginne   hôrte ofte sagen von in daz mære.

328 Si sprach zuo dem künege: 'vil lieber vater mîn,
heiz ze hove rîten   die werden geste dîn.
man saget, hie sî einer.   swenne daz geschæhe,
sô wunderlîches muotes.   daz ich in under wilen gerne sæhe.'

329 Der künic sprach zer meide: 'daz mac vil wol ge-
                           schehen.
sîne site und sine gebærde   die lâz ich dich sehen.'
dannoch was er Hagenen   gar in unkünde.
die vrouwen erbiten kûme.   unz si die site an Waten dem
                           alten ervünden.

330 Der künic sîne geste   bat und in gebôt,
ob si von gebresten   heten deheine nôt.
daz si ze hove kœmen   und nüzzen sîne spîse.
daz riet von Tenen Fruote.   der was beide küene unde wise.

331 Ze hove sich dô vlizzen   die von Tenelant.
daz nieman itewizzen   in möhte ir gewant.
sam tâten ouch von Stürmen   die Waten ingesinden.
jâ mohte man in selben   einen guoten swertdegen vinden.

332 Die Môrunges recken   die truogen mentel guot.
rocke ûz Campaliu   rôt alsam ein gluot
sach man dar ûz erschînen   golt mit dem gesteine.
Îrolt der küene   der giene dâ ze hove niht al eine.

*333 Hôrant der snelle.   des hete nieman strit.
dêr baz gekleidet wære.   tiefe mentel wît
sach man daz si truogen.   die wâren licht gevar.
die selben Tene küene   kômen hêrlichen dar.

327,4 *vnd fraget.*   **328,**3b 1182,3. Ebenso Bit. 6075. vgl. Nib.
1389,4.   **329,**3 *gar* fehlt, ergänzt von Z.   4 *erpeiten.* *an dem alten
Waten*, umgestellt von Hpt. (Zs. 2,381).   **330,**3 *nützten.*   **331,**2
itewizzen] dem cäsurreim zu liebe eingeführt. Zur verkürzung des *i* vgl.
Jänicke, Einl. zum Bit. IX.   4 *guoten* fehlt, ergänzt von B. *swertdegen*
steht hier ironisch.   **332,**1 *mantl an gute* 2 *Campalie*] · Campanie
(die Champagne)? M.   **333,**1. 2 'niemand behauptete besser gekleidet
zu sein als Horant' (*dêr* mit C. Hofm.) 2 *tieff mantl vnd weyt*, gebessert
von B., vgl. Nib. 1309,2.

*334 Swie rich her Hagene wære   und swie hôchgemuot,
er gie in hin engegene.   diu küniginne guot
stuont ûf von gesidele,   dô si Waten sach.
der hete die gebærde   daz im lachens gebrach.

335 Si sprach gezogenlîche: 'nu sit uns willekomen.
ich und der künic mîn herre   hân daz wol vernomen,
ir sît vermüete helde   von urliuge sêre.
nu sol an iu bedenken   der künic sîn lop und ouch sin êre.'

*336 Si nigen ir al gemeine,   zühtic was ir muot.
der künic hiez si sitzen,   als man geste tuot.
dô truoc man in ze trinken   den aller besten wîn,
der in allen landen   in vürsten hûse mac gesin.

337 Mit schimphlîchen worten   sâzens über al.
diu edele küniginne   rûmte den sal.
si bat den wilden Hagenen,   daz er ir gehieze
daz er die snellen helde   durch mære zuo ir kemenâten lieze.

338 Daz lobt der künic schiere,   als uns ist geseit.
der jungen küniginne   was ez niht ze leit.
dô vlizzen si sich alle   mit golde und mit gewæte.
si wolten sehen gerne,   wie daz vremede ingesinde tæte.

339 Dô nu diu alte Hilde   bî ir tohter saz,
die minniclîchen meide   vil wol behuoten daz,
daz si ieman vünde   in der gebære. |wære.
daz man iht anders spræche   wan daz iecliche ein küniginne

340 Dô hiez man Waten den alten   zuo der meide gân.
swie gris er dô wære,   si het iedoch den wân.
daz si sich huote   in kintlîchem sinne.
Waten hin engegene   mit zühten gie diu junge küniginne.

341 Si emphieng in aller êrste.   *jâ wære ir lîhte leit,
ob si in küssen solte.*   sîn bart was im breit,

334,2 *hin in*, umgestellt von B.   4 *geprast*.   **335**,3 *rrlauge*.
336,1 *Sy giengen alle inain*, gebessert von V. (vgl. 64,1. 1388,1).   2 *gesten*.
337 — 342 sind, wie auch W. s. 59 annimmt, eine ungeschickt erfundene
interpolation. Ursprünglich fand gewis kein localwechsel statt. Der be-
arbeiter knüpfte mit 337,1 *mit schimphlîchen worten* an die echte str. 343,1
durch schimphlîchen muot an. Vgl. Beitr. 9,64.   **337**,4 *zu ir in die k.*,
gebessert von V.   **338**.1 *Daz* vdH.] *Da*.   **339**,3 *geperde*   4 *man*
anders nicht sprach, gebessert von V.   **340**,1 *den alten Waten*, umge-
stellt von Hpt.   4 *Wate*.   *gie mit züchten*, umgestellt von B.   **341**,1. 2.
Die cursiv gedruckten worte fehlen in der hs. und sind von Z. ergänzt nach
Nib. 1604,3. 4.   2b vgl. 1508,3.

sîn hâr was im bewunden   mit borten den vil guoten.
si hiez si sitzen beide   Waten und von Tenemarke Fruoten.

342   Vor ir gesidele stuonden   die wætlîchen man,
die manege zuht kunden   und heten vil getân
in ir tagen tugende   in manegem strîte schône.
daz lobet man an den helden.   man gap in *des* den prîs
dà ze lône.

343   Vrou Hilde und ir tohter   durch schimphlîchen muot
begunden Waten vrâgen,   ob in daz diuhte guot,
swann er bî schœnen vrouwen   *also* sitzen solte,
oder ob er *gerner*   in den herten strîten vehten wolte.

344   Dô sprach Wate der alte: 'mir zimet einez baz.
wan bî schœnen vrouwen   sô sanfte ich nie gesaz,
ich entæte einez lîhter,   daz ich mit guoten knehten,
swenne ez wesen solte,   in vil herten stürmen wolte vehten.'

345   Des erlachte lûte   diu minneclîche meit.
si sach wol, daz im wære   bî schœnen vrouwen leit.
dâ *von* wart des schimphes   *mêre* in der selde.
vrou Hilde und ir tohter   redeten dô mit Môrunges helden.

*346   Si vrâgte von dem alten: 'wie ist er genant?
hât er indert liute,   bürge unde lant?
oder hât er in der bürge   wîp oder kint?
ich wæne si getriutet   selten in sîner heime sint.'

347   Dô sprach der recken einer: 'kint unde wîp
hât er in sînen landen.   guot unde lîp
daz wâget er durch êre: deist an im wol ervunden.
er ist ein küener recke   gewesen her von allen sînen stunden.'

348   Îrolt sagete *mære*   von dem küenen man,
daz künic deheiner   nie noch gewan

     342,1 *stuonden* ist wahrscheinlich erst vom eksurreimer in die str.
hineingebracht. Die fremden sind 341,4 zum sitzen aufgefordert, sie sitzen
343,3. 344,2. [Nach W. s. 58 wäre die str. ursprünglich bestimmt gewesen
für die stelle zwischen 335 und 336.] *wætlîchen* 4 *des* und *dà* fehlen;
so ergänzt von B.   **343,**2 *sy begunden*, gebessert von V.   3 *also* fehlt,
ergänzt von vdH.   4 *gerner* fehlt, ergänzt von Z.   **345,**1 *lachete*, ge-
bessert von Z.   3 *von* fehlt, ergänzt von B.   *mêre* fehlt, ergänzt von vdH.
den selden.   **347,**3 *das ist*   4 *recke wol gewesen;* das aus z. 3 stammende
vil hat E. gestrichen.   **348,**1 *mære* fehlt, ergänzt von B.   2 *noch
nie,* umgestellt von V.

sô rehte küenen recken   in sinen landen: [handen.'
'swie sanfte sô er gebâre,   er ist ein mærer helt ze sînen
    349 Dô sprach diu küniginne: 'her Wate. ez ist min rât,
sit iuch von Tenemarke   her vertriben hât
Hetele der herre,   nu sult ir hie belîben.
ez lebet sô rîcher niemen,   der iuch wol von hinnen müge
                                                                        vertrîben.'
    350 Er sprach zer küniginne: 'jâ hete ich selbe lant.
dô gab ich, swem ich wolte,   ros und gewant.
solt ich nu lêhen dienen,   müelichen ich daz tæte.
von den mînen erben   belîbe ich nimmer jâres vrist stæte.'
    351 Der künic zallen stunden   bôt vil michel guot.
die ûz erwelten recken   die wâren sô gemuot,
daz si von nieman gerten   nemen ze einer marke. [starke.
her Hagene der was rîche: ein teil in muote ir übermüete
    352 Von dannen si dô giengen.   diu schœne Hilde bat,
daz si zallen zîten   ze hove hêten stat
sitzens bî den vrouwen;   ez wære in âne schande.
dô sprach der degene Îrolt: 'sam bôt *manz* uns in mines
                                                                        herren lande.'
    353 Vür den künic si giengen.   dâ wâren ritter vil.
dâ vunden si besunder   maneger hande spil.
in dem brete zabelen,   schermen under schilden. [wilden.
si ahten niht sô hôhe,   als man doch hete, Hagenen den
    354 Nâch site in Îrlande   vil ofte man began
maneger hande vreude.   dâ von Wate gewan
den künic zeinem vriunde.   Hôrant von Tenerîche,
durch der vrouwen liebe   vant man *in* vil ofte gemelîchen.

348,3 *kuene*   4 *sambt   geparte.* Zu 4 vgl. Nib. 1691, 3.   **349.** 1
reiche, gebessert von B., vgl. 383, 2.   **350,** 1 *Er* B.] *Wate der*   3 *daz*
ich müelichen, umgest. von V.   4 *ymmer.* Der sinn ist 'innerhalb jahres-
frist will ich daheim sein' (B.), vgl. aber C. Hofmann a. a. o. s. 358 f.
352. 353 sind von derselben hand wie 337—342 interpoliert. Die scene
schloss mit 351 ab, welche den übergang zur schirmscene bildete. Viel-
leicht aber sollten nach der absicht des interpolators 352. 353 der str. 351
vorangehen.   B. ordnet nach einem vorschlage von V. 352. 351. 353, womit
nichts geholfen ist. Vgl. W. s. 59 f. und Beitr. 9, 64.   **352,** 3 *sitzens*
C. Hofm. (abhängig von *stat*)] *sitzen*   4 *manz* fehlt, ergänzt von E.
353, 3 *vnnder schermen schilden,* umgestellt von vdH.   **354,** 1 *seit*   4 *in*
fehlt, ergänzt von B. (vgl. Hildebrand Zs. f. d. Philol. 4, 558). *gämliche.*

355   Her Wate und ouch Fruote,   die snellen ritter balt,
vil nâch in einer mâze   die recken wâren alt.
ir beider grîse locke   sach man in golt gewunden.
swâ man bedorfte recken,   dâ wurden si gar ritterlîchen
                            vunden.

356   Des küneges ingesinde   ze hove schilde truoc,
kiule und buckelære.   geschirmet wart dâ gnuoc,
gevohten mit den swerten,   mit gabilôte geschozzen
vil ûf guote schilde.   die jungen helde wâren unverdrozzen.

357   Der vürste Hagene vrâgte   Waten und sîne man,
ob in *in* ir lande   wære iht kunt getân
schirmen alsô starke,   alsam in Îrrîche
die sînen helde phlægen.   des ersmielte Wate versmâhlîche.

358   Dô sprach der helt von Stürmen: 'ich gesach ez nie.
der aber mich ez lêrte,   dar umbe wære ich hie
bevollen zeinem jâre,   daz *ich* ez rehte künde.
swer des meister wære,   mîner miete ich im gerne günde.'

359   Dô sprach der künic zem gaste: 'den besten meister
wil ich dich lêren heizen   durch die liebe dîn,   [mîn
daz du doch drî swanke   künnest, swâ man strîte
in herten veltstürmen: ez vrumet dir ze etelîcher zîte.'

360   Dô kom ein schirmmeister.   lêren er began
Waten den vil küenen.   dâ von er gewan
des sînes lîbes sorge.   Wate stuont in huote,
sam er ein kemphe wære.   des erlachte dô von Tenen Fruote.

361   Daz half den schermmeister,   daz er wîte spranc
alsam ein lêbart wilde.   an Waten hende erklanc
vil dicke daz schœne wâfen,   daz die viurvanken
drâten ûz den schilden.   des mohte er sînem schermknaben
                            gedanken.

355. 2 *nahen*   3 *golde*.   **356,** 2 *genug*.   **357,** 2 das eine *in*
fehlt. ergänzt von E.   4 *von sînen helden gephleget*, gebessert von Z.
schmielet, gebessert von B.   **358,** 3 *beuolhen*.   ich fehlt, ergänzt von
vdH.   4 *um darumb gerne günde:* das aus z. 2 stammende *dar umbe* hat
E. gestrichen.   **359—361** vgl. Beitr. 9, 64.   **359,** 2 *den wil ich dich
lernnen h.*, gebessert von E.   3 *dri swanke* scheint formelhaft, vgl. Bit.
10883 ff. *der von arde ein künic si. den sult ir van siege dri bieten und de-
hheinen mér*, und dazu Janickes anm.   **360,** 1 *lerannen*   4 *kempher*.
361, 1 *dem* (vgl. Gramm. 4, 614).   2 *lewart*.   Derselbe vergleich Bit. 9339.
3 *so. also das.* gebessert von V.   4 *seinen*.

362 Dô sprach der wilde Hagene: ·gebt mir daz swert
ich wil kurzwîlen   mit dem *von* Sturmlant,   [enhant!
ob ich in müge lêren   der mînen slege viere,
daz mirs der recke danke.'   daz lobete dô der alte Wate
                                                                    schiere.

363 Der gast sprach zem künege: ‘ich sol vride dîn
haben, vürste Hagene,   daz du iht vârest mîn.
sltiegest du mir wunden,   des schamte ich mich vor vrouwen.'
Wate kunde schirmen   daz es in der werlte nieman mohte
                                                                    trouwen.

*364 Hagene *swære* dolte   den künstelôsen man,
daz er als ein begozzen brant   riechen began,
der meister vor dem junger.   jâ was er starc genuoc.
der wirt ouch sînem gaste   slege unmæzlîchen sluoc.

365 Die liute sâhenz gerne   durch ir beider kraft.
der künie vil schiere erkante   die Waten meisterschaft.
ein teil begunde er zürnen,   wærez im niht ân êre.
swaz man sach ir sterke,   doch het ir Wate dâ bezeiget mêre.

366 Wate sprach zem künege: ·lâz âne vride sîn
unser beider schirmen.   ich hân der slege dîn
gelernet nu wol viere: ich wil dirs gerne danken.'
er lônte im sît sô hôhe   sam einem wilden Sahsen oder
                                                                    Franken.

367 Dô si den vride liezen   belîben under wegen,
der sal begunde diezen   von ir beider slegen.

362,1 *in die hant.* 2 *von* fehlt, ergänzt von vdH.   3 *der* V] *die.*
363,1 *vride dîn* 'schonung von dir'. vgl. 366,1. 367,1. Jänicke zu Bit.
851 1. Mh. (s. Martins anm.) vergleicht Erec 2773. Genauer entsprechende
stellen sind Parz. 357,9. Konrad von Würzburg Troj. 4078. B. liest *den
vride dîn* und erklärt 'die sicherheit, das versprechen von dir'.   3 *vor den
jrawen*, gebessert von E.   4 *es] sein* (B. schreibt *deis).*   **364**,1 *swære*
fehlt, so ergänzt nach einem vorschlage von C. Hofm. (a. a. o. s. 360). Die
herausgeber ergänzen oder ändern verschieden. 2 *begossner*; vgl. Bit. 12686.
11124. DHB 2, XXXIX. C. Hofm. vermutet statt *brant* urspr. *bräte* und
streicht demgemäss *begozzen.*   **365**,1 *sahen*, gebessert von vdH.   2 *des
W.*   4 *Wate]* *Hagene* hs. und ausgg. Dass die namensänderung mit hin-
blick auf den unmut des königs und seine äusserung 368,2 f. geboten ist,
zeigte W. s. 46. Im übrigen vgl. Beitr. 9,95.   **366**,4 *oder ainem F.*,
gebessert von vdH. Ueber den ruf sächsischer (und fränkischer) wildheit,
von welchem auch 1503,4 die rede ist, vgl. M. anm. z. d. st. und Bemerkk.
s. 15.   **367**,1 Ursprünglich, dh. vor der einführung der cäsurreime
hiess es wol *dô si den vride beliben   liezen under wegen.*

swaz si anders tæten, in möhte sin gelungen. [sprungen.

ir schirmen was als swinde, daz in die swertes knöphe hin

368 Si giengen beide sitzen. der wirt zem gaste sprach:

'ir sprecht, ir wellet lernen? jâ wæn ich nie gesach

des junger ich sô gerne nâch solher künste wære.

swâ man phliget der dinge, dâ sit *ir* ûf dem ringe lobebære.'

369 Îrolt sprach zem künege: 'herre, ez ist geschehen,

daz ir iuch habet versuochet. wir hân ez ê gesehen

in unsers herren lande. wir habenz uns ze rehte,

daz sîn aller tegelîche phlegent *beide* ritter unde knehte.'

370 Dô sprach aber Hagene: 'und het ich daz erkant,

sô wær daz schirmwâfen niht komen in mîne hant.

ich ensach nie junger lernen alsô swinde.'

der rede wart gelachet von maneger edeler muoter kinde.

371 Dô erloubte er den gesten swâ mite si die zît

hin getriben möhten. des volgten im sît

die von Hortlande. dô si begunde verdriezen,

dô wurfen si die steine und begunden mit den scheften

schiezen.

(6.) Âventiure.
wie suoze Hôrant sanc.

372 Daz kom an einen âbent, daz in sô gelanc,

daz von Tenemarke der küene degen sanc

mit sô hêrlîcher stimme, daz es wol gevallen

muose al den liuten. dâ von geswei der vogelline schallen.

373 Daz hôrte der künic gerne und alle sine man,

dâ von *von* Tenen Hôrant der vriunde vil gewan.

ouch het ez wol gehœret diu alte küniginne. [zinne.

ez erhal ir durch daz venster, dâ si was gesezzen an der

374 Dô sprach diu schœne Hilde: 'waz hân ich ver-

diu aller beste wîse ist in mîn ôren komen. [nomen?

367,3 *sein wol gelungen*, von E. gebessert. **368**,2 *sprecht Z.*]
sprech er. kann 4 *ir* fehlt, ergänzt von vdH. **369**,4 *beide* fehlt,
ergänzt von B. *unde* V] *und die.* **370**,3 *sach.* **371**,2 *des* V] *dz*
3 *Nortlande*, vgl. zu 204,4. **Aventiurenüberschrift:** *wie süess zu Horant*
sanng. **372**,1 *ainem*, so gebessert von C. Hofm. 3 *so mit*, umgestellt
von E. 4 *allen den.* **373**,2 *das eine von* fehlt, ergänzt von Wacker-
nagel LB I⁵, 737. *vriunde* vdH., vgl. 554,3] *freude.* **374**,1 *die küni⁴in*
mutter ist gemeint. 2b zum ausdruck vgl. Nib. 1925,3. Kudr. 1213,2.

die ich ze dirre werlte   von ieman hân ervunden.

daz wolte got von himele,   daz si mîne kamerære kunden!'

375 Si hiez ir gewinnen   der sô schône sanc.

dô si sach den recken,   si sagete ims grôzen danc,

daz ir der âbent wære   mit vreuden hin gegangen.

von vroun Hilden wîben   wart der helt *harte* wol enphangen.

376 Dô sprach diu küniginne: 'ir sult uns hœren lân

die wîse, die ich hînte   von iu vernomen hân.

daz gebet mir zeiner gâbe   ze allen âbunden,

daz ich iuch hœre singen: sô wirt iuwer lôn wol ervunden.'

377 'Vrouwe, ob irs geruochet,   welt ir mirs sagen danc,

ich singe iu zallen zîten   alsô guotez sanc,

swer ez rehte erhœret,   daz im sîn leit verswindet [vindet.'

und minnert gar sîn sorgen,   der mîne süeze wîse rehte er-

378 Er sprach, er diente ir gerne.   dâ mite schiet er dan.

sîn singen *lôn* sô grôzez   ze Îrlant gewan,

daz man im nie dâ heime   gelônet alsô verre.

alsô diente Hetelen   ûz Tenemarke der herre.

379 Dô sich diu naht verendet   und ez begunde tagen,

Hôrant begunde singen,   daz dâ bî in den hagen

geswigen alle vogele   von sînem süezen sange.

die liute, die dâ sliefen,   die enlâgen dô niht *ze* lange.

380 Sîn liet erklang im schône,   ie hôher und ie baz.

Hagene ez selbe hôrte: bî sînem wîbe er saz.

ûz der kemenâten   muostens in die zinne.

der gast was wol berâten: ez hôrte ez diu junge küniginne.

381 Des wilden Hagenen tohter   und ouch ir magedîn

die sâzen unde loseten   dâ diu vogellîn

375,1 *gewinnen den der*, gebessert von B.   *sô* fehlt, ergänzt von Z.
2 *sagt vnns*   4 *harte* fehlt, ergänzt von B.   **376,**3 Die hs. hat *abenden*,
vgl. Beitr. 9, 36.   **377,**2 *guts gesang*   3 *laide*   4 *mynndert   den mein.*
378,2 *lôn sô grôzez* B.] *also gros.*   **379,**3 *gsange*   4 *lagen   ze* fehlt,
ergänzt von M.   **380,**1 *liet* Hpt.] *laut*   4 *was* C. Hofm.] *wart.* Die
halbzeile soll aussagen: 'Horant hatte die sache gut überlegt, hatte richtig
gerechnet', indem die junge Hilde ihn nun wirklich hörte. Vgl. ähnliche
stellen im Mhd. Wb. II, 1, 579 a. Uebrigens ist die halbzeile in ihrer jetzigen
form das werk des cäsurreimers. Ursprünglich hiess es etwa *im was vil wol
gelungen* oder ähnlich.   *hörets.*   **381,**2 *dâ* C. Hofm.] *daz.* Die zuhörer
können unmöglich auf das verstummen der vöglein horchen.

vergâzen ir dœne   ûf dem hove vrône.   [sô schône.
wol hôrten ouch die helde,   daz der von Tenemarke sanc
    382 Dô wart im gedanket   von wîben und von man.
dô sprach von Tenen Fruote: 'min neve möhte lân
sin ungevüege dœne,   die ich in hœre singen.
wem mag er ze dienste   als ungevüege tagewîse bringen?'
    383 Dô sprâchen Hagenen helde: 'herre, lât vernemen.
nieman lebet sô siecher,   im möhte wol gezemen
hœren sine stimme,   diu gêt ûz sinem munde.'
'daz wolte got von himele',   sprach der künic, 'daz ich si
                                         selbe kunde.'
    384 Dô er drî dœne   sunder vol gesanc,
alle die ez hôrten   dûhte ez niht ze lanc.
si hetenz niht *geahtet*   einer hende wîle,
ob er solte singen,   daz einer möhte rîten tûsent mîle.
    385 Dô er nu het gesungen   und er von sedele gie,
diu junge küniginne   vrœlîcher nie
wider morgen wart gekleidet   mit liehtem ir gewande.
diu junge maget edele,   nâch ir vater Hagenen si dô sande.
    386 Der herre gie balde   dâ er die maget vant.
in triutelîcher wîse   dô was der magede hant
an ir vater kinne.   si bat in vil sêre.
si sprach: 'liebez vaterlîn,   heiz in *hie ze hove* singen mêre.'
    387 Er sprach: 'liebiu tohter,   ze âbendes stunt
wolte er dir singen,   ich gæbe im tûsent phunt.
nu sint sô hôchvertic   die geste mîne,
daz uns hie ze hove   niht wol erklingen die dœne sîne.'

381, 4 *sô* V.] *also*.   **382,** 2 *möcht es lân*   4 *mag es ze*.   **383,** 1
Hagenes   4 *vom*.   **384,** 2 *ze*] sô hs. und ausgg.   3 *geahtet* fehlt, er-
gänzt von Mh.   3. 4. 'sie hätten es kaum als einen augenblick empfunden,
wenn H. auch so lange gesungen haben würde, dass man während der zeit
tausend meilen reiten könte.'   *einer hende wîle* = 'so viel zeit man braucht
die hand umzudrehen', vgl. *hantwîle* Litanei 1233, *ê ich die hant umb kêrte*
Erec 5173. Aehnlich findet sich Bit. 9569 der aus räumlicher vorstellung
erwachsene ausdruck *niht einer hande breit*.   **385,** 1 *vom*   3 *mit* V] i. e.
386, 2 *trûriclicher*, gebessert von M. und C. Hofm.   4 *hie ze hove* fehlt,
ergänzt von V. Der fehler wird erklärt durch die gleichen worte 387, 4.
387, 1 *abent*, gebessert von Z. Der sinn von 3. 4 ist, wie B. richtig erklärt,
dieser: 'meine güste sind so stolzen sinnes, dass es nicht passend erscheint,
wenn H. hier bei hofe singt wie ein gewöhnlicher spielmann'. Anders W.
s. 52 f. Unrichtig ist jedenfalls die erklärung von M. z. d. st.

388 Swaz si gebiten kunde,   der künic dannen gie.
des vleiz sich aber wise   Hôrant, daz er nie
gesanc sô ritterlîche.   die siechen zen gesunden
sich mit ir sinnen   dannen niht wol gescheiden kunden.
389 Diu tier in dem walde   ir weide liezen stên.
die würme die *dâ* solten   in dem grase gén,
die vische die dâ solten   in dem wâge vliezen,
die liezen ir geverte.   jâ kunde er sîner vuoge wol geniezen.
*390 Swaz er dâ dœnen mohte,   daz dûhte nieman lanc.
sîn minnert in den kœren   dâ von der phaffe sanc.
die glocken niht klungen   sô wol alsam ê.
allez daz in hôrte,   dem was nâch Hôranden wê.
391 Dô bat in ir gewinnen   daz schœne magedîn,
daz ez ân ir vater wizzen   vil tougen solte sîn,
noch daz ir muoter Hilden   ieman sagt daz mœre,
daz er alsô tougenlîche   *bî ir* in ir kemenâten wære.
392 Ein gevüeger kamerære   der erarnte den solt.
daz si im gap ze miete,   daz was rôt golt,
lieht unde tiure   zwelf bouge swære,
daz der sanges meister   ze âbende in ir kemenâten wære.
393 Er warp ez tougenlîchen.   jâ vreute sich der man,

388, 2 'deswegen befliss sich widerum solcher melodie H.' (B.) M's.
conjectur *anderweide* ist überflüssig.   4 *nicht mit ir synnen wol dannen*. so
umgestellt mit M.   **389**, 2 *dâ* fehlt, ergänzt von vdH.   *in dem grose*
solten, umgestellt von vdH. — Auffallend ist das fehlen der vögel. W.
s. 54 verbindet die str. unmittelbar mit 372. Vgl. über diese ansicht sowie
über den zusammenhang der âventiure meine bemerkungen Beitr. 9, 65 ff.
390. Die Nbstr. ist eine junge interpolation, vgl. Beitr. 9, 13.   1 *dœnen*
Wackernagel] *dienen*   2 *sy minnert ir choren*. Die neueren herausgeber
lesen mit Wackernagel: *sin (sich) unmärt in kœren*, während C. Hofm. vor-
schlägt *sin minnert in ze hœren* (*chorea* verlesen fur *cehoren*). Ich erkläre
in engem anschlus an die hsliche lesart: 'davon wurde geringer geachtet
dasjenige wovon der pfaffe im chor sang.' Der gezwungene ausdruck, ganz im
stile der Nbstrophen, ist grammatisch unanstössig: *minnern* findet sich auch
377, 4 intransitiv gebraucht, ebenso Freidank 82, 23. MSF 314, 15 (vgl. Lexer
I, 2153).   3 *als sam auch ee*   4 *dem* vdH.] *das*.   **391**, 2 *solte vil taugen*,
umgestellt von B.   3 *nyemand*   4 *bî ir* fehlt, ergänzt von Mh.   **392**
—**429**. Vgl. uber diesen stark überarbeiteten abschnitt Müllenhoff s. 61.
86 f. Martin zu 397. 400. 411. Wilmanns s. 47 ff. und meine ausführungen
Beitr. 9, 66. Als sicher interpoliert betrachte ich die strophen 394. 397—400.
408. 411—424. Der schlus des abschnittes ist durch die überarbeitung nur
entstellt erhalten.

daz er sô guoten willen   dâ ze hove gewan.
er was von vremeden landen   gevarn nâch ir minne.
durch die sîne vuoge   truoc si im wol *von schulden* holde
sinne.

394 Si hiez ir kamerære   vor dem hûse stân,
daz nieman ensolte   nâch im dar în gân,
unz si vol gehôrte   die wîse die er sunge.
dâ was manne niemen   wan er unde Môrunc der junge.

395 Den helt bat si sitzen.   'ir sult mich hœren lân',
sprach diu maget edele,   'daz ich ê vernomen hân:
des lustet mich vil sêre,   wande inwer stimme
diu ist vor aller vreude   ob aller kurzwîle ein gimme.'

396 'Getörste ich iu singen,   vil schœnez magedîn,
daz mir dar umbe næme   niht daz houbet mîn
inwer vater der künic Hagene,   mir solte niht versmâhen
swâ ich iu möhte dienen,   wæret ir mîns herren lande nâhen.'

397 Dô huop *er* eine wîse,   diu was von Amilê,
die nie kristen mensche   gelernte sît noch ê,
wan daz er si hôrte   ûf dem wilden vluote.
dâ mite diente ze hove   Hôrant der snelle degen guote.

398 Dô er die süezen wîse   ze lobe vol gesanc,
dô sprach diu maget schœne: 'vriunt, du habe danc.'
si gab im ab ir hende,   niht goldes was sô guotes.
si sprach: 'ich lône iu gerne,   des bin ich iu vil williges
muotes.'

399 Si gab im des ir triuwe   mit willen an die hant
getrüege si immer krône   und daz si gewünne lant,
daz man in verrer   künde niht vertrîben
wan zuo ir bürge.   dâ möhte er mit êren wol belîben.

--- --- --------- - ...

393, 4 *von schulden* fehlt, ergänzt von B.   **394**, 3 *wol g.*   **396**, 1
Vor *getörste* hat die hs. *Er sprach*, von V. und Mh. gestrichen.   **397**, 1
er fehlt, ergänzt von vdH.   *Amilê*] scheint ein orientalisches (arabisches?
vgl. C. Hofmann s. 363 f.) wort zu sein.   2 *die gelernte nie Cristen mensche*,
umgestellt von C. Hofm.   **398**, 1 *ze lobe* M., vgl. Nib. 342, 3 A. Lexer
1, 1954] *se hofe* (der schreiber geriet in die vorhergehende zeile).   3 Zu *gap*
ist als object aus dem folgenden *golt* oder *ein golt* (ein ring) zu ergänzen.
Der genitiv *guotes* beruht auf einer attraction des von *niht* abhängigen par-
titiven genitivs *goldes;* vgl. ausser der bei M. angeführten stelle MSF 3, 17
noch Fundgr. II, 46, 8.   **399**, 3 *ir verrer.*

400 Swaz im diu vrouwe büte,   des enwolte er niht,
wan einen gürtel: ‘des man mir vergiht,
daz ich sî behalten,   maget vil minneclîche.   [rîche.’
den bringe ich mînem herren,   sô ist er mîner mære vreuden
    401 Si sprach: ‘wer ist dîn herre   oder wie ist er genant?
mag er haben krône   oder hât er eigen lant?
ich bin im durch dîne liebe   holt vil sicherlîchen.’
dô sprach der Tene küene: ‘ich gesach nie künic alsô rîchen.’
    402 Er sprach: ‘und melde uns niemen,   vil schœne mage-
sô saget ich dir gerne,   wie uns der herre mîn   [dîn,
von im scheiden lieze,   dô er uns her sande,
durch dînen willen, vrouwe,   ze dînes vater bürge unde lande.’
    403 Si sprach: ‘lâz mich hœren,   waz mir der herre dîn
ûz iuwerm lande enbiete.   ist ez der wille mîn,
des bringe ich dich wol innen,   ê daz wir uns gescheiden.’
Hôrant vorhte Hagenen.   im begunde dâ ze hove leiden.
    404 Er sprach zuo der vrouwen: ‘sô enbiutet er dir daz,
daz dich sîn herze minnet   ân aller slahte haz.
nu lâz in geniezen,   vrouwe, dîner güete.
er hât durch dich einen   genomen von allen vrouwen sîn ge-
                                                    müete.’
    405 Si sprach: ‘got müeze im lônen,   daz er mir wæge sî.
kœme er mir ze mâze,   ich wolte im ligen bî,
ob du mir woltest singen   den âbent und den morgen.’
er sprach: ‘ich tuon ez gerne,   des sît âne aller slahte sorgen.’
    406 Er sprach zer schœnen Hilden: ‘vil edelez magedîn,
mîn herre tegelîche   hât in dem hove sîn
zwelve, die ze prîse   vür mich singent verre.
swie süeze sî ir wîse,   doch singet aller beste mîn herre.’
    407 Si sprach: ‘nu sô gevüege   dîn lieber herre sî.
ich wil gên im nimmer   des willen werden vrî,

400,1 *frowen puten des wolt   :i behalten*] ‘wolbehalten’ gibt keinen
besonderen sinn. Die besserung von Wackernagel (LB I⁵, 741) *daz ich si
beholte* ‘dass ich den gürtel erworben habe’ überzeugt nicht und erfordert
änderungen in z. 2. 4. Man erwartet ‘huldreich aufgenommen’, und M’s
vorschlag *bi hulden* wäre entschieden anzunehmen, wäre der ausdruck in
dieser bedeutung anderweitig zu belegen. *mag.*   **401,**4 *der von Ten:*.
also B.] *se*.   **402,**4 *fraw durch deinen willen*, umgestellt von B.   **403,**2
beute.   **406,**2 *teglich herre*, umgestellt von vdH.

ich gelône im der gedanke,   die er hât nâch mînen minnen.

getörste ich vor dem vater mîn,   sô wolte ich iu gerne vol-
gen hinnen.'

408 Dô sprach der degen Môrunc: 'vrouwe, uns sint
siben hundert recken,   die liep unde leit   [bereit
gerne mit uns dulden.   komet ir ûf die strâze,

sô sit ân alle sorge,   daz ich iuch dem wilden Hagenen lâze.'

409 Er sprach: 'wir wellen hinnen   urloubes gern.

sô sult ir Hagenen biten,   daz er iuch müeze gewern,

junge maget edele,   er und inwer muoter   [guoter.

sol unser kiele schouwen   und ir selbe', sprach der degen

410 'Daz tuon ich vaste gerne,   ob mirs mîn vater gan.

dar zuo sult ir biten   den künic und sîne man,

daz ich und die magede   rîten zuo den ünden.

ob iuz mîn vater geheize,   sô sult ir mirz drîer tage vor
künden.'

411 Der hœhste kamerære   hete des gewalt,

daz er dicke bî ir wære.   der selbe degen balt

der gieng an der wîle   durch mære vür die vrouwen.

die helde vant er beide: dô mohten si ir lebenes niht ge-
trouwen.

412 Er sprach zuo vroun Hilden: 'wer sint die sitzent

dô wart den helden   sô rehte leide nie.   [hie?'

er sprach: 'wer hie: iuch bêde   gên ze kemenâten?

swer iu daz gevuogte,   der hât iuch entriuwen gar verrâten.'

413 Si sprach: 'nu lâ dîn zürnen,   si mügen wol genesen.

ob dû mit ungemache   niht immer wellest wesen,

du solt si tougenlîchen   zuo ir gemache bringen.

jâ hülfe in anders übele,   daz er sô ritterlîchen kan gesingen.'

414 Er sprach: 'ist ez der recke   der sô wol singen kan?

der selben weiz ich einen,   daz künic nie gewan

bezzeren recken   — mîn vater und sîn muoter

diu wâren eines vater kint —,   wan er was ein zierer
degen guoter.'

407, 4 *vor* E.] *von*.   **408**, 2 *liebe*   4 *Hagene*.   **409**, 1 *begern*.
410, 4 *mirz* Z.] *mir*.   **411**, 4 *vant* B.] *und*.   *mochtens irs*.   **412**, 1 *sein*
3 *haysset*   4 *gefüeget*.   **413**, 1 *mügen* B.] *müessen*.   4 *iu*] acc. sing.,
nicht etwa dat. plur. (vgl. zu 361, 1).   *gesingen* Wackernagel] *singen*.
414, 2 *daz* Wackern.] *den*.

415 Diu maget begunde vrâgen: 'wie was der genant?'
er sprach: 'er hiez Hôrant   und was von Tenelant.
swie er *ir* niht entrüege,   er diente im die krône.
swie si mir sîn vremede,   wir lebeten ê bî Hetelen schône.'

*416 Dô Môrunc den erkande,   den man in æhte bôt
dâ heime in sînem lande,   dô gienc dem recken nôt,
im erwielen sîniu ougen,   truoben er began.
dô sach diu küniginne   den recken güetlîchen an.

*417 Ouch sach der kamerære   der recken ougen naz.
er sprach: 'liebiu vrouwe,   ich wil iu sagen daz,
ez sint mâge mîne.   nu helfet, daz genesen
dise helde beide.   ich wil ir hüetære wesen.'

418 Dem recken wart in sorge   ein teil sîn herze wunt.
'törste ich vor mîner vrouwen,   ich kustes an ir munt,
dise recken beide.   des ist nu langiu stunde,   [kunde.'
daz ich von Hegelingen   nâch *dem künic* Hetelen vrâgen

419 Dô sprach diu juncvrouwe: 'sint si die neven dîn,
mir suln deste lieber   dise geste sîn:
sô solt du die helde   mînem herren künden,
daz si alsô gâhes   niht enkomen zuo des meres ünden.'

420 Dô giengen sundersprâchen   die zwêne ritter guot.
Môrunc dem kamerære   sagete sînen muot,
daz si durch vroun Hilden   kœmen zuo dem lande,
und wie *der* künic Hetele   si nâch vroun Hilden dar sande.

421 Dô sprach der kamerære: 'mir ist beidenthalben nôt,
nâch des küneges êre   und wie ich iu den tôt
gevremede von dem künege.   und wirt er des inne,
daz ir gert der magede,   sô enkunt ir nimmer *mêre* hinnen.'

415, 2 *was* Z.] hiess   3 *ir* fehlt.   *nicht truege krone*, gebessert von C.
Hofm. (*kroke* ist glossem).   *er* fehlt vor *diente*. Zum gedanken dieser zeile
vgl. str. 20ʹ, der die unsrige wol nachgebildet ist.   4 *ê* M.] *ye*.   **416**, 3
trüeben.   **417**, 3 *daz sy genesen*, gebessert von B.   4 *dise* Z.] *die*.   *hueter*.
418, 1 *Dem* C. Hofm.] *Den*.   *sîn* C. Hofm.] *ir*: es bezieht sich die zeile bloss
auf den kämmerer und sein heimweh.   2 *getorst*, gebessert von V.   *kusset
sy ʃn*   3 *recke*   4 *dem künic* fehlt, so ergänzt von B.   *Hettel*.   **419**, 1
neue   4 *kumen*.   **420**. 1a : Nib. 1667, 1. vgl. Kudr. 892, 2. 1151, 3. 1645, 4.
1634, 2 (?)   4 *und* und *der* fehlen, ergänzt von B. Vielleicht ist *nâch vroun
Hilden* aus z. 3 hineingekommen, und hiess es ursprünglich *ze Hagenen
bürge* (vgl. 402 4) oder ähnlich.   **421**, 4 *kumit ir nymmer von hynne*,
gebessert von B.

422 Dô sprach der degen Hôrant: 'hœre waz ich dir sage.
wir gern urloubes   an dem vierden tage,
daz wir wellen scheiden   hinnen von dem lande.
sô muotet uns ze gebene   der künic mit schatze unde mit
gewande.

423 Sô muote wir nihtes mêre   — des solt du uns helfen
wan daz uns wer her Hagene   mit vil guoten siten [biten —,
rîten zuo den scheffen,   er und mîn vrouwe,
sin wîp din küniginne   unde unser kiele dâ schouwen.

424 Mag uns dar an gelingen,   sô swindet unser leit
und ist wol gewendet   unser arbeit.
ob diu maget edele   rîtet zuo den griezen.   [niezen.'
des mûge wir dâ heime   wider den künic Hetelen wol ge-

425 Dô brâhte si ûz dem hûse   der listige man.
alsô daz der mære   der künic sich nie versan,
dô si zir herberge   balde solten gâhen.
alsô getriuwer dienest   dorfte dâ ze hove in niht versmâhen.

426 Si sageten heimlîchen   dem alten Waten daz,
daz diu maget edele   minnet âne haz
den ir vriunt Hetelen   von den Hegelingen.
dô rietens mit dem degene,   wie sis mit in ze hûse solten
bringen.

427 Dô sprach Wate der alte: 'kœme si ûz dem tor,
daz ich si wan eines   gesæhe dâ vor,
swie halt wir gerungen   mit den von dem hûse.
diu junge küniginne   kœme nimmer zuo ir vater klûse.'

428 Ditze starke mære   gar verholn wart.
si rihten sich vil tougen   zuo ir widervart
und sagetenz ouch den degenen,   die in den schiffen lâgen.
die hôrtenz niht ungerne.   jâ mohte si nu lange dâ betrâgen.

_____

422, 2 begern   4 der kunig ze geben, umgestellt von Z.   **423.** 1
muten   2 wan fehlt, ergänzt von Wackernagel.   gewer   3 dem scheffe
4 schawe.   **424.** 2 gewendet] 'abgewendet', braucht nicht angetastet zu
werden. Wackern. und V. lesen geendet, B. und M. bewendet.   u. gros arbeit ;
grôz von V. gestrichen.   4 Hettel.   **426,** 3 Hettelen den ir freundt, um-
gestellt von Z.   4 rieten sy.   **427,** 2 ich euch nun ainest, so hergestellt
von B.   3 ron Hpt.] vor.   **428,** 1 Ueber das formelhafte starke mære
vgl. Jänicke zu Bit. 4815 (wo jedoch die citate 189, 3. 199, 2 sich statt auf
Kudr. auf Alph. beziehen müssen).   2 richteten   3 und C. Hofm.] sy
4 die C. Hofm.] sy.

429 Si brâhten zuo einander   die si mohten hân.
dô wart ein gerinne   under in getân,
daz in Îrlande   klagten gnuoge sêre.   [umb êre.
swie leit ez Hagenen wære,   die Hegelinge wurben vaste
430 An dem vierden morgen   ze hove si dô riten.
iteniuwiu kleider   ze wunsche wol gesniten
truogen an die geste.   si wolten scheiden dannen.
si gerten urloubes   von dem künege und allen sînen mannen.

431 Her Hagene sprach zen gesten: 'wie lât ir mîniu
alle mîne sinne   ich dar zuo hete gewant,   [lant?
wie ich in geliebte   mîn lant und mîn rîche.
nu welt ir hinnen scheiden   unde lât mich ungesellicliche.'

432 Dô sprach Wate der alte: 'nâch uns gesendet hât
der voget von Hegelingen   und wil niht haben rât,
er enbringe ez zeiner suone.   ouch jâmert nâch uns sêre
die wir dâ heime liezen: dâ von gâhen wir vil deste mêre.'

433 Dô sprach der wilde Hagene: 'sô ist mir nâch iu
nu ruochet von mir nemen   mîn ros und mîniu kleit,   [leit.
golt und gesteine.   ich sol iu alsô gelten   [schelten.'
iuwer grôze gâbe,   daz mich die liute drumb niht dürfen

434 Dô sprach Wate der alte: 'ze riche ich dar zuo bin,
daz ich iuwers goldes   mit mir iht vüere hin.
an dem uns unser mâge   erworben habent hulde.
Hetele der rîche   der vergæbe uns nimmer unser schulde.

435 Wir haben eines dinges,   her künic, an iuch muot
— daz dunket uns êre,   ob ir daz gerne tuot —.
daz ir daz sehet selbe,   wie wir uns mügen verkosten.
biderber liute spîse   wær uns in drien jâren niht gebrosten.

436 Wir gebenz swer ez ruochet,   sît wir hinnen varn.
got müeze iuwer êre   und iuch selben hie bewarn.
jâ scheiden wir nu hinnen,   wir mügen niht lenger bîten.
daz hœhste geleite   sol mit uns zuo den scheffen rîten.

429, 3 genug   4 die von Hegelingen w. v. u. sein er., gebessert von Z.
430, 2 innewe, gebessert von Z.   beschniten, gebessert von Z.   4 l-g-rt. n.
vnd von allen, gebessert von Z.   **432,** 4 vil fehlt hier, steht aber in der
hs. in z. 3 nach uns, so gebessert von B.   **433,** 2 meine ross.   4 dor-
umb nicht.   **434,** 1 vgl. Nib. 258, 1. Zum inhalt der ganzen str. ausserdem
Nib. 1429, 2—4. Bit. 4989 ff.   2 fuere dahin, gebessert von Z.   4 der vor
vergæbe fehlt, ergänzt von B.   **436,** 3 nu] raos.   hinnen fehlt, ergänzt
von B.   lennger hie gepeiten, gebessert von B.

437 Iuwer schœne tohter   und mîn vrouwe iuwer wîp
sol unser habe schouwen.   des ist uns der lîp
getiuret an ein ende.   geschiht uns disiu êre,
edeler künic Hagene,   sô bite wir iuch deheiner gâbe mêre.'

438 Der wirt sprach den gesten   gezogenlîchen zuo:
'nu ir niht welt erwinden,   sô heize ich morgen vruo
satelen hundert mœre   mageden unde vrouwen.   [wen.'
ich wil ouch mit in selbe   und wil iuwer schef gerne schou-

439 Die naht mit urloube   *si* riten zuo der vluot.
dô truoc man zuo der erde   wîn, der was vil guot,
gelegen in den kocken,   und dar zuo vil der spîse.
ir schif wurden ringe.   Fruotę von Tenemarke der was vil wîse.

(7.) Âventiure,
**wie die juncvrouwen diu schef schouweten und wie si hin ge-
vüeret wurden.**

440 An dem næhsten morgen   nâch vruomesse zît,
dô kleiten sich meide   und wîp wider strît,
die Hagene vüeren wolte   zuo des meres sande.
hie mite riten   wol tûsent recken guot ûz Îrlande.

441 Die geste heten messe   ze Baljân vernomen.
der künic niht enwesse,   daz ez im möhte komen
ze als schedelîchem leide.   ez was im gar ân êre
der vremeden recken scheiden.   dâ von verlôs er sîner toh-
ter êre.

442 Dô si nu komen wâren   dâ er diu schef vant,
vroun Hilden und ir vrouwen   die huop man ûf den sant.
dô solten zuo den scheffen   die minneclîchen vrouwen.
die kræme stuonden offen,   dâ diu küniginne mohte wunder
schouwen.

437,3 *disiu* V.] *dhainer* (der schreiber kam in z. 4).   438,4 *in*
Mh. und V] *euch*.   439,1 *si* fehlt, ergänzt von vdH.   3 *dem kochem*.
440,2 *claideten*.   441 ist eine interpolation, wahrscheinlich von der
hand des cäsurreimers. Die fremden sind 439 schon am vorigen abend zu
den schiffen geritten. Die unpassende bemerkung 4b sowie den rührenden
reim haben die herausgeber seit Z. beseitigt, indem sie lesen *sine tohter hére*.
Sie verbessern damit aber nicht den schreiber, sondern den dichter dieser
str. Die form *wesse* z. 2 findet sich nur hier. Vgl. Beitr. 9, 47. 36.   3 *also*.
442,4 *unnder* für *wunder*.

443 Her Hagene sach ouch selbe   swaz ûf der krâme lac,
vil manic kleinât rîche,   diu man vil hôhe wac.
dô er und sîne gesellen   daz geschouwet hieten,
dô lie manz sehen die magede,   den si ir guote bouge ne-
  men rieten.
444 Der künic ûf einen kocken   durch schouwen was
è diu tür der krâme   vol würde ûf getân,   [gegân.
die Waten anker wâren   alle von dem grunde.
dô schiet man die vrouwen,   sô man aller gæheste kunde.
445 Niemens ungemüete   Waten dô wac.
er enruohte, war daz kœme   daz ûf der krâme lac.
die alten küniginne   schiet man von der meide.   [leide.
ûf sprungen die dâ lâgen: dô was dem künic Hagenen grimme
446 Ûf zuhten si die segele,   die liute sâhen daz.,
die si ûz dem scheffe stiezen,   der wart vil maneger naz.
si swebeten sam die vogele   in dem wazzer bî dem sande.
der alten küniginne   wart nâch ir vil lieben tohter ande.
447 Dô der wilde Hagene   die gewâfenten sach,
wie rehte grimmelîche   der helt mit zorne sprach:
'nu bringet mir vil drâte   die mînen gêrstangen.   [lange.'
si müezen alle sterben,   die ich mit der mîner hende er-
448 Schône sprach her Môrunc: 'nu sî iu niht ze gâch.
swaz ir durch strîten   uns immer îlent nâch,
sì danne wol gewâfent   tûsent iuwer helde,   [selde.'
die kel wir in die vlîlcte.   wir geben in die wazzerkülen

443, 2 clainet, vgl. zu 253, 4.   3 dô fehlt, ergänzt von Z.   4 die
lie.   **444**, 1 auf dem ainem kochen, gebessert von E.   2 wurde vol, um-
gestellt von V.   4 man schone die fr.; schône von B. gestrichen.   **445**, 4
die dâ lâgen] 'die im schiffe im hinterhalt liegenden bewaffneten', vgl. 447, 1.
428, 3.   Hagene baide vil grymme u d laide, so gebessert von B.   **446**, 3
vgl. Nib. 1476, 1.   4 künigin.   **447**, 2 rehte fehlt, ergänzt von Z.   4 mit
der mîner hende B.] mit meiner handt, vgl. Germ. 10, 182.   **448**, 2 îlent
fasst M. als 3. pers. plur. und verweist für das verbum im plur. auf Gramm.
4, 195.   Diese auffassung wird durch die und in z. 4 empfohlen.   Doch
sprechen iu z. 1 und iuwer z. 3 für die 2. pers. plur.   In diesem falle müste
wol îlet gelesen werden, da die endung — ent für die 2. plur. in der Kudr.
nicht anzunehmen ist.   Ueber ihr vorkommen in bairischen quellen vgl.
Weinhold Bair. Gr. § 284.   3 sî fehlt, ergänzt von Z.   Abweichend bessern
B. und C. Hofmann s. 366.   4 die wazzerkülelen selde] 'den aufenthalt im
kühlen wasser', vgl. 49), 4.

449 Dô wolten ez niht lâzen   des küenen Hagenen man.
der grunt begunde erglizen: striten wart getân.
erzogen sach man wâfen   und ouch mit spern schiezen.
si wurfen în diu ruoder.   man sach die kocken von dem
stade vliezen.
*450 Wate der vil küene   von dem stade spranc
in eine galîe,   daz im diu brünne erklanc.
mit vünfzic sîner helde   er îlte Hilden nâch.
den stolzen burgæren   den was ze urliuge gâch.
451 Dô kom der degen Hagene.   gewæfen er dô truoc
und ein swert vil scharphez,   ez was swære gennoc.
sich hete dô her Wate   gesûmet nâch ze lange.
der helt was vil grimme,   er truoc nu *hôhe* sîne gêrstangen.
452 Er ruofte harte lûte.   îlen er dô hiez,
daz liut allenthalben   er ungeruowet liez,
ob er sîne geste   möhte noch ergâhen,
die tâten *in* vil leide.   er wolte si alle slahen unde hâhen.
453 Vil schiere er het gewunnen   ein vil michel her.
dô kunde ern niht gevolgen   ûf dem wilden mer.
diu schif diu wâren dürkel   und vil unbereite.
diu dâ gâhen solten.   Hagenen den schaden man dô seite.
454 Do enweste er wie gebâren.   wan daz er ûf den griez
mit anderm sîne gesinde   die wercliute hiez
iteniuwer schiffe   gâhen zuo dem vluote.
im kômen die dâ mohten: er gewan vil ziere degene guote.
455 An dem sibenden morgen   rûmten si Îrlant.
die der künic Hetele   nâch Hilden hete gesant.
der enwas niht mêre.   wan tûsent sîner manne.
dô brâhte *Hagene*   drîzic hundert helde nâch ir dannen.

449,1 *Hagens*   2 *erglitzen*.   **450**,2 *galea*   2b vgl. Bit. 9354.
Laur. 614.   4 *vrlange*.   **451**,2 *scharffe*   3 *dô her* M.] *der*   4 *hôhe*
fehlt, ergänzt von B.   **452**,2 vgl. Ortnit 562 (Amelung).   3 *noch möcht*.
umgestellt von vdH.   4 *im* fehlt, ergänzt von vdH.   *u. rahen*, gebessert
nach V's. vermutung, vgl. 228,4.   **453**,1 nach 2, umgestellt von E.
1 *het er*, umgestellt von B.   2 *er in*   4 *diu* fehlt.   *solten dem wilden H.*,
vgl. z. 2 *ûf dem wilden mer*.   **454**,1 *ha wst er nit wie er soll geparn*,
gebessert von Z.   2 *seinem*   3 *eytl newe*, gebessert von E.   *der flute*
4 nach *gewan* hat die hs. *scher*, gestrichen von W. Gr.   **455**,2 *nach*
frawen H., gebessert von V.   4 *Hagene* fehlt.   *ir dannen* V.] *in danne*.

456 Die küenen Tene hèten   nâch Hetelen gesant.
si kunten im diu mære,   daz si im in sîn lant
die Hagenen tohter bræhten   nâch grôzer sîner êre.
swie si des niht gedæhten,   ja gewunnen si der arbeite mêre.

457 Hetele der herre   vil vrœlîche sprach:
'mîn sorge ist mir nu verre.   mir ist liep, daz ie geschach
arbeit mîner helde   in dem Hagenen lande.
die rûmten mîne selde,   nâch den was mir ze allen zîten ande.

458 Ob du mich niht triegest,   vil lieber bote mîn,
und mir daz niht liegest,   hâst du daz magedîn
bî mînen vriunden   gesehen in disen rîchen,
sô wil ich dir lônen   dirre mære vil lobelîchen.'

459 'Ich sage dir âne triegen,   daz ich die maget sach,
daz si ir vorhte sêre.   diu küniginne sprach:
swie si von dannen wæren,   nu vil manege mîle,
'des bin ich in swæren,   ob mîn vater mit schiffen nâch
                                    uns île.'

460 Dem boten hiez er geben   wol hundert marke wert.
die ritter die dâ wâren,   helm unde swert
brâhte man den helden   und manegen schilt guoten.
ûz Hetelen selde   begunden si der hovereise muoten.

461 Alle die er bringen   kunde mit im dan,
des het er gedingen,   daz er sîne man
sô ze velde bræhte,   mit sô grôzer êre,
daz man küneges tohter   enphienge nie sô lobelîche mêre.

456—487. Dieser abschnitt des gedichtes ist stark überarbeitet,
und zwar wahrscheinlich von zwei verschiedenen händen, deren erste viele
strophen interpolierte, während die zweite, abgesehen von wenigen inter-
polationen (vgl. zu 473) sich im wesentlichen auf die einführung von cäsur-
reimen beschränkt zu haben scheint. Näheres s. Beitr. 9, 67.   **456,** 1
Tenen. Hettelin 3 *des H.* 4 *wann sy des icht gedahten*, so gebessert
von Hpt. Näher läge noch die vermutung von B. (Germ. 10, 182) *si wæn
des nicht gedâhten*, doch war wol cäsurreim beabsichtigt.   **457,** 2 *nu*
fehlt, ergänzt von B. 3 *in des H.* 4 Vor *ande* hat die hs. *vil*, von Z.
gestrichen, das sich aus 458, 4 hierher verirrt hat, wo es in der hs. fehlt.
458, 3 *gesehen bey meinen fründen*, umgestellt von V. 4 *vil* fehlt, vgl. zu
457, 4.   **459,** 1. 2. Die beiden *daz* stehen nicht auf gleicher stufe. Das
zweite ist zu fassen 'in derartiger gemütsstimmung, dass'.   **460,** 4 *der*
fehlt, ergänzt von V.   **461,** 1 *kunde bringen* hs. und ausgg., doch ist
gewis cäsurreim beabsichtigt. 4 *man des l. t.*

462 Swie harte si sîn gâhten,   die mit im solten dan,
wie lützel si des nâhten, ' ê er daz volc gewan,
des si dar zuo bedorften.   ez muote si vil sêre.
doch brâhte er sîner vriunde   gegen Hilden tûsent oder mêre.

463 Gekleidet vlîziclîchen   — des enwas niht rât —
die armen zuo den rîchen   in liehter sarwât
wolten si die vrouwen   heim ze lande bringen.
die stolzen helde ziere   heten zuo der verte hôch gedinge.

464 Dô si von hûse wolten,   man hôrte grôzen schal.
dô si von hinnen solten,   ze berge und ouch ze tal
mohte man vil liute   dâ bî dem wege schouwen.
Hetele dar zuo gâhte,   wie er gesæhe sîne schœne vrouwen.

465 Nu was Wate der alte,   der helt von Sturmlant,
ze Wâleis in der marke   komen ûf den sant.
die wazzermüeden helde   ze stade si dô giengen.
an der vriunde selden   vroun Hilden si dô herberge viengen.

466 Si hiezen nider spannen   hütten zuo der vluot (467)
des alten Waten mannen.   ir leben daz wart guot.
do erstuonden in vil schiere   iteniuwiu mære.
man saget [den helden ziere],   daz Hetele von den Hege-
                                 lingen dar komen wære.

467 Unde rite engegene   der triutinne sîn, (468)
er und sîne degene.   diu vil schœnen magedîn
heten des gedingen,   daz man si mit êren
zuo ir lande bræhte.   si versâhen sich deheines strites mêre.

462, 2 *wie lützel si des* (*sys* hs.) *nâhten*] ein wunderlicher, offenbar
nachträglich zur herstellung eines inneren reims eingefuhrter ausdruck.
Es soll wol so viel heissen wie *lützel in des zogete*, was B. als das ursprüng-
liche vermutet. *er* fehlt. 4 *gen.*   **463**, 2 *liehter sarabat.* Ob *liehte?* B.
4 *gedingen.*   **465**, 4 *an der freundt selden;* so mit M. (*an den vriuntselden*
V. und B.) 'in dem befreundeten gebiete'. Der ausdruck rührt vom câsur-
reimer her.   **466—468**. So geordnet mit W. s. 73 f. In der hs. steht
468 vor 466, wo die str. den zusammenhang ebenso deutlich unterbricht,
wie hinter 490, wohin sie B. nach einem vorschlage von V. stellt. Ursache
der verwirrung war wol die gleichheit des reims und des ausdrucks in 465 und
468.   **466**, 3 *eytel newe*, vgl. 454, 3.   4 *den helden ziere* ist ein späterer
einschub zur herstellung der câsurreims, der den vers überfüllt. Ursprüng-
lich lautete die zeile gewis, wie auch M. liest, *man sagete, daz Hetele von
den Hegelingen dar komen wære.*   **467**, 1 Der übergang der construction
aus 466 in 467 ist wol gleichfalls spätere entstellung, durch einfuhrung der
câsurreime veranlasst.

468 Ez wolten niht gelouben   die von Tenelant, (466)
si ensæhenz mit ir ougen   zu Wâleis ûf dem sant,
Hagenen helde kœmen   nâch Hilden der rîchen.
die von Hortlande   die lâgen ûf dem stade gemenlîchen.
469 Si heten swes si gerten,   spîse unde wîn. (469)
die lantliute worten,   die mite solten sîn,
die geste swes si mohten: des si solten bringen
und des *si* haben wolten,   dar an liezens in niht misselingen.
470 Hetele dô nâhen   zuo in in daz lant
mit den begunde gâhen,   nâch den ê was gesant,
zuo sînes vater erbe.   die kômen ouch sô rîche
mit liehter sarwæte,   daz si die geste sâhen willecliche.
471 Die von Hegelingen   riten ûf den plân.
von den snellen helden   ein buhurt wart getân
nâch der tumben muote   ze ritterlichem prîse.   [wise.
dô kom von Tenen Fruote.   mit im reit ouch Wate der *vil*
472 Von verren sach si Hetele.   er wart hôch gemuot.
er sprancte dar durch liebe   der mære helt guot,
dâ er sach zwêne die besten,   die er hin ze Îrlande
mit den werden gesten   nâch des wilden Hagenen tohter
                                              sande.
473 Dô sâhen ouch si gerne   den helt vil lobelîch.
si muosten vreude lernen   aller tegelîch.
si heten kumber grôzen   dâ vor in vremeden landen,
Wate mit sînen gnôzen;   den buozte künic Hetele nu ir anden.

468, 2 *sy sahens*   3 *Hagenens*   4 *gemainleichen.*   **469,** 1 *be-*
gerten   4 *si* fehlt   *liezens in* E.] *liessen.*   **470,** 1 *nahete*   2 *mit dem*
3 *zuo sines vater erbe* bezieht sich wol auf *in daz lant* z. 1: der ausdruck ist
aber wunderlich, wie überhaupt die durch einführung des cäsurreims stark
entstellte strophe.   4 *sarabathe*, vgl. 463, 2.   **471,** 1 Ueber *plân* vgl.
Jänicke zu Bit. 2223 [füge zu den dort angeführten stellen Bit. 703. 5467.
8090. 8304. 8489. 8862 u. ö. Kudr. 174, 1. 184, 1. Alph. oft. Wolfd. A 165, 1.
Der Ortnit kennt das wort nicht].   4 *vil* fehlt, ergänzt von B.   **472,** 1
sy herr H., gebessert von E.   2 *dar* V.] *das ross* (vgl. Nib. 182, 4).   3 *sach*
er, umgestellt von B.   **473,** 2 durch cäsurreim entstellt? Vielleicht ist
aber die ganze str. vom cäsurreimer interpoliert, denn auch der ausdruck
im endreim *aller tegelich* ist kaum verständlich. Auch schliesst 474 ohne
jeden sprung an 472.   4 *genossen.*   **474** nach **476.** B. stellt die str.
nach V's. vorschlag hinter 475. Dass ihre richtige stelle die obige ist, er-
kannte W. s. 74. Die verwirrung scheint veranlasst durch die interpolation
von str. 473. Unsere strophe ist in der hs. stark entstellt und mit stumpfem

474 Vor liebe kuste er beide   die altgrise man. (476)
lieber ougen weide   der künic hie gewan,
danne er in langen zîten   wætlîch ie gesæhe.   [schæhe.
ich geloube, daz dem degene   in kurzer zîte lieber noch ge-

475 Mit lachendem muote   vor den vriunden sîn (474)
sprach der künic Hetele: 'ir liebe boten mîn,
ich bete nàch iu helden   grôze und michel swære,
daz in den Hagenen selden   al mîn volc in vancnüsse wære.'

476 Dô sprach Wate der alte: 'des ist niht geschehen.(475)
von sô grôzem gwalte   hôrte ich nie gejehen,
als der starke Hagene   phliget in sînem lande.
sîn volc ist übermüete.   selbe ist er ein helt ze sîner hande.

477 Ez was ein sælic stunde,   daz sîn ie wart gedâht, (477)
swer dir daz râten kunde.   daz wir dir haben brâht
die schœnesten vrouwen,   daz ist àne lougen,
geloube *mir der mære*,   die ich ie gesach mit mînen ougen.'

478· Dô sprach der ritter edele: 'swie schiere ez mac
                    geschehen
— die vînde die sint vrevele —,   ir sult umbe sehen,
daz uns iht ergàhe   hie in dirre marke   [starke.'
Hagene der ist grimme.   sô gemüejet uns sîn übermüete.

479 Wate und ouch her Fruote   die vuorten mit in dan,
die küene helde guote,   des künic Hetelen man
dâ si die schœnen Hilden   des tages solten schouwen.
ob den vil liehten schilden   wart sît der helme vil verhouwen.

*480 Under einem schœnen huote   diu edele maget gie.
die von Hegelingen   bî dem künege hie

---

ausgang in der dritten (und vierten?) zeile überliefert.   1 *alte greise*, ge-
bessert von B., vgl. Nib. 466,2 (auch Kudr. 1442, 1 i)   2 *hie* V.] *nie*
3 *danne er* V.] oder *danne*.   *waidlich ye geschach*   4 *liebers nie geschache*:
noch für *nie*, nämlich bei der bevorstehenden begegnung mit Hilde, ist von
M. gebessert.   **475.** 1 *mit lachendem muote*] vgl. Lachmann zu Nib. 1106,4.
Haupt zu Erec² 4745. Jänicke zu Bit. 12467.   *freuden*, gebessert von vdH.
4 *alles*.   **476.** 2 *gewalte*   4 *ze sîner hande*] vgl. über den sing. in dieser
epischen formel, der sich auch 574, 4. 1433, 4 (vgl. 675, 2) findet, Jänicke zu Bit.
5078.   **477.** 3 *schonsten*   4 *mir der mære* fehlt, ergänzt von B.   **478.** 4
Hagene steht ἀπὸ κοινοῦ, vgl. zu 92, 2. B. u. M. streichen *ist* ohne not.
gemut.   **479.** 2 *des künic Hetelen man*] = Hetel und seine mannen (vgl.
Hildebrand in der Zs. für d. Phil. 2, 470 f. und dazu Wilmanns s. 75).
3 *solte*   4 *ob den vil liehten schilden*] 'weil die helme uber die schilde her-
ausragen' (B.).

wâren nu von rosse   komen ûf daz gras.

mit vrœlîchem muote   daz edele ingesinde was.

481 Îrolt von Hortrîche   und Môrunc von Friesen lant,

der recken ietwedere   gieng ir an der hant,

Hilden der schœnen,   dâ si den künic ersâhen.

ir lop man mohte krœnen.   dô gedâhte si den helt enphâhen.

482 Mit ir giengen meide   zweinzic oder baz

samet in wîzen sabenen,   ich wil gelouben daz.

die aller besten sîden,   die man mohte vinden,

— daz mohten si wol lîden —,   die sach man an den tugent-

lîchen kinden.

483 In guoten siten schône   grüezen dô began,

diu sît bî im truoc krône,   der wætlîche man

die maget minneclîche,   des in wol geluste.

er beslôz mit armen   der schœnen lîp vil süezeclîch er kuste.

484 Do enphie er al besunder   diu schœnen magedîn.

dâ was einiu under,   diu mohte vil wol sîn

geborn von küneges künne.   si was von rîchen mâgen.

si was der vrouwen einiu,   die *dâ* lange bî dem grîfen lâgen.

485 Diu was geheizen Hildeburc.   vrou Hilde, Hagenen

diu het erzogen nach êren   ir tugenthaften lîp.   [wîp,

si was von Portegâle   geborn ûz dem lande.

si sach vil vremeder diete.   dâ von was *ir nâch* ir vriunden

ande.

486 Hetele het gegrüezet   in zühten diu magedîn.

noch was in ungebüezet.   dô si wânden sîn

komen von arbeite,   an dem næhsten morgen,

dô ez aller êrste tagete,   dô kômen *aber* si ze grôzen sorgen.

487 Daz edele ingesinde   wart gegrüezet über al.

bî dem Hagenen kinde   sâzen si ze tal

an die liehten bluomen   under guoten sîden.

Hagene was nu nâhen.   dâ von muosens grôze arbeit lîden.

480, 3 *nu waren*, umgestellt von V.   **481**, 1 *Hortrich*   2 *recke*
yettweder.   **482**, 2 *sam*, gebessert von Z.   *wil wol g.*, gebessert von V.
3 *der aller*, gebessert von V.   **483**, 1 *schönen*   2 a sollte hinter 3 a
stehen. 4 *besloss sy mit*: E. strich *si* und stellte eine construction $\dot{\alpha}\pi\dot{o}\ \varkappa o\iota v o \tilde{v}$
her, vgl. zu 92, 2.   **484**, 1 *alle*   4 *dâ* fehlt, ergänzt von B.   **485**, 1
Hagne   4 *frombde diet*.   *ir nâch* fehlt, ergänzt von B.   **486**, 4 *aber*
fehlt, ergänzt von M.   **487**, 2 *den H. kinden*   4 *nu vil nahen*, gebessert
von V.   *müessen sy*.

114

(8.) Âventiure,
wie Hagene vuor nâch sîner tohter.

488 Do ez âbenden begunde,   dô sach von Tenelant
Hôrant der degen küene   — ez was im wol bekant —
ein kriuze in einem segele;   bilde lâgen drinne.
solher pilgerîne   hete Wate der alte lützel minne.
489 Lûte ruoftę dô Môrunc   Îrolden zuo:
'nu sage dem künic Hetelen,   waz er dar umbe tuo:
ich sihe diu Hagenen wâfen   in einem segele rîchen.
wir haben ze vil geslâfen.   jâ schiedę wir von im harte
                                    unsenfticlîchen.'
490 Hetelen saget man mære,   daz von Îrlant
sîn sweher her gevüeret   zuo im ûf den sant
vil manegen kocken *hête*   unde ouch galeide.
râten mit dem künege   begunden . . . . beide.
491 Dô hôrte ez vrou Hilde,   daz schœne magedîn.
diu edele und diu milde   sprach: 'der vater mîn,
kumt *er* her ze lande,   maneger schœnen vrouwen
er tuot mit sînen handen,   des zer werlte nieman mac ge-
                                    trouwen.'
492 'Daz sul wir wol behüeten',   sprach der degen Îrolt.
'ob er begunde wüeten,   und wære ein berc golt,
den næme ich niht dar umbe,   sô der strît geschæhe,
deich Waten mînen ôheim   bî dem wilden Hagenen niht
                                    ensæhe.'
493 Dô weinten und klageten   diu wætlîchen kint.

---

488 – 562. Vgl. Wilmanns s. 78—88 und Beitr. 9, 67 ff.   **488**, 1
âbenden] allerdings sollte man nach 486, 4 und 489, 4 *tagen* erwarten, wie V. und
B. lesen. Doch ist str. 486 jünger und 489, 4 durch .cäsurreim entstellt.
Unmöglich ist andererseits ein derartiger überlieferungsfehler, wie ihn V.
annimmt, nicht: vgl. ausser in unserem gedichte 260, 3. 1353, 4 namentlich
Nib. 1788, 1 A und Lachmanns anm. Doch habe ich nicht zu ändern ge-
wagt wegen der in dieser partie des gedichtes hervortretenden starken über-
arbeitung.   **489**, 4 a = 1300, 4.   **490**, 3 *hête* fehlt, ergänzt von B.
galeye   4 die herausgeber seit Z. ergänzen *dô Wate und Fruote*.   **491**, 3
er her V.] *heer*   4 *des* V.] *daz*.   **492**, 1 *Daz sul wir wol behüeten* be-
zieht sich auf die furcht der Hilde vor der strafe ihres vaters (491, 2—4),
vgl. Hildebrand Zs. f. d. Phil. 2, 471. 4, 360.   2 *und wære ein berc golt*
u. s. w.] vgl. Bit. 4055 und Jänickes anm.   4 *daz ich*.

diu schif vil sêre wageten.   ez het ein âbentwint
ze Wâleis in die marke   gevüeret vil der helde
in den herten stürmen   gâbens in die bluotvarwen selde.

494 Wate hiez vroun Hilden   ûf einem kocken sîn.
begâhen mit den schilden   vür diu magedîn
was in allen enden   daz schef behüetet sêre.
ez was bî den vrouwen   ze huote hundert ritter oder mêre.

495 Dô rihten sich ze strîte   allę die ûf den sant
mit Hilden komen wâren   und die von Îrlant
die *maget* heten gevüeret   dem künege ze leide.
vil maneger gesunder   gestuont sînes lîbes an der vreide.

496 Hetelen hôrtę man rüefen   vaste an sîne man:
'nu wert iuch, snelle degene!   der nie golt gewan,
dem heize ich *ez* mezzen   mit vollen âne wâge.
ir sult des niht vergezzen,   ir stêt den Îrlenden hie ze lâge'.

497 Mit ir strîtgeziuge   si sprungen an den sant.
gemüet mit urliuge   Wâleis al daz lant
wart in den zîten   von den guoten helden.
die vînde mit den vriunden   wolten alle sîn an einer selde.

498 Nu was komen Hagene   zuo in an den sant.
dâ wurden sper geschozzen   von guoter helde hant.
die ûf dem sande stuonden,   die werten sich vil sêre
der von Îrlande.   dâ von geschach der wunden deste mêre.

499 Wie gar selten iemen   gæbe dar sîn kint,
dâ man sô kunde dienen,   daz man des viures wint
slüege ûz herten helmen   ze sehene schœnen vrouwen!
ir reise mit den gesten   het die schœnen Hilden nâch gerouwen.

493, 2 *âbentwint* 'westwind' (B.)? oder der wind 'der sich des abends
erhebt' (M.)? Letzteres würde zu 488, 1 stimmen.   4 vgl. 448, 4. *gaben
sy.*   **494**, 1 *fraw.*   **495**, 1 *richten sy sich*   3 *maget* fehlt, ergänzt
von Mh.   4 *sînes lîbes an der vreide*] 'an der gefährdung, in gefahr seines
lebens', vgl. Bit. 11377 und Jänickes anm. [füge hinzu *vreidebære* Bit. 10856].
In betreff der wortstellung (des genitivs vor seinem regens) verweist M. auf
J. Grimm in Haupts zs. 2, 275: s. ausserdem S. Bugge, Edda 445 a.   **496**, 3
ez fehlt. *volle*   4 *Irlenden* B.] *Eyrlande.*   **497**, 2 *mit ir vrlauge*, ge-
bessert von V.   3 *von den* V.] *mit*   4 *ainen selden*, gebessert von V.
498, 4 *destmere.*   **499**, 2 *daz* vdH.] *da. des viures wint*] vgl. Jänicke
zu Bit. 8808, wo die stellen in den volksepen gesammelt sind, an denen in
kampfschilderungen von den aufsprühenden funken die rede ist. Unser
ausdruck auch Bit. 12964.   3 *schone*   4 *nâch*] *vil sere*, von B. gestrichen,
während M. *sére* beibehält, wie schon V.

500 Dâ stuonden wider wehsel   mit den herten spern
die under den schilden   ein ander wolten wern
der vil tiefeu wunden   dnrch halsberge guote.
geverwet was daz wazzer   mit dem . . . . verchbluote.

501 Hagene ruofte lûte,   daz im der wâc erdôz,
au die sîne trûte   — sîn sterke diu was grôz —,
daz si im erwerben hulfeu   daz lant mit tiefen wunden.
daz tâten si vil gerne.   des wurden wâfen an der herte
vunden.

502 Hagene in grôzem zorne   spranc ûz in die vluot. (503)
der degeu ûz erkorne   zuo dem stade wuot.
dô sach man ûf den recken   sam snêwes vlocken swinde
geschiezen dâ mit phîlen.   daz tete von Hegelingen daz ge-
sinde.

*503 Hagene het gedrungen   vil nâhen an den sant. (502)
diu swert vil lûte erklungen.   Hagene Hetelen vant
ze nâhest bî dem wazzer   an dem stade stân.
er het ez lobelîche   mit sînen ellen dâ getân.

504 Dô wart ouch von den swerten   ein vil michel
klanc. (504)
die in dâ slahen gerten,   die muosten manegen wanc
vor sînen slegen wenken.   Hetele der vil hêre   [sêre.
kom ze sînem swehere.   daz beweintę diu schœne Hilde vil

505 Dô heten ouch mit ellen   erworben nu daz lant (508)
die Hagenen gesellen.   dô kômen ûf den sant

500,1 *wider* C. Hofm.] *vnder*   4 *alrôten* ergänzt B.   **501—510.**
So geordnet mit W. s. 78 ff.   In der hs. und den ausgg. ist die reihenfolge
diese: 501. 503. 502. 504. 507. 509. 506. 505. 508. 510.   Die verwirrung scheint
veranlasst durch die interpolation der Nibstr. 503 sowie durch den gleichen
anfang von 501. 502. 503. 508. 510 (*Hagene*), 504. 505. 506 (*Dô*), 507. 509 (*Ez*).
S. näheres Beitr. 9, 68.   **501,**1 *H. der rueffet,* gebessert von V.   1 b vgl.
1394, 2. Nib. 1492, 1.   2 *sine trûte*] vom cäsurreimer hergestellt, doch ver-
gleicht Klee (Germ. 25, 400) Klage 1322.   3 *das lannd erwerben hulffen,* um-
gestellt von B.   4 *waffen an der herten waffen funden.*   **502,**3 *den*]
dem.   *sam schneeweyss flog winde,* gebessert von vdH.; über diesen vergleich
s. Jänicke z. Bit. 10193.   4 *geschiezen* B.] *geschossen.*   *von Hegelingelanndt
das,* gebessert von E.   **503.**   Die Nibstr. ist, obgleich gewis für diese
stelle bestimmt, auch hier störend.   3 *nachst.*   **504,**1 *michler*   2 *in*
E.] *sy. begerten.*   **505.**   Die str. scheint vom cäsurreimer interpoliert.
Die darstellung gewinnt unbestreitbar, wenn sie fehlt.   Bedenklich ist z. 3,
da unter den *werden gesten* doch nur *die von Irriche* verstanden sein können.
2 *des H. g. die kamen auf das landt.*

mit disen werden gesten   die von Îrrîche.
dâ muosten helme bresten.   si wurben nâch den vrouwen
                    grimmiclîche.
 506 Dô kom der degen Fruote   und Wate mit sîner
tûsent helde guote   drungen mit in dar.   [schar. (507)
von den Hegelingen   die Hetelen mâgen   [lâgen.
die sluogen vil der wunden.   die geste bêdenthalp gestrewet
 507 Ez was ein michel wunder,   als diu buoch uns kunt
                    tuont, (505)
swie starc Hetele wære,   daz vor im ie gestuont
der Hegelinge herre.   dô si begunden dringen   [klingen.
mit strîte zuo einander,   man hôrte guoter helme vil er-
 508 Bî im gevriesch Hagene   Hetelen daz kint. (509)
manegen ungesunden   vrumten si dâ sint
die von Tenelanden   und die von Hegelingen.
ze Hagenen dem wilden   hiezen si Waten den alten dringen.
 509 Ez wart doch nicht gescheiden   in sô kurzer (506)
Hetele der küene   wart von Hagenen wunt.   [stunt.
dô kômen sîne mâgen   mit Waten von Sturmlande.
Îrolt unde Môrunc   wârẹn vil guote recken zuo ir handen.
 510 Hagene der starke   durch die schar brach.   (510)
sîn swert daz sneit sêre.   willeclîche er rach,
daz im wârẹn enphüeret   die minneclîchen meide.
dô wart manic rinc gerüeret.   im was *harte* grœzlîche leide.
 511 Er troute mit dem swerte   gerechen niht den haz.
von *sîner* gêrstangen   hinder sich gesaz
vil manic ritter edele,   der nimmer mêr diu mære
gesagete in sînem lande, wie im in dem strîte gelungen wære.

506, 3 Zu *mâgen* (so auch 509, 3) vgl. zu 4, 3.   4 *bedenthalbe. gestrewet*
lâgen] zum ausdruck vgl. 520, 2. Bit. 3589. 9041.   **507**, 1 *vnns die puch,*
umgestellt von V.   2 *Hetele* C. Hofm.] *Hagene*; *im* bezieht sich auf Hagen.
508, 1 *Hagne gefriesch bey im*, umgestellt von C. Hofm.   2 *frumbdte*.
510, 3. 4. Die jüngere einfuhrung der cäsurreime lässt sich hier besonders
deutlich erkennen. Die beiden zeilen lauteten ursprünglich:
     daz im enphüeret wâren   die minneclîchen meide.
     dô wart geręret manic rinc.   im was harte grœzliche leide.
geręret ist besserung von C. Hofm., der die verderbnis jedoch mit unrecht
dem abschreiber zuschreibt. 4 *harte* fehlt, ergänzt von B.   **511**, 2 *sîner*
fehlt, ergänzt von vdH. *Ternstange*. 3. 4 vgl. zu dieser epischen wend-
ung Jänicke zu Bit. 10172.

512 Dô kom Wate schiere, ein edel ritter guot,
da er ûz den liehten ringen daz vliezende bluot
sach rinnen von den swerten den sînen mâgen. [lâgen.
die im dâ helfen gerten, vünf hundert der bî im dâ veige
   513 Dô hete sich gesamenet daz volc über al,
die vremeden zuo den kunden. dô huop sich michel schal.
Wate unde Hagene zuo einander drungen.
die in dâ mohten wîchen, die dûhte in wære wol gelungen.
   514 Dô gieng ûf Waten den alten der künic mit grôzen
wol mohte er sterke walten. dâ sach manic degen [slegen.
daz viur ûz helmen stieben sam die rostbrende.
si kunden helme klieben *beide* mit vil manhafter hende.
   515 Dô sluoc Wate der alte, daz im erwaget der wert.
ez wurden vor gewalte die vrouwen kûme ernert.
dô was dem künic Hetelen gebunden sîn wunde.
er begunde vrâgen, wâ er sînen neven hern Waten vunde.
   516 Bî Vâlande aller künege sînen neven er dô vant.
des wert sich in der mâze der von Sturmlant,
daz man *von* in beiden sagen möhte mære,
wie Wate der vil küene bî Hagenen in dem herten strîte
                                     wære.
   517 Hagenen brast diu stange, die er in dem strîte truoc,
ûf dem Waten schilde, der was starc genuoc.
ouch enkunde baz vehten in allen den rîchen
recken deheiner. Wate wolte Hagenen niht entwîchen.
   518 Dô sluog er durch die hûben des künic Hetelen man,
Waten den vil küenen, daz ûz dem helme ran

512,2 *da er* B.] *der.*   **513**,1 *gesammet.*   3 *W. und auch H.*,
gebessert von E.   **514**,3 *rostbrende*] 'funken, die unter dem schmiede-
hammer aufstieben, der sogenannte hammerschlag' (C. Hofm. zu str. 364),
von *rost* 'aerugo'? Die herausgeber lesen *rôstbrende* 'stücke holz von einem
scheiterhaufen' (so auch Lexer II, 500); in diesem falle wäre indes wol zu
bessern *sam von rôstbrenden*, vgl. Nib. 185, 2. 3. So erhalten wir ein natur-
gemässes bild, s. Beitr. 9, 96.   4 *beide* fehlt, ergänzt von B.   **515**,1
erwage, vgl. 1394, 2.   3 *seine.*   **516**,2 *des*] *der*   3 *von* fehlt, ergänzt
von V.   **517**,1 *stanngen*   3. 4 *in dhainen reichen recken all dhainer*,
gebessert von C. Hofm.   **518**,1 *die hûben* C. Hofm.] *haubet.* Der schlag
dringt durch die helmhaube (vgl. Jänicke zu Bit. 639). Die stellen aus der
erzählung von dem Uebelen Weibe (ed. Haupt 302. 382), auf welche M. zur
stütze der hslichen lesart hinweist, sind nur als scherzhafte übertreibungen
am platze.

daz bluot von sîner wunde. dô kuolten nu die winde.
ez was gên âbunde. man sach strîten allez daz gesinde.
519 Wate galt mit zorne den grimmen verchslac,
daz bluotiger zehere sô vil ûf im lac.
er sluoc den wilden Hagenen, daz von des helmes bouge
daz swert sêre erglaste. im gebrast des tages vor den ougen.
520 Dô was ouch wunt Îrolt, der helt von Hortlant.
swie vil der tôten læge gestreut von sîner hant,
er kunde Waten den alten niht von *Hagenen* bringen.
die vrouwen weinten sêre, dô si hôrten der swerte sô vil
klingen.
521 Hilde diu vil schœne rief trûreclîchen an
Hetelen den recken, daz er bræhte·dan
ir vater ûz *den* nœten von Waten dem grîsen.
er hiez nâch sînem venre daz volc zuo dem herten sturme
wîsen.
522 Hetele der herre vil hêrlîchen streit.
er kom ze Waten dem alten: daz was dem helde leit.
der recke ruofte an Hagenen: 'durch iuwer selbes êre
lât sich den haz verenden, daz unser vriunde niht ensterbe
mêre.'
523 Hagene vrâgte lûte — grimme was sîn muot —,
durch wen erz scheiden solte. dô sprach der helt guot:
'ditze bin ich Hetele von Hegelinge lande,
der sîne liebe mâge sô verre nâch vroun Hilden gesande.'

518, 3 b C. Hofm. vermutet vielleicht richtig *das kuolten im die winde,*
wodurch der zusammenhang der str. gewänne. 4 *âbunde* V.] *abent,* vgl.
376, 3. Die form wird freilich erst nachträglich eingeführt sein zur her-
stellung eines cäsurreims. Ursprünglich stand wol *âbende,* gewis nicht die
von M. beibehaltene, aber falsche form *âbent.* **519,** 3 *helmens pogen.*
4 *in.* **520** stört den zusammenhang. Dass die str. aber nach 518 stehen
sollte (Wilmanns s. 83), ist deshalb nicht glaublich, weil 520, 4 deutlich
zu 521 überleitet. Erträglich wird die str. allenfalls, wenn *kunde* z. 3 plus-
quamperfectisch gefasst wird. 3 *kunde da Waten. Hagenen* fehlt, ergänzt
von M. **521,** 1 *rueffet* 3 *den* fehlt, ergänzt von B. 4 *vaner. sturmen.*
522, 4 *frewndt nicht sterben.* **523,** 1 *H. do fraget* 4 *gesande* Pl.] *het
gesannde.* J. Grimm fasst Gramm. 4, 495 *gesande* als acc. plur. eines prädi-
cativen partizips. M. liest *hât gesande.* Doch ist für das XIII. jh. diese
construction nicht mehr zu belegen. Dass *het* 'auch nach dem metrum
nicht getilgt werden' dürfte (J. Grimm. a. a. o. anm.), ist ein irrtum.

524 Hetele spranc dar nâher   sô noch maneger tuot, (525)
der strît wænet scheiden.   *swie harte* grimmen muot
hete Wate der küene,   doch wichen si von dannen.
dô stuont balde ûf hôher   Hagene mit allen sînen mannen.
    525 Hetele der vifrste   den helm ab gebant. (526)
den vride hôrte man rüefen   dâ über al daz lant.
dô sprach vater der Hilden,   daz ez gescheiden wære.
dô hôrten die vrouwen   in maneger zîte in nie sô liebez mære.
    526 Dô engarten si sich alle,   die strîtes phlâgen ê. (527)
genuoge in schuofen ruowe.   manegem was ouch wê
von den tiefen wunden,   die si ûz strîte brâhten.
maneger wart dâ vunden,   die der nœte nimmer mêr gedâhten.
    527 Dô gienc der künic Hetele   zuo dem wilden Hage-
                          nen dan. (528)
er sprach zuo dem recken: 'sît ich êren gan
Hilden iuwer tohter,   sô sult ouch ir der gunnen
daz si trage krône,   dâ si hât manegen zieren helt gewunnen.'
    528 Dô sprach der übermüete: 'sît ich hân vernomen, (524)
daz si mit maneger güete   wâren nâch ir komen,
sît ist iu grôzer êren   von helden unzerrunnen.
ir habet mit schœnen listen   mîne lieben tohter gewunnen.'
    529 Hetele boten sande.   dô hiez er Waten komen. (529)
si heten in langer zîte   dâ vor wol vernomen,
daz Wate arzât wære   von einem wilden wîbe.
Wate der vil mære,   *des* gevrumte *er* manegem an dem lîbe.

524—528. Die hs. hat diese reihenfolge: 528. 524. 525. 526. 527.
Dass str. 528 an der überlieferten stelle zu früh kommt, sich aber aufs beste
an Hetels anrede in str. 527 anschliesst, erkannte Hildebrand Zs. f. d. Phil.
4, 363 f., vgl. W. s. 83.   **524**, 2. 3 *swie harte* und *hete* fehlt, ergänzt
von Z. 4 *hôher* V.] *her*. *Hagene aus Eyrlanden mit*, gebessert von B.   **525**, 2
alles 4 vgl. Nib. 519, 4.   **526**, 2 *schüffen in*, umgestellt von B. 4 *wart*]
werden. *note vnd des streites nymmermer*, gebessert von V.   **527**, 1 *zuo*
Hildebrand a. a. o. s. 364] *mit*.   **528**, 3 *seyt euch von helden ist gros ere u.*,
so hergestellt von C. Hofm. Der sinn ist: 'die trefflichen eigenschaften,
die ihr bei erwerbung der Hilde an den tag gelegt habt, haben euch reich-
liche anerkennung von seiten der helden eingebracht' (über *unzerrunnen*
c. gen. vgl. zu 257, 3).   **529**, 3 'dass Wate die arzneikunde gelernt habe
von einer waldfrau' (über die *wildiu wip* und ihre heilkunst s. Myth.[4]
358 ff. Weinhold, Deutsche Frauen[2] 1, 171). Die ausdrucksweise *arzât sin
von einem* verdankt ihr vorkommen wol nur der einführung des cäsurreims.
Hiess es ursprünglich *daz arzâtie lernte?* 4 *des* und *er* fehlen.

530 Dô er sich entwâpent   und selben sich gebant,
eine guote wurzen   nam er in die hant
unde eine bühsen,   dâ *was* phlaster inne.
dô viel im vür die vüeze   Hilde diu schœne küniginne.

531 Si sprach: 'Wate, lieber vriunt,   ner den vater mîn
— swie du mir gebiutest,   sô wil ich immer sîn —
und hilf sînen recken,   die dâ ligent in der molten,
und wer dîner künste   die *dâ* mînem vater helfen wolten.

532 Du solt ouch niht vergezzen   von Hegelinge lant
der Hetelen vriunde.   jâ habent si den sant
genetzet mit bluote,   sam ez ein regen wære.
ich mac von dirre reise   sagen immer mêre *leidiu mœre.*'

533 Dô sprach Wate der alte: 'ich bin *ir* arzât niht
— ich wer ez mit gewalte —,   unze daz geschiht,
deiz redet ûf eine suone   Hagene der vil rîche
mit Hetelen mînem herren.   die wîle ich si mîde schuldiclîche.'

534 Dô sprach diu maget edele: 'getörste ich dar gân!
ich hân ab leider verre   wider mînen vater getân,
daz ich mînen besten vriunt   niht getar enphâhen.
im und ouch den sînen   wæn mîn gruoz harte müge ver-
                                    smâhen.'

535 Hagene wart gevrâget: 'helt, mac daz geschehen?
ob iuch des niht betrâget,   iuch wolte gerne sehen
iuwer schœne tohter,   diu junge küniginne.
diu wolte helfen   iuwern wunden, hêtet irz ze minne.'

536 'Ich wil si sehen gerne,   swie si habe getân.
ich minne ouch ir enphâhen.   war umbe solte ichz lân
hie in vremeden landen,   ich ennæme ir grüezen?
mir und mîner tohter   mac der künic Hetele wol gebüezen.'

530,1 *selb*   2 *wurtze*   3 *was* fehlt, ergänzt von vdH.   **531**,2
vgl. 1311,2. 1287,4. 661,2. 3. Nib. 567,2. 3. 1206,3. 1800,4.   4 *vnd wenn
kunnest*, gebessert von Hpt.   *dâ* fehlt, ergänzt von B.   **532**,1 *Nu*
3 vgl. Jänicke zu Bit. 11046.   *regen tät*   4 *leidiu mœre* fehlt, ergänzt von Z.
533,*ir* fehlt, ergänzt von C. Hofm.   2 *wer ez* B.] *gewers:* 'ich weise es
mit aller entschiedenheit ab', doch rührt die halbzeile in dieser form vom
cäsurreimer her.   3 *daz es geredt wirdt auf. suone* ist nicht dasselbe wie
vride 525,2, vgl. Hildebrand Zs. f. d. Phil. 4,360.   **534**,2 *aber*   3 *nach
vriunt* hat die hs. *leider*, das aus z. 2 stammt, von E. gestrichen.   **535**,4
het.   **536**,3 l. *oder ich näm*, gebessert von V; die häsliche lesart wird
durch die von Haupt zu Erec[2] 1270 beigebrachten fälle nicht genügend ge-
stützt.

537 Hôrant von Tenemarke   wîstę si bî der hant
und ouch *der* degen Fruote,   dâ si *den künic* vant,
niwan mit einer magede   ir vater wunden schouwen.
ir was leit umb ir vriunde,   swes halt ir Hetele mohte ge-
                                                    trouwen.

538 Do er si und Hildeburge   zuo im komen sach,
dô spranc von dem gesidele   her Hagene alsô sprach:
'willekomen, tohter,   Hilde *diu* vil rîche.
ich kan des niht gelâzen,   ich engrüeze iuch *vil* williclîche.'

539 Er wolte sîne wunden   diu kint niht sehen lân.
die wurden im gebunden.   ûf hôher hiez er gân
die edelen juncvrouwen.   Wate gâhte sêre,
wie er den künic heilte,   daz diu maget weinte dâ niht mêre.

540 Dô er die erzenîe,   wurzęn und krût genôz,
er wart der sorgen vrîe   nâch sînem schaden grôz.
als er bestreich mit phlaster   des künic Hagenen wunden,
sîn tohter gienc hin widere.   dô vant si ir vater wol ge-
                                                    sunden.

*541 Der erzenîe meister   vil unmüezic wart.
solte er guot verdienen   in grôzer hervart,
sô kundenz olbende   niht von stat getragen.
von sô grôzer künste   hôrte ich nie man gesagen.

542 Zehant dô heilte er Hetelen   von Hegelinge lant,
dar nâch die andern alle,   swaz man *der* dâ vant.
die mit deheinen listen   heilen ieman kunde,
die mohte ouch er gevristen.   er machtes vor dem tôde
                                                    wol gesunde.

543 Dô wolten si die magede   niht lenger lâzen dâ.
Hagene sprach ze Hilden: 'wir *suln* anderswâ
in der zît belîben,   unz man daz velt gerûme   [kûme.'
von den manegen tôten.   si habent ir tages erbiten her vil

537, 2 *der* fehlt, ergänzt von vdH.   *den künic* fehlt, ergänzt von
W. Gr. und V.   3 *nun mit ainer magt.*   **538,** 3 *diu* fehlt, ergänzt
von E. (vgl. Gramm. 4, 561).   4 *kan* Hpt.] *han.*   *vil* fehlt, ergänzt von B.
539, 2a ursprünglich *dô die gebunden wurden?*   4 *daz*] *da.*   **540,** 1
ertzney (so auch 541, 1)   3 *kunigs.*   **541.** Die Nibstr. ist sehr entbehr-
lich   1a vgl. Wolfd. A 484, 3.   3 *kund es*   4 *nie kainen man*, ge-
bessert von B.   **542,** 2 *der* fehlt, ergänzt von vdH.   3. 4 vgl. Bit.
11459 f.   4 *machtes* M.] *machet.*   **543,** 1 *mage*   2 *suln* fehlt, ergänzt
von vdH.   4b 'sie haben ihren todestag kaum erwarten können'.

544 Hetele bat dô Hagenen   mit im in sîn lant.
ein teil lobete erz trâge,   wan daz er wol ervant,
daz der von Hegelingen   hete lant vil rîche.
mit sîner lieben tohter   vuor er ze hûse sît vil lobelîchen.
545 Die jungen helde sungen,   dô si wolten dan.
den lebenden was gelungen.   si heten dort verlân
armer unde rîcher   wol driu hundert tôte.
si lâgen jæmerlîchen   mit *den* scharphen swerten gar zer-
                                                    schrôten.
*546 Die hermüeden helde   die vuoren in daz lant,
daz man die liute drinne   vil vrœlîche vant.
iedoch jener mâge,   die dort lâgen tôt,
die vreuten sich vil trâge.   des gienc in wærlîchen nôt.
547 Diu Hilden heimreise   mit Hetelen geschach.
dô weinte manic weise.   dar nâch ir gemach
si vuogte in den landen.   von dem künege hêre   [êre.
gekrœnet wart vrou Hilde.   daz was den Hegelingen gar ein
548 Hetelen was gelungen,   als er het gegert.
di alten zuo den jungen   ze hove truogen swert.
sam tâten ouch die geste   bî dem vürsten rîchen.
die hôchzît vroun Hilden   lobete ir vater Hagene billîchen.
549 Mit wie getâner êre   im brûtstuole saz
diu maget vil hêre!   jâ saget man daz,
daz dâ wâfen nâmen   vünf hundert ritter guote.
dô was aber kamerære   von Tenemarke *der wîse* Fruote.
550 Die rîcheit grôze   het Hagene wol gesehen.
die Hetelen genôze   heten ê dort verjehen,
daz *er* herre wære   ob siben rîchen landen.
die armen si dô alle   mit vreuden heim ze herberge sanden.

544,2 *erz* vdH.] *er*   3 *lant die vil reichen*.   **545**,2 *lebentigen*,
gebessert von E.   3 *todten*   4 *den* fehlt, ergänzt von B.   **546**,2 *dar-*
ynn vil frölichen   3 *iedoch* Z.] *doch*   4 *vreuten* Z.] *freünt*.   *die g*.   **547**,2
manig frawe waise: man könnte glauben, dass *manic vrouwe* das ursprüng-
liche, und *weise* ein den vers überfüllender, unverständiger zusatz des cäsur-
reimers sei; allein die ganze halbzeile lenkt vom thema ab und hat wol
eine ältere verdrängt, in der vielleicht Hagens begleitung erwähnt wurde.
3 *herre*.   **548**,1 *Hetelen* V.] *Hagnen*   2 *trugen ze hofe*, umgestellt
von B.   3 *sam* B.] *also*   4 *frawen*.   **549**,4 *aber*, vgl. 281,1. *der*
wise fehlt, ergänzt von V.   **550**,2 *des H.*   3 *er* fehlt.   3 b vgl. 2,2.
580,3.   Bit. 2004. 4141. 13351.   4 *freünden*. Ohne zweifel ist auch diese
str. durch einführung innerer reime entstellt.

551 Dô gap der künic Hetele   silber und gewant,
ros und golt daz rôte   den von Îrlant,
daz sis niht mohten vüeren   von sînem hûse mêre.
er gewan *si im* ze vriunde.   des het vrou Hilde michel êre.

552 An dem zwelften morgen   rûmten si diu lant.
diu ros von Tenemarke   diu *zôch* man ûf den sant,
den die mane verre   ûf die hüeve giengen.
liep was ez den gesten,   daz si Hetelen künde ie geviengen.

553 Truhsæze unde marschalc   mit Hagenen riten dan,
schenke und kameræare.   swaz er *der* ie gewan,
man diente *im* nie sô schône   bî sîn selbes guote.
daz Hilde truoc dâ krône,   des was dem wilden Hagenen
                                          wol ze muote.

554 Imbiz und nahtselde   nâmens ûf den wegen.
Hagnęn und sîner helde   wart alsô gephlegen,
daz siz dâ heime   wol sagen kunden,
die Hetelen vriunde,   daz si in wol aller êren gunden.

555 Hagene Hildeburgen   mit armen umbeslôz.
er sprach: 'nu phlic Hilden   durch dîne triuwe grôz.
ez gewirret lîhte vrouwen   an sô grôzem ingesinde.
nu tuo genæediclîchen,   daz man dîne zuht an ir bevinde.'

*556 'Herre, ich tuon ez gerne.   ez ist iu wol geseit,
dô ich bî ir muoter   hete vil manic leit,
daz ich si zeiner wîle   ze vriunde nie verlôs.
ir volgte *ich* manege mîle,   ê si iuch ze vriedel ie erkôs.'

557 Die andern hiez er alle   vür sich ze hove gân.
dô mohten die schœnen   ir weinen niht verlân.

551, 1 *vnd auch gewant*, gebessert von E.   3 Dieselbe übertreibung
Nib. 707,2. 3.   4 *si im* fehlt, ergänzt von Z.   **552,** 2 *zôch* fehlt, er-
gänzt von V.   4 *Hettels*.   **553,** 2 *der* fehlt, ergänzt von V.   3 *im*
fehlt, ergänzt von V.   3 b 'auf seine eignen kosten' (M.)   4 *des* E.] *das*.
554, 2 *Hagens*   3 *siz* Z.] *sy*   4 *den sy wol*, so gebessert von B; *die Hetelen*
vriunde ist natürlich nicht apposition zu *si* z. 3, sondern gehört in den satz
mit *das* z. 4 und wird durch *si* wieder aufgenommen.   **555,** 1 *Hilburgen*
2 *phlige*   3 *leichte den fr.*, gebessert von B.   4 *die zuht an dir vinde*, so
gebessert von C. Hofm.   **556.** Diese Nibstr. ist überflüssig. Auch Hilde
antwortet nicht auf Hagens abschiedsworte an sie (558).   1 *tuns*   2 *dô*
B.] *das*   4 *ich* fehlt, ergänzt von vdH.   **557** stände wol besser nach
558, wie E. erkannte. Vielleicht ist durch die interpolation von 556 die
ursprüngliche reihenfolge 555. 558. 557 zerstört.   2 nach *schœnen* hat die
hs. *frawen*, von B. gestrichen.

er enphalch si dem wirte   alle bî der hende.   [ellende.'

er sprach: 'sît in genædic.   jâ sint diu schœnen kint hie vil

558 Er sprach ze sîner tohter: 'ir sult krône tragen,

daz ich und iuwer muoter   ieman hœeren sagen,

daz iuch ieman hazze.   ir sît sô guotes rîche,   [lîchen.'

liezet ir iuch schelten,   daz stüende iuwerm namen unlobe-

559 Hagone kuste Hilden   und neic dem künege hêr.

er und sîn gesinde   gesâhen nimmer mêr

daz lant ze Hegelingen.   si kômen in ze verre.

gegen Baljâne   schifte sich Hagene der herre.

560 Sît dô er dâ heime   bî ir muoter saz,

der alten küniginne   Hagene sagete daz,

er kunde ze niemen   sîn tohter baz bewenden.

hete er ir noch mêre,   er woltes hin ze Hegelingen senden.

561 Des lobte diu schœne Hilde   den waltenden Krist:

'daz uns mit unser tohter   sô wol gelungen ist,

des vreunt sich mîne sinne,   daz herze mit dem muote.

wie gehabet sich ir gesinde   dâ und ouch vrou Hildeburc

                                 diu guote?'

562 Dô sprach der herre Hagene: 'liute unde lant,

des habent si sich getrœstet.   alsô *rîch* gewant

bî uns nie getruogen   unser tohter juncvrouwen.

wir müezens lân belîben.   durch si wart der brünnen vil

                                   verhouwen.'

(9.) Âventiure,

wie Wate, Môrunc unde Hôrant ze lande vuoren.

563 Nu lâzen disiu mære: ich wil iu sagen daz,

daz Hetelen künne,   daz in dem lande saz,

558,3 *sey so*   4 *ewrem hohen namen,* gebessert von Z.   **559,**1
Hagnen kusst Hylde, gebessert von E; mit *dem künege* muss Hetel gemeint
sein. *naigt* 2 *gesahen in n.,* gebessert von V.   **560,**4 *wolt sy*   **561,**1
dem   2 *daz es vnns,* gebessert von V.   3 *freyent.*   **562,**2 *rich* fehlt,
ergänzt von V.   4 *muessen sy. durch iren willen ward,* gebessert von
C. Hofm.   **9. Âventiure:** die überschrift bezieht sich ausschliesslich
auf str. 564, die den zusammenhang in der lästigsten weise unterbricht,
vgl. Wilmanns s. 138. Unzweifelhaft ist diese (von mir eingeklammerte)
str. eine sehr junge interpolation. Aber auch im übrigen ist die Âventiure
stark überarbeitet und überdies fehlerhaft überliefert. Vgl. zu str. 565.
576. 579 und im übrigen Beitr. 9, 69.

wie si im muosten zinsen   die bürge zuo dem lande.

ze hove kômens alle,   als Hetele und vrou Hilde nâch in
sanden.

[564 Wate reit zen Stürmen,   Môrunc in Nîflant.

Hôrant von Tenemarke,   ze Gîvers ûf den sant

brâhte er sîne helde,   wan si in dâ hiezen herre.

si erwerten dâ ir selde.   man erkante ir vogetes namen verre.]

   565 Îrolt ze Hortlande   gewalteclîchen saz.

er was dâ landes herre.   des mahte er deste baz

Hetelen gedienen   nâhen unde verren.

der künic was sô biderbe: man gevriesch nie bezzern landes
herren.

   566 Swâ Hetele in den landen   diu schœnen magedîn

gevriesch von edelem künne,   getiuret wolte er sîn,

so er die ze hûse bræhte   im ze ingesinde.   [kinde.

al des *si* willen habete,   daz dienten si des wilden Hagenen

   567 Der künic mit sînem wîbe   vil vrœlîchen saz.

sam was sît ir lîbe,   die liute westen daz,

daz er die werlt alle   verkür durch si eine.

die sîne mâge   gesâhen schœner vrouwen nie deheine.

   568 Dar nâch in siben jâren   drî stürme vaht

Hetele ze wâren.   die tac unde naht

vârten sîner êren,   swâ siz gevüegen kunden,

von Hetelen dem degene   wurden si dicke an grôzem scha-
den vunden.

563,4 *komen sy*.   **564,**2 *Gîvers* als Horants residenz nur hier, offenbar nicht dasselbe wie der berg *Gîvers* 1126,1. Ist das oldenburgische Jever gemeint? vgl. Martinius, Das Land der Hegelingen s. 25.   4 *erkant da irs: dâ* von M. gestrichen, vgl. Bemerk. s. 10.   **565—572.** Dass dieser abschnitt überarbeitet, und durch die überarbeitung die reihenfolge der strophen zerstört ist, sah W. s. 138 f. Eine überzeugende herstellung ist jedoch nicht mehr möglich. An str. 563 sollte wol 570 sich anschliessen, dann 571. 565. 572. Der interpolator schob aber zwischen 563 und 570 die strophen 567. 566. 568. 569 ein. Die nähere begründung s. Beitr. 9, 69 f. Eine jüngere interpolation ist str. 564. Der ganze abschnitt würde demnach wol in folgender reihenfolge zu lesen sein: 563. [567. 566. 568. 569.] 570. 571. 565. 572.   **565,**1 *Ortlannde*.   4 *besser*.   **566,**4 *alles des willen habte*, gebessert von V.   **567,**1 *wîbe*] *leibe*.   *vil* B.] *wol*   2 *seyt was*. Statt *lîbe* (so mit der hs. [*leibe*] und B., die andern herausgg. *liebe*) hiess es wol vor einführung der cäsurreime *leben*, vgl. 466,2: 'sie lebten so mit einander, dass usw.'   4 *die* fehlt, ergänzt von M.

569 Sîne bürge er stifte   und vridete sîn lant
wol nâch küneges rehte.   dicke tete sîn hant,
daz man diu mære sagete   verre in vremediu rîche,
daz er nie verzagete: er trüege sînen namen lobelîche.

570 Wol ze hôhem prîse   her Hetele gesaz.
Wate der vil wîse,   selten liez er daz,
drî stunt in dem jârc   ern sæhe sînen herren.
jâ diente er im mit triuwen   beide *vil* nâhen unde verren.

571 Hôrant von Tenemarke   ouch dickę ze hove reit.
er brâhte dem gesinde   steine unde kleit,
golt unde sîden.   daz vrouwen tragen solten,
daz vuorte er von Tenelant   und gap ez den diez gerne
                         nemen wolten.

572 Der gemeiner dienest,   den des küneges man
künic Hetelen tâten,   dâ von er gewan
vor anderen degenen   alsô michel êre:
des volzôch vrou Hilde,   ein rîchiu küniginne *unde* hêre.

573 Hilde Hagenen tohter   zwei kindelîn gewan
bî Hetelen dem künege.   dô daz was getân,
diu hiez man schône ziehen.   daz niht ân erben wæren
lant unde bürge,   man sagete harte wîte disiu mære.

574 Daz eine wart ein recke   und hiez Ortwîn.
den enphalch er Waten.   er zôch daz kindelîn,
daz er an hôhe tugende   sîne sinne wande.
man lêrte in von der jugende.   er wart ein degen mærę
                         ze sîner hande.

575 Diu vil schœne tohter   bî namen wart genant
Kûdrûn diu schœne   von Hegelinge lant.
die sante er ze Tenemarke   durch zuht ir næhsten mâgen.
dar an si dienten Hetelen,   der enliezen si sich niht betrâgen.

568,3 *vachten*, gebessert von vdH.   4 *sy vil dicke an vil grossem;*
die beiden *vil* gestrichen von V.   **569**,4 *sinen namen*] 'seinen königs-
titel' (M.), vgl. *durch iuwern namen den hôhen* Nib. 1086, 2., *küneges name*
Walth. 11, 31. 106, 31.   **570**,3 *stunde*   4 *vil* fehlt.   **571**,4 *die es.*
572,3 *vor Z.*] *von.   degen*   4 *unde* fehlt, ergänzt von B.   **573**,3 *daz*
sy nicht, gebessert von vdH.   **574**,3 *sinne* B.] *site.*   **575**,2 *Chutrum:*
über die in dieser ausg. festgehaltene namensform *Kûdrûn* vgl. die Einl.
s. 24 anm. 2. 3 liest B., vielleicht mit recht, folgendermaszen:
            Kûdrûn diu schœne.   von Hegelinge lant
            sant ers ze Tenemarke, usw.

576 Nu wuohs diu maget junge.　schœne wart ir lîp,
daz si loben muose　　man unde wîp,
wande man si verre　　von ir lande erkande.
si was geheizen Kûdrûn　　unde wart erzogen in Tenelande.

577 Si wuohs ouch in der mâze,　daz si wol trilege swert,
ob si ein ritter wære.　　dâ von wart gegert
nâch ir edelen minnen　　von vürsten harte rîchen.
genuoge die ez wurben,　den ergieng ez *vil* schedelîchen.

578 Swie schœne wære Hilde　　des *künic* Hetelen wîp,
noch wart michel schœner　der Kûdrûnen lîp,
oder danne ir ane Hilde　　dâ her von Îrrîche.
vür ander schœne vrouwen　lobete man Kûdrûnen tegelîche.

579 Er versagete si einem künege,　der saz in Alzabê.
do er in verzîhen hôrte,　　daz tete im vil wê.
der dûhtẹ sich alsô rîche,　daz deheiner wære,
der ie gebârte　　mit sîner tugende alsô lobebære.

580 Sîn name hiez Sîvrit,　　er saz in Môrlant.
mit siten ellenthaften　　verre *er* was bekant.
er was ein künic gewaltic　　über siben künege hêre.　[êre.
er muote Hilden tohter,　durch daz man saget von ir sô michel

---

576 kann neben **575** nicht ursprünglich sein. W. s. 139 hält 576
für älter und 575 entstanden durch falsche auslegung von 576, 4. An der
angabe, dass mädchen ausserhalb des väterlichen hauses erzogen werden,
ist jedoch kein anstoss zu nehmen: vgl. Weinhold, Deutsche Frauen[2] 1, 105.
Str. 576 ist eine lästige widerholung der vorhergehenden, die anfangsworte
nu wuohs erinnern an 577, 1, und der gedanke sowie der ausdruck von z. 3
scheinen aus 587 entnommen, vgl. Beitr. 9, 70.　　3 *wann*　　4 *Chuttrun.*
ward Er ertzogen.　　**577,** 1 *auch wol in*, gebessert von Z.　2 statt *ritter*
vermutet Hildebrand Zs. f. d. Phil. 2, 471 *degen* 'knabe'. Der dichter scheint
aber bezug zu nehmen auf 574, 1.　*begert*　　4 *vil* fehlt, ergänzt von B.
578, 1 *ware fraw H.*, gebessert von V.　*künic* fehlt, ergänzt von M.
3 *Chautrunen*　4 *anndre.* *lobt.* *Chautrum.*　　**579—586.** Diesen ab-
schnitt von der werbung Siegfrieds von Môrlant um Kudrun halte ich mit
Müllenhoff s. 7 f. und Wilmanns s. 140 für einen jüngeren zusatz, der die
feindschaft zwischen Hetel und Siegfried erklären soll. Zu den an den an-
geführten stellen beigebrachten gründen ist noch auf die mangelhafte ver-
bindung von str. 579 mit dem vorhergehenden hinzuweisen; das *Er* 579, 1
muss bezogen werden auf den in str. 577 ausgeführten gedanken, wo jedoch
Hetel nicht genannt ist. Str. 587 schliesst ohne lücke an 578.　　**579,** 1
Alzabê, das wol als ein teil von *Môrlant* gedacht ist, auch Bit. 1161 (*Azzabe*
hs., wie Kudr. 1696, 2), vgl. Jänicke z. d. st.　2 *hort in vertzeihn*, umge-
stellt von B.　　**580,** 1 *Seyfrid*, und so auch sonst.　2 *in siten.* *was*
verren b., so gebessert von B.

581 Mit den sînen gnôzen   ûz Ikarjâ
manegen prîs grôzen   si erwurben dicke dâ,
die sînen hergesellen,   dâ si die vrouwen sâhen.
vor der Hetelen bürge   si tâten dicke ritterschaft vil nâhen.

582 Dô Hilde unde ir tohter   giengen in den sal,
vor Wigâleises hûse   hôrten si dicke schal,
dâ die von Môrlande   mit ritterlîcher krefte
wol riten in ze sehene.   des erhullen dicke schilde unde
                          schefte.

583 Ez kunde ein ritter edele   nimmer gevarn baz.
si truog im holden willen   (ofte tete si daz),
swie salwer varwe er wære   ze sehene an sînem lîbe.
er phlæge ir minne gerne: dô gap im si nieman ze wîbe.

584 Daz klagete er âne mâze   und was im vil zorn,
daz rîten manege strâze,   solte er daz hân verlorn.
dar umbe drôte er Hetelen   ze brennen al sîn rîche.
die von Môrlande   gehabeten drumbe sich vil trûriclîche.

585 Hetelen muot der hôhe   versagete im sîn kint.
vriuntlîcher dienste   schieden si sich sint.
er sprach, ob ez im immer   kœme an die stunde,
daz gelieze er nimmer,   daz man in ûf Hetelen schaden vunde.

586 Von Hegelinge lande   kêrten si dô dan.
dâ von ein ritter edele   schaden *vil* gewan
sît in langer wîle   nâch den selben stunden:
si tâten Herwîge   swaz si gevüegen sînes schaden kunden.

(10.) Âventiure,
wie Hartmuot umbe Kûdrûn warp.

587 Dô gevriesch man diu mære   in Ormanîelant,
daz nieman schœner wære,   danne was erkant

581,1 *genossen.* *Ykaria* 3 *sy seinen.* **582,**2 *Wygolaises:* er
findet sich noch erwähnt 715,1. 759,1. S. Einl. s. 28.   3 *dâ* B.] *daz*   4 *in*
B.] *sy.*   **583,**4 *phlag,* gebessert von V.   *yms n.*   **584,**2 *maniger,*
gebessert von Jac. Grimm, Gramm. 4, 716.   *haben*   4 *darumbe.*   **585,**1
muot der hôhe C. Hofm.] *hoher mut*   3 *nymmer*   4 *schaden stunde.*
586,2 *vil* fehlt, ergänzt von V.   **Aventiurenüberschrift:** *Chautrumb.*
587,1 *Ormenielant.* Es finden sich die folgenden formen mit vokalischem
anlaut: ausser *Ormanie(lant), Ormanieriche* noch *Ormanin* (*: sîn*) 1287,3.
(*: mîn*) 1432,1. dat. *Ormanine* (*: sînen*) 1469,3 (an allen drei stellen hat die

diu Hetelen tohter,   Kûdrûn diu hêre.   [sêre.

ein künic der hiez Hartmuot.   nâch ir wante er sîne minne

588   Daz riet im sîn muoter,   diu hiez Gêrlint.

.dô volgete ir lêre   der junge voget sint.

sîn vater hiez Ludewîc   von Normandîe lande.

dô sis ze râte wurden,   nâch dem alten künege man dô sande.

589   Ludewîc der alte   ze Hartmuoten reit.

des er willen hête,   des wart in niht verdeit.

dô er hôrte diu mære   von dem jungen Hartmuote,

diu wâren sorgebære.   doch prîste im si der degen guote.

590   'Wer saget iu daz', sprach Ludewîc,   'daz si sô
                                                    schœne sî?

wær si aller lande vrouwe,   si ist uns sô nâhen bî

mit hûse niht gesezzen,   daz wir si möhten werben.

boten under wîlen   möhten durch ir liebe vil verderben.'

591   'Ez sol niht sîn ze verre',   sprach dô Hartmuot,

'swâ eines landes herre   lîp unde guot

wirbet im ze stæte,   daz wert unz an daz ende.

nu volget mîner ræte.   ich wil daz man boten zuo ir sende.'

592   Dô sprach aber Ludewîc: 'ist iu daz erkant, (593)

wie ir muoter Hilde   kœme ûz Îrlant,

oder waz den guoten recken   an ir reise geschæhe?

daz volc ist übermüete.   Kûdrûnen mâgen wæne ich sî wir
                                                    smæhe.'

hs. *Ormanien*); ferner dat. *Ormandîn* 733, 1. 787, 1. 892, 1.   *Ormandîne* 786, 3.
1398, 3. 1598, 3.   3 *diu* fehlt vor *Hetelen*, ergänzt von M.   *Chutron.*
588, 3 *Normandelanndt.* Die hs. hat ausserdem die folgenden formen mit
N im anlaut: *Normandîe* 1703, 2.   *Normendî* (: *bî*) 604, 1.   *Normandîn* 1630, 1.
Normanîelant 1693, 1.   Mit anl. *H* statt *N* hat die hs. *Hormandîn* 739, 1.
Hormandîne 751, 1.   **589,** 2 *wart* V.] *was.*   4 *sorgebære*, nur hier vor-
kommend und offenbar erst vom cäsurreimer hergestellt, hat etwas anderes
verdrängt.   *ims der.*   **591,** 3 *vnns*   4 *nu volget mîner ræte:* über diese
redensart, die auch 1301, 3. Rab. 163, 6 vorkommt, vgl. Wackernagel in der
einl. zu Walther XXXVII.   *ræte* ist aufzufassen als dat. sing. eines st.
fem. der *i*-klasse: dagegen erklären es als gen. plur. Grimm, Gramm. 4, 667
und Lachmann zu Walth. 30, 11.   **592—594.** So geordnet mit Wil-
manns s. 140. In der hs. und den ausgg. steht 594 vor 592. 593. Die str.
kommt dort zu früh und unterbricht die unterhandlung zwischen vater
und sohn. Der gleiche anfang aller drei strophen erklärt die verwirrung
genügend.   **592,** 2 *kom*   4 *Chaudrun mag auch sy verschmahe*, gebessert
von Hpt.

593 Dô sprach aber Hartmuot: ‘ob ich ein michel her (594)
nâch ir vüeren solte   erde unde mer,
daz tæte ich williclîche.   ich bin in dem sinne,
ich erwinde nimmer,   unz ich der schœnen Hilden tohter
gwinne.’

594 Dô sprach diu alte Gêrlint   von Ormanîelant: (592)
‘nu heizet brieve schrîben.   schaz und ouch gewant
gib ich den botcn gerne,   die solhiu mære bringen.
man sol die strâze lernen   nâch Kûdrûnen der küniginne.’

595 ‘Ich hilfe ez gerne vüegen’,   sprach Ludewîc der
degen. (595)
‘lât iuch des genüegen,   daz ich in zuo den wegen
mit mînem silber sende   zwelf soumære,
ob sich iht nâch êren   deste senfter künde ditze mære.’

596 Hartmuot dô welte,   die er wolte dan
nâch der vrouwen senden,   sehzic sîner man.
die wurden wol bereitet   mit wæte und mit spîse
und wurden wol beleitet.   Ludewîc der alte der was wîse.

597 Dô si bereitet wâren   des si solten hân,
mit versigelten brieven   sach man zuo in gân
den snellen Hartmuoten   und vroun Gêrlinde.
si vrumten von dem lande   schiere dô   daz stolze ingesinde.

598 Si riten swaz si mohten   die naht zuo den tagen,
unze daz si vunden   dâ si solten sagen
daz in enboten wære   von Ormanîelande.   [vil ande.
die wîle was Hartmuoten   mit gedanken vil liebe und ouch

599 Wol hundert tageweide   wazzer unde lant
was ir arbeite,   ê in würde erkant,
in welhem ende læge   daz lant ze Hegelingen.
diu ros wurden træge,   ê si die brieve mohten volbringen.

600 Doch kômen si ze ende,   daz si ab dem sê
ze Tenemarke vuoren.   in was dicke wê,

593, 2 *erde unde mer*] vgl. zu 208, 1.   4 *gewinne*.   **594**, 2 *ouch*
vor *schaz*, gebessert von B. (Germ. 10, 187), was C. Hofm. s. 371 übersehen
hat.   4 *Chudrun*.   **596**, 3 *berait*.   4 *belait*; der cäsurreimer meinte
wol ‘mit geleit versehen’. Was ursprünglich dagestanden hat, ist un-
sicher.   **597**, 3 *des snellen Hartmut*   4 *schiere dô* fehlt, ergänzt von B.
598, 3 *Ormanie dem lannde*.   **599**, 2 *arbait*   3 *lag*   4 *ee daz sy die
briefe wol m.*, gebessert von V.   **600**, 2 *in* B.] *nu*.

ê si daz erkunten   und den künic gesâhen.
dô gerten si geleites.   dô hiez man in die wægisten nâhen.
601 Man sagete ez Hôranden;   der was wol gezogen.
si vrieschen ouch daz mære,   daz dâ niht was gelogen
daz man gesaget hête   von Hetelen und von Hilden.
man sach ir landes liute   dicke varn mit helme und ouch
                                                    mit schilde.
602 Sîn geleite wîsen   hiez dô Hôrant
die ellenden geste   dâ her von Tenelant,
unze daz si bræhten   die Hartmuotes mâgen,   [trâgen.
daz si ze hove kœmen.   des liezen sich die helde niht be-
603 Dô man ze Hegelingen   die boten komen sach,
si vuoren in der mâze,   daz iegelîcher sprach
daz si wæren rîche,   swie si dar komen wæren.   [mæren.
man begunde ez bringen   ze hove dem künege mit vil ganzen
604 Geherberget wurden   die von Normendî.
man hiez in vlîziclîchen   mit dienste wesen bî.
er enweste waz si wurben   in dem sînen lande.   [sande.
an dem zwelften morgen   der künic nâch Hartmuotes boten
605 Ein grâve was dar under,   wie schœner zühte er
ir wât die si truogen,   vil hôhe *man* die wac.   [phlac!
si riten ros diu besten,   diu man hete vunden.
sus kômen si ze hove   dem künege sô si aller beste kunden.
606 Der wirt si gruozte schône   und ouch sîne man.
sît wart in ze lône,   dô er sich versan
daz si nâch minne vüeren,   dô het man si vil smæhc.
ich wæne künic Hetele   Hartmuote guotes willen niht verjæhe.
607 Als einer der daz kunde   die brieve gelas,
der künic in übele gunde,   daz ir geleite was

600, 3 *sy der erkunnenten*   4 *begerten.*   nach *wægisten* hat die hs. *vast,*
gestrichen von V.   **601**, 2 *das dâ niht was*] *daz was niht* hs. und ausgg.
3 *die man.   vnd ouch von; ouch* von Z. gestrichen.   4 *helm vnd mit schil-*
den; ich habe das in z. 3 fehlerhafte *ouch* hierher versetzt.   **602**, 2 *dâ*
her von Tenelant ist nicht mit *Hôrant* zu verbinden, sondern mit *wîsen;* es
steht im gegensatz zu *ze Hegelingen* 603, 1.   4 *sich liessen die helde der*
arbait n. b.;   die herausgg. seit V. lesen *si liezen sich der arbeit n. b.*
603, 4 *es dem künige ze hofe bringen mit* hs. und ausgg.   Wegen der umstel-
lung s. zu 175, 1, sowie Beitr. 9, 92.   **604**, 3 *er weste nit.*   **605**, 2
man fehlt, ergänzt von vdH.   4 *sy kamen ze hofe ze dem künige so,* ge-
bessert von C. Hofm.   **606**, 1 *gruozte* vdH.] *geruchte*   2 *im*   4 *nicht*
enwäre noch v., gebessert von E.

Hôrant der biderbe,   ein sneller degen rîche.   [lîche.
si müesten anders widere   scheiden von dem künege schede-
    608 Dô sprach der künic Hetele: 'ez was iu niht ze guot,
daz iuch her hât gesendet   der künic Hartmuot.
des müezet ir engelten,   guote boten hêre.   [sêre.'
der gedinge Hartmuotes   müet mich und vroun Hilden vil
    609 Dô sprach einer drunder: 'jâ heizet er iu sagen:
liebet er der meide   und wil si bî im tragen
vor den sînen vriunden   krône in Ormanîe,
daz mac vil wol verdienen   Hartmuot der helt vor schan-
                    den gar der vrîe.'
    610 Dô sprach vrou Hilde: 'wie læge si im bî?
ez lêch mîn vater Hagene   hundert unde drî
sînem vater bürge   dâ ze Garadîne.
diu lêhen næmen übele   von Ludewîges hant die mâge mîne.
    611 Er gesaz in Frideschotten.   dô gediente er daz,
daz im des küneges [Otten]   bruoder wart gehaz,
der ouch diu lêhen hête   von Hagenen mînem herren.
der vremdet sich sêre.   des muoste im von dem künege
                    harte werren.
    612 Nu saget Hartmuote: si wirt niht sîn wîp,
daz der helt guote   nimmer sînen lîp
dar ûf dürfe prîsen,   daz in mîn tohter minne.   [ginne.'
ir sult in anders wîsen,   wa er sînem lande werbe ein küni-
    613 Den boten den was leide.   diu swære in niht gezam,
daz si sô manege tageweide   in sorgen unde in scham

607, 4 *künige vil sch.*, gebessert von V.   **608**, 3 *entgelten ir*, umge-
stellt von Z.   4 *vnd die frawen*, gebessert von Mh.   **609**, 1 *darundter*.
610, 2 *léch* vdH.] *legt*   3 *Karadine*   4 *hennde*, gebessert von V.   **611**.
Das hier angedeutete verhältnis ist unklar. Dass Ludwig Hagens lehns-
mann war, wird auch 819 erwähnt, und vielleicht wird auch 959,3 darauf
angespielt. Wer ist aber der nicht genannte bruder eines sonst unbekannten
königs Otto, der gleichfalls Hagens lehnsmann war? Ich glaube, dass
Otten aufs geratewol vom cäsurreimer eingeschoben ist, und das ursprüng-
liche *des küneges bruoder* sich auf einen jüngeren bruder Ludwigs bezieht.
Vgl. näheres über diese und die vorhergehende strophe Beitr. 9,45 f.   4 *ge-
werren*, gebessert von B.   **612**, 3 *dürfe* B.] *durffte*; ich fasse mit B.
den satz mit *daz* als von *saget* abhängig.   *ymmer*.   **613**, 1 *nicht wol
g.*, gebessert von Mh. und V.   2 Für *tageweide* lesen B. und M. *mile*, ge-
wis das ursprüngliche. Trotz des dreisilbigen auftakts habe ich *tage-
weide* im text belassen, da der cäsurreim in diesem falle nicht anders zu

134

muostẹn hin wider rìten   ze Ormanìe verre.
ir arbeit harte erkômen   Ludewîc unde Hartmuot der herre.

614 Dô sprach der junge Hartmuot: 'müget ir mir ver-
ob ir daz Hagenen künne *inder* habet ersehen?   [jehen,
ist Kûdrûn sô schœne,   sô man mir saget ze mære:
daz Hetelen got gehœne,   daz er mir ie sô arges willen wære.'

615 Dô sprach der grâve rîche: 'ich kan iu wol gesagen:
swer gesiht die minniclîche,   dem muoz si wol behagen,
daz si ir tugent prîsent   vor meiden und vor wîben.'
dô sprach der *herre* Hartmuot: 'sô wil ich âne si niht belîben.'

616 Dô klagete weinunde   diu vrouwe Gêrlint.
si sprach sâ ze stunde: 'owê, vil liebez kint,
daz wir unser boten   hin nâch ir ie gesanden!   [landen.'
wie gerne ich daz gelebete,   daz ich si *noch* sæhe in disen

(11.) Âventiure,
wie Herwîc unde Hartmuot umbe Kûdrûnen dar kômen.

617 Die boteschaft beliben   si liezen manic jâr.
sich huoben ander mære — diu rede *is:* al wâr —
von einem künege jungen.   Herwîc was er genennet.
den sach man ofte in prîse.   dâ von *man* noch den recken
                            wol erkennet.

618 Der begunde werben,   ob in diu schœne meit
ze vriunde nemen wolte.   mit grôzer arbeit
versuohte er ez ofte   und mit sînem guote.   [ze muote.
ob ez diu maget nu tæte,   es was dem künic Hetelen niht

619 Swie der helt gebârte,   swaz boten drumbe reit,
daz man der dâ vârte,   daz was im grimme leit.

---

beurteilen ist wie in allen anderen fällen. Er gehört dem bearbeiter, nicht
dem schreiber. 3 *musten sy hin*   4 *der herre* B.] *die clagtn da vil sere.*
614,2 *inder* fehlt, ergänzt von B.   3 *Chautrum*   4 *hône*, vgl. 1221,4.
615,4 *herre* fehlt, ergänzt von B.   **616**,1 *wainende*, doch ist wol cäsur-
reim beabsichtigt, vgl. 518,4.   4 *noch* fehlt, ergänzt von B.   **Aven-
tiurenüberschrift:** *wie Herwick vmb Chautrum vnd Hartmut dar komen.* —
Der besuch Hartmuots an Hetels hof (str. 620—629) ist eine jüngere episode
der dichtung. Der bearbeiter hat dann str. 630 zur anknüpfung eingeschoben.
Die eingehendere einführung Herwigs in str. 617. 618. 619. 631 ist unbe-
denklich. Vgl. Beitr. 9, 60 f.   **617**,2 *andre*.   *ist* fehlt.   4 *das zweite
man* fehlt.   **618**,4 *es was* V.] *so was es.*   **619**,1 *geparte oder was,*
so gebessert von C. Hofm.   *reit* vdH.] *mit*   2 *der man da erfarte,* so
gebessert von C. Hofm.

des was sîn stolzez herze   gebunden mit swære.

er tete dem wol gelîche,   daz er bî Kûdrûnen gerne wære.

620 Ez het sich gar gevüeget,   swie ez was geschehen,

daz dâ zen Hegelingen   muosten gesehen

ritter unde magede   und ouch schœne vrouwen

den stolzen Hartmuoten.   des enmohte Hetele niht getrouwen.

621 Nu was der nôtveste   komen in das lant.

die vil werden geste   beliben unerkant.

Hartmuote und sînen mâgen   den helden diente man schône.

er hete des gedingen,   daz diu maget noch trüege mit im
                                           krône.

622 In sâhen vrouwen edele.   dô er was gegân

in sînen hôhen zühten   vür vroun Hilden stân,

man sach in der gebære   Hartmuoten den rîchen,

daz er edeler minne   an hôhe vrouwen gerte billîchen.

623 Sîn lîp *was* wol gewahsen,   schœne unde balt,

milte unde küene.   ich enweiz wes er engalt,

daz in versprochen hête   diu schœne tohter hêre

Hetelen und vroun Hilden.   daz muote Hartmuoten harte sêre.

624 Der sîn herze gerte,   die hete er nu gesehen.

tougenre ougen blicke   was dâ vil geschehen.

er enbôt ir heimlîche,   daz si daz erkande,

daz er hieze Hartmuot   und wære von Ormanîelande.

625 Dô kunte si dem degene,   daz ez ir wære leit

— si gunde im wol ze lebene   diu hêrlîche meit —:

daz er gâhen solte   von dem hove dannen,

ob er leben wolte   vor ir vater und vor allen sînen mannen.

626 Si sach in alsô schœnen,   daz irz ir herze riet,

swie sîn bote gehœnet   ûz dem lande schiet.

si was im doch genædic   der er im herzen gerte,

swie si Hartmuoten   sîns willen vil lützel iht gewerte.

627 Alsô schiet von dannen   der wol gezogene gast,

619,4 *Chautrun.*   **620,**2 *daz das zun H.   gesehen* E.] *sehen*
4 *mocht.*   **621,**1 *der nôtveste*, im Bit. häufig, in unserem gedichte nur
hier, gehört wol dem cäsurreimer.   **622,**3 *man sach* V.] *da sach man*
4 *edele.   hohen.   begerte.*   **623,**1 *was* fehlt.   2 *ich wais nit.*   **624,**1
begerte   2 *tougenre* E.] *taugen*   4 *hiess H. vnd was*, gebessert von B.
625,1 *kundet*   4 *vater Hetelen vnd.*   **626,**1 *irz* V.] *ir*   2 *seine poten*
4 *seines.*

daz er über rücke   truoc den grôzen last,
wie er sich geræche   an Hetelen der leide
und daz er doch dar under   niht vlür *die* hulde der vil
                schœnen meide.

   628 Sus rûmte Hegelinge   der degen Hartmuot.
jâ was sîn gedinge   übel unde guot,
wie er verenden kunde   daz werben nâch der vrouwen.
dô wart nâch der stunde   vil helme durch ir willen ver-
                houwen.

   629 Dô er kom ze lande,   dâ er hete verlân
vater unde muoter,   rihten sich began
ze starkem urliuge   Hartmuot der vil grimme.
daz riet im zallen zîten   Gêrlint diu alte vâlentinne.

(12.) Âventiure,
wie Herwîc herverte ûf Hetelen und im Kûdrûn gegeben wart.

   630 Nu lâzen wir belîben   wie ez im ergê.
dem küenen Herwîge   was wol alsô wê
alse Hartmuote   nâch Kûdrûn der rîchen.   [lîchen.
mit allen sînen mâgen   versuohte erz an die maget vlîzic-

   631 Er was ir nâchgebûre   und hete bî ir lant.
het er tûsent stunde   eins tages dar gesant,
er vünde dâ niht anders   wan hôchvart und versmâhen.
swie sêre si imz werten,   sît gelag er Kûdrûnen nâhen.

   632 Hetele bat in lâzen,   er würbe iht umb sîn kint.
dô enbôt er dem künege   zorniclîchen sint,
er wolte niht erwinden,   er ensæhe in dâ mit schilden,
daz ez im schade wære   und ouch der küniginne vroun
                Hilden.

   633 Ich enweiz wer im daz riete: driu tüsent küener
die er ze vriunde hête,   Herwîc dô gewan.   [man,

     627, 2 *trüege*; zum ausdruck vgl. Jänicke zu Bit. 10763.   3 *der grossen l.*   4 *verlür. die* fehlt, ergänzt von E.   **628**, 4 *ward im nach.* **629**, 1 *er haym kam*, gebessert von V.   4 *Gottelint.*   **630**, 3 *als. Chautrunen dem.* **631**, 3 *vünde* C. Hofm.] *vant.*   *und* E.] *mit*   4 *Chautrunen vil n.*, von E. gebessert.   **632**, 1 *er würbe iht* W. Gr.] *daz er iht wurbe* 3 *sahe.* **633**, 1 *Ich wayss nit*   2 statt *hête* (*hette* hs.) liest B. *hiete* und stellt damit einen cäsurreim her, der jedesfalls nicht ursprünglich, unserer bearbeitung aber wol mit recht zugemutet ist.   *dô* Hpt.] *die.*

dâ mite spilte er leide   dâ zen Hegelingen
der die er in sîn dienest   mit aller hande liebe wolte bringen.

634 Dô woltens niht getrouwen   die *von* Sturmlant.
den von Tenemarke   was ez ouch unerkant.
sît gevriesch ez Îrolt   dâ her von Hortrîche,
daz Herwîc der küene   Hetelen suohte vil gewalticlîche.

635 Dô ez nu Hetele weste,   daz er mit sîner schar
züge âne vorhte   under wegen dar,
er sagete ez sînen mannen   und ouch der küniginne.
er sprach: 'waz redet ir danne?   ich hœre uns geste *ze*
hûse bringen.'

636 'Waz sol ich dar zuo sprechen   niwan allez guot?
ez dunket mich niht unbillich,   ob ein ritter tuot
mit liebe und ouch mit leide   daz man ûf êre prîse.
wie möhte im misselingen?   Herwîc ist biderbe unde wîse.

637 Jâ sul wir daz behüeten',   sprach daz edele wîp,
'daz er iht beswære   den helden hie ir lîp.
ich hân des hœren jehen,   daz er an iuwer schranken
kum alsô mit helden,   daz ims iuwer tohter müeze danken.'

638 Ein teil sich dô ze lange   der künic und sîne man
versûmten: des dô Herwîc   des hazzes hie began.
in einer morgenküele   er und sîne geste
vür Hetelen burc bekômen.   er tete *selbe* sît daz aller beste.

639 Dô noch die *helde* sliefen   in Hetelen sal,
dô ruofte ein wahtære   vür die burc ze tal:
'wol ûf in der selde!   wir haben vremede geste,
und wâfent iuch, ir helde!   ich siho von manegem *liehten*
helme gleste.'

640 Si sprungen von den betten   und lâgen dô niht mêr.
swer dâ inne wære   armer oder hêr,

633,3 *zun.*   **634,**1 *von* fehlt.   3 *Horriche.*   **635,**2 *zoge.*
4 *ze hûse* fehlt, ergänzt von B. Ein wirklicher acc. cum inf. (Gramm. 4, 118.
Martin z. d. st.) ist hier nicht anzuerkennen.   **636,**1 *niwan* vdH.] *wann.*
637,3 Zur angleichung des part. praet. an den abhängigen inf. vgl. Gramm.
4, 169 und Martin zu Rab. 98, 4.   *schranken* V.] *krancken*   4 *ims* vdH.] *vnns.*
638,1 *sich* V.] *sy,* vgl. 90, 3.   2 '*des* B.] *daz*   4 *Hettel. selbe* fehlt; zum
ausdruck vgl. Hildebrand Germ. 10, 133 ff.   **639,**1 *helde* fehlt, ergänzt
von vdH. 2 *purg heer ze,* gebessert von V.   3 *sedele*   4 *liehten* fehlt, so
ergänzt von B. **640,**1 *mere*   2 *herre.*

der muoste haben sorge   der êre und ouch des lîbes.
alsô gerte Herwîc   in *dem herten* sturme sînes wîbes.
641   Hetele und vrou Hilde   in daz venster wâren komen.
Herwîc der hête   ein volc an sich genomen,
daz saz vor einem berge   ze Gâleis in dem lande,
die der starke Môrunc   ze Wâleis an der marke wol erkande.
642   Hetele sach ir dringen   vaste gên dem tor.
dô wære er ungerne   gewesen dar vor,
Kûdrûnen vater,   swie küene er doch wære.
ja erzurnten in die geste.   im hulfen sider sîne burgære.
643   Gewâfent wart dar inne   ein hundert oder baz.
der wirt der streit selbe;   mit willen tete er daz.
sîn volc daz was küene: daz mohte in *niht* gewerren.
man vant schaden starken,   *den* Hetelen tete Herwîc der
644   Dicke sluog ûz helmen   den viurheizen wint   [herre.
Herwîc der herre.   daz sach des wirtes kint
Kûdrûn diu schœne.   daz het si zougenweide.   [leide.
der helt der dûhte si biderbe: daz was *ir* beide liebe unde
645   Hetele grimmes muotes   selbe wâfen truoc.
lîbes unde guotes   was er biderbe genuoc.
der wirt der tete unrehte;   er kom im sît ze nâhen,
alsô daz ab der bürge   si den strît bescheidenlîchen sâhen.
646   Dô si hêten gerne   die porten zuo getân,
dô muosten si daz lernen   durch schumphentiure verlân.
si begunden mit den gesten   in die porten dringen.
ûf schœner vrouwen lônen   stuont Herwîge aller sîn gedinge.
647   Hetele unde Herwîc,   vür ir beider man
die guoten ritter sprungen.   liuhten in began
der louc ûz gespenge,   daz in dâ hie vor handen.
daz werte vil unlange,   unz si bêde einander wol bekanden.

640,3 *des m.*   *eren*   4 *begerte.* *dem herten* fehlt, so ergänzt von B.
641,3. 4 vgl. zur ortsbestimmung str. 799.   **642**,2 *gewesen ungerne,* um-
gestellt von V.   3 *Chautrunen*   4 *seider seiner.*   **643**,2 Vor *selbe* hat
die hs. *darinne,* aus z. 1 verirrt.   3 *niht* fehlt, ergänzt von V.   4 *den*
fehlt.   H. *dem herren,* gebessert von E.   **644**,1 vgl. zu 499, 2.   3 *Chau-
trum*   4 *si* Z.] *sich.* *ir* fehlt, ergänzt von vdH.   **645**,3 *ze vahen*   4 *daz
sy ab der burge den,* so umgestellt von M.   **646** 2 *durch schumphentiure*
Hpt.] *das schimphen tewre ward*   3 *porten ze dr.*   4 *lone.*   **647**,2 f.
vgl. zum ausdruck Jänicke zu Bit. 9213.   4 *das werte*] *der wirt.* *bede
an e.;* „bis sie sich als ebenbürtige helden kennen gelernt hatten", vgl. Hilde-
brand Zs. f. d. Phil. 2, 472.

648 Dô der künic Hetele   sô rehte küenen sach
den stolzen Herwîgen,   in dem strîte er sprach:
'die mir ze einem vriunde   des recken niht engunden,
die enwisten wer er wære.   er houwet durch *daz verch* die
tiefen wunden.'

649 Kûdrûn diu schœne   diu sach und hôrte den schal.
gelücke daz ist sinewel   dicke alsam ein bal.
dô ez diu vrouwe anders   mohte niht gescheiden,   [beide.
ir vater und dem gaste   si wunschte, daz si ir gedæhten

650 Si begunde rüefen   zuo im über den sal:
'Hetele, vater hêre,   nu vliuzet ze tal
daz bluot durch halsberge.   dâ von sint uns die müre
besprungen allenthalben.   Herwîc ist ein übel nâchgebûre.

651 Durch den mînen willen   sô sult irz beide vriden.
nu schaffet eine wîle   dem herzen und den liden
ruowe in dem strîte,   unz ich iuch beide vrâge,
wâ der vürste Herwîc   habende sî die aller beste mâge.'

652 Dô sprach der ritter edele: 'der vride ist ungetân,
ir enlât mich ungewâfent,   vrouwe, vür iuch gân.
sô wil ich iu künden   von mînen besten mâgen.
hân ich vride die zîte,   swes ir welt, so müget ir mich wol
vrâgen.'

653 Durch der vrouwen liebe   gescheiden wart der strît.
sich schutten ûz den ringen   die sturmmüeden sît.
nâch harnasches râme   si wuoschen sich mit brunnen.
dô wârens wol getâne.   man mohte in ze lebene wol gunnen.

654 Mit hundert sîner helde   gieng er dâ er vant

648,1 *küenen sach* B.] *küene ersach.*   3 *des* V.] *den*   4 *die wissten*
nu wer.   daz verch fehlt, ergänzt von B.   **649,**2 *sam als,* gebessert
von Z. Das sprichwort findet sich in ähnlicher form Übeles Weib 240,
Freid. 114, 27. Willeh. 246, 28. Bit. 12441; vgl. Zingerle, Die deutschen
sprichw. im ma. s. 56.   3 *die schöne frawe anders nicht mocht g.,* so her-
gestellt von B.   4 *des sy gedahten in baiden,* so hergestellt von C. Hofm.
650,2 *herre*   3 *durch die halsperge,* gebessert von E.   4 b vgl. Jänicke
zu Bit. 1578; an unserer stelle zugleich mit scherzender anspielung auf
631,1. s. Beitr. 9, 71 anm.   **651,**2 *glidern*   4 *habende sî*] zu dieser um-
schreibung des verb. fin. (ebenso 958,3) vgl. Gramm. 4, 6.   **652,**2 *ir*
lust mich   4 *fride zeit,* gebessert von Mh.   *swes* V.] *was.*   **653,**3 *nach*
des harnaschs rame, gebessert von E.; s. zum ausdruck Bit. 1809 *si badeten*
harnaschrâm von in, vgl. auch 12406 f.   4 *waren sy.*

gezweiet mit ir muoter   von Hegelinge lant
Kûdrûn enphieng in   mit anderen vrouwen.
der ritter edel und guot   mohte in vollečlîchen getrouwen.
   655 Die geste hiez dô sitzen   daz wætlîche kint.
daz Herwîges ellen   daz geliebtẹ sich sint.
durch sîne grôze zühte   behagete er wol in beiden.
Hilden und ir tohter   riet man ân alle *twâle* ez scheiden.
   656 Herwîc sprach zer vrouwen: 'mir ist daz geseit
— doch hât ez mich gerouwen   von mîner arbeit —,
daz *ich* iu versmâhe   durch mîn lîhtez künne.
dicke bî den armen   habent rîche liute guote wünne.'
   657 Si sprach: 'wer wær diu vrouwe,   der versmâhet daz,
der ein helt sô diente,   daz si dem trüege haz?
geloubet mir', sprach Kûdrûn,   'daz es mir niht versmâhet.
holdẹr danne ich iu wære   ist deheiniu die ir ie gesâhet.
   658 Wolten mir des gunnen   die næhsten vriunde mîn,
nâch iuwer selbes willen   wolte ich bî iu sîn.'
mit lieplîchen blicken   er sach ir under dougen.   [tougen.
si trüege in ime herzen,   daz redet si vor den liuten âne
   659 Urloubes gerte   ze werben umb daz kint
der recke vil küene.   daz erloubte sint
Hetele unde Hilde.   die wolten hœren beide,
ob ir lieben tohter wære   liep der gewerp oder leide.
   660 Vil schiere wart er inne,   wie si wære gemuot.
vor der juncvrouwen   stuont der helt guot,
sam er ûz meisters hende   wol entworfen wære
an einer wîzen wende: dem gelîche stuont der degen mære.

   654, 2 *muoter* C. Hofm.] *muote*   2. 3 *Chautrun von Hegelingelant*,
umgestellt von Z.; es steht ἀπὸ χοινοῦ, vgl. zu 92, 2.   4 *gute. v. nit g.*,
gebessert von C. Hofm.   **655**, 2 Statt des ersten *daz* hat die hs. *des*.
4 *alle twâle ez* V.] *alles*.   **656**, 2 *hât*] *het*: im übrigen gibt die hsliche
lesart den erforderten sinn: 'doch schmerzte es mich, nach soviel an-
strengungen meinerseits, solches hören zu müssen', vgl. C. Hofm. s. 373.
3 *ich* fehlt.   4 *den reichen haben arme leute*, umgestellt von Z.   **657**, 2
dero   3 *Chautrun*   4 *dhain weib magt die : wîp* und *maget* sind verschie-
dene versuche des schreibers, eine vermeintliche lücke zu ergänzen. Doch
bezieht sich *deheiniu* auf *vrouwe* z. 1.   **658**, 1 *W. die mir*, gebessert
von E.   2 *ewres selber*.   3 *dougen*] *die augen*   4 *an*.   **659**, 1 *begerte*
werben Herwigk vmb, gebessert von B.   4 *ir* V.] *seiner*.   *lieben* braucht
nicht gestrichen zu werden.   **660**, 1 *wære* V.] *ward*   3. 4 vgl. 1001, 4.
Nib. 285, 2. 3.

661 'Geruochet ir mich minnen, vil schœnez magedîn,
mit allen mînen sinnen sô wil ich immer sîn
swie ir mir gebietet. mîn bürge und mîne mâge
daz sol iu allez dienen, daz mich des, vrouwe, hin ze iu
niht betrâge.'

662 Si sprach: 'ich gihe iu gerne, daz ich iu wese holt.
du hâst mit dieneste hiute hie versolt,
daz ich den haz wil scheiden von dir und mînem künne.
daz *mac* mir nieman leiden. du solt immer haben mit mir
wünne.'

663 Hetelen hiez man bringen — des endet sich der
zuo der küniginne. nâch im kômen sît [strît —
die aller besten degene von Hegelinge lande,
die der künic hête. dô verendet sich al sîn ande.

664 Vrâgen si begunde nâch râte sîner man
Hetele dô ze stunde, ob si ze einem man
wolte Herwîgen, den edelen ritter guoten.
dô sprach diu maget schœne: 'ich wil mir niht bezzers
vriundes muoten.'

665 Dô vestent man die schœnen dem recken an der
der si dâ solte krœnen. von ir wart im kunt [stunt,
vreude und ungemüete. daz mans im gap ze wîbe,
des geschach in kurzen zîten in sturme *wê* vil guoter
recken lîbe.

666 Er wânde mit im vüeren die juncvrouwen dan.
des gunde im niht ir muoter. dâ von er gewan
von unkunden recken michel arbeite. [reiten.
Hilde sprach *zem künege,* si woltes zuo der krône baz be-

667 Man riet Herwîgen, daz er si lieze dâ,
daz er mit schœnen wîben vertribe anders wâ
die zît und sîne stunde dar nâch in einem jâre.
daz vrieschen die von Alzabê. si rieten Herwîge dô ze vâre.

661,2. 3 vgl. zu 531.2. 3 *meine b.* **662**,2 *mit* Hpt.] *mir.*
4 *mac* fehlt, ergänzt von vdH. **663**,4 *aller seiner.* **664**,1 *Fragen
sy begunden ir tochter nach,* gebessert von V. Vor der einführung der cäsur-
reime kann die stelle gelautet haben, wie E. sie hergestellt hat: *vrâgen
sîne tohter | nâch râte sîner man ‖ Hetele dô begunde.* **665**,1 *vestet*
2 *ward unkhunt* 3 *daz mans im gap* V.] *da gab man im sy* 4 *des* B.] ,
das. wê fehlt, ergänzt von B. **666**,4 *zem künege* fehlt, ergänzt von B.
wolte. **667**,4 *da zware.* — **630—667.** Die gründe, welche mir die

(13.) Âventiure.

668 Dô besante sich Sîvrit, der künic von Môrlant.
nâch schiffen hiez er werben. swâ er diu vant,
diu hiez er vaste rüsten mit wâfen und mit spîse.
ze schaden Herwîge er besante sich mit vriunden harte lîse.

669 Zweinzic starke kiele zimbern er dô hiez.
ez wæn den niht geviele, die erz wizzen liez,
daz er hin ze Sêlande wolte herverten.
gelobet wart diu reise, sô sich verendet der winter herte.

670 Mit ahzic tûsent helden het er sich besant.
von liuten wart dô lære ze Alzabê daz lant.
die künege von den Mœren herverten swuoren. [vuoren.
si beliben sumelîche, die andern nâch des küneges willen

*671 Hin ze Sêlande hiez er widersagen.
daz was dem vürsten ande. von schulden mohte erz klagen,
wan er nie verdiente der rîchen künege haz.
der marke und sîner bürge hiez er hüeten deste baz.

672 Er klagete ez sînen vriunden, swâ er die vant,
daz man im brennen wolte und wüesten sîn lant.
swaz er ze gebene hête, daz was nâch dienest veile.
die gerne solt enphiengen, den komz *gemeinlîche* gar ze
heile.

673 Gên des meien zîten si kômen über sê,
die helde ûz Abakîe und die von Alzabê,
sam si gewalticlîchen der werlte zende wolten.
vil gelpher vuor dar under, die man sider quelte mit der
molten.

674 In lant daz Herwîges wurfen si den brant.
swaz er dô helfe hête an vriunden besant,

---

umstellungsvorschläge von Wilmanns s. 142 ff. unannehmbar erscheinen
lassen, sind von mir Beitr. 9, 71 ff. ausführlich auseinandergesetzt. Zu str.
662 vgl. auch Klee Germ. 25, 400. **Die Aventiurenüberschrift** fehlt.
668,4 *mit seinen freunden*, so gebessert von B. **669**,2 *ez wæn* Hpt.]
ettwan 3 *heerferten wolten hin ze Seelannde,* umgestellt von B. 4 *gelobet
wart diu reise* fehlt, so ergänzt von B. **670**,2 *dô* B.] sô. 4 *willen
gemainlichn v.,* gebessert von E., vgl. zu 672.4. **671**,1 *Sêlande* Z.]
lannde 3 *den r.* **672**,2 *in* 3 *er do ze,* gebessert von Z. 4 *ge-
meinliche* ('ohne unterschied') fehlt, so von mir ergänzt nach der hslichen
lesart 670,4. **673**,3 *ze ennde komen wolten; komen* (aus z. 1) von E. ge-
strichen. **674**,1 *In Herwiges lande w.,* gebessert von V.

die bat er mit im rîten.   si huoben stürme grimme.
si kouftenz mit dem verhe   swaz man in gap, golt silber
oder gimme.
675 Dem reckẹn ûz Sêlande   was sîn schade leit.
er was ein helt zer hande.   ahî wie er streit,
unze er gar tungte   daz velt mit den tôten.   [schrôten.
die altẹn ez alsô jungte.   dâ wart gesunder houbte vil ver-
676 Der strît werte lange.   des lac dâ maneger tôt.
Herwîc der edele   kom in grôze nôt,
daz er ûf sîne marke   muose sît entrinnen.   [ginne.
daz lant rouch allenthalben.   daz enbôt er Kûdrûn der küni-
677 Die boten hiez er rîten   in daz Hetelen lant.
si vuorẹn mit manegem trahene   die er dâ het gesant.
dô si diu mære sageten   und Hetelen gesâhen,
dem vil rîchen künege   si alles leides âne vrume verjâhen.
678 Swie er si sæhe gebâren,   sô enphieng ers alsô wol,
als man in vremeden landen   *liebe* vriunde sol.
er vrâgte, wie sie kœmen   von ir herren lande,
sît man im brach die bürge   und im die marke in allen
enden brande.
679 Si sprâchen dô: 'mit sorgen   sî wir gevarn dan.
âbent unde morgen   die Herwîges man
die urborent sêre   die gâbe mit ir lîbe.
si werbent vaste umb êre: des hœrt man bî in weinen
vil der wibe.'
680 Dô sprach der künic Hetele: 'gêt vür die vrou-
swaz diu gebiutet,   daz soll allez sîn.   [wen mîn.
bite si uns rechen   den schaden in dem lande,   [ande.'
sô dienen wir in gerne.   ez wirt vil wol gerochen gar sin
681 Ê daz die boten giengen   vür die schœnen meit,
dô sâhen dâ die liute   wol ir herzen leit.
des troute niht erbeiten   Kûdrûn diu hêre.   [und êre.
dô hiez si nâch in senden.   si klagete, vlorn wære lant

674, 3 *im ze reiten.*   **675,** 2 *zu der hant*, vgl. zu 476, 4.   3 *das
velt gar tungete*, umgestellt von V.   4 a ist für einen anderen ausdruck
eingetreten.   **676,** 3 *marke* V.] *wargk:* Herwig ist auf die grenze seines
landes zurückgedrängt.   **677,** 1 *des H.*   **678,** 1 *si* vor *sæhe* fehlt,
ergänzt von vdH.   2 *liebe* fehlt, ergänzt von B.   **679,** 1 *dô* B.] *das.*
680, 3 *piten.*   **681,** 2 *da sahen sy do die*   3 *Chautrun*   4 *klaget daz
verloren war ir lant vnd ir ere*, so gebessert von Mh.

682 Die boten vür si kômen.　mit triuwen tete si daz,
daz diu maget vil edele　weinende saz.
si vrâgte, wie si schieden　von ir lieben manne:
ob si in lebenden liezen,　dô si von ir lande schieden dannen.

683 Dô sprach dar under einer: 'wir liezẹn *in* wol ge-
sît wir vuoren dannen,　uns enist niht kunt,　[sunt.
wie mit im haben geworben　die von Môrlande.·
ir was vil verdorben;　si tâten niht wan rouben mit dem
　　　　　　　　　brande.

684 Nu hœre, maget edele,　waz dir mîn herre enbôt.
er und sîne helde　sint in grôzer nôt.
si vürhtent tegelîchen,　si vliesen lîp und êre.
nu wil versuochen　mîn herre Herwîc dîne triuwe, hêre.'

685 Von sedele stuont dô Kûdrûn,　diu schœne meit.
die schaden wurden beide　dem künege geseit,
man slüege ir die liute　und bræche ir bürge wîten.
si bat ir vater Hetelen　ze des künic Herwîges helfe rîten.

686 Mit weinenden ougen　si ir vater umbeslôz.
'hilfâ, künic hêre!　mîn schade wirt alze grôz,
ez enwellen dîne degene　mit williclîchen henden
helfen mînen vriunden.　jâ kan ez ander nieman sô wol
　　　　　　　　　genden.'

687 'Daz lâze ich durch niemen,　daz wil ich dir sagen,
ich enhelfe Herwîgen　in vil kurzen tagen.
ich wil dîn schaden grôzen,　so ich beste mac, verenden,
und wil nâch Waten dem alten　unde nâch den anderen
　　　　　　　　　senden.

688 Der bringet von Stürmen　alle die er hât.
gevreischet ez her Môrunc,　wie ez in dem lande stât,
der mag uns guoter helde　wol tûsent gevüeren. [gerüeren.
die vînde werdent inne,　daz wir uns under helme türrẹn

682,3 *schiede*　4 *lebentig. ir lande* B.] *im.*　**683,**1 *in* fehlt, er-
gänzt von vdH.　3 *geworben haben,* umgestellt von B.　**684,**1 *empeut*
3 *verliesen*　4 *wil mein herre Herwigk versuchen dein:* meine umstellung hat
den zweck, die trennung des abhängigen inf. vom verb. fin. durch die cäsur
zu vermeiden, vgl. zu 175,1 und Beitr. 9, 92.　**685,**1 *Chautrun*　3 *vnd*
prachen die purgen, gebessert von V.　4 *zu des kuniges.*　**686,** 2 *hilffe,*
gebessert von vdH.　*alze* V.] *also*　3 *es wellent.*　*henden* Hpt.] *hannden*
4 *nyemand annders,* umgestellt von Mh.　*genden* Hpt.] *geanden.*　**687,** 2
enhelfe vdH.] *welle* (B. liest *tne wege*)　3 *deine schand.*

689 Hôrant von Tenemarke   sol uns ûf den wegen
driu tûsent ritter vüeren.   Îrolt der degen
sol al daz gesinde   nâch dem vanen wîsen.
ouch kumt ir bruoder Ortwîn: sô mac mîn tohter unser
    helfe prîsen.'
690 Boten riten gâhes,   die dâ santę diu meit.
si westen niht sô nâhes.   alle die ir leit
mit helfe wolten büezen,   den bôt si michel êre.
si kunde helde grüezen.   des kom der recken vil deste mêre.

691 Der meide muoter Hilde   diu sprach wol dar zuo:
'swer under sînem schilde   williclîchen tuo
helfe dînen vriunden,   sô si rîten hinnen,
im sol sîn mite geteilet,   swaz wir immer mêre gewinnen.'

692 Dô slôz man ûf die kisten.   hin ze hove man truoc,
der si dâ inne wisten,   harnasche gnuoc,
genagelet wol mit stâle.   der silberwîzen ringe
brâhtę man vil den helden.   des vreute sich diu junge küni-
    ginne.

693 Der wirt wol tûsent helden   gap ros unde wât.
die zugens ûz den selden,   sô si der ofte hât,
der vehten wolte rîten   zuo *den* langen strâzen.
swaz ir der künic hête,   der wolte er vil wênic verlâzen.

694 Der wirt urloubes gerte   von sînem wîbe dan.
Hilde unde ir tohter   weinen dô began.
doch sâhen si vil gerne   helde mit im rîten.
si sprâchen: 'got von himele   lâze iuch lop und êre erstrîten.'

695 Dô si nu komen wâren   vür daz bürge tor,
vil singender knappen   hôrte man dar vor,
die sich in herten strîten   roubes versâhen.
si muosten verre rîten.   jâ wâren in die vînde niht ze nâhen.

696 An dem dritten morgen   dô kom in harte vruo
Wate der vil alte   mit tûsent helden zuo.

689, 2 *ritter starche fueren; starke,* eine den vers überlastende zutat
des cäsurreimers, von E. gestrichen.   3 *sol al daz* V.] *also daz das.*
4 *tochter sich wol unnser,* gebessert von V. Zur 3. person in der anrede vgl.
J. Grimm Kl. schr. 3, 250 anm.   **690,** 1 *sendet.*   **692,** 2 *den sy. genug.*
693, 1 *wât* Hpt.] *gewant* (derselbe fehler 252, 1).   2 *der ofte hât* Hpt.] *die offt*
hant   3 *zuo den* B.] *ze*   4 *wenig dahayme v.,* gebessert von B.   **694,** 1
von seinem weibe gerte, umgestellt von V.   3 *doch* B.] *da.*   **695,** 2 *knabn,*
gebessert von Z.

an dem sibenden morgen   dô kom von Tenelande
Hôrant mit vierzic hundert,   nâch den diu schœne Kûdrûn
sande.

697 Von Wâleis der marke   kom Môrunc der degen.
durch schœner vrouwen liebe   wolte er strîtes phlegen.
er brâhte sunder   zweinzic hundert manne,
die vuoren wol gewâfent   und riten alle vrœlîchen dannen.

698 Der küniginne bruoder,   der degen Ortwîn,
ûf dez wazzers vluote   vuorte er der swester sîn
wol vierzic hundert recken   oder *dannoch* mêre.
westenz die von Alzabê,   sô mühten si in vürhten *harte* sêre.

699 Dô si im ze helfe kômen,   Herwîge und sînen man,
dô was im misselungen.   swes er ie began,
dar an er schaden grôzen   vil ofte muoste enphâhen
mit sînen strîtgenôzen.   si riten sînem bürgetor vil nâhen.

700 Sich huop von küneges künne   vil grôz ungemach.
daz man dâ die porten   und vesten bürge brach,
daz kom von untriuwen   und grôzem übermuote.   [guote.
swen man dar an ervindet,   dem vervâhet man ez niht ze

701 Die boten gâhes vüeren,   Herwîge saget man daz.
die vinde begundenz rüeren   vil vaste durch ir haz
vil manegen âbent spâte   unde manegen morgen.
dô sigen allenthalben   Herwîges helfe zuo vil unverborgen.

702 Do ez die von Karadîe   gevrieschen, in was leit.
daz wâren zwêne künege,   den ir arbeit
kom ze unsanften mæren,   dô Hetele der herre   [verre.
mit sînen helden mæren   gestrichen was nâch in vil harte

703 Durch daz si vrevele wâren,   si rihten sich ze wer.
man sach sô gebâren   von Môrlant daz her,

698,2 *fueret*   3 *dannoch* fehlt, ergänzt von Z., vgl. zu 302,3.
4 *westen die.*   *harte* fehlt, ergänzt von B.   **699**,1 *Dô si im* vdll.] *Die im*
4 *vil dickhe nahen; dicke* (aus z. 3) gestrichen von B.   **700**,2 *porten*
W. Gr.] *horten.* *zerprach*, gebessert von E.   4 *dem vacht mans*, gebessert
von E.   **701**,2 Für das gewis nicht ursprüngliche *begundenz rüeren*
(über den ausdruck s. Jänicke zu Bit. 8448) stellte B. *ez versuochten* her.
Ich habe die cäsurreime, die in diesem abschnitt widerum herrschend wer-
den, überall belassen.   4 *vil* B.] *den veinden.*   **702** 3 *komen ze*   4 *hel-*
den den maren; der rührende cäsurreim scheint ebenfalls dem bearbeiter zu
gehören.   **703**,1 *vrevele* M.] *freunde.* *warn da richten sy sich*, ge-
bessert von V.

sam si durch vehten wolten   nieman dan entwîchen.
die es mit in phlegen solten,   die muose ez maneger arbeite
                                    rîchen.
704   Wate der vil küene   kom mit grôzer kraft.
ez hete dar gevüeget   grôze ritterschaft
Kûdrûn diu schœne   Herwîge ir manne.
swie si dâ wurben,   si riten sît unvrœlîchen dannen.
705   Swie si *heiden* hiezen,   die von Môrlant
dringen sich niht liezen.   an in was wol erkant,
ez wæren ie die besten   von allem ertrîche.
si gâben andern gesten   vil dicke herberge schedelîche.
706   Herwîc von Sêwen   wolte sich erholn
an den von Alzabê.   dar umbe muosten doln
diu her ze beiden sîten.   wunden vil ir mâgen
gewunnen zallen zîten.   sîn mohte den künic Hetelen vil
                                    betrâgen.
707   Dô si zesamene wâren,   von den ich hân geseit,
komen mit ir kreften,   âne vreude leit
heten zallen zîten   die recken unde sorgen,
waz in die naht geschæhe.   si dâhten: 'wie geleben wir
                                  den morgen!'
708   Drî veltstürme   si mit den Mœren striten.
dô heten vride die bürge   nâch ritterlîchen siten.
si teiltenz mit den swerten   und mit den spern sêre.
vrides si niht gerten.   dâ von *wart* sît der wunden deste mêre.
709   Die geste zuo den kunden,   des kômen si niht abe,
si enstriten zallen stunden.   des muose ir bestiu habe
der krefte dâ belîben,   dô sis niht wolten lâzen.
daz saget man schœnen wîben.   die begunden weinen âne
                                    mâzen.

703, 3 *dannen.*   **704**, 4 *unvrœlichen* M.] *frölichn* (vgl. Martin Be-
merkk. s. 10).   **705**, 1 *heiden* fehlt, ergänzt von vdH.   2 *dringen sy
sich*, gebessert von Z.   **706**, 1 *Seben*   3 *der herr.*   **707**, 2 *kamen.
âne vreude* Hpt.] *an freunde*   3 *vnd wegsorgen* gebessert von Hpt.   4 *ge-
leben* V.] *leben.*   **708**, 3 *si teiltenz*] M. erklärt '*ez* steht für *den solt*', B.
'sie entschieden die sache, den streit'. Letztere erklärung passt nicht,
erstere wird allerdings gestützt durch Alph. 233, 3.   Näher liegt doch wol
die erklärung 'sie teilten schláge und stiche aus', vgl. die bei Lexer II,
1415 f. angeführten stellen aus Herbort von Fritzlar 5147. 14887.   4 *wart
sît* M.] *sy.*   **709**, 1 *Den gesten*, gebessert von E.

710 Waz Wate der küene   in sturme dâ gestreit!
er was vil wîse,   daz er diu herzen leit
ofte vremeden gesten   mit schaden vrumte nâhen;
wan si in zallen zîten   mit sînen helden bî den besten sâhen.

711 Hôrant von Tenemarke   vrum was er gennoc.
waz er helme starke   mit sîner hant durchsluoc!
ouch vergaz er selten   der vil liehten brünne.
si muosten sîn engelten.   er tete den vînden die dicken
schar vil dünne.

712 Môrunc der snelle,   dicke über rant
mit ellenthaftem muote   strahte er sîne hant.
er wolte niht entwenken   den *von* Môrlande,   [anden.
den edelen künegen rîchen.   an den rach er den Herwîges

713 Hetele der rîche   durch daz in dar gesant
het sîn schœniu tohter   in Herwîges lant,
daz ers vriden solte,   sît tete er in der mâze,
der gerne leben wolte,   der mohte im sîne marke ligen lâzen.

714 Herwîc streit dâ selbe,   daz nieman kunde baz,
vor porten und an velde.   dâ von vil dicke naz
wart im sîn houbet   von sweize under ringen.
ir wart dâ vil betoubet,   die in hin hinder wânden dringen.

715 Wigâleis der guote   tete den gesten leit.
von Tenelant her Fruote   sô ritterlîchen streit,
daz man ims danken mohte   von schulden wol nâch êren.
in sturme er wol getohte.   man gevriesch nie alten recken
alsô hêren.

716 Ortwîn der junge,   der helt ûz Hortlant,
des jach im manic zunge,   daz küener heldes hant
niemau in den strîten   als volliclîche trüege.
man sagete zallen zîten,   daz er die ungevüege wunden
slüege.

717 Si heten tage zwelve   mit sorgen nu gestriten.

711, 2 *er der helme*   3 vor *selten* hat die hs. noch einmal *vil* (das
dritte in zwei zeilen), gestrichen von V.   4b vgl. 1416, 4 und Jänicke zu
Bit. 10373.   **712,** 2 *strecket*   3 *von* fehlt.   4 *des H.*   **713,** 3 *den
massen,* gebessert von V.   **714,** 3 *hawt nass von.*   **715.** Die strophe
ist wol jünger als die sie umgebenden: vgl. W. s. 153.   Fruote wird weder
697 ff. noch 696 ff. genannt, Wigaleis kommt nur noch 582, 2. 759, 1 vor.
Die letzte halbzeile = 1393, 4. —   1 *Wigolays*   4 *sturme er*] *sturmen.*
716, 1 *Ortlant*   2 *jach* Z.] *sprach.   chüeners.*   3 *also.*

die Hetelen helde   sach man in herten siten
ofte vor dem künege   liehte schilde houwen.
dâ von die stolzen Mœre   ir herverten *mohte hân* gerouwen.

718 Am drîzehenden morgen   vor vruomessezît
sprach *Sìvrit* mit sorgen: 'sehet waz hie lît
unser guoten recken.   der künic von Sêlande
nâch vil hôher minne   lât im ez alsô sêre enblanden.'

719 Er begunde râten   mit den von Karadê
— wie gerne si ez tâten   und die von Alzabê! —
rìtęn in eine veste,   dâ si genesen kunden,
daz si die werden geste   niht al gemeine erslagen vunden.

720 Si wichen von dem strîte   ze einer warte dan,
dâ ze einer sîte   ein grôzer phlûm ran.
dô si begunden rîten   dar si entwîchen solten,
dô sach man mit in strîten   die in gemaches niht gunnen
                  wolten.

721 Der künic von den Mœren   ze Hetelen gereit.
man mohte daz wol hœren,   swaz er ie gestreit,
daz was ein anegenge,   sît er nu hete vunden,
der im sîner mâge   alsô manegen lazte mit vil tiefen wunden.

722 Von Hegelingen Hetele   und her Sîvrit
die tâten daz si kunden   in hôchvertem sit.
durchhouwen liehte schilde   sach man vor ir henden.
der künic von den Mœren   der muosę von dem von Tene-
                  lande wenden.

723 Dô schuofen ir geligere   die von Tenelant.
dâ ist niht rede widere,   dâ von man sît bevant

717, 2 *helden die sach*, gebessert von E.   4 *herfart. mohte hân* fehlt, so ergänzt von B.   **718,** 1 *An dem*   2 *Sîvrit* fehlt, ergänzt von vdH. *mit grossen sorgen*, gebessert von V.   3 *vnnsere. Sêlande* M.] *Morlannden* 4 *ims.* Der sinn ist: 'Herwig lässt es sich so sauer werden, Kudrun zu erwerben'. *enblanden* (über das vorkommen des wortes vgl. Jänicke zu Bit. 2953) ist part. praet., wozu *sin* zu ergänzen ist. S. noch Gramm. 4, 126 f. Benecke zu Iwein 3142 und Lexer I, 546.   **719,** 3 *rieten*   4 *daz*] *da. die werden geste* ist unklar und hat einen anderen ausdruck verdrängt. Der cäsurreimer fasste es wol als acc. und bezog es auf die von Môrlant. alle.   **720,** 1 *einer warte* M.] *ainem wasser*   2 *sîte* vdH.] *zeite phlaüm hinran*   3 *dar* B.] *da*   3. 4 *solten : wolten* B.] *wolten : solten.*   **721,** 2 *mocht man*, umgestellt von V.   3 *er den nu*, gebessert von B.   4 *lazte* E.] *verletzte.*   **722,** 2 *hochferten seyd*, gebessert von vdH.   4 *den von T.*

die vil küene geste   in vil maneger swære.   [wære.
swie guot in was ir veste,   ieclîcher doch dâ heime gerner
    724 Dô wâren dâ besezzen   mit der vînde kraft
die helde sô vermezzen,   daz si ritterschaft,
sô man es an si gerte,   niht wol gegeben kunden.
si werten ir herberge,   sô si aller bezziste kunden.

(14.) Âventiure,
wie Hetele boten sande ûz Herwîges lande.

    725 Do enbôt hin heim Hetele,   daz si niht solten klagen.
den schœnen vrouwen edele   hiez er daz sagen,
in wære wol gelungen   in stürmen und in strîten,
alten unde jungen.   si solten ir genædiclîche bîten.

    726 Und hiez in daz künden,   daz in gesæze lac
er mit al den sînen,   dâ man dienen phlac
der schœnen Kûdrûnen   und Herwîge ûz Sêlande.
si tæten daz si kunden   aller tegelîche mit ir handen.

    727 Hilde diu schœne   wünschen dô began
gelückes Herwîge   und allen sînen man,
daz in nâch ir êre   müeste wol gelingen.
'daz gebe got', sprach Kûdrûn,   'daz si unser vriunt ge-
                                  sunde wider bringen.'

    728 Dô liezen die von Stürmen   ninder ûf den sê
die von Môrlande   und die von Alzabê.
si muosten angestlîchen   bî in dâ tûren.
an Waten und an Fruoten   heten si vil übele nâchgebûren.

    729 Hetele swuor des eide,   er kœme nimmer dan
und rûmte in niht die heide,   unz er und sîne man

723, 4 Vielleicht ist statt *ieclicher* zu lesen *etelicher*, wie B. vorschlug
und M. in den text aufnahm.   **724**, 1 *Die waren do*, gebessert von Hpt.
2 *sy die ritterschafft*, gebessert von B.   4 *mit spern noch mit swerte sy
werten* usw.*:* die zum zwecke der herstellung eines cäsurreims eingeschobe-
nen worte *mit — swerte*, die den vers überfüllen, hat V. gestrichen.   *bezziste*
B.] *peste.* — Im übrigen vgl. zu der str. Beitr. 9, 38.   Die **Aventiuren-
Überschrift** bezieht sich blos auf den anfang des abschnitts.   **725**, 4
gnediclich] eine änderung ist unnötig.   Es gehört *genædicliche* hier und 193, 4,
wo fälschlich geändert wurde, zu *genâde* in der bedeutung 'behagen, ruhige
lage'.   Diese bemerkung verdanke ich Paul.   **726**, 1 *daz mit gesatze,*
gebessert von V.   2 *er* fehlt, an dieser stelle ergänzt von B. *allen.*
727, 4 *freunde wol gesunte; wol* (aus z. 3) gestrichen von E.   **728**, 1
Sturme.   **729**, 1 *des ein ayde.*

ze gîsel dâ gewunne   die von Môrrîche.

si wâren unversunnen.   sît kom in ir hervart schedelîche.

730 Diu spehe Hartmuotes   was dar gesant
— si goumten dâ niht guotes —   von Ormanîelant.

si speheten zallen zîten,   waz *dâ* würde ervunden.

in stürmen und in strîten   Hetelen si deheines guotes gunden.

731 Si sâhen, sunder scheiden   hie besezzen lac
— daz mohte im vil wol leiden —   naht unde tac

der künic ûz Karadîne,   der edelen Mœre herre.

im kom vil wênic helfe.   sîniu lant diu lâgen von im gar
                                             ze verre.

732 Die boten îlten widere   in Ormanîelant,
die Ludewîc und Hartmuot   heten dar gesant.

si sageten in dâ heime   diu lieben mære,

daz Hetele unde Herwîc   vil unmüezic in dem strîte wæren.

733 Der lieben mære in dancte   der voget von Ormandîn.

'kunnet ir mir bescheiden,   wie lange mac daz sîn,

daz die von Karadîne   sîn in Sêlande

bî ir widerwinnen,   oder wanne si dâ volrechen gar ir anden?'

734 Dô sprach der boten *einer*:   'her künic, diu rede ist
si müezen dâ belîben   lenger danne ein jâr.   [wâr:
die von Hegelingen   wellent si niht lâzen.

si hânt si sô besezzen,   daz si nindert mügen zuo den strâzen.'

735 Dô sprach von Ormanîe   der snelle Hartmuot:
'daz mich sô sorgen vrîen   hôchgedinge tuot!

sît si sô sint besezzen,   daz si müezen strîten,

ê Hetele wider kœme,   wir solten hin ze Hegelingen rîten.'

736 Ludewîc und her Hartmuot   vereinten sich alsâ,
ob si *helde* hêten   zehen tûsent dâ,

729, 3 *Morenreiche*   4 *heerferte.*   **730,** 3 *dâ* fehlt, ergänzt von vdH.
731, 1 *schaiden daz hie*, gebessert von V.   2 *in*   4 *seine.*   **732,** 4
wäre, was einige herausgeber beibehalten. Doch ist wol an dieser stelle
wie oft reinglättung in der hs. anzunehmen (vgl. B. Germ. 10, 57).   **733,** 3
Sêlande V.] *Sturmlannde*   4 *widerwunen.* *dâ* nach *gar.*   **734,** 1 *boten
einer* Z.] *pote*   4 *nidert.*   **735,** 2 *daz mich so freye hohe gedancke tund,*
gebessert von B., der aber die erste halbzeile liest *hei waz mich sorgen frien.*
Hier nach M.   3 *sint* V.] *sein.* Nach der im texte beibehaltenen hslichen
lesart sind unter beiden *si* verschiedene subjekte zu verstehen, wodurch die
zeile unklar wird.   Vielleicht *sît sis sô hânt besezzen.*   **736,** 2 *helde*
fehlt, ergänzt von B., vgl. z. 4.

daz si Kûdrûnen   wol dannen möhten bringen,
ê Hetele wider kœme   mit den sînen hin ze Hegelingen.

737 Des was dâ vil genœtec   diu alte Gêrlint,
wie si daz rechen möhte,   daz Hetele sîn kint
versagete smâhelîche   ir sune Hartmuoten.
si wunschte, daz si beide   hâhen solten Waten unde Fruoten.

738 Dô sprach diu tiuvelinne: 'nu habet ir grôzen solt.
welt ir rîten hinnen,   mîn silber und mîn golt
daz wil ich geben recken   und wilz entsagen vrouwen.
ja enruochte ich, ob ez Hetelen   unde Hilden hête nu ge-
                                        rouwen.'

739 Dô sprach der herre Ludewîc: 'wir suln von Or-
brüeven herverten   mit den recken mîn.   [mandîn
ich trouwe wol gewinnen   zweinzic tûsent manne
in vil kurzen zîten.   dâ mite sô vüeren Kûdrûnen dannen.'

740 Dô sprach der junge Hartmuot: 'und möhte daz ge-
daz ich die Hilden tohter   solte hie gesehen,   [schehen,
dâ vür ich niht næme   ein wîtez vürsten rîche,
daz uns beiden zæme   bî ein ander *wesen* vriuntlîche.'

741 Râten alle stunde   mit vlîze man began,
wie manz gevüegen kunde,   daz Ludewîc gewan
ein her, daz wolte er vüeren   hin zen Hegelingen.
wie soltę daz Hilde wizzen,   daz ir dâ von solte misselingen?

742 Swâ mite und immer mohte   daz Ludewîges wîp,
si hete in ir ahte,   der Kûdrûnen lîp
solte ze Ormanîe   bî Hartmuote erwarmen.
si vleiz sich des ze wâre,   er umbeslüzze si mit sînen armen.

743 Ludewîc ze Hartmuote   sînem sune sprach:
'nu gedenke, degen guote,   wir müezen ungemach
haben, ê wir bringen   die liute von den selden.
sun, gip et den gesten,   sô gib ich hie heime mînen helden.'

736,3 *Chaudrun*   4 *seinen helden hin*, gebessert von E , vgl.
z. 1.   **737**,4 *haben solten baide*: zur umstellung vgl. zu 684, 4.
738,1 *habet* E.] *het*   3 *wil es.*   **739**,1 *Hormandien*   2 *heerferte;* den
inf. stellte B. her.   4 *fuern auch Chaudrun von danne; ouch* von B. ge-
strichen.   **740**,3 *dâ vür* ist ἀπὸ χοινοῦ gesetzt zu z. 2 und 4.
4 *wesen* fehlt, so ergänzt von B.   **742** stünde, wie W. s. 155 bemerkt,
besser zwischen str. 737 und 738. Die umstellung ist aber nicht zwingend
nötig. — 1 dem cäsurreime zu liebe stellte Z. *mahte* her.   2 *in ir* V.]
mit   4 *flisse. vmbesloss sy in seine* a.   **743**,4 *gip et* Hpt.] *gebt.*

744 Si tcilten grôze gàbe   wider unde dan,
daz man dâ ze Swâben   solhez nie gewan
von rossen und von soumen,   von satelen unde schilten.
ich wæn siz gerne tæten.   jâ vant man Ludewîgen nie sô
milten.
745 Si bereiten sich drâte   zuo in verre dan.
die guote schifliute   Ludewîc gewan,
den die merstrâze   ze rehte wâren künde.
si muosten arbeiten   nâch dem hôhen solde durch die ünde.
746 Etelîcher mâze   wurden si bereit.
lant unde strâze   dâ wart ez hin geseit,
daz Ludewîc und Hartmuot   von ir lande wolten.
si heten doch grôze sorge,   wie si hin ze Hegelingen komen
solten.
747 Dô si zem stade kômen,   bereit man dâ vant
diu schcf diu si dâ solten   tragen ûf den sant.
geworht wârens veste   von Gêrlinde guote.   [Fruote.
des alles niht enweste   her Wate der alte noch *von Tenen*
748 Mit drî und zweinzic tûsent   si vuoren über sê.
cz was nâch Kûdrûnen   Hartmuoten wê.
dem tete er wol gelîche.   mit allen sînen mâgen
er begunde künic Hetelen   mit urliuge grœzlîche lâgen.
749 Si muosten, swie si mohten,   dar bekomen sint.
des kom in arbeite   maneger muoter kint.
jâ truogen si die ünde   neben Hortlande,
ê Hetele *ez* ervünde,   daz si die Hilden burc wol erkanden.
750 Wol inner zwelf mîlen   kom daz Hartmuotes her
in den selben wîlen   ab dem tiefen mer

744, 1 *taille*   2 *Swabe;* über den ausdruck, an dessen stelle ursprüng-
lich wol *ze Ormanie* oder *zer werlte* gestanden hat, s. Beitr. 9, 46.   3 *saü-
mern,* gebessert von B.   **745,** 4 *den lonet er on masse sy musten* usw.:
die zum zwecke der herstellung eines cäurreims eingeschobenen worte *den
— masse* strich E., vgl. 724, 4.   **746** stünde besser an früherer stelle,
vgl. W. s. 156.   4 *doch vil grosse,* gebessert von E.   **747,** 2 *da haben
solten* tr., gebessert von vdH.   4 *von Tenen* fehlt, so ergänzt von B.   **748,** 2
Chautrune.   **749,** 1 'sie kamen doch schliesslich, wenn auch mit mühe,
hin': die hsliche lesart ist zwar bedenklich, scheint mir aber doch der von
Wackernagel vorgeschlagenen und von V. B. M. aufgenommenen änderung
si enwisten wie si möhten vorzuziehen, da eine solche angabe nicht zu 745
stimmt. vgl. Beitr. 9, 97.   3 *Hortlannden*   4 *ez* fehlt, ergänzt von E.
burc V.] *bürge,* vgl. 750, 4.   **750,** 1 *meylen da kam des H.*

ze Hegelinge lande   die mâze wol sô nâhen,
daz si palas unde türne   in der schœnen Hilden bürge sâhen.

751 Ludewîc von Ormandîne   der hiez ûf den sant
die anker nider lâzen.   dô bat ers alle sant,
daz si nider gâhten   so si beldiste kunden.   [vunden.
ez was dâ bî sô nâhen,   si vorhten, deiz die Hegelinge er-

752 Dô si nu getruogen   und vuorten ab der vluot
vil schilde si besluogen   und manegen helm guot.
si rihten sich ze strîte.   ir boten si dô sanden.   [lande.
si versuohten, ob si iht vunden   vriunde in dem Hetelen

(13.) Âventiure,
wie Hartmuot Kûdrûnen mit gewalte nam.

753 Hartmuot hiez rîten   sîne boten dan.
dô wart der schœnen Hilden   schiere kunt getân
und ir lieben tohter: möhte ez sich gevüegen,
sô tæte er nâch ir minne,   des si wol beide ze rehte möhte
                                                  genüegen.

*754 Ob si in minnen wolte,   alz er ir ê enbôt
— im was mit gedanken   vil dicke nâch ir nôt —,
daz wolte er immer dienen   die wîle er möhte leben.
sînes vater erbe   wolte er Kûdrûnen geben.

755 Ob si des niht entæte,   so wære er ir gehaz.
daz er die maget bæte,   dâ von versuohte er daz,
daz er ân urliuge   ze lande wolte bringen   [gedingen.
die schœnen juncvrouwen.   des het der küene Hartmuot

756 'Widerredet siz danne',   sprach dô Hartmuot,
'sô saget, daz ich niht næme   deheiner slahte guot,

751,1 *Hormandine*   2 *allesambt*   4 *daz es.*   **752**,2 *vil schilde*
usw. steht $\overline{\alpha\pi\grave{o}}\ \varkappa o\iota\nu o\tilde{v}$, vgl. zu 92,2.   4 *den H. lannden*, gebessert
von V.   **Aventiurenüberschrift:** *Chautrum.*   **753**,4 *mynne daz sich*
wol in baiden ze, gebessert von V.   **754.** Diese Nibelungenstrophe scheirt
interpoliert. Ich vermute, dass der schluss von str. 753 vor der interpolation
lautete:

          möhte ez sich gevüegen,
     si hête in ze minne,   des möhte beide wol ze rehte genüegen,
worauf str. 755 folgte, vgl. Beitr. 9, 21. —   2 *mit gedancken was im*, umge-
stellt von B.   *Chawtrunen.*   **755**,2 *des er*   3 *er sy on.*   **756**,1
Widerredte sy es.

ich enbringe ez ûf die zîte, ê ich hinnen scheide,
daz ich der schœnen Kûdrûn welle machen recken ougen-
                         weide.

757 Mîne boten biderbe, ir sult ir sagen mê:
ich kume nimmer mêre [widere] ûf den breiten sê,
ich welle mich *ze stücken* lâzen ê zerhouwen,
mir envolge hinnen von Hegelingelant diu juncvrouwe.

758 Ob siz gar verspreche, daz siz niht entuo,
si sol mich sehen rîten mit mînen recken zuo.
zweinzic tûsent helde wil ich belîben lâzen
vor Hegelinge bürge veige beidenthalben der strâze.

759 Daz *Hetele* Wigâleise des gevolget hât
unde Waten dem alten, daz wir niht haben rât
sô maneger langen reise her ze Hegelingen,
des wirt vil manic weise. ich wilz an ein ende gerne bringen.

760 Die boten riten vil drâte dannen — des was zît —
nâch Hartmuotes râte vür eine burc wît;
diu hiez ze Matelâne: vrou Hilde saz dar inne
und diu vil wol getâne, ir tohter diu junge küniginne.

761 Zwêne rîche grâven het er dar gesant
— die brâhte er mit im übere ûz Ormanîelant —,
daz si sageten Hilden sîn dienest vlîziclîchen:
er wolte niht erwinden, er wolte *ûz* ir dienste niht ent-
                         wîchen.

762 Daz si im der maget gunde, daz er die vrouwen
hête vor in allen — dannoch im der muot   [guot
stuont ûf hôhe minne —; si solte es wol geniezen,
daz si sô edel wære. in solte ir dienen nimmer verdriezen.

763 Die der vrouwen phlâgen, den wart daz geseit,

756, 3 *hinnen* E.] *von hynne* 4 *welle* M.] *wil.*   **757,** 2 *nymmermer
widere;* die herausgg. streichen *mére* nach dem vorgange vdH's., doch mit
unrecht. *widere* ist vielmehr zusatz des cäsurreimers, der den vers über-
füllt. 3 *ze stücken* fehlt; B. ergänzte *stücken*, doch an anderer stelle.
4 *die schonen iunckfrawen,* so gebessert von B.   **758,** 2 *so sol sy mich,*
gebessert von V. 4 *b. von den strassen,* so gebessert von B.   **759,** 1
Hetele fehlt, ergänzt von Z. *Wygolais* 4 *der wirt.*   **760,** 3 *Motelane*
(sonst stets mit *a* in der ersten silbe). *Hilde die saz,* gebessert von Z.
4 *und diu* B.] *sy was.* **761,** 2 *übere* B.] *vber mer* 4 *ûz* fehlt, ergänzt
von M.   **762,** 2 *vor in* vdH.] *von den* 2. 3 *dannoch stunt im ye der
muot auf,* so umgestellt von B. 3 *solte es* V.] *solten.* 4b *ir solt ir nimmer
zu dienen v.,* gebessert von V. und B.

daz daz ingesinde   von Ormanîe reit
durch gewerbes willen   hin ze Matalâne.   [getâne.
vrou Hildę si hiez geswîgen.   des erschrac *ouch* diu wol
  764 Die Hilden schaffære   sluzzen ûf daz tor,
swer dar komen wære,   daz man den *dâ* vor
niht lenger solte lâzen.   man entslôz die porten wîten.
die boten Hartmuotes   hiez man dô in Matalâne rîten.
  765 Ze sehene si dô gerten   daz Hetelen wîp.
die helde si des werten,   die ir schœnen lîp
solten behüeten   nâch des küneges êren.
man liez si selten eine   Hilden und ouch Kûdrûn die hêren.
  766 Dô nu ze hove kômen   die Hartmuotes man,
Hilde diu schœne   grüezen si began.
sam tete in hôhem muote   vrou Kûdrûn diu hêre.
diu edele und diu guote   minte den guoten Herwîgen sêre.
  767 Swie erbolgen si in wæren,   schenken man in hiez
den boten vor den mæren.   vrou Hildę si sitzen liez
vor ir und vor ir tohter.   waz si dar wolten,
des vrâgtę diu küniginne,   wande si sis niht verdagen solten.
  768 Vil gezogenlîche   von dem sedele stuont
alliez das gesinde,   sô noch boten tuont.
si sageten, waz si wolten   ze Hegelinge lande: [sande.
daz si ir herre Hartmuot   nâch der schœnen Kûdrûn dar
  769 Dô sprach diu maget edele: ᶜich wil des haben rât,
daz der küene Hartmuot   bî mir niht enstât
vor unser beider vriunden   under küneges krône,   [lône.
er ist geheizen Herwîc,   dem ich sînes guoten willen gerne
  770 Dem bin ich bevestent: ich lobete in zeinem man,
er nam mich ze wîbe.   dem recken ich wol gan
swaz im immer kunde   geschehen grôzer êre.
alle mîne stunde   ger ich ûf minne dęheines vriundes mêre.ᶜ
  771 Dô sprach der boten einer: ᶜiu hiez her Hartmuot
sagen, des er dinget,   ob ir des niht entuot,

763, 3 *hintz ze*   4 *gesweigen hiess:* die trennung von *geswigen hiez*
durch die cäsur ist nicht zu dulden. *ouch* fehlt.   **764**, 2 *dâ* fehlt, er-
gänzt von E.   **765**, 2 *si* Z.] *sich*   4 *selten baide ane* H., gebessert von
E. *Chaudrunen heren*, gebessert von E.   **766**, 2 *Hilden die schönen*
3 *im hohen.*   **767**, 4 *wann sy seytz n.*   **769**, 3 *freunde*, vgl. 609, 2 f.
1295, 2.   **771**, 1 *hiess mein Hartmut(?)*   2 *nicht thut.*

daz ir in mit sînen recken   sehet ze Matalâne
an dem dritten morgen.'   des erlachte diu vil wolgetâne.

772 Die boten wolten dannen.   urloubes hôrte mans gern,
die zwêne grâven hêre.   vrou Hilde hiez si wern,
swie vremede si ir wæren,   ir gâbe rîche,
der si doch niht nâmen.   die boten wurben *ez vil* listeclîche.

*773 Die Hetelen recken,   den boten saget man daz,
daz si vorhten kleine   ir zorn und ir haz.
ob si niht wolten trinken   des küneges Hetelen wîn,
man schancte mit dem bluote   im und *ouch* den recken sin.

774 Dô brâhten disiu mære   die boten an die stat
hin widere, dâ si Hartmuot   von im rîten bat.
dô lief er in engegene   und vrâgte, wiez ergienge,
ob si diu edele Kûdrûn   durch sîniu mære iht vrœlîche
enphienge.

775 Der einer sprach zem recken: 'iu ist alsô verseit,
ez habe einen vriedel   diu hêrlîche meit,
den si im herzen minne   vor aller slahte diete.
welt ir ir wîn niht trinken,   sô schenket man iu heizez
bluot ze miete.'

776 'Ach mîner schande!'   alsô sprach Hartmuot,
'in mînem herzen ande   mir disiu rede tuot.
nâch bezzeren vriunden   darf ich nimmer vrâgen,
wan der mir helfe strîten.'   dô sprungen ûf die bî dem
stade lâgen.

777 Ludewîc und Hartmuot   sich huoben mit ir schar
mit vanen ûf gerihtet   vil zorniclîchen dar.
man kôs ûf Matelâne   ir zeichen schînen verre.
dô sprach diu wol getâne: 'wol mich! dâ kumet Hetele
und mîn herre.'

772,1 *urloubes* Z.] *urlaub. man sy* 2 *die* fehlt, ergänzt von V.
*zwen reiche grauen here; nicht *hére*, sondern *ríche* scheint mir der zusatz,
entlehnt aus 761,1. 4 *ez vil* fehlt, so ergänzt von B. **773.** Die über-
flüssige Nibelungenstr. scheint nach 775,4 gebildet. 1 *Hettels* 2 *v. gar
kl.*, gebessert von E. 4 *ouch* fehlt, ergänzt von B. **774,**3 *wie es
im e.*, gebessert von E. 4 *frelichen.* **775,**1 *zu den r.* 4 *plute.* —
Zu dieser kampfredensart vgl. Nib. 1918, 4. 1897, 3., ferner Martin zu unserer
stelle und Jänicke zu Bit. 10562. **776,**3 *pessern* 4 *wan der mir* Z.]
der mir nu. **777,**1 *sich huoben* E.] *hueben sich auf* 3 *kose* 4 Kudrun
spricht, 778,1—4 aber Hilde.

778 Si bekanten, daz ez wære des wirtes zeichen niht.
'ach grôzer swære, diu hiute hie geschiht!
uns koment grimme geste nâch Kûdrûn der vrouwen.
manegen helm veste siht man vor âbende noch zerhouwen.'

779 Die von Hegelingen sprâchen Hilden zuo:
'swaz Hartmuotes gesinde hiute hie tuo,
des sul wir si letzen mit vil tiefen wunden.'
dô hiez diu küniginne diu bürge tor versliezen an den
stunden.

780 Des wolten niht volgen die küenen Hetelen man.
die des landes huoten, die hiezen binden an
ir herren zeichen. zuo in ûz der veste
die Hetelen degene wolten, slahen die vil werden geste.

781 Die schranken die man alle solte nider lân,
durch ir übermüete wurden ûf getân.
daz goumen Hartmuotes liezen si in versmâhen.
dô die êrsten in drungen, dô kômen in ouch die lesten al
ze nâhen.

782 Mit ûf geworfen swerten vant man dô dar vor
wol tûsent oder mêre, die habten vor dem tor.
dô was ouch komen Hartmuot wol mit tûsent mannen.
si erbeizten an die heide; man hiez diu ros schiere ziehen
dannen.

783 Si truogen schefte in henden mit snîdenden spern.
wer mohte den strît dâ wenden? si begunden wern
die stolzen burgære mit den tiefen wunden.
dô kom von Ormanîe Ludewîc mit helden sâ ze stunde.

784 Des heten vrouwen sorgen, dô er dort her reit.
si sâhen unverborgen sîniu zeichen breit,

778, 3 *uns* V.] *vnd* 4 *noch vor abende*, umgestellt von B. **780**, 3
zaichen sy wolten zu, gebessert von E. 4 *die* fehlt, ergänzt von B. *slahen*
— *geste* ist finalsatz. **781**, 1 *solte alle;* zur umstellung vgl. zu 175, 1.
684, 4. Beitr. 9, 92. 3 *gaume. Hartmuotes* ist subjektiver gen. 4 Mit
die êrsten sind die tausend mannen Hartmuts gemeint (782, 3), mit *die lesten*
die hauptmacht unter Ludwigs anführung (783, 4), die etwas später und
von anderer seite vordringt (787. 789, 2), vgl. Hildebrand Zs. f. d. Phil.
2, 472 f. Die zeile nimmt allerdings das resultat des kampfes vorweg (Wil-
manns s. 160). **782**, 2 *habten* B.] *vand man* (der schreiber irrte in z. 1
zurück). 4 *hayden.* **783**, 1 *in hannden (enhende?* B.) 4 *so ze stunden.*

bî der ieclîchem   wol driu tûsent manne   [dannen.

kômen dar mit zorne,   swie die küenen reckcn schieden

785 Si wurden alle unmüezic   dort unde hie.

man gesach von einem lande   küener recken nie,

danne ouch dise wâren   in den Hetelen selden.   [helden.

si kunden wunden vâren;   si tâtenz wol mit Hartmuotes

786 Dâ die burgære   wânden vride hân, (787)

dâ kom mit helden mære   nâher dar gegân

der vater Hartmuotes   dâ her von Ormandîne.   [schîne.

dem helde gunde er guotes: daz wart des tages dicke ze

*787 Ludewîc der küene,   der voget ûz Ormandin, (786)

ûz herten schildes spangen   sluog er rôten schîn

mit sînem starken ellen,   daz er in brüsten truoc.

die sînen spilgesellen   wâren küene genuoc.

*788 Den stolzen burgæren   leiden dô began, (788)

daz si den rât liezen,   den Hilde het getân,

diu schœne vrouwe,   daz Hetelen wîp.

des sach man dürkel schilde   und vlôs ouch maneger dâ

                                    den lîp.

789 Ludewîc und Hartmuot   beide wâren komen

sô nâhen zuo einander: si heten wol vernomen,

daz man die burc vroun Hilden   wolte versliezen.

dô giengens mit den schilden,   daz si diu zeichen in die

                                    burc stiezen.

790 Swie vil man von der mûre   warf und geschôz,

des nam si vil untûre: ir ellen daz was grôz.

784,3 *yeglichen*   4 *sy chomen,* gebessert von V.   *sch. von danne.*
785,1 *hie] hin*   3 *des H.*   786 in der hs. nach 787. Dass sie aber der
str. 787 vorhergehen sollte, bemerkte W. s. 160. Der zusammenhang ist
dieser: während die Hegelingen sich Hartmuts mannen gegenüber halten,
aber unbesorgt sind um die burg, dringt Ludwig von anderer seite mit der
hauptmacht vor (786). Beide heeresteile stossen zusammen (789) und stürmen
durch das tor (791). — Die beiden Nibelungenstrophen 787 und 788 gehören
zusammen und sind wol interpoliert. Die ähnlichkeit der anfangszeilen
von 786 und 788 scheint die verwirrung in der einordnung veranlasst zu
haben.   786,2 *helden der mare,* gebessert von V.   788,2 *den fraw
Hilde,* gebessert von V.   3 *des H.*   4 *verlos.*   789,4 Hildebrand
a. a. o. erklärt: die fahnenträger deckten sich mit einem schilddache, in
der weise dass sie die *zeichen* mit gewalt in die burg hinein brachten.
790,2 *des nam si vil untûre* 'daraus machten sie sich nichts', vgl. Jänicke
zu Bit. 6545; *untûre* ist subst.

si ahte harte kleine   swaz man dâ sach der veigen.

mit grôzen lassteinen   sach man der helde vil geneigen.

791   Ludewîc und Hartmuot   kômen in daz tor.

vil manegen sêrewunden   liezen si dar vor.

des begunde weinen   ein juncvrouwe sêre.

in der Hetelen bürge   wart des grôzen schaden dannoch mêre.

792   Der künic von Ormanîe   der was vrô genuoc,

dô er und ouch die sîne   sîns landes wâfen truoc

vür den sal künic Hetelen.   obene durch die zinne

liez man den vanen weiben.   des trûrte diu vil hêre küniginne.

793   Hartmuot der snelle   ze Kûdrûnen gie. (796)

er sprach: 'maget edele,   ich versmâhte iu ie.

mir und mînen vriunden   solte ouch nu versmâhen,

daz wir hie nieman viengen.   wir soltens alle slahen unde

                                         hâhen.'

794   Dô redete si niht mêre   wan: 'qwê vater mîn, (797)

soltest du daz wizzen,   daz man die tohter dîn

gewalticlîchen vüeret   ûz dînem lande,   [schande.'

mir armen küniginne   geschæhe niht der schade noch diu

795   Mich wundert, waz doch wære   den gesten dâ ge-

ob Wate der vil grimme   hête daz gesehen,   [schehen, (793)

daz Hartmuotes helde   durch den sal sô giengen

mit samet Ludewîge,   dâ si die schœnen Kûdrûnen viengen.

796   Wate und ouch Hetele   hêtenz sô gewert, (794)

der inz gesaget hête,   ûf helme sô gebert

mit *den* guoten swerten,   daz ez nimmer wære ergangen,

daz si Kûdrûnen   ze Ormanîe bræhten gevangen.

790, 3 *ahte* B.] *achten*   4 *grossem lasstaine*] obgleich sich Eneide 6938 *lázsteinen* findet, deutet die schreibung *lasstain* in unserer hs. hier, sowie Bit. 1595 (Kudr. 1454, 4 fehlerhaft *laitstaine*), ferner die form *laststein* bei Luther (DWB. 6, 266) auf die bedeutung 'stein von grossem gewicht'. M. schreibt *lázstein*. Vgl. noch Gramm. I², 409. 416 anm.; II, 526; III, 517 anm.; Jänicke zu Bit. 1595, Hildebrand Zs. f. d. Phil. 2, 473 anm. 2, Martin zu unserer stelle, Lexer I, 1838 und Behaghel zu En. 6938.   **791**, 2 *ser-wunden*   4 *wart des* B.] *wurden der.*   **792**, 4 *trawrete.*   **793–797.** In der hs. und den ausgg. ist die strophenordnung: 795. 796. 797. 793. 794. Sie ist berichtigt von W. s. 160 f.   **793**, 1 *Chaudrun.*   **794**, 3 *füert von hynnen aus;* E. strich *von hynnen;* B. behält *hin*, es ist aber wol glossem. **795**, 1 Ist zur erlangung einer besseren cäsur zu lesen *mich wundert, waz den gesten wære dá geschehen?*   4 *Chaudrun.*   **796**, 1 *sô* V.] *also* 2 *gewert*   3 *den* fehlt, so ergänzt von B.   4 *Chaudrun.*

797 Swaz man dà vant der liute,   die wâren ungemuot; (795)
sam tæte man noch hiute.   maneger hande guot,
die daz wolten rouben,   die vuortenz ûz der selde.
daz müget ir gelouben: rîch wurden alle Hartmuotes helde.

798 Dô si genomen hêten   schaz und ouch gewant, (798)
dar zuo man Hilden wîste   bî ir wîzen hant.
die guoten Matelâne   wolten si verbrennen.   [erkennen.
swaz in dâ von geschæhe,   die von Ormanîe woltens niht

799 Hartmuot hiez dô lâzen   die burc unverbrant.
des îlte er âne mâze,   wie er rûmte daz lant,
è daz ez ervünden   die mit heres kreften lâgen   [mâgen.
ze Wâleis bî der marke,   des künic Hetelen man und sîne

*800 'Làt den roup belîben!'   alsô sprach Hartmuot.
'ich gibe iu dâ heime   mînes vater guot.
uns ist ouch deste lîhter   ze varne ûf dem sê.'
gewalt der Ludewîges   tete Kûdrûnen wê.

801 Diu burc diu was zerbrochen,   diu stat diu was ver-
dô hete man gevangen   die besten die man vant.   [brant.
zwô und sehzic vrouwen   vil minneclîcher meide,
die vuorten si von dannen.   dô was der edelen Hilden
                                        herzenleide.

802 Wie trûric si liezen   des wirtes wine stên!
dô îlte diu küniginne   in ein venster gên,
daz si nâch den mageden   her nider *möhte* schouwen.
noch liezens in dem lande   klagende vil manege schœne
                                        vrouwen.

803 Rüefen unde weinen   vil lûte man dâ vant.
vrô was ir deheine,   dô man über lant

798, 4 b *des wolten nicht die v. O. e.*, so gebessert von V.: 'an die
etwaigen folgen dachten die von O. natürlich nicht'. Zu dieser zeile sowie
der ganzen str. vgl. jedoch Hildebrand a. a. o. s. 474.   **800.** Diese
Nibelungenstrophe, die den str. 797 und 808 widerspricht, kann ausge-
schieden werden.   4 *gewalt des L.*   **801**, 2 *die pesten so man*, gebessert
von B.   3 ist die hsliche lesart richtig, so ist *vil minneclîcher meide* zu
fassen als attributiver gen. zu *vrouwen*: '62 damen welche sehr hübsche
mädchen waren' (M.). Vielleicht muss jedoch mit V. *vil minneclîche meide*,
als apposition zu *vrouwen*, gelesen werden. Keinesfalls sind *vrouwen* und
meide zu trennen, vgl. die angaben 1300, 1. 976, 1.   **802**, 1 *wine* (*weine* hs.?) in
der Kudr. nur hier; vgl. über das vorkommen des wortes im XIII. jh. Jänicke
zu Bit. 4335.   3 *möhte* fehlt, ergänzt von vdH.   4 *manege* E.] *magde.*
803, 1 *Wüefen* B.?   *lûte* Hpt.] *leute*   2 *man sy vber*, gebessert von B.

Kudrun.   11

mit der Hilden tohter   vuorte ir ingesinde.   [kinde.

daz geschadete sît in alter   dar nâch maneges werden ritters

    804 Hartmuot der brâhtę die gîsel   mit im ûf den sant.

verbrennet und zervüeret   liez er des vürsten lant.

ez was nâch sînem willen   die zît wol ergangen.   [vangen.

Kûdrûn und Hildeburge   vuorte er mit im von dannen ge-

    805 Er weste wol, daz Hetele   in daz vierde lant

durch urliuge wære.   des rûmte er den sant.

er was niht sô gâhes   von den Hegelingen,   [bringen.

vrou Hilde hiez diu mære   Hetelen unde sînen vriunden

    806 Wie rehte klagelîche   si dem künege enbôt,

daz im dâ heime lægen   sîne ritter tôt.

si hiete Hartmuot lâzen   in dem bluote touwen.

sîn tohter wær gevangen: dâ mite vuorte er manege schœne

                                   vrouwen.

    807 ‘Ir boten, saget dem künege,   daz ich vil eine bin.

ez ist mir komen übele.   mit hôchverte hin

vert ze sînem lande   Ludewîc der rîche.

tûsent oder mêre   ligent vor der porte jæmerlîche.’

    808 Hartmuot sich dô schifte   snelle in drien tagen

wider ûf die kiele.   swaz die mohtęn getragen,

daz heten sîne recken   genomen und geroubet.   [toubet.

des künic Hetelen degene   wâren hie vil schedelîche be-

    809 Wie si nu gevüeren,   wer möhte iu daz gesagen?

man hôrte in ir segele   diezen unde wagen,

dô si gewendet wâren   von des küneges lande   [sande.

ze einem wilden werde.   der was geheizen dâ zem Wülpen-

(16.) Âventiure,
wie Hilde boten sande Hetelen und Herwigen.

    810 Hilde diu vil hêre   ir herze und ouch ir sin

dar zuo wante sêre,   wie si gevrumte hin

803, 4 *geschadete* Z.] *geschante.*   **804**, 4 *Chawdrun.*   **805**, 1 *in
daz vierde lant*] ‘weit weg’, vgl. W. Grimm zu Freidank 96, 16.   **806**, 3
gelassen. Besser wäre *si hiete in dem bluote* | *Hartmuot lâzen touwen.*   4 *toch-
ter ward gefanngen vnd damit*, gebessert von V.   **808**—**811** unter-
brechen die erzählung; str. 811 ist eine variante von 807, an welche 812
sich ohne lücke anschliesst.   **809**, 1 vgl. Nib. 1039, 1.

ir boten dem künege.   diu herzenlîche leide
geschach *von* Hartmuote.   der liez ir mit jâmer ougen weide.
   811 Ir manne und Herwîge   diu vrouwe dô enbôt,
ir tohter wær gevangen,   ir helde wæren tôt
und hêten si al eine   mit ungemüete lâzen.   [strâzen.
ir golt und ir gesteine   vuorten die von Ormanîe an den
   812 Die boten riten gâhes   und îlten über lant.
si het in grôzen sorgen   diu vrouwe dar gesant.
an dem sibenden morgen   si kômen dâ si sâhen   [nâhen.
in ir grôzen sorgen   die Hegelinge bî den Mœren [harte]
   813 Si gâben tegelîche   ritterschefte vil.
ouch mohte man dâ hœren   maneger hande spil,
daz si an dem legere   dürfte niht verdriezen.
man sach si loufen und springen   unde dicke mit den schef-
   ten schiezen.
   814 Dô sach von Tenemarke   der degen Hôrant
die Hilden boten rîten   zuo in in daz lant.
er sprach zuo dem künege: 'uns koment niuwiu mære.
got gebe, daz uns helden   dâ heime niht *geschehen sî* schade
   swære.'
   815 Der künic gieng in engegene   selbe dâ ers sach.
zen ungemuoten boten   gezogenlîche er sprach:
'sît willekomen, ir herren,   her zuo disem lande.   [sande.'
wie gehabet sich mîn vrou Hilde?   saget uns, wer iuch her
   816 Er sprach: 'daz tete mîn vrouwe,   diu hât uns her
   gesant.
dîne bürge sint zerbrochen,   verbrennet ist dîn lant.
Kûdrûn ist gevüeret   hin mit ir gesinde.
schaden alsô grôzen   ich wæne dîn lant niht überwinde.'
   817 Er sprach: 'ich klage dir mêre,   des gêt uns michel
dîner mâge und dîner manne   lît wol tûsent tôt.   [nôt.

810,3 *hertzenlichen*   4 *geschahe Hartmute*, gebessert von V.; vdH.
ergänzte *ir von*.   811,4 *gestaine das füerten; daz* gestrichen von V.
812,4 ist durch den cäsurreimer entstellt, wie auch die um eine hebung
zu lange zweite halbzeile zeigt. Die herstellung von B. *die von Hegelingen* |
ôi den Mœren ligen harte nâhen wird wol das richtige treffen, vgl. zu 724,4.
745,4 und Beitr. 9,39.   813,3 *nicht dorfften*, umgestellt von B.   814,2
su im in   3b = Nib. 1372,1.   4 *geschehen sî* fehlt, so ergänzt von B.   *swære*
E.] *wäre*.   815,1 *ers* V.] *er*   2 *zen* V.] *zu*   3 *willekommen seyt*, um-
gestellt von V.   816,4 *lannde*.

11*

dîn schaz ist gevüeret   zuo vremeden künicrîchen.
dîn hort ist an gerüeret: daz stêt sô guoten helden laster-
lîchen.'

818   Er vrâgte, wie er hieze,   der ez het getàn.
dô sprach zuo dem künege   ein des recken man:
'der eine heizet Ludewîc   von Ormanìeriche,
der ander heizet Hartmuot.   die kômen uns mit helden
schedelîche.'

*819   Dô sprach der vürste Hetele: 'darumbę daz ich
verzèch
im mîne schœne tohter: wol weste ich, daz im lêch
dem künege ûz Ormanîe   Hagene sîn lant.
dar umbe wære Kûdrûn   hin ze im nâch êren niht gewant.

820   Man sol unser vînde   disiu mære gar verdagen.
man sol si unsern vriunden   heimlîchen klagen.
nu heizet uns die mâge   balde her bringen.
ez endörfte guoten recken   dâ heime nimmer wirser gelingen'.

821   Dô hiez man Herwîge   hin ze hove gân,
vriunde unde mâge   und ander sküneges man.
dô dise guote recken   ze hove komen wâren,
man sach den künic Hetelen   in sînem muote truobe gebâren.

*822   Der voget von Hegelingen   sprach: 'ich wil iu
und muoz iu ûf genâde   mînen kumber sagen,   [klagen
waz uns mîn vrou Hilde   her enboten hât,
daz ez ze Hegelingen   sô rehte unvrœlîchen stât.

823   Mîn lant ist verbrennet,   mîne bürge gebrochen
uns ist gehüetet übele   dâ heime leider sider.   [nider.
mîn tohter ist gevangen,   erslagen mîne mâgen,
die mir *mines* landes   und *mîner* êre dâ heime phlâgen.'

818, 2 *ein* E.] *einer*   3 *Ormanierecken.*   **819**. Diese Nibelungen-
strophe mit ihrem seltsamen motivierungsversuch wird interpoliert sein.
Ursprünglich war wol in der ersten zeile von str. 820 der sprechende ge-
nannt. — 1 Ich habe die häliche lesart beibehalten, die ich erkläre *dar
umbe* (*kômen L. und H. uns mit helden schedelîche*, vgl. 818, 4) *daz* 'deswegen
— weil'. Anders M., der *daz* streicht, und B., der *durch daz* liest: sie be-
ziehen also den satz auf das folgende.   2 ff. vgl. zu 611.   **821**, 2
sküneges B.] *kuniges*.   **822**. Auch diese Nibelungenstrophe wird eine
jüngere einschaltung sein, unter umgestaltung des anfangs von str. 823.
823, 1 *zerprochen*, gebessert von V.   4 *mir lannd vnd ere*, gebessert von
V., vgl. 1050, 2. 3.

824 Dô trehenden Herwîge   diu ougen umbe daz,
daz diu Hetelen ougen   von weinen wurden naz.
sam tâtẹn die andern alle,   dô sis weinen sâhen.
der was vrô deheiner,   die dem küinege stuonden alsô nâhen.
825 Dô sprach Wate der alte: 'nu vermeldet niht.
swaz uns an vriunden   schaden nu geschiht,
des müge wir uns erholen   her nâch mit maneger wiinne.
vil trûric wirt gesetzet   Hartmuotes unde Ludewiges küinne.'
826 Hetele dô vrâgte: 'wie sol daz ergân?'
dô sprach Wate der alte: 'dâ sol wir *vride* lân
den von Môrlande,   dem küinege und sîm gesinde.
sô vüeren wir die degene   nâch der schœnen Kûdrûn dînem
827 Wate wîslîchen   râten kunde duo.   [kinde'.
'wir suln mit den gesten   werben morgen vruo
und ouch in der mâze,   daz si werden inne,
ob wirs niht lâzen,   daz si ir volc nimmer bringen hinnen.'
828 Dô sprach der küiene Herwîc: 'nu ist gerâten wol;
bereitẹt iuch alsô hiute,   wie man morgen sol
gebâren mit den vînden,   daz wir daz lâzen schouwen.
swie wir hinnen scheiden,   mir ist unmâzen leit nâch den
                                                    vrouwen.'
829 Si rihten sich ze strîte   mit rossen und mit wât.
si liezen vil ungerne   des alten Waten rât.
dô in erschein der morgen,   si versuochtenz vil sêre
an die von Abakîne.   dâ mite si wurben beide lop und êre.
830 Die panier allenthalben   in gedrenge man dô truoc.
der vil wol gesunden   manegen man dâ sluoc.
die von Sturmlande   lûte riefen 'nâher!'
die si dâ twingen wolten,   den was zuo dem *strîte* deste
831 Îrolt begunde rüefen   über schildes rant: [gâher.
'welt irz mit uns süenen,   ir helde ûz Môrlant?

824, 1 *trehende*   3 *sam* B.] *also.*   **825,** 3. 4 *ergetzen: wir gesetzen*
Z. V. B. Sehr möglich, dass es nach der umarbeitung des cäsurreimers ein-
mal so lautete. In z. 3 mag *ergetzen* überhaupt das ursprüngliche sein,
doch z. 4 lautete wol anders.   **826,** 1 *daz* E.] *vnns*   2 *vride* fehlt,
ergänzt von vdH.   **827,** 1 *duo* vdH.] *die*   2 *sullen* nach *werben*, um-
gestellt von Z.   3 *in den massen*, gebessert von V.   4 *wir es.*   **829,** 1
richteten   4 *Albakine*, doch vgl. 673, 2.   **830,** 2 ein zweites *vil* vor
manegen, gestrichen von V.   3 *rüeffen*   4 *strîte* fehlt, ergänzt von vdH.

des heizet iuch mîn herre   der künic Hetele vrâgen.
iuwer lant sint iu ze verre. ir verlieset beide guot unde
mâgen.'

832 Des antwurte Sîvrit,   der künic ûz Môrlant:
'swenne ir den sig erwerbet, sô habet ir guotiu phant.
ich wil mit nieman dingen wan nâch mîner êre.   [mêre.'
wænet ir uns twingen, ir verderbent beidenthalben deste

833 Dô sprach der recke Fruote: 'nu sichert ir uns bî
ze wesene dienestlîche, sô lâze wir iuch vrî
urliuges immer mêre ûz mînes herren landen.'
die von Karadîne   strahten dar den vride mit ir handen.

834 Alsô kom ez ze suone, als ich iu hân geseit.
dô giengen zuo einander die recken vil gemeit.
einander buten dienest die ê vînde wâren.
ir haz der was versüenet: si rieten den von Ormanîe ze vâre.

835 Nu sagete alrêrste Hetele dem künege ûz Môrlant,
waz er von sînen boten leider mære ervant.
ob er im helfen wolte, daz diente er an sîn ende,
daz er hern Hartmuote gelônte dirre *starken* missewende.

836 Dô sprach der herre Sîvrit, der *künic* ûz Alzabê:
'westen wir si vinden, sô müese in werden wê.'
dô sprach Wate der alte: 'ich weiz hie bî vil nâhen
ir rehte wazzerstrâze. wir mügens ûf dem mer vil wol er-
gâhen.'

837 Hetele sprach zin allen: 'wâ solte ich kiele hân?
ob ich in gerne schatte, wie möhte daz ergân,
ez enwære, ob ich dâ heime mich bereite zuo ir lande,
daz ich si dâ gesæhe, so geræche ich an in beide schaden
und anden.'

838 Dô sprach Wate der alte: 'sîn mac wol werden
got tuot mit gewalte, als ez umb in stât.   [rât;

832, 4 *maynt ir vnns zu betzwingen*, gebessert von B.   **833,** 2 *d.
also daz wir* 4 *strackten.*   **834,** 3 *an einander puten sy d.*, gebessert
von E. 4 *riten*, gebessert von B. *varen.*   **835,** 4 *herren. starken*
fehlt, so ergänzt von M.   **836,** 1 *künic* fehlt, so ergänzt von vdH.
2 *sy ze vinden; ze* von B. gestrichen.   **837,** 1 *ich hie kyele*, gebessert
von V. 3 *es ware. mich beraite da hayme*, umgestellt von V. *lannden*
4 *gerich*, gebessert von V,   **838,** 2 *als ez umb in stât* ist jedesfalls ver-
derbt; die herstellung von B. *al daz in bestât* ist aber nicht überzeugend.
Die zeile ist wol durch den cäsurreimer gänzlich entstellt. Vermuten liesse
sich etwa *ich bringe ez an ein ende, swie ez umb uns stât*, oder ähnlich.

jâ weiz ich hie vil nâhen   bî uns in dem lande
wol sibenzic guoter kiele.   die stênt mit guoter spîse ûf
                einem sande.
839   Die habent pilgerîne   gevüeret ûf den sê.
die müezen wir gewinnen,   swiez uns dar nâch ergê.
si suln gedulticlîchen   ûf dem sande erbîten,
unz wir mit unsern vînden   uns versüenen oder *aber* ge-
                strîten.'
840   Waten dem küenen   wart dannen gâch
wol mit hundert recken;   die andern zugen nâch.
er sprach, er wolte koufen,   hêten si iht spîse veile.
des starp im vil der mâge: im selben kom ez *ouch* ze unheile.
841   Die si an dem stade vunden,   vür wâr sô weiz ich daz,
der was drîzic hundert,   ich wæne, und dannoch baz.
die mohten niht sô gâhes   sich gerihten ze strîte.
dô kom in dar nâher   der künic mit maneger schar wîten.
842   Swie sô si gebârten,   man truog in ûf den sant,
des Wate niht enwolte,   ir silber und ir gewant.
die spîse hiez er lâzen   belîben ûf den ünden.
er sprach, man solte inz gelten,   sô si allernæhste her wider
                wünden.
843   Die pilgerîne klageten   und fluohten: des gieng in nôt.
swaz si im ir dinges sageten,   er ahte ez niht ein brôt.
Wate der vil küene   trahte âne smiele,
daz si im lâzen müesten   *mit ir spîse* kocken unde kiele.
844   Hetele der enruochte,   ob si immer ûf daz mer
mit ir kriuze kœmen.   er nam ûz ir her
vünf hundert oder mêre   der besten, die si vunden.
der brâhten si vil wênic   ze Hegelingelande der gesunden.

839,1 *Hie h.* 2 *wie es* 4 *aber* fehlt, ergänzt von V.   **840**,4
ouch fehlt, ergänzt von B.   **841**,1 *Da sy* 3 Vor der bearbeitung des
cäsurreimers lautete die zeile wol *die mohten sich gerihten   sô gâhes niht ze
strîte.*   **842**,4 *solte inz* V.] *sols euch.*   *si* V.] *wir   wünden* B.] *komen
kuennen.*   **843**,1 In dieser form rührt die zeile offenbar vom cäsurreimer
her. Gewis muss nicht mit E. V. B. *und fluohten*, sondern mit M. *klageten
und* gestrichen werden (vgl. 933, 4), wenn man den alten text herstellen
will. Das ursprüngliche war also wol *die pilgerîne fluohten* (oder *im fluohten*):
des gieng in michel nôt.   2 *nicht vmb ain*, gebessert von V.   3 *trachtet*
4 *mit ir spîse* fehlt, ergänzt nach 838, 4.   **844**,2 *aus in heer*, gebessert
von V. (vgl. *gotes her* 85, 2. 88, 2).   4 *Hegelingen der*, gebessert von V.

845 Ich enweiz, ob des engulte   Hetele und sine man
daz ditze volc ellende   daz herzen leit gewan,
daz si sich dâ muosten scheiden   in den vremeden landen.
ich wæne, got *von himele*   ræche dâ selbe sînen anden.
  846 Si vuoren, sô si mohten   beldiste dan.
Hetele und die sîne   guoten luft gewan.
si begunden segelen   nâch ir vîanden,
swâ si die bevünden,   und wolten an in rechen schaden und
                                 anden.

(17.) Âventiure,
wie Hetele nâch sîner tohter kom ûf den Wülpensant.

  847 Nu was künic Ludewîc   und ouch her Hartmuot
mit ir landes volke   bî des meres vluot
beliben durch ir ruowe   ûf den wilden griezen.
swie vil si liute hêten,   des mohten si doch lützel geniezen.
  848 Ez was ein wert vil breiter   und hiez der Wülpen-
dâ die von Ormanîe   ûz Ludewîges lant   [sant,
gemach gevüeget hêten   ir rossen und in selben.
daz sich ir schade muose   nâch ir gemache grimmiclîche
  849 Die vil edele gîsel   von Hegelingelant!   [melden
die hete man gewîset   ûf den wilden sant.
die mâze und si dâ mohten   sach man si gebâren.
die minneclîche meide,   bî den vînden trûric si wâren.
  850 Diu viur man allenthalben   bî dem sande sach.
die von verren landen   schuofen in gemach.
si wânden dâ belîben   — daz kom in al ze sêre —
mit den schœnen wîben   *wol* ze siben nahten oder mêre.
  851 Dô dise recken lâgen   an einer wilden habe,
Hartmuot mit sînen mâgen   muoste lâzen abe
den *gedingen den* si hêten,   daz si solten belîben
dâ ze siben tagen   an ir gemache mit den schœnen wîben.

845,1 *Ich wayss nit*   4 w. *daz got*, gebessert von B. *von himele*
fehlt, ergänzt von B. *daselbs.*   **846**,1 vgl. 1265,1.   3 *veinden*
4 *rechen ir schaden vnd ir anden*, so gebessert von M., vgl. 837,4. **Aven-**
tiureÜberschrift: *Volpensannt* (ebenso 848,1).   **848**,2 *do hetten die*
3 *gefüeget was gemache ir ross und sich selben;* 2. 3 gebessert von V.
849,3. 4 *mochten vnde kunden geparn d. m. maide sach man bey*, gebessert
von M.   **850**,4 *wol* fehlt, so ergänzt von M.   **851**,3 *gedingen den*
fehlt, ergänzt von vdH. *solten da beleiben*   4 *dâ* fehlt. *den vil schonen.*

852 Ez was von Matelâne   nu sô verre dan
Kûdrûn diu wol getâne,   daz Ludewîges man
heten an ir gemache   deheiner slahte gedingen,
daz Wate und sîne vriunde   ez in ze schaden ie möhten
   853 Dô sach der marnære   ûf den ünden wagen [bringen.
ein schif mit rîchen segelen.   dem künege hiez erz sagen.
dô daz gesach her Hartmuot   und ouch al die sîne,
in den segelen wæren kriuze,   si jâhen ez wæren pilgerîne.
   854 Schiere sâhens vliezen   drî kiele guot
und niun kocken rîche.   die truogen ûf der vluot
manegen der daz kriuze   durch gotes êre selten
truoc an sînen kleiden.   des muosten die ûz Ormanîe engelten.
   855 Si kômen in nu sô nâhen,   daz man die helme sach
ab den schiffen schînen.   sich huob ir ungemach
und ir schade sêre   Ludewîgen und den sînen.
'wol ûf!' sprach dô Hartmuot,   'hie koment die grimmen
                  widerwarten mîne.'
   856 Si gâhten zuo dem lande,   daz man wol vernam
diu ruoder an den handen   krachen manegem man.
die ûf dem stade wâren,   die alten zuo den jungen,
die enwesten wie gebâren,   wan daz si werlîche dar sprungen.
   857 Ludewîc und Hartmuot   truogen schilt enhant.
si wâren ê vil sanfter   komen in ir lant,

Die herausgeber bessern verschieden. Es scheint übrigens, dass str. 850.
851 aus éiner ursprünglichen strophe erweitert sind, die etwa gelautet
haben mag:

     Diu viur man allenthalben   *bî dem sande sach.*
     die von Ormanîe   *schuofen in gemach.*
     Hartmuot het gedingen,   *daz si solten belîben*
     dâ ze siben nahten   *an ir gemache mit den schœnen wîben.*

852, 1 *nu sô verre dan* B.] *so verre von in dan*   2 *dies* L.   4 *ez* fehlt, ergänzt
von E.   *nie mohten.*   **853,** 2 *hiess ers dem künige*, umgestellt von B.
4 *segele waren. pilgrame.*   **854,** 1 *sahen sy*   3. 4 *creütze trüge selten
durch daz gotes ere an seinen claiden des muesten entgelten die helden aus
Ormanie sere.* Ich habe die herstellung von B. aufgenommen. Der grund
der verderbnis ist aber wider die einführung des inneren reims, zu dem der
bearbeiter die alten reimworte *selten : engelten* verwante. Hierdurch wurde er
genötigt *êre* als neues reimwort zu wählen, dem ein entsprechendes für z. 4
(*sêre*) angeflickt wurde.   **855,** 3 *ir* fehlt, ergänzt von V.   4 *sprach dô*
fehlt, ergänzt von Mh.   *widerwarte minen.*   **856,** 1 *den landen.*
857, 2. 3 'ein mittelglied ist zu ergänzen: und würden auch diesmal be-
quem nach hause gekommen sein, ausser dass, wenn nicht usw.' (B.)

wan daz si ir ruowe   troug ein teil ze sêre.

si versâhen sich zir vînden,   Hetele het der mâge niht mêre.

   858   Lûte ruofte dô Ludewîc   an alle sîne man:

'ez was gar ein kintspil   swes ich ie began:

nu muoz ich aller êrste   mit guoten helden strîten.

ich gerîche immer   der ir tar under mînem vanen erbîten.'

   859   Hartmuotes zeichen   truoc man ûf den sant.

diu schif sô nâhen wâren,   daz sis mit der hant

mit scheften mohten langen   bî in an dem grieze.

ich wæn her Wate der alte   sînen schilt niht müezic enlieze.

   860   Sô rehte grimmiclîche   werte man nie ein lant.

die von Hegelingen   drungen ûf den sant.

mit spern und mit swerten   stritens alsô sêre.

ein ander si dô werten,   daz si des koufes sît niht gerten

   861   Si wâren allenthalben   an daz stat gestân.   [mêre.

nâch winden von den alben   sach man nie snê gân

sô dicke, sô *dâ* dræten   die schüzze von den henden.

ob siz nu gerne tæten,   sô möhte den schaden nieman wol

                                 erwenden.

   862   Man vant ein sperwehsel.   diu wîle diu was lanc,

ê sie daz lant gewunnen.   der alte Wate spranc

zuo den vînden sêre;   si wâren im sô nâhen.

er was sô grimmes muotes,   daz si sînen willen wol gesâhen.

   863   Ludewîc von Ormanîe   der lief Waten an.

mit einem sper vil scharphen   schôz er ûf den man,

daz diu stücke hôhe   sprungen in die winde.

Ludewîc der was küene.   dô kom ouch *daz* Waten ingesinde.

   864   Wate Ludewîgen   durch den helm sluoc,

daz des swertes ecke   ûf daz houbet truoc.

ouch het *er* under brünne   von vil guoten sîden

von Abalîe ein hemede: anders müeste er nu daz ende

                                   lîden.

857, 4 *zu ir veinde*. *H. der hat der.*   **858**, 2 *swes ich* Hildebrand Zs. für d. Ph. 2, 475] *was er*   4 *tar* Z.] *getar*.   **859**, 4 *ich wil das her*, gebessert von Hpt. *enlieze* B.] *liesse*.   **860**, 4 *werten*] sc. *der wunden*, vgl. 783, 2. 3. Bit. 2870 f. 2914.   **861**, 2. 3 vgl. zu 502, 3 und im besonderen M. zu unserer stelle.   3 *dâ* fehlt, ergänzt von B.   **862**, 3 *in.* **863**, 4 *daz* fehlt, ergänzt von E.   **864**, 3 *er* fehlt, ergänzt von vdH. *vnnder der brunne*, gebessert von Hpt., vgl. Gramm. 4, 413 f.   4 *von Aballe*] vgl. zu 267, 3. Natürlich schützt nicht das seidene hemd unter der brünne

865 Ludewîc im vil kûme   mit sînem lîbe enbrast.
die stat muoste er rûmen.   ez was ein übel gast
Wate dâ er bî vînden   solte sig erwerben.
man sach von sîner hende   manegen *guoten* recken dâ ster-
866 Hartmuot und Îrolt   zuo einander spranc.   [ben.
ir ietweders wâfen   ûf dem helme erklanc,
daz man ez mohte hœren   durch die schar verre.
Îrolt was vil biderbe.   küene was ouch Hartmuot der herre.
867 Herwîc von Sêwen,   ein mærer helt guot,
der enmohte vollangen.   jâ sprang er in die vluot.
er stuont unz an die üehsen   tiefe in einer ünde.
herter vrouwen dienest   wart dâ *dem küenen* Herwîge künde.
868 Disen recken guoten   wolten in der vluot
ertrenken sîne vînde.   manegen schaft vil guot
sach man ûf im zebrechen.   im was gâch zem sande
nâch sînen vînden.   dô wart gerochen maneges recken ande.
869 Als si daz stat erwurben,   man sach des meres
von den, die dâ sturben,   gevar als daz bluot   [vluot
bî in allenthalben   in rôter varwe vliezen
sô wîte, daz ez niemen   mit einem sper wol möhte über-
870 Grœzer arbeite   wart nie helden kunt.   [schiezen.
ez wart nie helt als maneger   gedrücket an den grunt.
ein lant si möhten erben,   die âne wunden sturben.   [durben.
die in dâ schaden tâten,   ich wæn si allenthalben dâ ver-
871 Nâch sînem lieben kinde   der küene Hetele streit,
er und sîn gesinde.   schaden unde leit
tâten allenthalben   die vremeden zuo den kunden.
des wart vil maneger   veige ûf dem Wülpensande vunden.

Ludwig gegen den kopfhieb, sondern die in dasselbe eingenähten reliquien
(vgl. namentlich Rabenschlacht 651 f., Wolfd. B. 349,3 und Jänicke's anm.).
865,3 *da er solte bey veinden sich e.*   4 *guoten* fehlt, ergänzt von B.
867,4 *dem küenen* fehlt, so ergänzt von B.; vgl. 868,4, wo *küenen* über-
flüssig in der hs. steht.   **868,**3 *gahe zu dem*   4 *m. küenen r.*, ge-
bessert von E.   **869,**4 *mocht wol mit ainem sper;* die wortstellung
nach B.   **870,**1 *arbait;* die form *arbeite* auch 666,3 (*arbaiten* hs.) und
1297,3.   2 *helde also*   3 *sy mocht.* Der sinn ist: 'diejenigen, welche
ohne verwundet zu sein, dh. durch ertrinken starben, waren so zahlreich,
dass sie ein ganzes land hätten in besitz nehmen können'.   4 V. und M.
lesen *die in dâ schaden tœten* (*tetten* hs.) und ziehen den relativsatz zu
wunden, was mir dem stile der Kudr. zu widersprechen scheint.   **871,**1
Hettel der küene.   3 *die* V.] *dem.*   4 *Vlpensande.*

872 Mit ungevüegem dienste   urborte sich ir hant,
der von Ormanîe   und von Hegelingelant.
man sach die Tene küene   sô hêrlîchen strîten:
swer genesen wolte,   der endorfte ir nimmer dâ enbîten.

873 Ortwîn und Môrunc   die bouten daz lant
nâch alsô grôzen êren,   daz man ir wênic vant,
die baz gevüegen kunden   schaden mit ir ellen.
si sluogen vil der wunden,   die zwêne helde und ir herge-
         sellen.

874 Die vil stolzen Mœre,   als ich hân vernomen,
die wâren von ir schiffen   zuo ir vînden komen.
der wânde dâ Hetele   in sorgen wol geniezen.
sî wâren helde küene.   man sach daz bluot durch veste
         helme vliezen.

875 Ir voget den si hêten,   wie mühte der küener sîn?
des tages vrumte *er* sweizic   maneger brünne schîn.
er was in starken stürmen   ein mærer helt vil guote.
wie kundens wesen küener   der alte Wate und ouch *von*
         Tenen Fruote?

876 Diu sper verschozzen wâren   dort und ouch hie.
Ortwîn mit sînen gesellen   vrevellîchen gie.
des wart des tages helme   vil von in verhouwen.
grimme weinte Kûdrûn.   alsô tâten ouch bî ir ander vrouwen.

877 Der herte strît der werte   des selben tages lanc.
daz volc ein ander gerte.   grôz was der gedranc.
dâ muoste snellen helden   sêre misselingen,
dâ *die* Hetelen vriunde   wolten sîne tohter wider gewinnen.

878 Der âbent seic ie nâher.   dâ von der künic gewan

872,1. Die herausgeber seit V. ändern *urborten si*. Ich habe die
häliche lesart nicht verlassen mögen: *sich urborn* 'sich anstrengen' auch
Bit. 13038.   2 *die v. O. vnd die von H*.   4 *enbîten*] das *empeiten* der hs.
braucht nicht in *erbîten* geändert zu werden (s. Mhd. Wb. 1,175b. Lexer
1,545).   **873**,2 *also nach*, umgestellt von V.   *wenig da vant*, gebessert
von V.   **874**,1 *Moren*   2 *schiffe*   4 *durch die vesten helmen*, ge-
bessert von B.   **875**,2 *er* fehlt, ergänzt von Z.   4 *von Tenen* fehlt,
ergänzt von E.   **876**,2 *vrevellichen* Klee Germ. 25,400] *frölichen*; vgl.
111,4 in der hs. *freuenliche* für *vrevelliche*, und zum ausdruck Nib. 1054.4.
3 *vil helme*, umgestellt von V.   **877**,2 *volck an einander gerte*; der auf-
fallende ausdruck ist nur des cäsurreims halber eingeschoben.   4 *die* fehlt,
ergänzt von B.

schaden deste mêre.　die Ludewîges man
tâten swaz si solten.　si enwesten war entrinnen.
si sluogen *tiefe wunden*:　alsô werten sie die küniginne.

879　Diz werte in grôzen sorgen,　unz inz diu naht benam,
von einem vruomorgen.　si tâten âne scham
allez daz si kunden,　die alten zuo den jungen,
ê daz künic Hetele　kom zuo dem von Ormanîe gedrungen.

(18.) Âventiure,
wie Ludewîc Hetelen sluoc und bî der naht vuor von dannen.

880　Hetele unde Ludewîc　die truogen hôch enhant
ir vil scharphiu wâfen.　ir ietweder vant
mit kreften aneme andern　rehte wer er wære.
Ludewîc sluoc dô Hetelen.　des wurden dô herzenleidiu mære.

881　Dô von Matelâne　der wirt wart erslagen,
daz gevriesch diu wol getâne.　jâ hôrte man dô klagen
die schœnen Kûdrûnen　und ouch alle ir meide.
ez wart gescheiden kûme.　den liuten wart beidenthalben
　　　　　　　　　　　　　　　　leide.

882　Dô Wate der vil grimme　gevriesch des küneges tôt,
er begunde limmen.　sam ein âbentrôt
sach man helme schînen　von sînen slegen swinden.
in und al die sînen　die muoste man vil zornige vinden.

883　Swaz tâten die helde guote,　waz mohte helfen daz?
von dem heizen bluote　der wert wart vil naz.

_____

878,4 *tiefe wunden* fehlt, so ergänzt von B.; vgl. 873,4.　**879**,2
vor ainem früe morgen] vruomorgen wird belegt im Mhd. Wb. 2,220a und
bei Lexer 3,553, doch ist der ganze ausdruck vom cäsurreimer verunstaltet
und lautete gewis ursprünglich *von einem morgen vrüeje* (vgl. 108,2. 1349,1).
4 *kome*.　**880**,1 *in hant*, gebessert von B.　3 *aneme andern* B.] *an
einander;* schon V. besserte *an dem andern*.　**881**—**883** mit cäsur-
reimen in allen zeilen unterbrechen den fortschritt der handlung in stören-
der weise und sind vielleicht ein selbständiger zusatz des cäsurreimers.
Doch würde auch str. 884 besser fehlen.　**881**,3 *Chaudrun*　4 *ez wart
gescheiden kûme*] dieser ausdruck ist mir an dieser stelle unverständlich,
wenn er nicht bloss des cäsurreims wegen da ist. Die erklärungsversuche
von Bartsch und von Hildebrand befriedigen nicht.　**882**,2 Zwischen
ein und *âbentrôt* hat die hs. noch fehlerhaft *swein*, von Hpt. gestrichen.
Natürlich hat *limmen* einen schreiber zu dem einschub verführt.　4 *von
im vnd allen den seinen*, gebessert von V.

des vrides niht engerten   die von Hegelingen.

ûf dem Wülpenwerde   woltens Kûdrûn gerne wider bringen.

884   Die Wâleis und von Stürmen   râchen sküneges tôt.

die von Tenemarke   wâren in der nôt

bî den Hegelingen   und bî den von Hortlande.

den vil zieren helden   brâsten guotiu wâfen an den handen.

885   Sînen vater wolte rechen   der küene Ortwîn.

dô kom mit grôzer menege   Hôrant und die helde sîn.

der tac was verendet,   nahten ez begunde.

dô wart alrêrst erhouwen   von den helden manic vil tiefiu
                                     wunde.

886   Einer von Tenemarke   ze Hôranden spranc,

sîn swert im harte lûte   an der hende erklanc.

er wânde er wær der vînde.   dô vrumte im an den stunden

Hôrant *schaden grôzen:*   der degen küene sluog im eine
                                     wunden.

887   Dô er sînen neven   het ze tôde erslagen,

den vanen hiez er *schiere*   nâch sînem vanen tragen.

do erkante er bî der stimme   den er da het verschrôten

mit sînem starken ellen.   Hôrant klagete *sêre* dô den tôten.

888   Lûte ruofte Herwîc: 'hie wirt mort getân.

sît daz wir niht lenger   des tages mügen hân,

wir slahen alle ein ander,   die vremeden zuo den kunden.

ob ez wert unz an den morgen,   hie wirt niht der dritte
                                 lebende vunden.

889   Swâ man Waten den küenen   in stürmen ie vernam,

nieman zuo im dringen   in der nôt gezam.

883,3 *vr. sy nicht gerten,* gebessert von V.   4 *Vlpenwerde.*   **884,**1
Die Walais von den Sturmen; meine herstellung ist nicht ohne bedenken,
doch scheint sie mir denen von M., der *Walais* streicht, und von V. (und
B.), der *in dem sturme* liest, vorzuziehen.   *des kuniges*   3 *Hortlanden.*
885,2 ist wol nicht richtig überliefert, doch kenne ich keine befriedigende
besserung.   4 *verhawen* (vgl. Lachmann zu Nib. 202, 2).   **886,**3 *wande
es were,* gebessert von Z.   4 *schaden grôzen* fehlt, ergänzt von B.   **887.**2
schiere fehlt, ergänzt von Z. Vielleicht aber steckt die verderbnis tiefer,
denn die absicht des dichters mit den beiden fahnen ist nicht sehr deutlich.
4 *sêre* fehlt, ergänzt von Pl.   **888,**3 *alle an einander*   4 *ob*] *wie:* die
herausgg. lesen *swie,* doch scheint mir ein concessivsatz hier keinen sinn zu
geben, sondern nur ein conditionalsatz.   *lebentig;* zum ausdruck vgl. Bit.
12102 f.   **889,**2 *drünge,* gebessert von V. Vor *gezam* hat die hs.
ehlerhaft *began,* getilgt von vdH.

sîn ungevüegez zürnen   nieman bî im dolte.
er brâhte ir vil manegen   dâ hin, dâ er immer wesen solte.
890 Ouch mohten siz wol scheiden,   unze ez würde tac.
ir volc dâ beidenthalben   mit verchwunden lac
erslagen von den vremeden. in gebrast des mânen schînen.
der tac der was zergangen.   des vlôs den sie der gast mit
                                                    al den sînen.
891 Die grimme müelîchen   liezen dô den strît.
mit vil müeden handen   schieden si sich sît.
si belîben bî einander   *dannoch al*sô nâhen,
swâ diu viur brunnen,   daz si ir helme und ouch ir schilde
     892 Ludewîc und Hartmuot   ûz Ormandîn   [sâhen.
giengen sundersprâchen.   daz gesinde sîn
liez der künic hœren,   wes er belîben solte
bî Waten dem vil küenen,   wande der *in* gerne sterben wolte.
     893 Er riet in sînen listen: 'nu leget iuch ze tal,
iuwer houbet ûf die schilde,   und habet grôzen schal.
sô mügen niht enwænen   die von Hegelingen,
ob ichz kan gevüegen,   daz ich iuch von hinnen alsô bringe.'
     894 Dô volgte Ludewîge   mâge unde man.
trumben und pusûnen   lûte man vernam,
sam daz lant dâ wære   gewalticlîch ir eigen.
sîne starke liste   begunde Ludewîc dô zeigen.
     895 Man hôrte dâ allenthalben   gebraht unde wuof.
dô verbôt man den kinden   den weinenden ruof,
die des niht wolten lâzen,   daz man die alle ertrancte:
swelhe man dâ gehôrte,   daz man die in die ünde sancte.
     896 Swaz si gehaben mohten,   daz wart in ûf getragen.
si liezen dâ die tôten,   die in wâren erslagen.

890, 3 *manes*   4 *verlos*.   *allen*.   **891,** 1 m. *sy liessen*   3 *dan-
noch al* fehlt, ergänzt von vdH.   4 *schilde wol sahen*, gebessert von E.
892, 1 statt *Hartmuot* hat die hs. *Horant*.   4 *in* fehlt, ergänzt von B.; der
schreiber verstand das factitivum *sterben* nicht mehr.   **893,** 2 halte ich
mit W. s. 170 f. für entstellt. Ludwig kann nur den befehl geben wollen,
still und ruhig zu sein: daher die finstere drohung str. 895, da die geraubten
jungfrauen durch ihr klagen den plan zu vereiteln drohen. Vermutlich ist
str. 894 interpoliert und hat ihre einfügung die entstellung von 893, 2 zur
folge gehabt, wo es ursprünglich wol lautete, wie W. vermutet, *enhebet
deheinen schal*, oder ähnlich. — 3 *enwænen* B.] *wænen*   4 *also künne
bringen*, gebessert von V.; der fehler ist durch reimglättung verschuldet.
894, 2 *trummen*, vgl. 49, 1.   **896,** 2 *in* E.] *ir*.

in gebrast vil vriunde;   daz was in vil swære,
des liezen si ir kocken   *hinder in* dâ vil manegen lære.

   897 Mit alsô grôzen listen   kômens ûf den sê,
die von Ormanîe.   den vrouwen den was wê,
daz si verswîgen muosten   daz varn von ir mâgen.
des westen niht die helde,   die noch ûf dem Wülpenwerde
                                    lâgen.

   898 Ê in der tac bekœme,   dô wârens ûf den wegen,
mit den die von Tenemarke   strîtes wânden phlegen.
Wate hiez lûte   sîn herhorn schellen.
dô wolte er zuo in gâhen,   die er mit tiefen wunden wolte
                                    vellen.

   899 Ze rosse und ouch ze vuoze   von Hegelinge lant
daz volc sach *man* allez   sîgen über sant
nâch den von Ormanîe,   Ludewîge und sînen mannen,
mit den si wolten strîten.   dô wâren si gevarn verre dannen.

   900 Diu schif si vunden lære,   gestrewet ir gewant;
daz sach man allez ligende   ûf dem Wülpensant.
der herrenlôsen *wâfen*   wart *dâ* vil vunden.
si heten daz verslâfen,   daz si in nimmer geschaden kunden.

   901 Dô man daz Waten sagete,   des gieng im michel nôt.
wie angestlîche *er* klagete   des künic Hetelen tôt,
daz erz niht *het* errochen   an Ludewîges lîbe.
vil helme lac zerbrochen.   daz klaget dâ heime vil der schœ-
                                    nen wîbe.

   902 Wie rehte jæmerlîchen   durch zornigen muot
Ortwîn dô klagete   die sînen recken guot!
er sprach: 'wol ûf, ir helde,   ob wir si mügen ergâhen,
ê daz si rûmen die selde.   jâ sint si noch dem stade nâhen.'

   903 Des wolte dô gerne volgen   Wate der alte man.

896,4 *hinder in* fehlt, so ergänzt von B., vgl. 1453,1.   **898,**2 *die*
Tenemarken änderte B. vielleicht mit recht, vgl. 938, 2. 1544, 3.   **899,**1
fuesse die von, gebessert von E.   2 *man* fehlt, ergänzt von vdH.   4 *sy*
verre gefarn von, gebessert von E.   **900,**2 *Fulpensant*   3 *wâfen* und
dâ fehlen, beides ergänzt von vdH.   **901,**2 *er* fehlt, ergänzt von vdH.
3 *het* fehlt, ergänzt von vdH.   **902,**1 *mit zornigem mute*: 2 *gute*, ge-
bessert von V.   4 habe ich unverändert beibehalten; der wunderliche
ausdruck *die selde,* der hier nur die see (nicht, wie D. meint, den lagerplatz)
meinen kann, zeigt zur genüge, dass der cäsurreimer hier eine alte strophe
teilweise überarbeitet hat.

Fruote bî dem lufte   kiesen dô began.

er sprach zuo den recken: 'waz hilfet, ob man île?

merket *mich vil* ebene: si sint von hinnen wol drîzic mîle.

904 Ouch mügen wir der liute   die state niht gehân,

daz in iht schade werde   von unser vart getân.

nu lât iu mîne lêre',   sprach Fruote, 'niht versmâhen;

waz welt ir rede mêre?   jâ müget ir si nimmer wol ergâhen.

905 Nu heizet die wunden   zuo den schiffen tragen

und suochet ouch die tôten,   die uns sint erslagen,

und heizet die bestaten   ûf den wilden griezen.

si habent hie vil der vriunde.   war umbe solten si des niht

geniezen?'

906 Si stuonden al gemeine   mit windender hant.

ob in niwan eine   der schade würde erkant,

daz si verlorn hêten   die jungen küniginne:

waz si nu der mære   mühten vroun Hilden wider bringen.

907 Dô sprach Môrunc: 'und würde es nu niht mêr,

wan daz wir selbe lîden   leit und herzen sêr —

wir dienen swache gâbe,   sô wir ir bringen diu mære,

daz Hetele lît erstorben.   noch sanfter ich von vroun Hil-

den wære.'

908 Dô suochte man die tôten   über al den sant.

die dâ wâren kristen,   swaz man der dâ vant,

die hiez der helt von Stürmen   zuo einander bringen.

wâ si belîben solten,   daz ahten si mit den jungelingen.

909 Dô riet der degen Ortwîn: 'dâ sul wir si begraben.

daz sul wir ahten danne,   daz si urkünde haben

mit einem rîchen klôster   immer nâch ir ende

und daz ein teil guotes   iegelîchez künne dar zuo sende.'

910 'Daz hâst du wol gerâten',   sprach der *von* Sturmlant,

903, 4 *mich vil* fehlt, ergänzt von B., vgl. Alph. 335,1 (M.).   **904,**
3. 4 vgl. Bit. 8336 ff., s. Mh. einl. s. 19 anm.   4 *ir der rede,* gebessert
von V.   **906,** 1 *alle*   2 *wan*   4 *was mare sy nu mochten frawen.*
907, 1 *es* V.] *ir*   1. 2 *mere : sere*   2 der nachsatz ist zu ergänzen, wie
auch 906,3.   **908** schlösse besser an 905 an. W. vermutet, dass die
strr. 906 und 907 zwischen 901 und 902 stehen sollten, während str. 911 ihre
stelle zwischen 905 und 908 hätte erhalten müssen (s. 171). Gewis gewänne
der zusammenhang durch diese strophenordnung. — 3 *von den Sturmen,*
gebessert von E.   4 *wâ* V.] *wie.   daz* V.] *des.*   **909,** 4 *yegklich.*
910, 1 *von* fehlt.

'jâ sol man verkoufen   ir ros und ir gewant,
die dâ ligent tôte,   daz man der armen diete
nâch ir lîbes ende   von ir guote disen vrumen biete.'

911 Dô sprach Îrolt: 'sol man ouch die begraben,
die uns den schaden tâten,   oder sol man si die raben
und die wilden wolve   ûf dem werde lâzen niezen?'
dô rieten daz die wîsen,   daz si der einen ligen niht enliezen.

912 Dô si dô müezic wurden   nâch ir maneger nôt,
den künic si begruoben,   der den werden tôt
durch vriunde liebe hête   genomen ûf dem sande.
swie *si* geheizen wæren,   sam tete man die von ieclîchem
                                                lande.

913 Die Mœre man besunder   ir ieclîchen vant.
sam tete man dâ die degene   von Hegelingelant
und die von Ormanîe.   *man* muoste ir stat bescheiden.
die legete man besunder.   si wâren beide kristen unde heiden.

914 Vil unmüezic si wâren   unz an den sehsten tac.
si heten niht der wîle   — daz gesinde nie gelac —,
wie si ze gotes hulden   die von Hegelingen
von ir grôzen schulden   und von ir missetât möhten bringen.

915 Lesen unde singen   man hôrte sô vil dâ,
daz man bî sturmtôten   nindert anders wâ
gote sô schône diente   in deheinem lande.
sît lie man bî den veigen   vil der phaffen ûf dem *Wülpen*-
                                                sande.

916 Ouch muosen dâ belîben   die ir solten phlegen.
die hiez man ane schrîben   daz in dâ wart gegeben,
wol driu hundert huobe;   ez wurden spitâlære.
diu mære erschullen verre,   wie daz klôster dâ gestiftet wære.

917 Alle die ir mâge   heten dâ verlân,

910,3 *mans.*   **911**,1 *man sol,* umgestellt von V.   2. 3 vgl. Bit.
3777 und Jänickes anm.   4 *der cristen ainen nicht ligen liessen,* so ge-
bessert von V.; das anstössige *kristen* strich schon E.   **912**,1 *müessig
do,* umgestellt von Z.   3 *genomen hette,* umgestellt von Z.   4 *si* fehlt,
ergänzt von vdH.   *die* B.] *da in;* der falsche dativ hier und 913,2. 3 er-
klärt sich daher, dass der schreiber den mhd. gebrauch von *tuon* nicht mehr
kannte.   **913**,1 *Der Morn*   2 *sam* B.] *also.* den degen, gebessert von V.
3 *die* V.] *den.   man* fehlt.   4 *si* bezieht sich nicht bloss auf die von Ormanîe,
sondern auf sämmtliche toten, denn heiden sind nur die mohren.   **915**,4
Wülpen fehlt.   **916**,2 *daz* V.] *des.*

die gâben dar ir stiure,   wîp unde man,
durch willen der sêle   der lîcham si begruoben.   [huobe.
sît wart ez also rîche,   daz dar dienten wol drîu hundert
    918 Nu ruoche in got genâden,   die dâ sint gelegen,
und den in dem lande.   nu vuoren after wegen
die noch gesunt wâren   ûf dem Wülpensande.
die kômen nâch ir sorgen   ieslîcher heim zuo ir herren lande.

(19.) Âventiure,
wie die Hegelinge heim ze lande vuoren.

    919 Die Hetelen mâge   heten lâzen hie
in des tôdes lâge,   daz guote *recken* nie
mit sô grôzen sorgen   mê kômen zuo ir lande.
sît sach man schœne vrouwen   weinen mit windenden handen.
    920 Ez getorste ûz Hortlande   der degen Ortwîn
nâch schaden und nâch schanden   die lieben muoter sîn,
Hilden die schœnen,   vor jâmer nie beschouwen.
diu warte tegelîche,   ob si bræhten Kûdrûn die vrouwen.
    921 Wate reit mit vorhten   in daz Hilden lant.
die andern niht getorsten.   sîn kraft und ouch sîn hant
het übele gehüetet   in volcstürmen grimmen.
er entroute niht sô gâhes   die Hilden hulde widere gewinnen.
    922 Dô die liute sageten,   Wate wære komen,
genuoge des verzageten.   si heten ê vernomen,
swanne er reit ûz strîte,   sô vuor er ie mit schalle.
daz tete er zallen zîten.   si swigen nu *gemeinlîchen* alle.
    923 'Owê', sprach vrou Hilde,   'wie ist ez nu ergân?
ez vüerent dürkel schilde   des alten Waten man.

917,2 *dar* B.] *da*   3 *leichnam*   4 *huben*.   **918**,1 *in got genâden*
B.] *sy got begnaden*   2 *vnd der anndern in*, gebessert von B.   4 *yetzlicher*.
919,1 *Des H.*   2 *in des* B.] *auf*, vgl. Klage 2714 (B.), auch 840. 1062 f.
recken fehlt, ergänzt von vdH.   3 *ir herren lande*, so gebessert von V.
herren kann aus 918,4 hineingekommen sein, doch ist die zeile schwerlich
schon richtig hergestellt. Namentlich ist *mê* im auftakt der zweiten vers-
hälfte bedenklich.   **920**,1 *gestort.*   *Ortlannde.*   **921**,1. *in des H.*
3 *volcsturm*] auch 1111, 3; vgl. *in volkes stürmen* Nib. 1965, 3.   4 *sô* Z.] *also.*
wider; oder ist zu lesen: *er entroute alsô gâhes   die Hilden hulde wider*
niht gewinnen?   **922**,3. 4 vgl. Klage 2845 ff. (B.)   3 *ye er*, umgestellt
von vdH.   4 *gemeinlîchen* fehlt, ergänzt von Z.

unsanfte gânt die mœre, geladen harte swære.
si gehabent sich übele. ich weste gerne, wâ der künic wære.'
   924 Dar nâch in kurzer wîle, dô si daz gesprach,
dô sach man manegen îlen dâ man Waten sach,
die von ir lieben vriunden gerne wolten vrâgen.
dô saget er in diu mære, der ieclîchen mohte wol betrâgen.
   925 Dô sprach Wate von Stürmen: 'ich mag iuch niht ver-
noch sol iuch niht betriegen. si sint alle erslagen.' [dagen
des erschrâken sêre die alten zuo den kinden.
man kunde nimmer mêre sô rehte trûric ingesinde vinden.
   926 'Owê mîner leide!' sprach des küneges wîp.
'wie ist von mir gescheiden mînes herren lîp,
Hetelen des rîchen! wie swindet mîn êre! [mêre.'
wie hân ich vlorn beide! jâ gesihe ich Kûdrûn nimmer
   927 Ritter unde meide quelten dô den lîp
von ungevüegem leide. dô des küneges wîp
ir man sô sêre klagete, man hôrte den sal erdiezen.
'owê mir', sprach vrou Hilde, 'und sol sîn künic Hart-
                        muot geniezen.'
   928 Dô sprach Wate der küene: 'vrouwe, lât daz klagen.
si koment niht her widere. noch nâch disen tagen,
sô uns die liute erwahsent hie in disem lande,
sô tuo wir Ludewîge unde Hartmuote ouch alsam ande.'
   929 Dô sprach diu trûrende: 'hei, solte ich daz geleben!
allez daz ich hête wolte ich dar umbe geben,
daz ich errochen würde, swie sô daz geschæhe,
daz ich vil gotes armiu mîne tohter Kûdrûn gesæhe.'

923, 3 *gânt* E.] *giengen. geladen harte swære*] nämlich mit den rüstungen der erschlagenen (vgl. Klage 2936 f.) 4 b vgl. Klage 2944. **924,** 2 *dâ* Z.] *daz* 3 *von irem lieben herren vnd freunden*, so gebessert von E.; ist *câsurreim herren : mære* beabsichtigt? 4 *der* E.] *des*. **925,** 1 *Sturm*. **926,** 1 *weibe* 2 *hertzen leibe* 4 *verloren*. **927,** 3 *schal;* vgl. Nib. 35, 3. 1818, 6. 2172, 2. **928,** 2 *noch nâch disen tagen* darf nicht mit Mh. und M. zum vorhergehenden gezogen werden. B. liest *idoch* für *noch*. Die überlieferung lässt sich jedoch genügend erklären durch die annahme, dass dem dichter zunächst der gedanke vorgeschwebt hat: die zeit der rache wird schon *noch* kommen. Wie der gedanke wirklich ausgedrückt ist, erwartete man freilich statt *noch* eher *sît*. **929,** 4 *vnd daz*, gebessert von B. *ich vil gotes armiu* auch 1209, 1. 1297, 2; vgl. 1477, 3. Nib. 1020, 4. 1515, 4. 2090, 1.

930 Wate sprach ze Hilden: 'vrouwe, làt daz klagen.
wir suln uns besenden   in disen zwelf tagen
mit allen iuwern recken,   swaz wir der mügen bringen,
und râten eine reise: sô muoz Ormanîe misselingen.'

931 Er sprach: 'mîn vrou Hilde,   ez ist alsô komen:
ich hân pilgerînen   niun schif genomen.
diu sul wir den armen   dar umbe wider bringen,
ob wir mêre strîten,   daz uns danne baz müge gelingen.'

932 Dô sprach diu jâmerhafte: 'daz râte ich *daz man tuo*.
daz man ir schaden büeze,   dâ hân ich willen zuo.
swer iht nimt pilgerînen,   der hât des sünde starke.
man sol in ie wider eine   mînes silbers geben drî marke.'

933 Diu schef brâhte man widere,   als diu vrouwe riet.
è daz dehein pilgerìn   von dem stade schiet,
dô wart in allen   alsô wol vergolten,   [unbescholten.
daz si dâ vluohten niemen   und daz Hagenen kint beleip

934 Dar nâch des næhsten morgens   dô kom von Sêlant
Herwîc der küene   dâ er vroun Hilden vant
nâch ir mannes ende   weinen grimmiclîche.   [lîche.
mit windenden henden   emphienc si doch den helt vil lobe-

935 Von der vrouwen weinen   trehenen dô began
Herwîc der edele.   dô sprach der junge man:
'si sint niht alle erstorben,   die iu dâ helfen solten
und ez gerne tâten.   des habent sumelîche sêre engolten.

936 Ez geruowet nimmer   mîn herze und ouch mîn lîp,
ez muoz erarnen Hartmuot,   daz er mir ie mîn wîp
getorste hin gevüeren   und slahen unser helde.
ich rîte im noch sô nâhen,   daz ich gesitze ûf sîner selde.'

937 Swie leit in allen wære,   si riten gegen der stat
hin ze Matelâne.   diu küniginne bat,

---

930 befremdet durch den mit 928,1 übereinstimmenden anfang, mehr
noch durch die verschiedene vorstellung von der zeit, da der rachezug an-
getreten werden soll, die ihr und den folgenden strophen einer- und den
strr. 928. 929 andererseits zu grunde liegt.   1 *ze frawen Hilden*, gebessert
von E.   **931**,2 *niun schif* stimmt weder zu 838,4 noch zu 854,1. 2 genau.
932,1 *daz man tuo* fehlt, ergänzt von Z.; der schreiber sprang auf das
folgende *daz* über.   **933**,4 vgl. zu 843,1.   **934**,1 *Sebelandt*   4 doch
die helde vil, gebessert von B.   **935**,1. 2. vgl. 824,1. 2.   4 *saumelich
vil sere*, gebessert von Z.   **936**,1 *gerewet. meinenn l.*   2 mín wîp vdH.]
meine   3 *vnnsere*.   **937**,2 *kunigin*.

swaz in geschehen wære, die triuwe haben wolten,
daz si die küniginne doch dar umbe niht mîden solten.
938 Dô kômen die von Friesen und die von Sturmlant.
nâch den Tenemarken het si ouch gesant.
von Wâleis dar kômen die Môrunges helde.
dô riten die Hegelinge mit in zuo der schœnen Hilden selde.
939 Dô kom von Hortlande ir sun Ortwîn.
si klageten, als si solten, den lieben vater sîn.
die helde sundersprâche mit ir vrouwen tâten.
ez wart ein urliuge mit den starken helden gerâten.
940 Dô sprach von Tenen Fruote: 'ez mac niht ê er-
ê wir die state der liute mügen vol gehân, [gân, (942)
daz wir herverten rîten von hinnen,
swaz halt die vînde . . . . dort gewinnen.
941 Dô sprach diu küniginne: 'wanne möhte daz sîn? (941)
sol allez bî den vînden diu liebe tohter mîn
in vremeden landen sitzen alsus dort gevangen,
ich vil armiu küniginne, sô ist *mir* mîn vreude gar zer-
gangen.'
942 Dô sprach Wate der alte: 'ez kan niht ê gesche-
die wir dâ hân ze kinden, unz daz wir gesehen, [hen, (940)
daz si sint swertmæzic, vil manic edel weise.
si gedenkent an ir mâge und helfent uns vil gerne zuo
der reise.'
943 Dô sprach diu küniginne: 'daz lâze uns got ge-
leben. (943)
mir vil armer vrouwen ist der tac ze lanc gegeben.

___

938, 4 *die von H.,* gebessert von Z. **939,** 2 *claget als sy solte,* gebessert von B.; Hilde und Ortwin müssen gemeint sein. 3 *sunder sprachen:* das verbum könnte auch hier richtig sein (wie 420, 1. 892, 2. 1151, 3. 1634, 2 (?). 1645, 4. Nib. 1667, 1), vgl. auch *klagen tuon* 1065, 4. *vrâgen tuon* 1484, 2. (Gramm. 4, 94). 4 *ein starches vrlaûge.* **940—942.** In der hs. und den ausgg. ist die reihenfolge 942. 941. 940, umgestellt nach W. s. 110. Die verwirrung ist verschuldet durch den gleichen strophenanfang *Dô sprach* 940—943. **940,** 2 *ê* V.] *daz. vol* Z.] *wol* 3 *wir in heerferten reiten,* gebessert von Jänicke zu Bit. 1339, wo die hs. denselben fehler hat. 4 die ergänzungen der lücke durch die herausgeber sind alle nicht überzeugend, doch weiss ich nichts besseres vorzuschlagen. **941,** 3 *aldort* 4 *künigin. mir* fehlt, ergänzt von B. **942.** M. verweist auf Dietrichs Flucht 10026 ff. **943,** 1 *des lass,* gebessert von E.

swer an mich gedenket   und an Kûdrûn die armen,
dem wil i's wol getrouwen,   dêr sich über uns lât erbarmen.'
    944 Si gerten urloubes.   dô sprach daz edele wîp:
'swer an mich gedenket,   sælic sî sîn lîp.
jâ sult ir, küene recken,   gerne zuo mir rîten
und schaffet unser reise,   sô ir beste kunnet in den zîten.'
    945 Dô sprach mit listen Wate,   der alte helt balt:
'vrouwe, man sol swenden   dâ zuo den besten walt.
sît wir ze herverte   haben guot gedinge,
von iegelîchem lande   heizet ir iu vierzic kocken gwinnen.'
    946 Si sprach: 'sô sol ich würken   heizen bî der vluot
zweinzic veste kiele,   starc unde guot,
und wil die heizen rüsten: des hân ich guot gedinge,
daz si mîne vriunde   mit staten zuo den vîanden bringen.'
    947 Dô wolten si sich scheiden.   der voget ûz Môrlant,
der *gie* gezogenlîche   dâ er die vrouwen vant.
er sprach: 'man sol mir künden   der zît ein rehtez ende,
sô si hinnen wellen,   daz man nimmer nâch mir gesende.'
    948 Güetlîchez scheiden   liez si dô geschehen.
man mohte nâch ir leiden   trûrende sehen
dise guote geste   und ouch die schœnen vrouwen.
si rieten zallen stunden   des man ze Ormanîe nimmer möhte
                                        getrouwen.
    949 Dô si geriten wâren   dannen in ir lant
mit trüeben gebâren,   ûf den Wülpensant
der tôten beteliuten   hiez man vüeren spîse,
daz si ir gên gote gedæhten.   *diu* vrouwe Hilde diu was
                                        vil wîse.
    950 Dar zuo hiez si mûren   ein münster, daz was wît.
klôster und spitâle   hiez si mûren sît.

<hr>

943,3 *Ch. der armen.   wil i's* B.] *wais:* schon E. einl. s. XIV sah
das richtige, gibt aber die hsliche lesart falsch an.   **944,**1 *begerten*
4 *schaffet vmb vnnser,* gebessert von B.   **945,**2 *wennden da zu dem vesten,*
so gebessert von C. Hofm. s. 224; vgl. 38, 2.   4 *gewinnen.*   **946,**3 *guten*
gedingen   4 *freund.   veinden;* die form *viant* im reim 846, 3. 1451, 3. Bit.
3633. 3937. 5283.   Klage 1227.   **947,**2 *der* V.] *er.   gie* fehlt, ergänzt
von vdH.   4 *sy dhainen willen,* gebessert von E.   **948,**4 *des die von* O.
mochten.   **949,**1 *von dannen waren geriten*   3 *petleute*   4 *ir gedæhten*
gegen got, umgestellt von V; *ir gedæhten | gegen gote* durch die cäsur zu
trennen, geht nicht an.   Das erste *diu* fehlt.

mich dunket daz ez würde   erkant in manegem lande
von den die dâ lâgen.   sît nante man ez dâ zem Wülpensande.

(20.) Âventiure,
wie Hartmuot heim ze lande kom.

951   Nu lâzen wir belîben,   wie ez umbe si gestâ,
oder waz die klôsterliute   ze schaffen heten dâ.
wir suln lâzen *hœren*   umbe Hartmuote,
wie er ze lande brâhte   manege maget edele unde guote.

952   Dô si gescheiden wâren,   als wir iu sageten ê,
von vil manegem recken,   den was von wunden wê,
die si in den stürmen   wunde heten lâzen,
daz muosten sît die weisen   beweinen in ir lande âne mâze.

953   Mit vil grôzen sorgen   kômens über vluot.
âbent unde morgen   vil manic degen guot
schamten sich vil sêre,   die alten zuo den jungen,
daz si entrunnen wæren,   swie wol in anders wære gelungen.

954   Si nâhten Ormanîe,   ze Ludewîges lant.
den guoten schifliuten   was dâ erkant.
dô si ir heimwesen   in ir sorgen sâhen,
dô sprach einer drunder: 'wir sîn der Hartmuotes bürge
                                                nâhen.'

955   Dô hulfen in die winde   in des vürsten lant.
daz liut ûz Ormanîe   vreute sich zehant,
daz si noch komen solten   zir kinden und zir wîben,
die ê wænen wolten,   daz si dort tôt müesten belîben.

956   Ludewîc der vrîe   sîne bürge sach.
der von Ormanîe   ze Kûdrûnen sprach:

950,4 *seyt daz man es da zu dem Wlpensande genante*, so gebessert
von V.   **951**,3 *hœren* fehlt, ergänzt von vdH.   **952**,3 statt *wunde*
vermutete Haupt *töunde* (Zs. 5, 506).   4 *massen*.   **953**,4 *entrunnen* vdH.]
einer ynnen.   **954**,3 *daz sy*   4 *sein Ormanie der;* Z. hat *Ormanîe,* das
glosse ist (vgl. z. 1), mit recht gestrichen.   **955**,2 *leute*   3 *zu ir kunden
vnd zu iren*   4 *die* muss sich beziehen auf *daz liut;* wenn Mh. s. 21 anm.
durch demonstrative anknüpfung statt der relativen (*die wolten ê wænen*) den
cäsurreim beseitigen will, so trifft er gewis das richtige. Nur darf dies
nicht in einem texte geschehen, der wie der vorliegende die überarbeitung
geben will.   **956**,1 *der vrie (frey* hs.) ist vom cäsurreimer für ein
anderes epitheton ornans eingesetzt, vgl. Mh. s. 21 und M's. anm. z. u. st.,
ferner über das vorkommen des wortes in dieser verwendung in Bit. und
Klage auch Jänicke zu Bit. 3453.

'seht ir die bürge, vrouwe? ir müget iuch vreude nieten.
welt ir uns sîn genædic, wir wellen iuch mit rîchem lande
    957 Dô sprach vil trûriclîche daz edele magedîn: [mieten.'
'wem möhte ich sîn genædic? wan diu genâde mîn,
von der bin ich sô verre leider nu gescheiden,
ich wæne et harte verre! des belîbe ich alle tage in leide.'
    958 Dô sprach aber Ludewîc: 'lât iu niht wesen leit.
minnet Hartmuoten, den recken gemeit.
allez daz wir sîn habende, daz wellen wir iu bieten.
ir müget iuch mit dem degene êre unde wünne *noch* ge-
                             nieten.'
    959 Dô sprach diu Hilden tohter: 'wan lât ir mich ân
ê ich Hartmuoten næme, ich wolte ê wesen tôt. [nôt?
im enwær ez von dem vater geslaht, daz er mich solte
                             minnen,
den lîp wil ich verliesen, ê ich in ze vriunde welle gewinnen.'
    960 Dem künic Ludewîge tete diu rede wê.
er vienc si bî dem hâre, er warf *si* ûf den sê.
Hartmuot der küene, wie balde er daz werte,
daz er die maget edele von den starken ünden vor im nerte.
    961 Dô si nu wolte sinken, dô kom her Hartmuot.
si möhte wol ertrinken, wan daz der degen guot
ir valwe zophe erreichte mit den henden.
dâ mite zôch er si widere. anders möhte ir sterben niht
                             erwenden.
    962 Si brâhte in eine barke Hartmuot der degen.

957, 2 M. macht mit recht aufmerksam auf das wortspiel in der zu-
sammenstellung von *genædic* 'geneigt' und *genâde* 'glück, behagen' (vgl.
Nib. 2040, 1). 4 *ich wän et hart verre* ist gewis nicht das ursprüngliche.
Dass aber der überarbeiter so geschrieben hat, ist durchaus nicht unmöglich
(über rührenden reim auf der cäsur vgl. Beitr. 9, 35). Wie umfassend seine
entstellung des alten textes war, ist nicht zu ermitteln: daher halte ich es
für richtiger, die hsliche überlieferung beizubehalten, als eine der ver-
suchten emendationen (*ich hân et herte swære* Hpt., *ich wæn mit herter werre*
B., *ich wæn et herter swære* M.) aufzunehmen. — *laiden*. **958**, 4 *wunne*
nieten, so ergänzt von M. **959**, 1 *ir* E.] *er* 3 *im wer es danne von*,
gebessert von E.; vgl. zur sache 610. 4 *welle so gewinnen*, gebessert von V.
960, 1 *Ludwig* 2 das zweite *si* fehlt, ergänzt von vdH. **961**, 3 *valbe*
zophen 4 *mocht er sterben*, gebessert von B; V. besserte *er ir*, doch ist
niht das subjekt, *ir* dativ, vgl. 1163, 4. **962**, 1 *barke* wird 1207, 2 schwach
gebraucht, doch bietet die schreibung der hs. keine gewähr.

Ludewîc kunde unsanfte   schœner vrouwen phlegen.

si saz in dem hemede,   do ers ûz dem wâge brâhte.   [dâhte!

diu zuht diu was *ir* vremede.   hei wie rehte leide si ir ge-

963   Dô weinten al gemeine   diu schœne magedîn.

vrô was ir deheine.   wie kunde in leider sîn,

dô man des küneges tohter   strâfte alsô sêre?

si gedâhten in ir muote: 'man tuot uns der leide *noch* mêre.'

964   Dô sprach der herre Hartmuot: 'zwiu ertrenket ir

die schœnen Kûdrûnen?   diu ist mir als der lîp.   [mîn wîp,

tæte ez ander iemen,   sô zurnte ich alsô sêre,

dan Ludewîc der vater mîn,   ich næme im beide lîp unde êre.'

965   Dô sprach aber Ludewîc: 'unbescholten ich noch bin

komen in mîn alter   und wolte ouch alsô hin

leben nâch mînen êren   unze an mîn ende.

nu bite Kûdrûnen,   daz si ir zorn niht an mir verende.'

966   Die boten komen wâren   vrœlîch gemuot.

do enbôt *man* vroun Gêrlinde   liep unde guot

und willigen dienest   von ir sune Hartmuoten

und daz si enphâhen solte   ûf dem stade vil manegen ritter

guoten.

967   Er hiez ouch daz künden,   ez kume über sê

diu maget von Hegelingen,   nâch der dicke wô

wære Hartmuote,   ê daz er si gesæhe.

dô daz gehôrte Gêrlint,   jâ wæne ich ir lieber nie geschæhe.

968   Dô sprach der bote biderbe: 'vrouwe, ir sult sîn

vor der burc dâ nidene,   dâ ir diu magedîn

mit minniclîchem gruoze   enphâhet in ir leide.

ir und iuwer tohter   sult rîten zuo dem stade beide.

962,3 *er sy*   4 das erste *ir* fehlt, ergänzt von Z.   **963,**1 *alle*
4 *gedachte.   noch* fehlt, ergänzt (an dieser stelle) von B.   **964,**4 *baide
seinen leib*, gebessert von V.   **965,**4 *nu* B.] *vnd.* — Klee Germ. 25, 401
erklärt die zeile: 'nun bitte (dh. warne) K., dass sie (künftig) ihren zorn
nicht an m i r auslasse'. *sinen zorn verenden* kann aber nur heissen 'unauf-
hörlich zürnen, bei seinem zorn beharren', eine derartige fürmliche abbitte
passt aber weder zu den unmittelbar vorhergehenden zeilen, noch überhaupt
zu Ludwigs charakter und betragen. Ich halte die stelle für verderbt (vgl.
auch Wilmanns s. 175) und möchte lesen *daz si mich in ir zorne niht ge-
achende.* s. Beitr. 9, 98.   **966,**1 *frölichs*   2 *man* fehlt, ergänzt von B.
4 *solten.*   **967,**1 *kumb*   4 *gesache.*   **968,**2 *nidene* B.] *nidere;* wol
eine änderung des cäsurreimers zum reime auf *biderbe* (vgl. *biderbe : widere*
607, 3. 757, 1. 1088, 1).

969 Ouch sult ir mit iu vüeren   hin nider zuo der vluot
magede unde vrouwen   und ouch ritter guot,
dâ man die ellende   in *der* habe vinde.
mit minneclîchem gruoze   sult ir enphâhen daz *ir in*gesinde.'

970 'Daz tuon ich williclîchen'   sprach vrou Gêrlint,
'ez sol mich vreuden rîchen   hie daz Hetelen kint,
kumt *si* her ze lande   mit ir ingesinde.
ich wil, daz man Hartmuoten   dicke bî ir vrœlîchen vinde.'

971 Diu ros hiez man gewinnen,   dar zuo diu satelkleit.
diu junge küniginne   was vrô und gemeit,
wanne daz geschæhe,   daz si in ir vater lande
Kûdrûn gesæhe,   die man vil dicke in hôhem prîse nande.

972 Dô suohtens ûz den kisten   die allerbesten wât,
die si dâ inne wisten   und die ouch ieman hât.
mit vlîze hiez man kleiden   die Hartmuotes helde.
des küneges ingesinde   reit vil schône mit zierde ûz der selde.

973 An dem dritten morgen   wîp unde man,
swaz man Gêrlinde   gesindes gewan,
daz was wol bereitet   ze vrôwem antphange.
si riten ûz der bürge   und biten dâ ze hove niht lange.

974 Dô wâren ouch die geste   komen in die habe.
allez daz si brâhten,   daz wart gevüeret abe.
si wâren zuo ir lande   komen vrœlîchen,
wan eine Kûdrûn   und ir gesinde vuoren trûriclîchen.

975 Hartmuot der snelle   si vuorte bî der hant.
möhte ez sich gevüegen,   si hête ez gerne erwant.
jâ nam ouch diu arme   den dienst von im durch êre.
dô tete ab erz vil gerne   unde swaz er dienen kunde mêre.

976 Mit ir giengen dannen   wol sehzic magedîn

969,1 *hin wider,* gebessert von Hpt.   3 *der* fehlt.   4 *das gesinde,* so
gebessert von B.   **970,**2 *mich* B.] *meine,* vgl. 703, 4.   3 *si* fehlt, ergänzt
von vdH.   4 *man*] *ich.*   *ir vil frölichen,* gebessert von V., vgl. 971, 4. 972, 4.
972,1 *suohtens* vdH.] *schüttens:* vgl. Nib. 275, 1. 529, 7. 1393, 2 u. ö.   **973,**2
was man Gerlint von Ortrun gesindes, so gebessert von B., ähnlich schon Pl.
3 *ze frolichem empfange,* gebessert von B.; eine form *emphanc,* welche die
hs. auch Bit. 1287. 1732 bietet, ist für die Kudrun unstatthaft: das Mhd.
Wb. III, 210 a. und Lexer I, 82 führen sie mit unrecht an.   **974,**4 *wann
on* Ch. *vnd ir g. die fueren da vil tr.,* so gebessert von M., der nur *eine*
hinter *Kûdrûn* stellt; ich halte aber *on* (— *âne*) für eine entstellung von
eine.   **975,**3 *diu* E.] *der*   4 *ab er:* E.] *er aber es.*   **976,**1 *maide.*

dem gelîch, si solten in hôhen zühten sîn
komen ûz ir lande. si wâren ê vil mære
in manegen künicrîchen. done liez si vreude haben ir grôziu
swære.

977 Diu Hartmuotes swester bî zwein vürsten gie
dâ si die Hilden tohter vlîziclîch enphie.
mit weinenden ougen diu maget vil ellende
kustę des wirtes tohter. dô nam si Ortrûn bî ir wîzen hende.

978 Küssen si dô wolte daz Ludewîges wîp.
des was in unmuote der juncvrouwen lîp.
si sprach ze Gêrlinde: 'wes gêt ir mir sô nâhen?
swie ich iuwer tohter kuste, ir endurfet mich niht umbe-
vâhen.

979 Ez wâren iuwer ræte, daz ich vil armiu meit
ûf michel unstæte vil manegiu herzen leit
mit schanden hân geduldet. ez wirt noch leider mêre.'
do begunde nâch ir hulden diu küniginne ringen *harte* sêre.

980 Si gruozte ouch albesunder die vrouwen über al.
dô kom liute ein wunder. dâ von was michel schal.
dô hiez man ûf den griezen manege hütten spannen
mit sîdînen snüeren dem herren Hartmuote und sînen mannen.

981 Die liute unmüezic wâren, ê daz si ab dem sê
brâhten daz si vuorten. Kûdrûnen tete wê,
daz die *von* Ormanîe bî ir megeden wâren.
man sach si wider niemen wan gên Ortrûnen wol gebâren.

982 Ortrûn was alles arges gegen ir tugende vrî. (983)
swaz anders ieman tæte, si was ir gernc bî

976, 4 *da hiess s. fr. h. nicht ir vil gr. sw..* so gebessert von R.;
liez aus *hiess* stellte schon V. her. **977,** 4 *die kusset*, gebessert von E.
978, 2 *des* B.] *da.* Zwischen *unmuote* und *der* hat die hs. noch die worte
vil manige herzen laid, aus 979, 2 fehlerhaft hineingekommen. 4 *ich euch
küsste*, so gebessert von V., vgl. 981, 4. *umbevâhen*] *emphahen* hs. und ausgg.:
den empfang kann Kudrun der Gerlint nicht verwehren, wol aber die um-
armung, die sie dem Ortrun aus freien stücken gewährt. **979,** 4 *harte*
fehlt, ergänzt von B. **980,** 1 *alle besonder* 2 *kam auch leute*, ge-
bessert von Z. (vgl. z. 1). 4 *seyden der. h. Hartmuten* 3. 4 vgl. Bit.
5801 und Jänickes anm. **981,** 2 *fürchten* 3 *von* fehlt. *megede* V.]
menige 4 *Ortrun*. **982** nach **983**. Dass 981. 982 in zu enger be-
ziehung stehen, als dass eine trennende strophe zwischen sie treten dürfte,
ist leicht ersichtlich.

und liebte ir ze wesene   in ir vater lande.
der armen juncvrouwen   was nâch ir vriunden leit unde ande.
983 Si muosten ûf den griezen   belîben al den tac. (982)
ir ougen sach man riezen,   swes ander ieman phlac;
diu wurden selten trucken   unde ir liehten wange.
Hartmuot si dicke trôste;   doch muoste ir ungemüete weren
                                         lange.
984 Vrô sis dâ heime vunden   — daz was michel reht —,
den si erzeigen kunden,   ritter oder kneht,
waz si von Hegelingen   heim ze lande brâhten.
wie vrœlîch sis enphiengen!   wan si ir dar ze lande niht
                                         gedâhten.
985 Dô si gemuozet hêten   ab dem wilden mer,
swaz dô die liute tæten,   daz Hartmuotes her
daz wart dô gescheiden   des landes manegen ende.
etlîche sach man lachen,   sumelîche winden die hende.
986 Dô vuor ouch von dem sande   der degen Hartmuot.
er brâhte Kûdrûnen   ze einer bürge guot.
dâ muoste si belîben   sît lenger danne wære
der juncvrouwen wille.   si leit dâ michel angest unde swære.
987 Dô diu maget edele   in der bürge saz,
die man dâ solte krœnen,   der wirt der riet in daz,
daz si ir al gemeine   dienten vlîziclîchen:
sô lieze si deheinen,   si machtes alle sant mit guote rîche.
988 Dô sprach diu alte Gêrlint,   daz Ludewîges wîp:
'wanne sol nu Kûdrûn   den Hartmuotes lîp,

982,3 *vnd lieb ze*, gebessert von Z.   **983**,1 *allen*.   **984** steht
an dieser stelle zu spät. W. s. 176 meint, die strophe sei für den platz
zwischen 980 und 981 bestimmt gewesen, doch steht sie auch dort ohne zu-
sammenhang. Die geschraubte construction in z. 1. 2, die leere parenthese z. 1b
und der durchgeführte cäsurreim legen die vermutung nahe, dass mit der
form auch der inhalt der strophe vom überarbeiter entstellt worden ist. —
1 *sy sy dahaymen*   4 *ir dort ze lande nicht wol g.*, so gebessert von B.
985,1 *si* fehlt, ergänzt von Z.   2 *des H.*   **986**,1 *sande* M.] *lannde*.
Behält man *lande* bei, so muss man mit B. erklären: 'er fuhr von dem
lande nach einem andern punkte der küste, der aber auch zu seinem lande
gehörte', in keinem falle mit W. (s. 10. 19) annehmen, Hartmut habe eine
reise angetreten und sein land verlassen. Sogar in W's. gedankengang wäre
diese auffassung der stelle unmöglich.   2 *Chaudrun*   3 *seit lennger be-
leiben*   4 *si* V.] *seit*, vgl. z. 3.   **987**,2 *der wirt* ist Hartmut, vgl. 992,1.
4 *liessen*.   *machtens*, beides gebessert von E.   *all zehannt* gebessert von B.

den juñgen künic rîchen,   mit armen umbesliezen?
er mac sich ir wol gelîchen.   wolte si, si endürfte es niht
verdriezen.'

989 Ditze erhôrte Kûdrûn,   diu ellende meit.
si sprach: 'vrou Gêrlint,   ez wære iu lîhte leit,
der iuch eines nôte,   von dem ir iuwer mâgen
so manegen vlorn hêtet.   jâ möhte iuch im dienen wol be-
trâgen.'

990 'Daz nieman mac erwenden,'   sprach dô des küne-
ges wîp,
'mit triuwen sol manz enden.   nu minne sînen lîp.
daz habe ûf mînem houbte,   ich wil dirs immer lônen.
wiltu heizen künigîn,   ich wil dir gerne geben mîne krône.'

991 Dô sprach diu ungemuote: 'der wil ich niht tragen.
von sînem grôzen guote   maht du mir niht gesagen,
daz ich den recken immer   gerne welle minnen.
ich ger hie niht ze wesene.   jâ muote ich aller tegelîche
hinnen.'

992 Der junge wirt der lande,   der degen Hartmuot,
diu rede was im ande   und dûhte in niht guot.
er sprach: 'sol ich erwerben   niht die edelen vrouwen,
sô sol ouch mir diu schœne   deheines guoten willen niht
getrouwen.'

993 Dô sprach ze *Hartmuote*   diu übele Gêrlint:
'die wîsen suln ziehen   alsô diu tumben kint.
welt et ir, her Hartmuot,   mich si ziehen lâzen,
ich trouwe ez wol gevüegen,   daz si sich ir hôchvart müeze
mâzen.'

994 'Ich gan iu wol der dinge,'   sprach dô Hartmuot,
'swie halt mir gelinge,   daz ir die maget guot

989, 2 *euch vil leichte*, gebessert von Z. 4 *hete verlorn*, gebessert
von Z. *iuch* vdH.] *er*.   **990,** 1. 2 vgl. Jänicke zu Wolfd. B. 198, 2.
Zingerle, Sprichww. s. 51. 3a vgl. Haupt zu Neidhart 44, 24. 4 *mein
kronen:* von *krône* kommen allerdings vereinzelte schwache formen vor
(Weinhold Mhd. gr. § 444); hier aber liegt reimglättung vor. — Zur sache
vgl. 1310, 4.   **991,** 3 *gemynnen*, gebessert von V.; *geminnen* ist kein wort
des volkstümlichen epos. 4 *beger*.   **992,** 1 ursprünglich wol *des landes*,
wie B. schreibt. Der cäsurreimer änderte, hat aber auch wol die erste
hälfte der folgenden zeile angetastet.   **993,** 1 *ze Hartmuote* fehlt, ergänzt
von vdH. *übele* Mh.] *edel*, vgl. 1000, 1. 1188, 3. 1194, 4 u. ö.

habet in iuwer zühte   nâch ir und iuwern êren.

diu maget ist ellende.   vrouwe, ir sult si güetlîchen lêren.'

995 Die schœnen Kûdrûnen,   ê daz *er* dannen gie,

der junge künic ze zühte   sîner muoter lie.

die junge küniginne   gemuote ez harte sêre.

sich wolte ir nicht gelieben,   swie si tætę, diu Gêrlinde lêre.

996 Dô sprach diu tiuvelinne   wider die schœnen meit:

'wilt du niht haben vreude,   sô muost du haben leit.

nu sich et allenthalben,   wer dir daz wende.

du muost éiten mînen phiesel   und muost schürn selbe die

brende.'

997 Dô sprach diu maget edele: 'dâ kan ich wol zuo,

swaz ir mir gebietet,   daz ich *daz* allez tuo,

unz mir got von himele   mîne sorge wende.

iedoch hât vil selten   mîner muoter tohter geschürt die brende.'

998 Si sprach: 'du muost beginnen,   ob ich daz leben

daz ander küniginne   selten hânt getân.   [hân,

dîne michel hôchvart   trouwe ich dir wol geleiden.

ê morgen âbent werde,   du muost von dînen meiden sîn

gescheiden.

999 Du dunkest dich sô tiure,   als ich hœre jehen.

dâ von dir arbeite   dicke muoz geschehen.

dînen muot vil grimmen   trouwe ich dir wol geleiden.

von allen hôhen dingen   wil ich dich swachen unde scheiden.'

1000 Ze hove gienc mit zorne   diu übele Gêrlint.

995, 1 *er* fehlt, ergänzt von vdH.   2 *künig junge*, umgestellt von Z.
4 *sy wolt ir doch nicht gelauben*, so gebessert von B.   *der G.*   **996**, 1
die übel tiefelin, gebessert von Mh., vgl. 738, 1. 1382, 1.   2 *freunde*   4 *eiten*
B.] *hayten. selbs.*   **997**, 2 *daz* nach *ich* fehlt, ergänzt von B.   3 *vom*
4 *mein muter ewr tochter*, so gebessert von E.; weitere umstellungen (B. M.)
sind überflüssig, da die letzte halbzeile mit doppeltem anftakt ohne
anstoss ist, und nicht erwünscht, da *miner muoter tohter* (= *ich*, vgl. J.
Grimm Kl. Schr. 3, 268) nicht durch die cäsur auseinandergerissen
werden darf.   **998**, 2 *han*   4 *ee es m.*, gebessert von V., vgl. zu 1372, 4.
999, 2 · *arbait*   4 *swechen*. — 3 und 4 sind wol vom cäsurreimer
entstellt: 3b ist = 998, 3b, der ausdruck *von allen hôhen dingen* (ebenso
1006, 2: *spinnen* in der cäsur) ist seltsam, und die rection in der letz-
ten zeile ist ungenau, da zwar *scheiden* mit *von* verbunden werden kann,
nicht aber *swachen*.   **1000** schliesst an 999 .ungenügend an (ebenso
ungenügend bei E. und Mh. an 997). Vielmehr muss sich an str. 999 str.
1005 schliessen. Die strophen 1000—1003 (die Nibelungenstrophe 1004 ist eine

si sprach ze Hartmuote: 'daz Hetelen kint
wil dich und dîne vriunde   haben alsô smæhe.
ê ich daz hœren wolte,   ich wolte ê daz ichs nimmer besæhe.'

1001 Dô sprach ze sîner muoter   Hartmuot der degen:
'swie daz kint gebâre,   vrouwe, ir sult sîn phlegen
alsô güetlîche,   daz ichs iu müge gedanken.
ich hân ir getân sô leide,   si mac wol von mînen diensten
wanken.'

1002 Dô sprach diu küniginne: 'swaz ir ieman tuot,
si envolget niemen.   si ist sô herte gemuot,
man enwende sis mit übele,   si kumt dir zeinem wîbe
ze rehter mâze nimmer.   daz tuon ouch, ê sis âne belîbe.'

1003 Dô sprach von Ormanîe   der ûz erwelte degen:
'vrouwe, nu lât schînen   und ruochet ir alsô phlegen,
ob ir mir triuwe leistet;   ir ziehet si in der mâze,
daz mich diu küniginne   ûz der vriuntschefte niht gar lâze.'

*1004 Diu übele tiuvelinne   zornielîche gie
dâ si daz ingesinde   von Hegelingen lie.
si sprach: 'ir juncvrouwen,   ir sult würken gân.
daz ich iu gebiute,   daz sol deheiniu verlân.'

1005 Dô wurden dâ gescheiden   diu schœne magedîn,
daz si ein ander lange   muosten vremede sîn.
die mit grôzen êren   herzoginne wæren,
die muosten garn winden.   si sâzen sît in ungevüeger
swære.

1006 Sumlîche muosten spinnen   und bürsten ir den har.
die von hôhen dingen   wâren komen dar

---

jüngere interpolation) gehören wahrscheinlich an eine frühere stelle des ge-
dichts, doch ist die alte verbindung verloren. **1000,**2 *des H.*   4 *ich*
sy nymmermer vbersähe, so gebessert von B.: 'dass ich sie niemals zu ge-
sicht bekommen hätte'.   **1001,**3 *als g.   ich euch sein müg,* so gebessert
von M.   **1002,**2 *volget.   hart*   3 *wende*   4 *auch ich ee,* gebessert
von V.: 'das wollen wir denn auch tun' (nämlich: Kudrun durch schlechte
behandlung von ihrer trotzigen gesinnung abbringen), 'lieber als dass sie'
usw.   **1003,**2 *also zu phlegen*   3 Der satz mit *ob* ist abhängig von
lât schînen (vgl. über das vorkommen des wortes Jänicke zu Bit. 8436); *ir*
ziehet si in der mâze nimmt dann das *also* z. 2 wider auf. Die hs. hat nach
neuerem sprachgebrauch *so* statt *ob*, das erst B. einsetzte.   **1004** vgl.
zu 1000.   4 *sol ewr dhaine,* gebessert von V.   **1005,**3 *warn.   unge-*
füegen swarn; den singular stellte B. her.

und die wol legen kunden   golt in *die* sîden
mit edelem gesteine,   die muosten *michel* arbeite lîden.

1007 Diu diu aller beste [drunder]   ze hove solte sîn,
der gebôt man besunder,   daz *si* diu magedîn
ze Ortrûnen kemenâte   daz wazzer tragen hieze.
diu was geheizen Heregart.   jâ mohten si ir adeles niht ge-
                                                niezen.

1008 Ouch was ir einiu drunder   von Galizen lant, (1009)
die het ir ungelücke   von Portegâl gesant.
si was von Îrlande   komen mit Hagenen kinde
hin ze Hegelingen.   sît wart si ze Ormanîe ingesinde.

1009 Si was eins vürsten tohter,   der het bürge unde
                                                lant. (1008)
si muostę den oven heizen   mit ir wîzen hant,
sô Gêrlinde vrouwen   in die stuben giengen.
daz si in alsô diente,   daz si irz zem besten niht verviengen!

1010 Nu müget ir hœren wunder   umb dise grôze nôt.
diu swacheste drunder,   swaz ir diu gebôt,
daz muose si leisten,   swaz si diu würken hieze.
si mohte ir edelen mâgen   dâ ze Ormanîe niht geniezen.

1011 Werc diu vil smæhen,   daz ist al wâr,
der phlâgen die vrouwen   vierdehalbez jâr,
unze daz her Hartmuot   ûz drîen herreisen
was komen heim ze lande.   dannoch dienten allez dâ die
                                                weisen.

1012 Hartmuot hiez im zeigen   die triutinne sîn.
an der edelen vrouwen   was worden schîn,

1006,3 *die* nach *in* fehlt, ergänzt von E.   4 *michel* fehlt, so er-
gänzt von B.   *arbait.*   **1007,**1 *Die allerpest darunder;* das im text
eingeklammerte *drunder* ist einschub des cäsurreimers.   2 *si* fehlt, er-
gänzt von Z.   3 *in Ortrun k.,* gebessert von B.   4 *mocht,* gebessert von
Wilmanns s. 12; *si* bezieht sich auf *diu magedîn* in z. 2, nicht auf die auf-
seherin derselben, Hergart.   **1008** nach **1009,** umgestellt von B. Str.
1009 kann sich nur auf Hildburg beziehen, die 1008 eingeführt wird, indem
mit *ouch* an str. 1007 angeknüpft wird.   1 *darunder*   2 *Portigal*   4 *hin*
fehlt, ergänzt von vdH.   **1009,**1 *aines*   2 *musten. haitzen;* die über-
lieferung führt hier nicht wie 996,4 auf *eiten,* das B. auch an dieser stelle
schreibt.   4 *dienten.*   **1010,**1 *umb* Z.] *vnd*   2 *der sw. darunder.*
3 *hiessen,* gebessert von E.   **1011,**1 *alles*   2 *der* V.] *des*   4 *diente
da alles das arme ynngesinde vnde waysen,* gebessert von Z.

Kudrun.   **13**

daz si het vil selten   gemach und guote spîse.

man lie si des engelten,   daz si lebete in tugentlicher wîse.

1013 Dô si im gie engegene,   der junge künic sprach:
'Kûdrûn, schœne vrouwe,   welch ist dîn gemach,
sît ich und mîne degene   schieden von dem lande?'
si sprach: 'dâ muose ich dienen,   daz ir sîn habet sünde
und ich schande.'

1014 Dô sprach aber Hartmuot: 'wie habet ir sô getân,
Gêrlint, liebe muoter?   ich het *si* iu doch verlân
ze huote ûf die genâde,   daz ir diu grôze swære
an aller hande dingen   geringet in disem lande wære.'

1015 Dô sprach diu wülpinne: 'wie möhte ich ziehen baz
die Hetelen tohter?   du solt wizzen daz:
ich kunde nie gewinnen,   gebiten noch gebieten,
daz si dich und dînen vater,   dar zuo dîn mâge niht be-
scholten hiete.'

1016 Dô sprach aber Hartmuot: 'des gêt *ir* michel nôt.
wir sluogen ir die mâge,   sô manegen ritter tôt.
wir machten ze weisen   Kûdrûn die hêren,
mîn vater ir vater sluoc: jâ mac man si mit lîhter rede
gesêren.'

1017 Dô sprach aber sîn muoter: 'sun, daz ist wâr:
ob wir Kûdrûnen   vlêgten drîzic jâr,
ichn möhtes wan mit besemen   oder geisel dar zuo bringen,
daz si bî dir læge.   anders kan irz nieman an ertwingen.'

1012,3 *hetten.*   **1013,**2 *welchs,* gebessert von V.   4 *dâ* vdH.] *das.*
1014,2 *si* fehlt, ergänzt von E. (*iuch* in E's. text ist druckfehler, vgl. einl.
[ausg. von 1847] s. XIV).   4 *dinge.*   **1015,**1 *ich sy ziehen,* gebessert
von V.   3 *gepieten noch verpieten,* gebessert von B. vgl. 330,1. 1607,1.
Bech Germ. 8, 381 ff. Doch ist hier gerade die sonderung der begriffe wesent-
lich: 'weder durch bitte noch durch befehl konnte ich es dahin bringen,
dass'.   4 *deine m.   hietten.*   **1016,**1 *ir* fehlt, ergänzt von vdH.
3 statt *wir machten* hat die hs. fehlerhaft *mein vater* (aus z. 4), gebessert
von vdH.   4 *irn,* woraus B. *ir den* machte.   **1017,**2 *vlêgten* Hpt.]
volgten   3 *ich mocht sy nicht mit pesmen oder mit gaysel;* die in den text
aufgenommene lesart ist dem sinne nach schon von Z. gefunden, der form
nach von M. Nur in dieser fassung scheint die stelle im zusammenhang
verständlich: 'wenn wir Kudrun auch noch so lange durch bitten zu be-
bewegen suchten, (das würde doch nichts nützen); nur strengste härte kann
zum ziele führen, mit güte richtet man bei ihr nichts aus'. Dazu paßt
nun allerdings die folgende strophe, wie Wilmanns s. 8 mit recht bemerkt,
wie die faust aufs auge. S. zu 1018.

1018 Si sprach ze Hartmuote: 'baz unde baz
wil ich si haben gerne.'   dô enweste daz
niht rehtẹ der recke küene,   daz sis in allen ende
wirs danne dâ vor hête.   daz mohtẹ der armen leider nie-
                                                    man wenden.
1019 Dô gie si hin widere   dâ sis sitzen vant.
si sprach ze Kûdrûnen   von Hegelingelant:
'ob du dich, maget schœne,   niht baz wilt verdenken,
du muost mit dînem hâre   strîchen stoup von schamelen
                                                    und von benken.
1020 Mîne kemenâten,   daz wil ich dir sagen,
die muost du drî stunde   ze ieclîchem tage
keren unde zünden   mir daz viur darinne.'
si sprach: 'daz tuon ich allez,   ê ich vür mînen vriedel ieman
1021 Si leiste güetlîchen   allez daz man hiez   [minne.'
tuon die maget edele.   wie lützel si des liez!
siben jâr bevollen   leit si in vremeden rîchen
die grôzen arbeite.   man het si küneges kinde niht gelîche.
1022 Dô ez dem niuwen jâre   nâhen began
— Hartmuot der was wîse —,   der helt sich versan,
daz im und sînen vriunden   wære gar ein schande,
daz er niht krône trüege   und doch herre hieze ob küneges
                                                                lande.
1023 Er kom geriten ûz strîte,   er und sîne man.
mit vil hôhem ellen   prîs er gewan.

1018. Zwischen dieser und der vorhergehenden strophe scheinen
einige strophen verloren zu sein, in welchen das gespräch zwischen mutter
und sohn weiter fortgeführt wurde. Unmittelbar nach str. 1017 ist die
erheuchelte nachgiebigkeit der Gerlint unmöglich. Die annahme einer
interpolation, sei es nun von str. 1015—1017 (Mh.), oder von str. 1018
(W. s. 8), ist nicht ausreichend. Der ausfall kann durch den sich viermal
widerholenden strophenanfang *Dô sprach* (1014—1017) herbeigeführt sein.
Die neue einführung der sprechenden in str. 1018 deutet auch darauf, dass
eine rede Hartmuts unmittelbar vorherging. — 1 *baz unde baz*, vgl. Bit.
1963. 3 *ennden*, gebessert von B. 4 *wirs* vdH.] *wie ers.* **1019,**2
Chaudrun. 4 *streiche storp von schämel.* **1020,**1 *Deine* 2 *du zu*
dreyen stunden ze yeglichen tagen, gebessert von V. 3 *wo keern;* das *wo*
der hs. kann allerdings *wol* bedeuten sollen. **1021,**1 *man sy hiess*, ge-
bessert von V. 3 *frembdem reiche* 4 *arbait.* *sy vnd k.*, gebessert von Z.
1022,1 *niuwen* Mh.] *neundten.* Die erwähnung des neunten jahres nach
1021,3 scheint mir unhaltbar trotz M's. anm. z. d. st.

dô wânde er daz er die schœnen   *ze rehte* minnen solte,
die er vor allen meiden   zeinem liebe *gerne* haben wolte.

1024 Dô er nu was gesezzen,   bringen er si im hiez.
deheiniu guote kleider   tragen si enliez
Gêrlint diu übele.   swie der helt nu tæte,
die maget ez ahte ringe,   wan si was an grôzen êren vil stæte.

1025 Dô rieten sîne vriunde,   ez liep oder leit
sîner muoter wære,   daz er die schœne meit
in sînen willen bræhte,   swâ mite er kunde.
er möhte mit der vrouwen   geleben noch vil manege liebe
                    stunde.

1026 Nâch sîner mâge râte   gie er dâ er si vant
in einer kemenâte.   er nam si bî der hant.
er sprach: 'ir sult mich minnen,   vil edele maget rîche,
und sît ein küniginne.   iu dienent mîne helde lobelîche.'

1027 Dô sprach diu maget schœne: 'des hân ich nin-
                  dert muot,
wan mir diu übele Gêrlint   sô vil ze leide tuot,
daz mich niht mac gelüsten   deheines recken minne.
ir und al ir künne   bin ich vînt von allen mînen sinnen.'

1028 'Daz ist mir leit,' sprach Hartmuot.   'ob ichz ge-
                  dienen kan,
swaz iu mîn muoter Gêrlint   ze leide hât getân,
des wil ich iuch ergetzen   nâch unser beider êre.'   [mêre.
dô sprach diu maget edele: 'ich wil iu getrouwen nimmer

1029 Ir wizzet wol, her Hartmuot,   wie ez dar umbe
                  stât, (1032)

1023, 3 *ze rehte* fehlt. 4 *zu ainem.* *gerne* fehlt, ergänzt von B.
1024—1026 sind nicht ohne anstoss. Der inhalt von 1024 ist vor den
folgenden strr. überflüssig, aber, auch wenn man diese str. tilgt, und dann
ganz besonders, stehen die worte *ez liep oder leit sîner muoter wære* 1025, 1. 2
ohne rechten zusammenhang. Die str. 1026 ist unentbehrlich zwischen 1025
und 1027, doch lässt der cäsurreim in allen vier zeilen auf tiefgehende um-
arbeitung schliessen. Eine überzeugende herstellung scheint nicht mehr
möglich.   **1024,** 1 *im sy*, umgestellt von B.   2 *liess* 3 *diu übele* B.]
die slug sy; von körperlicher züchtigung ist vor 1267 nicht die rede.
4 *achtet.*   **1025,** 4 *geleben mit der frawen n. v. liebe manige st.,* umge-
stellt von E.   **1027,** 4 *alle ir. synne.*   **1028,** 1 *ob ichs nicht ge-
dient han*, gebessert von Hpt.   **1029—1050.**   In der hs. sind diese
strophen folgendermassen geordnet: 1032. 1033. 1034. 1029. 1030. 1031. 1049.
1043. 1044. 1045. 1046. 1047. — Aventiure **XXI**: 1042. 1043. 1035—1040.

waz iuwer baldez ellen   mir geschadet hât,
dô ir mich dort vienget   und mich vuortet dannen,
waz schaden iuwer recken   tâten an mînes vater mannen.
1030 Nu ist iu wol künde   — daz ist mir leit ge-
nuoc —, (1033)
daz iuwer vater Ludewîc   mînen vater sluoc.
ob ich ein ritter wære,   er dörfte âne wâfen   [slâfen?
zuo mir komen selten.   war umbe solte ich danne bî iu
1031 Ez was noch her der zîte   ein site alsô getân, (1034)
daz kein vrouwe nimmer   nemen solte man,
ez enwære ir beider wille.   daz was ein michel êre.'
Kûdrûn diu schœne   klagete nâch ir vater *harte* sêre.
1032 Dô sprach von Ormanîe   Hartmuot daz kint: (1029)
'ir wizzet daz wol, Kûdrûn,   daz mîn eigen sint
diu lant und die bürge   und ouch *al* die liute.
wer hienge mich dar umbe,   ob ich iuch gewünne mir ze
einer briute?'
1033 Dô sprach die Hetelen tohter: 'daz hieze ich
missetân. (1030)
dar zuo ich keine sorge   entriuwen nie gewan.
ez spræchen ander vürsten,   sô si des hôrten mære,
daz daz Hagenen künne   in Hartmuotes lande kebese wære.'

1041. 1050. Die umstellung ist von mir vorgenommen im anschluss an die
erörterungen von Wilmanns s. 2—10. — Die ursachen der verwirrung sind
zum teil äusserer art, indem ein abschreiber von 1028, 3. 4 auf 1031, 3. 4
übersprang, zum teil aber rührt sie von den bearbeitern her. Jüngere zu-
sätze sind str. 1036—1039, wol auch 1045. 1046, noch jüngere die beiden
Nibelungenstrophen 1042. 1043. Vgl. zu str. 1036. 1042. 1045 und die nähere
begründung meines verfahrens Beitr. 9, 74 ff.   **1029**, 2 *balder*   3 *fueret*,
gebessert von Z.   4 *ewre recken schaden*, umgestellt von B.   **1030**, 1
iu B.] *es*   3a vgl. Nib. 1356, 4. Klage 129; ähnlich auch Kudr. 1462, 3.
1031, 1—3 sind worte der Kudrun, nicht, wie B. will, eine bemerkung des
dichters. Sie bereiten die folgende strophe vor: auf die einwendung der
Kudrun, dass zu einer heirat die einwilligung der frau nötig sei, droht
Hartmut damit, sie zur concubine zu machen. — 1 *was* V.] *ist*   2 *solte
nemen nimmer*   3 *es wär*   4 *harte* fehlt, ergänzt von B. (vorher hat die
hs. *klagter*, woher M. die ergänzung *et ie* vorzog).   **1032**, 3 *die landt
vnd die leute burg*, gebessert von vdH. *al* fehlt, ergänzt von B.   **1033**, 2
entrawn   3 die änderung *ræchen* statt *spræchen*, die W. s. 4 anm. 1 fordert,
wird nicht durch den zusammenhang verlangt, sondern geradezu verboten:
mit 1034, 1 ff. lehnt Hartmut das gerede der welt ab, wenn nur Kudrun ein-
willige.   4 *daz des* H.

1034 'Waz ruohte ich waz si tæten?'   sprach dô Hart-
muot. (1031)
'ob et ez iuch, vrouwe,   eine diuhte guot,
sô wolte ich künic werden   und ouch ir küniginne.'
si sprach: 'sît âne sorge,   daz ich iuch immer gerne minne.

1035 Ir wizzet wol, her Hartmuot,   swie iuwer wille
daz man mich bevestent   einem künege hât   [stât, (1043)
mit vil stæten eiden   zeinem êlîchen wîbe.
ez ensî daz er sterbe,   ich gelige nimmer bî recken lîbe.'
     [1036 Dô sprach der vürste Hartmuot: 'ir sent iuch
âne nôt. (1044)
uns enscheidet niemen,   ez entuo dannę der tôt.
ir sult mit guoten siten   sîn bî mîner vrouwen.
diu senftęt iu iuwer swære: des wil ich ir ze vlîze wol
getrouwen.'
     1037 Hartmuot wænen wolte,   daz sich ir stæter site (1045)
dâ mite senften solte,   daz ir sîn swester mite
al gelîche teilte   swaz si möhte bringen.
ja gedâhten si in beide,   daz in möhte noch an ir gelingen.
     1038 Si begunde enphâhen   swer ir dienest bôt. (1046)
Ortrûn saz zuo ir nâhen.   ir varwe rôsenrôt
wart in kurzen zîten   von trinken und von spîse.
des wart ir vil bereite.   dô enwas diu arme niht sô wise.
     1039 Sô si der künic ie gruozte   und irz schône bôt, (1047)
wie lützel daz ir buozte!   si gedâhte an ir nôt,
die si und ir gesinde   dultęn in vremeden landen.
mit rede harte swinde   si rach an Hartmuoten ir anden.]
     1040 Daz tete si alsô lange,   daz sîn den künic ver-
drôz. (1048)

1034,4 *nym mer.*   **1035,**2 *bevestet*   3 *zu ainem*   4 *bey aines recken,* gebessert von Z.   **1036—1039.** Diese vier strophen sind später eingeschoben, als str. 1035 ihren ursprünglichen platz verloren hatte und in die scene zwischen Ortrun und Kudrun geraten war. Dass str. 1040 die antwort auf 1035 enthält, erkannte Mh. s. 53, doch scheinen die eingangs-worte von 1040 unter der interpolation gelitten zu haben, vgl. Wilmanns s. 3. Beitr. 9, 76.   **1036,**1 *sendt*   2 *schaidet.* *thüe*   4 *ir* fehlt, er-gänzt von E.   **1037,**3 *al* fehlt, ergänzt von vdH.   3b 'was sie zu stande bringen könnte', vgl. die von Haupt zu Erec[2] 9504 gesammelten beispiele.   4 *noch* fehlt, ergänzt von B.   **1038,**1 *d. empot*   4 *des* vdH.] *das.* *was*   **1039,**1 *irz* Z.] *ir*   4 *sy iach an,* gebessert von E.

er sprach: 'mîn vrou Kûdrûn,   ich wære wol genôz
des vürsten Herwîges,   den ir vür michel êre
nemet iu ze vriunde.   jâ strâfet ir mich dicke al ze sêre.

1041   Woltet ir daz lâzen,   daz wære uns beiden guot.
mir ist leit unmâzen,   swer iu iht leides tuot,   [1049]
dâ mite er iu beswæret   daz herze und ouch die sinne.
swie vînt ir mir wæret,   ich wolte iuch gerne wesen lân
küniginne.'

(21.) Âventiure,
wie Kûdrûn muoste waschen.

[*1042   Dô bôt man Kûdrûnen   bürge unde lant. (1041)
dô si des niht wolte,   sît muoste si gewant
waschen tegelîche   von morgen unz an die naht.
des vlôs den sie her Ludewîc,   dô er mit Herwîge vaht.

*1043   Dô bat man Kûdrûnen   von dem sedele stên (1042)
und hiez die maget edele   mit Ortrûnen gên,
daz si gemaches phlæge   und trunke guoten wîn.
dô sprach diu ellende: 'ich wil niht küniginne sîn.']

1044   Si woltenz baz versuochen: ze hove hiez man
gân (1037)
die vil schœnen Ortrûn,   ein maget wol getân.
diu solte mit ir zühten,   si mit ir gesinde,
eines guoten willen   die arme Kûdrûnen überwinden.

1045   Dô sprach offenlîchen   der degen Hartmuot: (1038)

1040,2 *mîn* fehlt, ergänzt von B.   2 *genot.*   **1041,**3 *damit be-*
swæret euch, gebessert von Z.   4 *euch doch gerne lassen wesen k.*, so ge-
bessert von B.   Die neue **(21.) Âventiure** beginnt in der hs. nach str.
1047 (= 1040 in der überlieferten reihenfolge) und vor str. 1042 (= 1041 in
der überlieferten reihenfolge).   Der richtige einschnitt ist offenbar hier
zwischen dem gespräche von Hartmut mit Kudrun und der scene zwischen
Ortrun und Kudrun. — In der überschrift *Chautrun.*   **1042. 1043.**
Diese beiden Nibelungenstrophen sind eine ganz junge interpolation, welche
die verwirrung der strophenfolge bereits voraussetzt, da der schluss von 1043
in der überlieferung mit str. 1035 zu éiner rede verbunden ist.   Der zu-
sammenfassende inhalt von 1042 legt die vermutung nahe, dass die beiden
strr. erst von dem verfasser der âventiurenüberschriften eingeschoben sind.
vgl. Beitr. 9, 76.   **1042,**3 *w. allertägelich*, gebessert von E.   *morgens*
4 *verlos herr Ludwig den sig*, umgestellt von V., vgl. 1444, 4.   **1043,**2
Ortweinen   **1044,**2 *Ortrûn* Hpt.] *frawen*   3 *gesinden*   4 *Chaudrun.*
1045 f.   Auch diese beiden strr. werden jüngere zusätze sein.   Hartmut

'ich wil iuch immer rîchen,   swester, ob irz tuot
daz ir mir des gehelfet,   daz Kûdrûn diu hêre
vergezze ir grôzen leides,   daz si *doch en*klage niht sô sêre.'

1046 Dô sprach ûz Ormanîe   Ortrûn daz kint: (1039)
'ich sol *ir* immer dienen   und alle die dâ sint,
daz si vergezze ir leides.   mîn houbet wil ich ir neigen.
ich und mîne meide   suln ir immer dienen hie vür eigen.'

1047 Des sagete *ir* dô genâde   diu maget wol getân:
'daz ir mich sô gerne   gekrœnet sæhet stân   [(1040)
bî Hartmuote dem künege   und daz ich lebete in êre,
des lône ich iu mit triuwen.   doch müejet mich mîn ellende sêre.

1048 Den lôn wil ich dienen,   als ich hân her getân.
swaz ich gewürken künne   den Hartmuotes man   [(1036)
und Gêrlinde wîben,   sît mîn hât got vergezzen,
daz lide ich allez gerne.   ich bin mit manegem kumber be-
sezzen.'

1049 Dô sprach vil zorniclîche   der recke Hartmuot: (1035)
'mir ist vil unmære   swaz man iu getuot,
sît ir niht enruochet   tragen mit mir krône.
ir vindet daz ir suochet.   jâ gît man *iu* daz tegelîch ze lône.'

1050 Von dannen gie dô Hartmuot   dâ er die sînen
man (1050)
vlêgte, daz si des landes   huote solten hân
und ander sîner êren.   er gedâhte im under stunden:
'man hazzet mich sô sêre,   daz ich an dem schaden iht
werde ervunden.'

1051 Gêrlint diu übele   dienen ir dô hiez
die si an vrouwen sedele   harte selten liez.

-- -- -- --

kann nicht in Kudruns gegenwart mit Ortrun unterhandeln. Erst, als
Kudrun 1047 f. alle versuche zurückgewiesen hat, kann Hartmut mit der
zornigen erklärung 1049 hervortreten, die Kudrun neuer mishandlung preis-
gibt und den natürlichen schluss der werbung bildet, vgl. Beitr. 9, 75 f.
1045, 4 *doch en* fehlt, ergänzt von B.   **1046**, 2 *ir* fehlt, ergänzt von V.
1047, 1 *ir* fehlt, ergänzt von E.   4 *mut.*   **1048**, 2 *ich ee g.*, gebessert
von V.   *künne* M.] *kunde.* **1049**, 3 *mir die crone*, gebessert von E.   4 *iu*
fehlt, ergänzt von vdH.   *se lône* ist ein bitteres wortspiel mit *lôn* 1048, 1:
Kudrun meint das lohndienen, Hartmut den lohn ihrer hartnäckigkeit, strafe
und mishandlung. Diesen zusammenhang zwischen beiden strophen hat zu-
erst Wilmanns richtig erkannt (s. 6), vgl. dazu Beitr. 9, 76.   **1050**, 2 *sy
solten des lanndes hute.*

die man von allem rehte   bî vürsten kinden
allę zît solte suochen,   die muoste man dâ bî den swachen
vinden.

1052   Diu alte wülpinne   sprach ir vîntlîchen zuo:
'ich wil daz mir den dienest   diu Hilden tohter tuo.
nu si sich durch ir übele   dunket alsô stæte,
nu muoz si mir dienen,   daz si mir sus nimmer getæte.'

1053   Dô sprach diu maget edele: 'swaz ich dienen mac
mit willen und mit henden   naht unde tac,
daz sol ich vliziclîchen   tuon in aller stunde,
sît mir mîn ungelücke   bî mînen vriunden niht ze wesene
gunde.'

1054   Dô sprach diu übele Gêrlint: 'du solt mîn gewant
tragen tegelîche   hin nider ûf den sant,
unde solt daz waschen   mir und mîm gesinde,   [vinde.'
und solt daz behüeten,   daz man dich dęheine wîle müezic

1055   Dô sprach diu maget edele: 'vil rîches küneges wîp,
sô schaffęt, daz man mich lêre,   daz ich den mînen lîp
dar zuo bringen künne,   daz ich iu wasche kleider.
ich sol niht haben wünne.   ich wolte, daz ir mir noch tætet
leider.

1056   Nu heizet mich ez lêren,   sît ich waschen sol.
ich weiz mich niht sô hêre,   ich künde ez gerne wol,
sît ich dâ mite sol dienen   die mîne spîse.
ich versage ez niemen.'   Kûdrûn diu arme was vil wîse.

1057   Dô hiez si eine weschen   tragen daz gewant,
diu si dâ lêren solte,   mit ir ûf den sant.
alrêrst begundes dienen   mit sorgen angestlîchen.
daz understuont dô niemen.   Gêrlint queltę dô Kûdrûn die
rîchen.

1051,3 *allen rechten,* gebessert von B.   **1052,**2 *den H.*   3 *nu so sy,* gebessert von E.   4 *sünst nymmer anders g.; anders* hat B. mit recht als glosse zu *sus* gestrichen.   **1054,**2 *tragen allertegelich,* gebessert von E.   3 *meinem.*   **1055,**2 *man lere mich daz den leib,* so richtig gebessert von Z. Mit unrecht ist B. (aus metrischen gründen) zur hslichen lesung zurückgekehrt, die mit dem wesen der cäsur nicht vereinbar ist, vgl. Beitr. 9, 93.   3 *euch dicke wasche,* gebessert von Z.   4 *tette noch:* die umstellung von E.   **1056,**2 *heren,* gebessert von V.   3 *die* fehlt, ergänzt von B., der nach V's. vorgang umstellt *dienen* | *sol,* wodurch eine unnatürliche cäsur entsteht.   4 *die arme Chaudrun,* umgestellt von B.   **1057,**1 *ainer andern waschen,* gebessert von B.   3 *allererst begunde sy.*

1058 Vor Ludewîges selden   lérte man si daz,
daz si dô diente helden,   daz nieman kunde baz
gewaschen in diu kleider   in Ormanîelande.
ir megeden wart nie leider,   dô si si sâhen dienen ûf dem
                                                            sande.

1059 Dô was ir einiu drunder,   diu was ouch küneges
                                                            kint.
swaz si alle klageten,   daz was gar ein wint.
disiu arbeite   diu gieng in allen nâhen,
dô si ir edelen vrouwen   alsô jâmerlîchen waschen sâhen.

1060 Dô sprach in ir triuwen   Hildeburc diu meit:
'ez mac si alle riuwen·   — gote sî ez gekleit —,
die mit Kûdrûnen   kômen her ze lande.
die erbeitent reste kûme.   nu stêt si selbe waschende ûf
                                                            dem sande.'

1061 Ditz gehôrte Gêrlint.   si sprach ir übele zuo:
'wiltu, daz dîn vrouwe   der dienstę niht *eine* entuo,
sô solt du si vervâhen   der dienste zaller stunde.'
'ich tæte ez vür si gerne,'   sprach Hildeburc, 'ob mirs
                                                            ieman gunde.

1062 Si erbarmet mir sô sêre,   swie ich selbe lîde nôt,
durch ir hôhen êre,   die got an ir gebôt.   [(1063)

1058,1 *sy man*, umgestellt von vdH.   2 *da sy*, gebessert von Z.
4 *megeden* B.] *iunckfrawen.   sy sahen daz sy diente auf dem sande*, gebessert
von V.   **1059,**1 *darundter*   2 *daz was gar ein wint*] M. bemerkt mit
recht, dass man den gegensatz *wider si* (Hildeburg) erwartete (vgl. Bit. 359:3.
3837. 10111. 12303. 365 f. Nib. 48, 2. 779, 2. 227, 3. 4 u. ô.).   3 *arbait.*
1060.3 *Chaudrun*   4 *arbaitent*, gebessert von V. (schon W. Gr. besserte
si erbeitet, vgl. Mh. s. 189).   *selber.*   **1061,**2 *eine* fehlt; diese ergänzung
scheint mir zur erlangung eines verständigen zusammenhanges geboten.
Gerlint sagt: 'willst du nicht, dass deine herrin sich allein der arbeit unter-
zieht, so musst du ihr jederzeit bei derselben helfen'. Hildeburg erwidert:
' gerne übernähme ich die wäsche ganz statt ihrer, wenn es mir nur erlaubt
würde; denn es passt schlecht zu ihrem stande, dass sie hier dient. Darf
ich ihr jedoch die wäsche nicht ganz abnehmen, so lasst mich wenigstens
die mühe mit ihr teilen'. Dieser auffassung gemäss ist in z. 3 das bliche
sy, wofür B. und M. *dich* lesen (vgl. schon Mhd. Wb. III, 208a, 43), beibe-
halten und *vervâhen* verstanden als 'helfen', obgleich ich für den gebrauch
des verbums in dieser bedeutung sonst beispiele mit persönlichem subjekt
nicht beibringen kann. — 4 *fur sy* vor *ob*, umgestellt von V.   **1062**
nach **1063**; über die gründe der umstellung s. z. 1061, 2. Beitr. 9, 99. —
2 vgl. Nib. 2090, 2 f.

rîchest aller künege   daz wâren vor ir mâgen.
ir dienest zimt hie übele,   doch lâze ich mich niht bî ir be-
trâgen.

1063 Ir sult durch got den rîchen,   mîn vrou Gêrlint, (1062)
si niht eine lâzen: si ist ein küneges kint.
ouch truoc mîn vater krône.   daz wil ich noch volbringen,
lât mich mit ir waschen,   swie uns übele oder wol gelinge.'

1064 Dô sprach diu übele Gêrlint: ‘sô wirt dir dicke wê.
swie herte sî der winter,   du muost ûf den snê
und muost diu kleider waschen   in den küelen winden,
sô du dich dicke gerne   in dem phieselgademe liezest vinden.'

1065 Si erbeite harte kûme,   daz ez âbenden began.
dâ von diu edele Kûdrûn   einen trôst gewan.
zuo ir gie vrou Hildeburc   in eine kemenâten.
klagen si dô beide   von ir dienste herzelîche tâten.

1066 Hildeburc diu hêre   weinende sprach:
‘jâ riuwet mich vil sêre   dîn grôzer ungemach.
ich hân die tievelinne   erbeten, daz du niht eine
waschest ûf dem grieze.   ich trage mit dir *die swære* gemeine.'

1067 Dô sprach diu ellende: ‘des lône dir Krist,
daz du alsô trûrec   mînes leides bist.
wiltu mit mir waschen,   daz gît uns vreude guote
und kürzet uns die wîle.   uns ist ouch deste baz ze muote.'

1068 Dô ir daz was erloubet,   daz si daz gewant,
diu vreuden was beroubet,   mit ir ûf den sant
ze waschen tragen müese,   daz trôste si in ir leide.
swaz ander ieman tæte,   noch muosten mêre waschen dise
beide.

1069 Sô ir ingesinde   die muoze mohte hân,
si weinten harte swinde,   sô sis sâhen stân

1062,3 *warn ir vormagen*, gebessert von B. (über die schwache form
s. zu 4, 3).   **1063**,2 *aine nicht*, umgestellt von B.   *eines k. k.*, gebessert
von B.   4 *waschen lat vnns v. o. w. gelingen*, gebessert von B.; die hsliche
lesart bezweckt reimglättung.   **1065**,1 *abende*   4 zu *klagen* . . .
tâten s. zu 939, 3.   **1066**,3. 4 *waschest aine*, umgestellt von vdH.   4 *die*
swære fehlt, so ergänzt von V.   **1068**,3 *wasche. müsse in ir grossen*
laide, gebessert von M., der mit recht bemerkt (Bemerkk. s. 12), dass in
der uberlieferung die str. überhaupt keine construction hat.   4 *annders.*
dise frawen baide, gebessert von V.   **1069**,1 *Sô* B.] *Da. mochten*, ge-
bessert von V.   2 *sy sahen*, gebessert von vdH.

waschen an dem grieze.　daz klagetens alle sêre,
und heten si doch arbeit,　daz ir in der werlte het nieman
　　1070 Daz werte alsô lange,　daz ist al wâr,　[mêre.
daz si waschen muosen　wol sehstehalp jâr,
bereiten wîziu kleider　den Hartmuotes helden.
ez wart nie vrouwen leider.　man vant si jâmerlîchen vor
　　　　　　　　　　　　　den selden.

(22.) Âventiure,
wie Hilde herverte nâch ir tohter.

　　1071 Nu lâzen wir belîben,　wie si dienten hie
mannen unde wîben.　vrou Hilde hete nie
lâzen ûz gedanken,　wie si dâ nâch gesünne,
wie si ir lieben tohter　ûz Ormanîelande gewünne.
　　1072 Si hete heizen würken　bî des meres vluot
starker kiele sibene　veste unde guot,
zwêne und zweinzic *kocken*　niuwe unde rîche.
swaz die haben solten,　des wâren si berihtet vlizìclîche.
　　1073 Vierzic galeide　het si ûf dem mer;
daz was ir ougen weide.　si warte einem her,
daz si senden solte.　dem het si *rîche* spîse
erworben swâ si kunde.　sî lônte ir helden rehte wol ze prîse.
　　1074 Ez nâhent zuo den zîten,　daz si zuo dem sê
niht lenger.wolten bîten　nâch jenen, den vil wê
was in vremeden landen　mit starken arbeiten.
dô hiez diu schœne Hilde　ir boten mit kleidern wol bereiten.
　　1075 Daz was zen wîhen nahten,　dô kunte si den tac
den die daz solten rechen,　daz Hetele tôt gelac.
dô bat siz allen künden　ir vriunden und ir mannen,
daz man ir liebe tohter　*ûz Ormanîe wider* vuorte dannen.
　　1076 Dô sande si aller êrste　Herwîge dan

1071,2 *manne*　4 *Ormanie dem lannde*, gebessert von V.　**1072**,2
starche　3 *zway*, gebessert von B.　*kocken* fehlt, ergänzt von vdH. — Die
zahlen stimmen nicht gut zu 945 f.　**1073**,1 *galiden hetten*, gebessert
von Z.　3 *rîche* fehlt, so ergänzt von M., vgl. 1150,1. Nib. 369,1. 904,4
(*ritterspîse* A, doch vgl. Bartsch Nib. Nôt II, 2, XII).　4 *rehte* (*recht* hs.)
vor *erworben*, umgestellt von B.　**1074**,1 *nachnete*　2 *jhenen was den.*
1075,1 *nächten*　3 *alle . . . freunde*　4 *ûz Ormanîe wider* fehlt, so er-
gänzt von V.

ir boten, daz er weste   unde sîne man,
wie si *in* gesworn hêten   lange herreise,
von den in was bestanden   zen Hegelingen manic rîcher weise.

1077 Dô îlten Hilden boten   in Herwîges lant.
er weste wol war umbe   si wæren dar gesant.
dô gieng er hin engegene   dâ si si komen sâhen. [jâhen.
dô gruozte ers vlîziclîchen,   dô si im Hilden botschaft ver-

1078 'Ir wizzet wol, herre,   wie ez darumbe stât,
wie zen Hegelingen   daz volc gesworn hât.
des getrouwet iu vrou Hilde   baz dan ander iemen.
Kûdrûnen ellende   *daz* erbarmet billîcher niemen.'

*1079 Dô sprach der ritter edele: 'ich weiz wiez drumbe
daz Hartmuot mit vrevele   mîn trût gevangen hât   [stât,
durch daz si im versagete   und mich ze vriunde erkôs.
dar umbe ouch mîn vrou Kûdrûn   ir vater Hetelen verlôs.

1080 Du bote *vil biderbe*   solt ir mîn dienest sagen.
jâ wirt ez Hartmuote   nimmer vertragen,
daz er mîne vrouwen   sô lange hât gevangen.
baz dan ander iemen   sô mac mich der arbeit belangen.

1081 Ir und ir gesinde   solt du, bote, sagen,
daz ich nâch wîhen nahten   in sehs und zweinzic tagen
zen Hegelingen rîte   mit drî tûsent mannen.'
dô biten si niht mêre.   vroun Hilden boten schieden von
                                                    dannen.

1082 Dô rihte sich Herwîc   ûf strîtes wân
mit den die ez vil dicke   heten guot getân.
do bereite er zuo der verte   die mit im varn wolten
in einem winter herte,   die des urliuges mit im phlegen solten.

1076,2 *daz* ist nicht final, sondern ein mittelglied 'und liess ihn
daran erinnern' muss ergänzt werden, wie die folgenden strr. zeigen.
3 *in* fehlt, ergänzt von V. *h. ir lannge*, gebessert von V. 4 *bestan daz
den H.*, gebessert von vdH. **1077,**2 *warn* 4 *die gruesset er vil vl.*,
gebessert von Mh. und V. **1078,**1 Vor *Ir* hat die hs. *Der ainer sprach*,
von Z. gestrichen. 3 *annders yemand :* 4 *nyemand.* 4 *Chaudrun. daz*
fehlt, ergänzt von B. **1079.** Eine auffallend an str. 819 erinnernde
Nibelungenstrophe, und wie diese eine interpolation. — 1 *wayss wol
wie es darümbe*, gebessert von Z. 3 *darumb daz*, gebessert von B.
1080,1 *vil biderbe* fehlt, so ergänzt von V., vgl. 757,1. 968,1; vor der
interpolation von 1079 war der sprechende wol angedeutet. 4 *annders.*
1081,2 *weyhenachten* 4 *frawen.*

1083 Hilden der schœnen   helfe wære nôt:
hin ze Tenemarke   *ir vriunden* si ez enbôt,
daz die vil snellen recken   niht lenger solten bîten,
die ze Ormanîe   nâch der schœnen Kûdrûnen wolten rîten.

1084 Si hiez ez sagen Hôrande,   daz er gedæhte dran,
er wær des küneges künne,   *daz* er und sîne man
die ir lieben tohter   in liezen erbarmen.
si wolte ê selbe ersterben,   ê sis ligen sæhe an Hartmuotes
armen.

1085 Dô sprach der degen küene: 'vroun Hilden solt
du sagen,
daz ichz alsô süene   mit maneges *wibes* klagen.
ich kume zuo ir gerne   und allez mîn gesinde.
man hœrt noch drumbe weinen   in dem lande *von* maneger
muoter kinde.

1086 Dar zuo sult ir mêre   mîner vrouwen sagen,
daz ich ir vil gerne   kume in kurzen tagen,
und wie ze urliuge   stê mîn gedinge,
daz ich zehen tûsent   mîner helde ûz Tenemarke bringe.'

1087 Die boten urloubes   gerten von im dan
ze Wâleis in die marke,   dâ si mit sînen man
Môrungen vunden,   den marcgrâven rîchen.
er sach die boten gerne   und enphie si harte minniclîchen.

1088 Dô sprach der ritter biderbe: 'ich kum vil gerne
dar (1090)
dâ wirs gewinnen widere.   des ist driuzehen jâr,
daz wir herverten   ze Ormanîe swuoren,
dô Hartmuotes vriunde   von uns mit Kûdrûnen *hinnen* vuoren.'

1083, 2 *ir vriunden* fehlt, ergänzt von W. Gr., vgl. 1089, 2.   3 *solten*
hüeten (?)   **1084,** 1 *daran*   2 *daz* fehlt, ergänzt von V.   4 *selber.*
ee sy geläge ymmer an künig H. a.; die herausgeber ändern verschieden; das
si am anfang der zeile muss aber notwendig auf Hilde bezug nehmen.
1085. 1086 sind gewiss aus éiner älteren strophe entstanden: 1085,1.
1086, 2—4. (Wilmanns s. 179).   **1085,** 1 *frawen*   2 *wibes* fehlt, ergänzt
von vdH.   3 *gerne ich vnd*, gebessert von B.   4 *darume. von* fehlt, er-
gänzt von Z.   **1086,** 3 *stet*, gebessert von B.   **1087,** 2 *Wailays.*
1088—1090. In der hs. und den ausgg. ist die reihenfolge dieser strophen
1090. 1089. 1088. Nach der überlieferung antwortet Irolt also auf die an
Morunc gerichtete botschaft 1087. Die annahme einer interpolation erklärt
diesen mangel an zusammenhang nicht; vielmehr ist die überlieferung ver-
wirrt und lückenhaft. Die antwort Moruncs scheint erhalten in str. 1088

1089 Dô hiez daz Morunc künden   in Holzâne lant, (1089)
daz nâch ir vriunden   vrou Hilde hête gesant.
man solte herverten: daz kunte man den guoten.
dô sagete man diu mære   von Tenemarke dem küenen
Fruoten.

. . . .

1090 Dô sprach der degen Îrolt: 'wan mir ist wol
erkant, (1088)
daz *ich* in siben wochen   ze Hegelingelant
mit recken solte rîten,   swaz ich der möhte bringen.
daz tuon ich vil gerne,   swie joch mînen recken dâ gelinge.'
1091 Wate ouch wol gedâhte,   der helt ûz Sturmlant. (1091)
sîne helfe er brâhte.   swie im niht *wart* bekant
der bote der küniginne   von den Hegelingen,
doch îlte er swaz er kunde,   waz er guoter ritter möhte
1092 Dô vlizzen si sich alle   zuo der hervart. [bringen.
wol mit tûsent helden   wol bereitet wart
Wate dâ zen Stürmen   von mannen und von mâgen,
dâ mite er Hartmuote   ûz Ormanîe*lande* wolte lâgen.
[1093 Die ellenden vrouwen   übele bewart
bî Gêrlinde wâren,   wan vrou Hergart

— — — — —

(1090), die in der hs. Fruote beigelegt wird. Morunc lässt das aufgebot
in Holstein verkünden str. 1089, doch lässt sich nicht mit sicherheit be-
stimmen, ob der dichter dies gebiet Irolt (vgl. 1374, 1) oder Fruote (vgl.
1415, 1) beilegte. Zwischen 1089 und 1090 (1088) wird aber eine lücke
anzunehmen sein, in welcher Fruotes antwort und vielleicht die an-
gabe gestanden hat, dass von diesem die kunde an Irolt gelangt. Dann
folgte Irolts antwort str. 1090 (1088). **1088,** 2 *wo wir gewinnen*, ge-
bessert von Z. und B. 3 *herferte*, gebessert von Z. 4 *Chaudrun. hinnen*
fehlt (B. ergänzte *hin* vor *mit*). **1089,** 1 *Da hiess do M.*, gebessert von B.
3 *den helden guten*; E. strich *helden*. **1090,** 1 *wan* leitet nicht
den satz *mir ist wol erkant* ein, sondern einen zu ergänzenden vordersatz
ich diu mære vernomen hân. 2 *ich* fehlt, ergänzt von vdH. 4 *joch* Z.]
yedoch. reckhen müge da gelingen, gebessert von B. **1091,** 2 *wart* fehlt,
ergänzt von B. **1092,** 3 *dâ zen* vdH.] *das den* 4 *lande* fehlt. **1093.**
1094. Dass die beiden strophen an dieser stelle den zusammenhang mitten
unter den vorbereitungen zur fahrt nach Ormanie in der störendsten weise
unterbrechen, ist ohne weiteres klar. Die strr. werden allerdings ein
jüngerer zusatz, aber nicht für diese stelle bestimmt sein. E. hat sie nach
str. 1005 eingeschoben, indem er 1006—1010 streicht. Wilmanns (s. 180,
vgl. s. 113) meint, dass sie sich am besten zwischen 1165 und 1166 fügen.
Sie wären auch nach 1069 allenfalls erträglich. **1093,** 2 *Heregat.*

— sô hiez ir *einiu* drunder —,   diu phlac hôher minne
mit des küneges schenken.   si· wolte wesen gewaltic her-
zoginne.

1094 Daz beweinte vil dicke   der schœnen Hilden kint.
ouch geschadete ez vil sêre   der selben vrouwen sint,
daz si dâ niht tragen wolte   mit in die grôzen swære.
swaz ir dâ von geschæhe,   daz was Kûdrûnen unmære.]

1095 Die liute unmüezic wâren,   als ich iu hân geseit.
vil lützel wart gebüezet   doch der arbeit,
der si vil dicke phlâgen   in Hegelingelande.
die helde dô daz rieten,   daz man nâch Kûdrûnen bruoder

1096 Die boten riten balde   gegen Hortlant,   [sande.
dâ man ûf dem plâne   den jungen degen vant
bî einem breiten phlûme,   der was vogele rîche.
mit sînem valkenære   beizte dâ der künic vil kündiclîche.

1097 Die boten sach er gâhen.   dô sprach er sâ zehant:
'dort rîtent liute nâhen,   die hât nâch uns gesant
Hilde mîn vrouwe,   ir helde vil vermezzen.
nu wil si des wænen,   daz wir der herverte haben vergezzen.'

1098 Die valken liez er vliegen.   dô reit er balde dan
dâ er in kurzen zîten   trüeben muot gewan.
die boten er *dô* gruozte.   wie schiere si im daz kunden,
daz si die küniginne   ze allen zîten weinende vunden.

1099 Si sageten im ir dienest,   triuwe unde guot:
wie dâ der recke   dar umbe wær gemuot
oder wen er sîner manne   dar wolte bringen.
si solten herverten   hin ze Ormanîe von den Hegelingen.

1100 Dô sprach der degen Ortwîn: 'du hâst mir wâr
geseit.

1093, 3, *einiu* fehlt, ergänzt von vdH.   4 *gewaltige*.   **1094**, 2 *sere
da selb frawen*, gebessert von vdH.   3 *sy mit in da nicht tragen wolte die
crone swäre*; das *hsliche crone* besserte vdH., die wortfolge E., der überdies
dâ streicht.   4 *ir* zweimal.   *geschach*.   *Chaudrun*.   **1095**, 1 *waren vil vn-
müessig*, so gebessert von M.; der cäsurreimer stellte um zum reim mit *ge-
büezet*.   3 *im*   4 *heide* E.] *helffe*.   *Chaudrunen Ortweinen s.*, so gebessert
von B.   **1096**, 1 *gen Nortlande* (: 2 *vande*); über die namensform vgl.
zu 204, 4.   3 *des was*   4 *künigleiche*, gebessert von E.   **1097**, 1 *so ze-
hant*, gebessert von Z.   **1098**, 1 *da mit er*   3 *dô* fehlt, ergänzt von Z.
1099, 2. 3 der inhalt der botschaft; zu ergänzen ist also etwa 'sie liesse ihn
fragen' (B.)   2 *dar umbe* Hpt.] *darynn*   4 *hin zun Hegelingen*, gebessert
von Hpt.

ich wil von hinnen vüeren   michel unde breit
ein her mit guoten helden,   zweinzic tûsent manne.
die wil ich dar vüeren,   ob ir deheiner nimmer kome von
dannen.'

1101 Man sach in allen enden   rîten in daz lant
nâch den vrou Hilde   hête gesant.
wie si der wol gedienten,   des vlizzens sich durch êre.
die helde die ir kômen,   der was sehzic tûsent oder mêre.

1102 Von Wâleis her Môrunc   *der het* ûf der vluot
wol sehzic kocken starke   veste unde guot.
swaz die liute mohten   hin zen Hegelingen   [bringen.
getragen ûf der vlüete,   die wolte er nâch vroun Kûdrûnen

1103 Man brâhte ouch schif diu rîchen   dâ her von
harte lobelîchen   ir ros und ir gewant   [Hortlant.
allez was gezieret   gên dem urliuge,
ir helm und ir wâpen.   si vuorten harte ritterlîch geziuge.

1104 Man ahte bî den schilden,   wie vil ir möhte sîn,
die der schœnen Hilden   daz edele magedîn
solten helfen bringen   ûz Ormanîerîche.
der wurden sibenzic tûsent.   in gap vrou Hilde ir gâbe
kostlîche.

1105 Swelhe bekomen wâren   oder swer ze hove gie,
diu vreudenlôse vrouwe   selten daz verlie,
si engienge in engegene   und gruozte si besunder.
den ûz erwelten degenen   gap man von *rîcher wœte* manic
wunder.

1106 Die Hilden kiele wâren   wol bereit dar zuo,
ob si varn solten   des næhsten tages vruo,

1100,3 *helden mit zwainzigktausent mannen;* das doppelte *mit* ist an-
stössig, der schreiber wolte den reim glätten. **1101,**3 *der* vdH.] *den.
vlissen sy sich.* **1102,**1 *der het* fehlt, ergänzt von vdH. 4 *frawen.*
1103,1 *Nortlant* 4 *ritterliche.* .**1104,**1 'man schätzte ihre zahl nach
den schilden ab': die art und weise wie dies geschah ist mir nicht deutlich,
doch gibt vielleicht das von Schultz Höfisches leben 2,159 angeführte einen
fingerzeig (vgl. auch M's. anm.) 3 *helfen* V.] *hilffe.* *O.* dem *reiche*, ge-
bessert von V. **1105,**3 *gienge* 4 *rîcher wœte* fehlt, ergänzt von B.
1106,1 *Der H.* 2 *solten varn*, umgestellt von Z.; für die beurteilung
des cäsurreims, der durch die umstellung jedesfalls beabsichtigt wurde, ist
das hsliche *wâren : varn* sehr interessant. Aehnlich findet sich Alph. 276,1
wâgen : klagen in der cäsur; vgl. Beitr. 9,49.

ez gezæme wol ze *mâzen*   den lobelîchen gesten.
dô wolte sis niht lâzen,   unz si heten deheiner slahte ge-
bresten.

1107 Diu wâpen hiez vrou Hilde   zuo den schiffen tragen
und helme vil guote   ûz stahele geslagen.
halsberge wîze   wol vünf hundert mannen
über allez daz si hêten   hiez si *die recken* mit in vüeren
dannen.

1108 Ir ankerseil diu wâren   von vesten sîden guot,
ir segele harte rîche,   dâ mite si über vluot
von Hegelingelande   ze Ormanîe solten,
die der vrouwen Hilden   Kûdrûnen gerne wider bringen
wolten.

1109 Ir anker *die* wâren   von îsen niht geslagen,
von glocken spîse gozzen,   sô wir hœren sagen.
von spânischem messe   wâren si gebunden,
daz den guoten helden   die magnêten niht geschaden kun-

1110 Hilde diu schœne   vil manegen bouc bôt   [den.
Waten und den sînen.   dâ von muosten tôt
geligen vil der helde,   do er mit den Hegelingen
ûz Hartmuotes bürge   die schœnen vrouwen solte wider

1111 Hilde vlîziclîchen   dô begunde biten   [bringen.
die von Tenelande: 'swaz ir her habet gestriten
in herten volcstürmen,   des lône ich iu nâch êren.
volget mînem venre,   der kan iuch daz beste wol gelêren.'

1112 Si vrâgten, wer der wære.   daz tete si in bekant.
si sprach: 'daz ist Hôrant   dâ her von Tenelant.
sîn muoter diu was swester   Hetelen des rîchen.
welt irs im getrouwen,   sô sult irm in dem sturme niht
entwîchen.

1106,3 *getzam.   mâzen* fehlt, ergänzt von vdH.   4 *sy sy*   **1107,**4
die recken fehlt, ergänzt von B.   **1108** f. vgl. 266 ff.   3. 4 *wolten :*
solten, umgestellt von B.   4 *Chaudrun.*   **1109,**1 *die* fehlt, ergänzt
von B.   2 *glockspeyse.   gozzen*] über das part. perf. pass. im mhd. ohne
präfix vgl. Gramm. II, 847. Haupt zu Engelh. 4257.   4 *die staine magnete,*
gebessert von Z.; zur sache vgl. Herzog Ernst D 3216.   **1110,**1 *poch*
2 *tôt* vdH.] *rot*   4 *solten,* gebessert von V.   **1111,**4 *faner,* vgl. 521,4.
Bit. 5306. 6372. 12108; die form *venre* ist schon durch den reim gesichert
Kchr. D. 216, 23.   *euch nach eren das,* gebessert von Z., vgl. z. 3.   **1112,**4
ir sein getrawen, gebessert von V.   *ir im in.*

1113 Ir sult ouch niht vergezzen   des lieben sunes mîn;
der helt ist vil vermezzen,   er ist der tage sîn
kûme in zweinzic jâren   gewahsen zeinem manne.
beginnęt sîn ieman vâren,   sô helfet ir im, guote recken,
                                                            dannen.'
1114 Daz si daz gerne tæten,   und wæren si dâ bî,
daz sprâchen si gemeine: er kœme schaden vrî
wolĵheim ze sînem lande,   ob er in wolte volgen.
dô was der helt Ortwîn   in sînen jungen siten unerbolgen.
1115 Ez wart zuo den schiffen   gevüeret und getragen,
daz iu daz wunder niemen   kunde vol gesagen.
si gerten urloubes   gên ir arbeite.   [beleiten.
den rîchen Krist von himele   bat si diu schœne Hilde wol
1116 Genuoge mit in vuoren,   den ir vater was erslagen.
die biderbe weisen wolten   ir schaden niht vertragen.
joch weinte vil der vrouwen   dâ ze Hegelingen,
wanne in got von himele   ir liebiu kint solte wider bringen.
1117 Si mohtenz in ir sinne   allez niht getragen
und wolten die liute   niht lenger lâzen klagen.
si huoben sich dannen   mit vreuden und mit schalle.
dô si zen schiffen giengen,   die guoten ritter hôrtę man
                                                            singen alle.
1118 Dô nu gescheiden wâren   hie die liute dan,
dô sach man vil der vrouwen   in den venstern stân.
si beleitens mit den ougen   so si verriste kunden
von der burc ze Matelâne,   dô die helde dannen varn be-
                                                            gunden.
1119 Ir masboume erkrachten,   in kom ein rehter wint.
vil segele sich erstrahten.   maneger muoter kint

<hr>

1113, 2 *ist* vdH.] *aus;* die besserung von B. *ir helde vil vermezzen*
habe ich nicht aufgenommen, weil damit das ursprüngliche doch nicht
widergewonnen ist. Der cäsurreim ist erst eingeflickt, und das hsliche *aus*
deutet auf ein altes *ûz Ortlande,* worauf schon B. hinwįes (vgl. Germ. 10, 207).
4 *ir gute recken im von danne,* gebessert von B.   1114, 4 *dô* (*da* hs.) darf
nicht in *des* geändert werden, wie B. und M. tun, denn *unerbolgen* bezieht
sich nicht auf das versprechen der helden, sich Ortwins anzunehmen; viel-
mehr ist Ortwin *unerbolgen* 'sehr froh', dass er mit darf.   1115, 2 *vol*
vdH.] *wol*   3 *begerten.*   *arbait*   4 *rîchen* fehlt, ergänzt von vdH.
1116, 3 *joch* Mh.] *auch.*   1117, 3 *danne.*   *schallen.*   1118, 2 *der*
frawen vil, umgestellt von B.   1119, 1 b vgl. Nib. 494, 3.   2 *erstrackten.*

14*

vuor ûf den gedingen,   daz si wurben êre.

der kom in vil ze handen;   dar nâch si muosten arboiten sêre.

1120 Ja enweiz ich ez niht allez,   wie ir dinc ergie,
wan der künic des landes   von Karadie
der vuor mit sînem volke   den recken hin engegene.
er brâhte ûz sînem lande   wol zehen tûsent sneller degene.

1121 Der künic von den Mœren   wart enphangen wol.
vier und zweinzic kocken   brâhte er liutes vol,   [(1123)
dar zuo vil der spîse,   daz in in zweinzic jâren
niht gebresten solte.   si wolten der von Ormanîe vâren.

1122 Ûf dem Wülpensande,   dâ ê was der strît, (1121)
von iegelîchem lande   dâ heten si sich sît
vermezzen alle gelîche   einer samenunge.

ir klôster daz was rîche;   dar gap der alte und der junge.

1123 Die abe den schiffen wâren   gegangen von der
habe, (1122)
der schiet nu vil maneger   von sînes vater grabe
mit solhem ungemüete,   daz ez wart jenen swære,
an den si daz erkanten,   dêr in schedelîch in strîte wære.

1124 Von stade si sich dô huoben,   sô si aller beste
dan (1124)
mit ir scheffen kunden.   sît wart in *kunt* getân
michel arbeite   ûf dem breiten vluote.

waz half daz si nu wîste   der alte Wate und von Tenen
Fruote?

1125 In kômen sunderwinde,   die sluogen ûf dem sê
daz edele ingesinde   — dâ von wart in wê —,

1119,3 *da sy,* gebessert von vdH.   **1120,**2 *Karadie* erscheint
sonst gewöhnlich viersilbig (702, 1. 1651, 4. 1654, 2. 1663, 1. (*Karadi* hs.),
doch scheint die dreisilbige form auch 1139, 4. 1643, 4 angenommen werden
zu müssen. Ausserdem findet sich *Karadîne* 731, 3. 733, 3. 833, 4. 1534, 4
und *Karadê* 719, 1. 1368, 1: letztere form schreibt B. auch hier (: *ergê*).
1121—1123. In der hs. und den ausgg. steht 1121 hinter 1122. 1123;
meine umstellung hat den zweck zu vermeiden, dass der empfang des mohren-
königs durch zwei strr. von dessen ankunft getrennt wird. Das lokal für
die vereinigung wird allerdings auch in dieser ordnung zu spät angegeben
(1122).   **1121,**2 *küchen*   4 *wolten zu den von,* gebessert von Z; der
schreiber verwechselte *vâren* und *varn.*   **1122,**1 *den*   3 *geleiche zu
ainer,* gebessert von B.   **1123,**1 *abe* B.] *von*   3 *thenen laid sware,* ge-
bessert von vdH.   **1124,**2 *kunt* fehlt, ergänzt von E.   4 *Tenne.*
1125,1 *slügens auf,* gebessert von V.

dâ si mit tûsent seilen   den grunt niht hêten vunden.
ir beste schifliute   aller meiste weinen dô begunden.
*1126 Ze Gîvers vor dem berge   lac daz Hilden her.
swie guot ir anker wæren,   an daz vinster mer
magnêten die steine   heten si gezogen.
ir guote segelboume   stuonden alle gebogen.
1127 Dô daz volc mit jâmer   weinte über al,
dô sprach Wate der alte: 'lât vallen hin ze tal
in die gruntlôsen ünde   die unser anker swære.
man saget von manegen dingen,   dar bî ich under wîlen
                              gerner wære.
1128 Sît hie lît versigelet   unser vrouwen her
und wir sin komen sô verre   ûf daz vinster mer —
ich hôrte ie sagen von kinde   vür ein wazzermære,
daz ze Gîvers in dem berge   ein wîtez künicrîche erbouwen
                              wære.
1129 Dâ leben die liute schône;   sô rîche si ir lant,
dâ diu wazzer vliesen,   dâ sî silberîn der sant:
dâ *mite* mûrens bürge.   daz si dâ habent vür steine,
daz ist golt daz beste.   jâ ist ir armuot *harte* kleine.

1125, 3 *dá* E.] *daz.*   **1126.** Diese Nibelungenstrophe muss aus-
geschieden werden. 1127, 1 schliesst sich an 1125, 4. Der interpolator dieser
str. fand die lage der helden nicht deutlich genug angegeben, während der
dichter sie Wate in seiner rede 1127—1131 entwickeln liess. Es ist aber
die erste hälfte von 1125 wol von dem interpolator umgestaltet; sie hat
ursprünglich *daz vinster mer* wahrscheinlich bereits erwähnt. Vgl. im
übrigen zu 1127, 2. 3. — 1 *vor* vdH.] *von* 2 a bezieht sich auf 1109, doch
s. zu 1127, 2. 3.   4 *segelboume* sind die mastbäume, vgl. *den segelboum
alder den mastboum* Griesh. pr. 1, 67 (Lexer II, 840).   **1127,** 2. 3. Der
sinn dieser zeilen ist schwer verständlich. Warum gibt Wate den rat die
anker fallen zu lassen, da die see ja grundlos ist, vgl. 1125, 3? W. s. 196
meint, er gebe den rat, sie wegzuwerfen. Dies hängt zusammen mit Wil-
manns' ansicht, dass die Hegelingen nicht am magnetberg seien, wol aber
Wate dort zu sein wünsche. Es spricht aber gegen diese ansicht die an-
schauung von str. 1132, 4. 1135, 1. 2, sowie der umstand, dass schon in den
bearbeitungen der Brandanuslegende die sagen von lebermeer und magnet-
berg im wesentlichen verbunden sind (vgl. Müllenhoff und Scherer Denkm.[2]
389. Bartsch Herzog Ernst s. CXLV ff).   **1128,** 2 *so verre komen,* umge-
stellt von B.   3 *kinden,* gebessert von B.   4 über *Gîvers* vgl. Müllenhoff
Zs. für d. alt. 12, 317. [s. auch zu 564, 2].   **1129,** 2 *verliesen:* 'sich ver-
lieren, aufhören'?   3 *mite* fehlt, ergänzt von vdH.   *mauren sy.   haben.*
4 *harte* fehlt, ergänzt von V.

1130 Und *hôrte* sagen mêre   — got würket manegiu
swen die magnêten   bringent vür den berc,   [werc —:
daz lant hât die winde,   swer ir mac erbîten,
der ist immer rîche   mit allem sînem künne nâch den zîten.

  1131 Ezzen wir die spîse. ob uns gelinge wol,'
sprach Wate der wîse,   'sô sul wir vazzen vol
unser schif diu guoten   mit edelem gesteine.
kom wir dâ mite widere,   wir gesitzen vrœlîch noch dâ heime.'

  1132 Dô sprach von Tenen Fruote: 'ê mir diu galinê
und mînen vartgenôzen   tæte hie sô wê,
ich swüere tûsent eide,   daz ich nimmer *guot* gewünne,
daz ich vor disem berge   mit guoten winden ûz *der nôt*
                                               entrünne.'

  1133 Die dâ kristen hiezen,   die gevrumten ir gebet.
dô diu schif dâ stuonden   vaste an einer stet
vier tage lange,   ich wæne, und dannoch mêre,   [sêre.
daz si nimmer dannen kœmen,   des vorhten die Hegelinge

  1134 Daz genibele zôch sich hôher,   als ez got gebôt.
do erwageten ouch die ünde: dô kômens ûz grôzer nôt.
durch die grôzen vinster   sâhen si die sunnen.
dô kom in ein westerwint.   dô was in ir arbeit gar zerunnen.

  1135 Der treip si in einer wîle   ze Gîvers vür den berc
wol sehs und zweinzic mîle,   daz si diu gotes werc
und ouch sîne helfe   bescheidenlîchen sâhen.
Wate mit sîm gesinde   was den magnêten komen al ze nâhen.

  1136 Ze vliezenden ünden   wâren si nu komen.
si engulten niht ir sünden.   jâ was *in* benomen

1130,1 *hôrte* fehlt, ergänzt von V.   2 *für die berg*   3. 4 'solche
winde kommen da vor, dass derjenige, der nur zeit hat sie abzuwarten, für
immer reich ist.'   **1131,**4 *noch frölich*, umgestellt von V.   **1132,**1
mir Z.] *wir*.   *galinê* hat B. richtig gedeutet als 'windstille'; es ist aus gr.
γαλήνη, wahrscheinlich nicht auf gelehrtem wege, entlehnt; vgl. Hilde-
brand Zs. f. d. Phil. 2, 475.   2 *und*] *von*; B. und M. lesen *an*, das ich
nicht verstehe.   3 *guot* fehlt, ergänzt von E.   4 *daz* 'vorausgesetzt dass'.
der nôt fehlt; B. schreibt *ûzer nôt*, vgl. 1134, 2.   **1134,**1 *genibel das ge-
zoch*, gebessert von E.   2 *erwageten* 'begannen sich zu bewegen' M.] *ver-
wagen*, das das gegenteil bedeuten müste. Es soll aber offenbar gerade der
gegensatz zum unbeweglichen lebermeer hervorgehoben werden, vgl. 1136, 1
und Martin Bemerkk. s. 13.   4 *vester wint;* derselbe fehler 13, 2.   **1135,**2
daz M.] *da*   4 *seinem.* *dem magnet*, gebessert von V.   **1136,**2 *in*
fehlt, ergänzt von vdH.

ein michel teil ir sorgen,   der wolte in got niht gunnen.
diu schif diu wâren rehte   gên Ormanîelande nu gerunnen.
1137 Dô huop sich aber schiere   ein iteniuwez klagen.
die schifwende krachten.   dô begunden wagen
von den gruntwellen   ir kiele harte sêre.
dô sprach der degen Ortwîn: 'wir müezen tiure koufen
                                    unser êre.'
1138 Dô ruofte ein marnære: 'ach ach dirre nôt,
daz wir ze Givers lâgen   niht vor dem berge tôt!
swes got wil vergezzen,   wie sol sich der behüeten?
ir helde vil vermezzen,   daz mer wil aber toben unde wüeten.'
1139 Dô ruofte von Tenemarke   der küene Hôrant:
'gehabet iuch wol, ir degene.   mir ist wol erkant,
der luft schadet hie niemen,   ez sint westerwinde.'
dô vreute sich der mære   der künic von Karadie und daz
                                    gesinde.
1140 Hôrant der snelle   oben in die keibe gie.
er sach manege wellen.   wenken er dô lie
sîniu ougen wîten.   dô sprach der selbe herre:
'ir müget sanfte erbîten.   wir sîn Ormanîe vil unverre.'
1141 Die segele hiez man lâzen   nider in al dem her.
einen berc si sâhen   vor in *in* dem mer
und ouch vor dem berge   einen walt vil wîten.
dâ hin begunde râten   Wate sînen helden an den zîten.

(23.) Âventiure,
wie si kômen in die habe und vuoren in Ormanîelant.

1142 Si vuoren vor dem berge   an den selben walt.
mit listen muosten werben   dô die recken balt.

1136,4 *nu* nach *waren*, umgestellt von B.   *Ormanie dem lannde,* gebessert von V.   **1137**,1 *ein eytel newes clagen,* gebessert von Z.   2 *krachen.*
begunde   3 über die *gruntwelle* s. zu 85,3.   **1138**,2 *daz* vdH.] *da.*
1139,3 *westen winde*   4 *vnd alles das,* gebessert von Z.   **1140**,1 *Da*
rant der.   keibe] 'mars. mastkorb', vgl. Ortnit 229,3. 258,1.   2b. 3a vgl.
Bit. 8682. Nib. 85,2.   **1141**,2, *berc* vdH.] *pauch,* wofür V. *houc* vermutete,
das jedoch im mhd. überhaupt nicht und im ahd. nur einmal als neutrum
(Denkm.² LXIII,20) nachgewiesen ist. Wie B. bemerkt, liest die hs. umgekehrt Nib. 1490,3 *peck* (nicht *berc*) statt *bouc*. Ein *in* fehlt, ergänzt
von vdH.   **1142**,1 *vor* V.] *von.*

ir anker si dô schuzzen   zuo des meres grunde.

si lâgen in der wilde,   daz daz nieman merken niht enkunde.

1143 Durch gemach si vuoren   von schiffen ûf den sant.

guoter dinge genuoge   hei waz man der dâ vant!

vrische kalte brunnen   die vluzzen in dem tanne

nider von dem berge.   des vreuten sich die wazzermüeden

    1144 Dâ die liute solten   mit gemache ligen,   [manne.

dâ was der degen Îrolt   ûf einen boum gestigen,

der was unmâzen hôher.   dô schoute er vlîziclîche,

war si von dannen solten.   dô sach er ze Ormanîe in daz rîche.

    1145 'Nu vreut iuch, jungelinge,'   sô sprach der junge

'mîn sorge ist nu ringe,   sît ich gesehen hân   [man.

wol siben palas rîche   und einen sal vil wîten.

wir sîn in Ormanîe   morgen wol vor mittes tages zîten.'

    1146 Dô sprach Wate der wîse: 'sô traget ûz ûf den

schilt unde wâpen   und iuwer wîcgewant.   [sant

tuot iuch selbe unmüezic,   die knehte heizet dienen.

diu ros sol man baneken.   ir heizet halsperge und helme

                                             riemen.

    1147 Ob iuwer etelîchem   daz kleit niht rehte stât,

daz zuo dem wâpen gehœret,   sô habet des mînen rât;

ez hât mîn vrou Hilde   vünf hundert brünne

mit uns her gesendet;   die geben wir der guoten ritter künne.'

    1148 Diu ros zôch man schiere   zuo in ûf den sant.

swaz man guoter decke   und kovertiure vant,

die versuochten ûf ir rossen   ritter unde knehte,

welhez in gezæme.   dô nam ir ieclîcher im daz rehte.

1142,4 *mercken kunde*, so gebessert von B.   **1143**,3 *in tan*, gebessert von B.   4 *man*, gebessert von B. Die strophe ist, wie die funf hebungen der letzten halbzeile zeigen, erst von einem abschreiber zur scheinbaren Nibelungenstr. umgewandelt, der wol an dem seltenen nom. pl. *manne* (vgl. Mhd. Wb. II¹, 30a) anstoss nahm. [S. auch Bit. 11855 in der hs.] **1144**,3 *hoch*, gebessert von V. (vgl. Gramm. 4, 493).   4 *wo*, gebessert von E. **1145**,3 *rîche* Z.] *weyte*   4 *mittages*, gebessert von Z., vgl. 1166,1   **1146**,1 *trag*, gebessert von vdH.   *ûz* M.] *vnns*   4 *baneken*] 'rühren, hin und her bewegen', findet sich im volksepos wol nur hier.   **1147** vgl. 1107,3. 4. — 1 *die claid*, gebessert von vdH.   2b wird von B. erklärt: 'so empfangt abhülfe dafür von mir'. Wie die stelle überliefert ist, muss sie aber wol gefasst werden: 'so empfangt von mir einen ratschlag (eine weisung) in bezug darauf'. Oder ist zu lesen *sô mac des werden rât?*   **1148**,4 *in* V.] *im*.

1149 Diu ros hiez man ersprengen wîten ûf dem sant
die breite und die lenge. manegez man dâ vant,
diu *vil* træge wâren und springen niht enkunden.
diu heten sich verstanden. Wate hiez si küelen an den
1150 Ir viur si dô zunden. rîche spîse guot, [stunden.
die besten die si vunden bî des meres vluot,
die hiez man dô bereiten den ellenden gesten,
wande si sô nâhen ir gemaches *dâ* niht enwesten.

1151 Die naht si heten ruowe unz an den næhsten tac.
Wate und ouch her Fruote des küneges râtes phlac.
die giengen sundersprâchen ûf dem wilden sande,
die ir bürge brâchen, wie si den gelônten in ir lande.

1152 'Wir solten boten senden,' sprach dô Ortwîn,
'die uns ervüeren mære von der swester mîn
und von den ellenden, ob lebeten noch die meide.
swann ich an si gedenke, sô ist mir dicke herzenlîche leide.'

1153 Si rieten, wer der wære, der bote möhte sîn
und der in bræhte mære, wâ man diu magedîn
vil bescheidenlîche in dem lande vunde,
und ouch die sînen vrâge vor den vînden wol gehelen
                                     kunde.

1154 Dô sprach von Hortlande der degen Ortwîn,
ein helt ze sînen handen: 'ich wil bote sîn.
Kûdrûn ist mîn swester von vater und von muoter.
under allem dem gedigene sô ist dehein bote niht sô guoter.'

1155 Dô sprach der künic Herwîc: 'ich wil der ander
ich wil bî dir sterben oder *aber* genesen. [wesen.

1149,2 *die breite und die lenge* ·· Bit. 9216. 3 *vil* fehlt, so ergänzt
von B. *nicht kunden* 4 *die sich hetten*, umgestellt von V. *erstanden*,
gebessert von vdH.; die rosse waren steif geworden durch das lange stehen,
vgl. Nib. 1577, 1. Wolfd. D IX, 40. *küelen*] 'mit wasser begiessen' (vgl.
Hildebrand Zs. f. d. Phil. 4, 359); derselbe ausdruck Bit. 3130. Die änderung
von Mh. s. 187 *kelen*, der sich B. und M. angeschlossen haben, ist verwerf-
lich. **1150,**4 *dâ* fehlt, so ergänzt von M. **1151,**1 *nacht die sy*,
gebessert von vdH., vgl. Nib. 1257, 1. 2 *Fruote* ist wol dem cäsurreim zu
liebe für *Herwîc* eingetreten, der neben Wate und Ortwîn genannt sein
müste. *rate*, so gebessert von B. **1152,**3 *noch lebten*, umgestellt von
Mh. **1153,**1 *der märe pote*, gebessert von E. 4 *auch der seinen*, ge-
bessert von vdH. **1154,**3 vgl. Nib. 1496, 3. 4 *all disem*, gebessert
von B. *gedinge*, gebessert von vdH. **1155,**1 *ander sein wesen* 2 *aber*
fehlt, ergänzt von Z.

was diu maget dîn swester,   man gap mir si ze wîbe.
ûz ir dieneste   einen tac ich nimmer belîbe.'

1156 Dô sprach Wate in zorne: 'daz wære ein kindes
ir helde ûz erkorne;   daz ir des niht entuot,   [muot,
daz râte ich iu mit triuwen.   lât ez iu niht versmâhen.
wirt iuwer Hartmuot innen,   er heizet iuch an einen galgen
                                                       hâhen.'

1157 Dô sprach der künic Herwîc: 'ergê *ez* übele
                                                oder wol,
sît *daz* vriunt vriunde   angestlîchen dienen sol,
ich und mîn vriunt Ortwîn   suln niht erwinden,
swie halt uns gelinge,   wir enmüezen Kûdrûnen vinden.'

1158 Dô si beide wolten   in boteschefte dan,
dô hiezens in gewinnen   ir mâge und ir man,
daz si mit in redeten,   daz si ir vesten eide
nimmer vergæzen   an disen *küenen* recken beiden.

1159 'Ich man iuch iuwer triuwe,'   sprach dô Ortwîn,
'werde man unser innen,   ob wir gevangen sîn,
daz si uns wellen lâzen   lœsen mit guote,   [muote.
sô verkoufet lant und bürge.   dar umbe sî iu leide niht ze

1160 Nu hœret, guote degene,   waz wir iu mêre sagen.
erbünne man uns lebenes   oder werden wir erslagen,
sô sult ir niht vergezzen,   ir enrechet iuwer anden,
ir helde vil vermezzen,   mit swérten in künic Hartmuotes
                                                       lande.

1155,4 *ich nymmer ainen tag*, umgestellt von B.   **1156,**1 *ains,*
gebessert von B.; oder ist es ganz zu streichen, vgl. 1503,1?   3 *trewen*
vnd lat, gebessert von B.   4 *ynne eur Hartmut,* umgestellt von V.   **1157,**1
ez fehlt, ergänzt von B.   2 *daz* fehlt, ergänzt von B.; im übrigen ist im
texte die häsliche lesart belassen, vgl. besonders zu dem formelhaften aus-
druck Jänicke zu Bit. 790.   4 *müessen.*   **1158,**2 *hiessen sy g.,* ge-
bessert von Z.   *magt*   3 *pesten,* gebessert von E.   *eide* vdH.] *trewen*
4 *vergessen,* so gebessert von V.   *an den recken*; schon E. ergänzte *küenen*
[unmöglich wäre es übrigens nicht, dass *triuwe* richtig überliefert (vgl. 1159,1.
1162,1) und das reimwort dazu am schlusse der letzten zeile verloren ist].
1159,2 *ynne*   4 *lannde.*   **1160,**1 *iu* vdH.] *ir*   2 *gunnet man vnns ze*
lebenne, gebessert von B; es scheint, dass ein abschreiber durch das folgende
oder zu einer änderung verleidet wurde, die den sinn zerstört. Die zeile
ist der gegensatz zu 1159,2. 3. Es trennt *oder* hier nicht zwei verschiedene
gedanken, sondern zwei verschiedene ausdrücke für denselben gedanken,
wie auch 212,1. 401,1. 2. 1580,2 (?)   3 *rechet*   4 *lannden.*

1161 Ouch biten wir iuch mêre,   ir edelen ritter guot,
mit swelhen arbeiten   ir helde daz getuot,
daz ir hie iht lâzet   die ellenden vrouwen,
ê ir iuch strîtes mâzet,   sît si iu alles guotes wol getrouwen.'

1162 Des gâben si ir triuwe   den vürsten an ir hant,
die aller besten drunder,   daz si ir eigen lant
mit willen noch mit muote   niht wolten beschouwen,
si enbræhten mit in widere   ûz Ormanîę die ellenden vrouwen.

1163 Die in getriuwe wâren,   die weinten umbe daz
— si vorhten alle harte   den Ludewîges haz —,
daz si niht boten ander   von in möhten senden.
si gedâhten sumelîche: 'nu kan ir ende nieman erwenden.'

1164 Si heten mit dem râte   gestriten al den tac.
ez was nu worden spâte,   der sunne schîn gelac
verborgen hinder wolken   ze Gustrâte verre.
des muoste noch belîben   Ortwîn und Herwîc der herre.

(24.) Âventiure,
wie Kûdrûnen wart ir kunft kunt getân.

1165 Nu swîgen wir der degene.   ich wil iuch lân ver-
nemen,
die wol mit vreuden wæren,   wie den daz mac gezemen,
daz si müezen waschen   in den vremeden landen.
Kûdrûn und Hildeburc   die wuoschen alle zît ûf einem sande.

1166 Ez was in einer vasten   umb einen mitten tach.
ein vogel kom gevlozzen.   Kûdrûn dô sprach:

1161, 4 *euch des streites,* gebessert von V.   **1162,** 2 *darundter*
4 *brechten   Ormanien;* Mh. B. M. lesen *Ormanîn,* eine form die wol nur
reimzwecken dient (1287, 3. 1432, 1. 1469, 3).   *die vil ellenden,* gebessert von Z.
1163, 3 *daz* V.] *da.*   **1164,** 1 *allen*   3 *hinder den wolcken,* gebessert
von V.   *Gustrâte* muss den ort des sonnenuntergangs bezeichnen, lässt sich
jedoch nicht weiter nachweisen. Um die erklärung des namens haben sich
bemüht Müllenhoff Denkm.[1] 346 und Haupt Zs. für deutsches alt. 11, 42 ff.,
der an *Gylstram* Parz. 9, 12 erinnerte. Doch vgl. auch Wilmanns s. 258 anm. 2.
Aventiurenüberschrift: *Chautrum.*   **1165,** 2 *wie dann das,* gebessert
von vdH.   **1166,** 2 *der vogel,* der eigentlich ein bote gottes ist und des-
wegen auch *engel* genannt wird (vgl. 1167, 2. 1169, 1. 1174, 1. 1177, 1. 1183, 1.
1184, 1. 1185, 1), ist in erzählungen des deutschen mittelalters nicht selten,
vgl. Wackernagel Kl. Schr. III, 225 anm. 1.   *geflossen hyna Chaudrun;*
hyna (?) gestrichen von E.

'owê vogel schœne,   du erbarmest mir sô sêre,   [hère.
daz du sô vil gevliuzest   ûf disem vluote,' sprach diu maget

1167   In menschlîcher stimme   antwürten ir began
der gotes engel hêre,   sam ez wære ein man:
'ich *bin ein* bote von gote,   und kanst du mich gevrâgeu,
vil hêre maget edele,   sô sage ich dir von *den* dînen mâgen.'

1168   Dô diu juncvrouwe   die stimme dâ vernam,
dô woltę si niht getrouwen,   daz immer alsam
der wilde vogel würde,   daz er reden kunde.
si hôrte sîne stimme,   sam si gienge ûz eines menschen
munde.

1169   Dô sprach der engel hêre: 'du maht dich wol
versehen,
maget vil ellende;   dir sol grôz liep geschehen.
wilt du mich vrâgen   von dîner mâge lande,
ich bin ein bote der dîne,   wan got ze trôste mich dir her
sande.'

1170   Kûdrûn diu edele   viel ûf den griez ze tal,
als tæte *si* gên gote   ir venje in kriuzestal.
si sprach ze Hildeburge: 'sô wol uns dirre êre,
daz unser got ruochet.   jâne sul wir trûren nu niht mêre.'

1171   Dô sprach diu gotes arme: 'sît dich Krist hât
uns vil ellenden   ze trôste in ditze lant,   [gesant
du solt mich lâzen hœren,   bote du vil guoter,
lebet noch inder Hilde?   diu was der armen Kûdrûnen
muoter.'

1172   Dô sprach der vil hêre: 'ich wil dir verjehen:
Hilden dîne muoter   hân ich gesunt gesehen,
dô si dir her daz grœzest   vrumte her ze lande,
daz witewe oder künne   durch lieber vriunde willen ie ge-
sande.'

1173   Dô sprach diu maget edele: 'bote du vil hêr,
lâ dich des niht verdriezen: ich wil dich vrâgen mêr.

1167,3 *bin ein* fehlt,   ergänzt von vdH.   4 *den* fehlt.   **1168,** 2
allesam, so gebessert von Z.   **1169,**2 *grosses,* gebessert von V.   4 die
hs. hat noch einmal *mich* vor *got,* gestrichen von M., während vdH. das zweite
mich tilgte.   **1170,**2 *si* fehlt.   3 *sô* B.] *o*   4 *ia sull.   trawen* (ver-
schrieben für *trauren*).   **1171,**2 *troste heer in,* gebessert von E.   3 *pote
nu vil,* gebessert von Mh.   4 *Chaudrun.*   **1172,**3 *dir ain heer grosse
frumt,* so gebessert von V.   **1173,**1. 2 *here : mere.*

lebet noch indert Ortwîn,   der künic von Hortlande,
und Herwîc mîn vriedel?   diu mære ich harte gerne erkande.'

    1174 Dô sprach der engel hêre: 'daz tuon ich dir wol
Ortwîn und Herwîc *die* sint wol gesunt.   [kunt.
die sach ich in den ünden   ûf des meres muoder.
die ellenthaften degene   zugen vil gelîche an einem ruoder.'

    1175 Si sprach: 'nu sage mêre.   ist dir daz bekant,
ob Îrolt und Môrunc   komen in ditze lant,
bote vil hêre?   gerne ich des vrâge.
die sæhe ich ouch vil gerne.   si wâren mînes vater Hetelen
                                                                                mâge.'

    1176 Dô sprach der bote hêre: 'des wil ich dir verje-
Îróldęn und Môrúngen   die hân ich gesehen.   [hen.
die dienent williclîchen   iu vil schœnen vrouwen.   [wen.'
koment si her ze lande,   von in wirt der helme vil zerhou-

    1177 Dô sprach der engel hêre: 'ich wil scheiden hin
— got phlege iuwer êre —,   wan ich unmüezic bin.
ez ist über mînen orden,   ich sol niht reden mêre.'
er verswant in vor den ougen.   daz klageten dô die junc-
                                                                    vrouwen sêre.

    1178 Dô sprach diu Hilden tohter: 'mir ist unmâzen leit.
des ich dâ wolte vrâgen,   daz ist mich verdeit.
ich gebiute dir bî Kriste,   ê daz du scheidest hinnen,
daz du ûz sorgen   lœsest mich vil armen küniginne.'

    1179 Er swebete ir vor den ougen   aber alsam ê.

1174,2 *die* fehlt, ergänzt von vdH.   **1175. 1176.** Mh. s. 25 hat
darauf hingewiesen, dass Irolt und Morunc in diesen beiden strophen nicht
wie die andern helden, Herwig und Ortwin (1174), Horant (1181), Wate und
Fruote (118*ô*) in einer bestimmt gezeichneten situation vorgeführt werden.
Namentlich aus diesem grunde scheint die athetese der beiden strophen be-
rechtigt (vgl. auch W. s. 184). s. auch zu 1177 ff.   **1175,**1 *sprach du
sagest mare ist*, gebessert von B.   4 *ouch* vor *mines*, umgestellt von B.
1177—1179. Auch diese strophen scheinen ein jüngerer zusatz zu sein,
wie Mh. und schon E. erkannten. Das retardierende moment entbehrt hier
durchaus der künstlerischen wirkung.   Treffend bemerkt ferner W. s. 24,
dass die vorstellung, als könne der gottgesante bote durch die beschwörung
in Christi namen (1178, 3. 1179,4) bewogen werden gegen seinen göttlichen
auftrag (1177, 3) zu handeln, ziemlich töricht ist.   **1177,**1 *schaiden von
hynn*, gebessert von E.   **1178,**2 *mir* gebessert von Z.   4 die hs. hat
noch einmal *mich* vor *ûz*, gestrichen von V., vgl. 1109,4. Ist zu lesen *ûz
den sorgen* (B.)?

'é daz unser scheiden   mîn und dîn ergê,
swaz ich dir mac gedienen,   des sol mich niht betrâgen.
sît duz bî Kriste gebiutest,   sô sage ich dir von allen dînen
                                                        mâgen.'

    1180 Si sprach: 'sô hôrte ich gerne,   hâst du daz ver-
sol von Tenemarke · Hôrant her komen   [nomen,
mit den sînen helden,   die mich in sorgen liezen?
den weiz ich alsô biderben,   daz ich ármiu maget sîn möhte
                                                        wol geniezen.'

    1181 'Dir kumt von Tenemarke   Hôrant der neve dîn
ûf urliuge starke,   er und die recken sîn.
er sol daz Hilden zeichen   tragen in sînen handen,
sô die Hegelinge   koment zuo dem Hartmuotes lande.'

    1182 Dô sprach aber Kûdrûn: 'kanst du mir gesagen,
lebet noch Wate von Stürmen?   sô wolte ich niht klagen.
des vreuten wir uns alle,   swenne daz geschæhe,
daz ich ouch Frúotẹn den àlten   bî mîner muoter zeichen
                                                        gesæhe.'

    1183 Dô sprach aber der engel: 'dir kumt in ditze lant
Wate von den Stürmen.   deṙ hât an sîner hant
ein starkez stierruoder   in einem kiel bî Fruoten.
bezzer vriunde dẹheiner   darftu niht bî urliuge muoten.'

    1184 Dô wolte aber der engel   von in scheiden hin.
dô sprach diu gotes arme: 'in sorgen ich noch bin.
ich wiste harte gerne,   wanne daz geschæhe,
daz ich vil ellende   mîner muoter Hilden helde sæhe.'

1179,2 *é* fehlt, ergänzt von vdH.   4 *bî* V.] *von.*   **1180**,4 *sein
arme maget*, umgestellt von Z.   **1181**,1 *Mir*   4 *den H. lannden*, ge-
bessert von B.   **1182**,2 *von den Sturmen*, gebessert von Z.   4 *bey
meinem zaichen*, gebessert von E; vgl. 1181,3. 1392,4. 1394,4. 1416,3. 1421,2.
1497,1.   **1183**,3 *kiele*   4 *dhainen*, gebessert von V.   *vrloge.* Zu dieser
zeile vgl. 664,4. Bit. 10698 f.   **1184. 1185.** Auch diese beiden strophen
für einen jüngeren zusatz zu halten, wie 1177—1179, sehe ich keinen grund und
keine möglichkeit, da Kudrun 1206—1208 von der ankunft der boten unter-
richtet ist. Sind die strophen echt, 1177—1179 aber unecht, so ist *aber*
1184,1 erst vom bearbeiter eingeschoben. S. noch zu 1184,4.   **1184**,4
helde] *poten.* Alle ausgaben behalten *boten*, aber unmöglich kann Kudrun
hier bereits nach den boten fragen, von denen sie erst 1185,2 erfährt. Sie
kann nur fragen, wann die stunde der befreiung für sie schlagen werde,
und auf diese frage bezieht sich die antwort des engels, dass zwei boten es
ihr mitteilen werden.

1185 Des antwurte ir der engel: 'dir gêt vreude zuo.
dir koment boten zwêne   morgen vil vruo.
die sint wol sô biderbe,   daz si dich niht triegent,
swaz dir die sagent mære,   daz si dir der deheinez niht
enliegent.'

1186 Dô muoste von in scheiden   der bote vil hêr.
die ellenden vrouwen   vrâgten dô niht mêr.
jâ was in mit gedanken   liep unde swære,
die in dâ helfen solten,   wâ daz vil werde ingesinde wære.

1187 Si wuoschen deste seiner   des tages daz gewant.
si redeten von den helden,   die in dar gesant
hête ûz Hegelingen   Hilde diu rîche.
der Kûdrûnen mâgen   erbiten diu magedîn angestlîche.

1188 Der tac hete ende.   ze hûse solten gân
diu magedîn ellende.   dô wart in getân
zornlîchez strâfen   von der übelen Gêrlinde.
daz liez si vil selten,   sin zurnte mit dem edelen ingesinde.

1189 Si sprach zuo den vrouwen: 'wer gît iu den rât,
daz ir sô seine waschet   die sabene und ander wât?
mîne wîze phelle   die bleichet ir ze seine.
diu ez niht behüeten welle,   ich wil daz ez etelîchiu weine.'

1190 Dô sprach diu vrouwe Hildeburc: 'wir tuon swaz
wir gemügen.
ouch sult ir iuwer zühte,   vrouwe, an uns gehügen.
uns armez ingesinde   vriuset ofte sêre.
wæren warme winde,   wir wüeschen iu vil deste mêre.'

1191 Dô sprach aber Gêrlint   in übellîchen zuo:
'jâ sult ir iuch niht sûmen,   swie daz weter tuo,
irn waschet mîne sabene   vruo unde spâte.
als ez betaget morgen,   sô sult ir gên von mîner kemenâte.

1192 Uns nâhent hôchzîte,   daz habet ir wol vernomen.

1185,1 *dir gêt vreude zuo*] zu dem ausdruck vgl. Haupts zs. 8,544
und Amelung zu Ortnit 128,1.   4 *wes dir*, gebessert von V.   *des dhaines*,
gebessert von V.   *liegent.*   **1186,**3 *mit* V.] *in.*   **1187,**4 *die magen
angstleiche*, gebessert von Z.   **1188,**2 *magedîn vil ellende*, gebessert von Z.
4 *sy z.*   **1189,**2 *sô* fehlt, ergänzt von B.   4 ursprünglich wol, wie M.
schreibt, *diu ez niht behüete. bewaine*, gebessert von B.   **1190,**3 *offt
vil sere*, so gebessert von V. (vgl. z. 4).   4 *wuschen offte ewch destmere*, ge-
bessert von B.; *vil* geriet fälschlich aus z. 4 in z. 3, und *ofte* wurde aus z. 3
in z. 4 widerholt.   **1191,** 3 *ir waschet.*

der palmetac ist nâhen, uns suln geste komen.
und gebet ir mînen helden   wîziu niht ir kleider,
so geschach nie weschen mêre   in küneges selden noch zer
werlte leider.'

1193 Von ir si dô giengen. si legeten von in naz
die wât die si truogen; man solte ir phlegen baz.
jâ was in gar der triuwen   leider dâ zerunnen.
daz mohte si geriuwen. ir spîse was von rocken und von
1194 Daz arme ingesinde wolte slâfen gân. [brunnen.
ir bette was niht linde. beide truogens an
niwan zwei salwiu hemede. sus kunde si bedenken
Gêrlint diu vil übele   liez si ligen âne küsse ûf herten benken.

1195 Kûdrûn diu arme vil unsanfte lac.
si erbiten beide kûme, wanne ez würde tac,
und sliefen deste minner. si wæn dar an gedæhten,
wanne in diu vogellîn   guote ritter *dar ze lande* bræhten.

1196 Dô ez êrste tagete, an ein venster gie
diu durch die naht unsanfte   was gelegen ie,
Hildeburc diu edele   von Galizenlande.
dô was ein snê gevallen. daz was den armen leit und vil
ande.

1197 Dô sprach diu ellende: 'wir solten waschen gân.
ez ensî daz got ez wende, daz weter ist sô getân,
sul wir hiute waschen, vor âbendes stunden,
alsô barvüeze, wir werden gar lîhte tôte vunden.'

1198 Si vreute iedoch gedinge, swie ez solte geschehen,
daz si boten die Hilden des tages solten sehen.

1192, 3 *nicht weiss*, gebessert von B. 4 *waschen. ze der welt.*
1193. 1194. Ansprechend ist die vermutung von E., dass die beiden
strophen aus éiner älteren 1193, 1. 2. 1194, 3. 4 entstanden sind. In diesem
falle bezöge sich *die wât die si truogen* auf die eigenen kleider der mädchen,
nicht, wie im überlieferten zusammenhange wahrscheinlich gemeint ist,
auf die gewaschenen gewänder.   **1193,** 3 *der treuen in gar*, umgestellt
von vdH.   **1194,** 2 *trugen sy*   3 *niwan* Z.] *nun. sunst kunden*   4 *Gêr-
lint diu vil übele* steht ἀπὸ κοινοῦ, vgl. zu 92, 2.   **1195,** 1 *vil dicke
unsanfte*, gebessert von Z.   3 *si wæn* V.] *wann sy*   4 *dar ze lande* fehlt,
so ergänzt von B.   **1196,** 2 *ie* V.] *hie.*   **1197,** 2 *es got*, umgestellt
von E.   3 *abent*, gebessert von Z.   **1198.** Die strophe unterbricht
das gespräch zwischen Kudrun und Hildeburc und ist wol später zugesetzt.
2 *der H.*

dô si dar an gedâhten,   die minniclîchen meide,
die in trôst und vreude brâhten,   dô was in niht sô herzen-
                lîchen leide.

1199 Dô sprach diu Hilden tohter: 'gespil, du solt daz
der übelen Gêrlinde, daz si uns erloube tragen   [sagen
schuohe zuo dem sêwe. si mac daz selbe kiesen,
gên wir dar barvüeze, sô müeze wir ûf den tôt ervriesen.'
1200 Sie giengen dâ si vunden den künic und ouch
dâ het umbevangen den Ludewîges lîp   [sîn wip.
Gêrlint diu übele. si sliefen dannoch beide.
si getorsten si niht wecken. daz was der armen Kûdrûnen
1201 Klagende in ir slâfe hôrte si si stân.   [leide.
si begunde strâfen die megede wol getân.
si sprach: 'nu saget, war umbe gêt ir niht zuo dem grieze
und waschet wât die mîne, daz daz lûter wazzer nider vliezc?'
1202 Dô sprach diu ellende: 'ja enweiz ich, war ich gê.
hînte ist gevallen ein krefticlîcher snê.
ir enwelt uns danne des tôdes gerne büezen,
wir müezen hiute sterben, tragen wir niht schuohe an den
                vüezen.'
1203 Dô sprach diu wülpinne: 'ich wæne ez niht ergê.
ir müezet alsô hinnen, iu sî sânfte oder wê.
ir waschet vil genôte oder ich tuon iu sô leide — [beide.
waz werret ir mir tôte?' dô weinten die vil armen vrouwen
*1204 Dô nâmen si diu kleider und giengen alsô dan.
'nu gebe ez got,' sprach Kûdrûn, 'daz ich iuchs geman.'
mit den baren vüezen si wuoten durch den snê.
den ellenden meiden tete ir arbeite wê.
1205 Nâch ir gewonheite giengens ûf den sant.
si stuonden unde wuoschen aber daz gewant,

1201,1 *horten*, gebessert von Z. 2 *megede*] *maget;* so auch die ausgg.,
Hildeburc muss aber mit genannt werden. 3 *nu saget* fehlt, ergänzt von
B. nach 1276,1.   **1202**,1 *die vil ellende*, gebessert von Z. *war* vdH.]
wohin 2 *hînte* V.] *heut*, vgl. z. 4. 3 *welt* 4 *hiute* V.] *heint*, vgl. z. 2
und 1197, 3. 4. — Hildeburc spricht diese strophe, vgl. 1199.   **1203**,4
weret, gebessert von Z.; der rohe ausdruck wird wol erst vom cäsurreimer
herrühren.   **1204.** Diese Nibelungenstrophe ist überflüssig und kann
ohne schaden ausgeschieden werden. 4 *arbeite*] *ellend;* meine änderung
beruht auf den Nibelungenstrr. 108, 4. 117, 4. vgl. auch Nib. 358, 4 C.

daz si getragen hêten   nider zuo den griezen.
ir hôhes gedingen   mohten si *vil* übele nu geniezen.

1206 Si tâten harte dicke   vür sich ûf den vluot
senlîche blicke,   wâ die boten guot
zuo in komen solten,   die von ir lande
diu vil rîche küniginne   dem edelen ingesinde dar sande.

(25.) Âventiure,
wie Ortwîn und Herwîc dar kômen.

1207 Dô si gewarten lange,   dô sâhens ûf dem sê
zwêne in einer barken   und ander nieman mê.
dô sprach vrou Hildeburc   ze Kûdrûn der rîchen:
'dort sihe ich vliezen zwêne,   die mügen dînen boten wol
gelîchen.'

1208 Dô sprach diu jâmers rîche :   'owê, ich armiu meit!
mir ist innerclîche   beide liep und leit.
sint ez die boten Hilden,   suln mich die sus hie vinden
waschen ûf dem grieze,   daz laster kunde ich nimmer über-
winden.

1209 Ich vil gotes armiu,   ja enweiz ich waz ich tuo.
trûtgespil Hildeburc,   rât mir dar zuo:
sol ich hinnen wîchen   oder lâzen mich hie vinden   [sinde.'
in disen grôzen schanden?   ê wolte ich immer heizen inge-

*1210 Dô sprach vrou Hildeburc: 'ir sehet wol wie ez
ir sult an mich niht lâzen   alsô hôhen rât.   [stât,
ich leiste mit iu gerne   allez daz ir tuot.
ich wil bî iu belîben   und lîden übel unde guot.'

1211 Dô kêrten si sich umbe   und giengen beide dan.
dô wâren ouch sô nâhen   dise zwêne man,

1205,4 *vil* fehlt, ergänzt von E.   **1206,**1 *teten*   4 *reichen künige,* gebessert von vdH.   Die **Aventiurenüberschrift** bezieht sich widerum blos auf den anfang der âventiure, vgl. zu âventiure 14.   **1207,**2 *zway. mer.*   **1208,**1 *ich vil arme,* gebessert von V.   2 *innerclîche* V.] *iammerliche* (vgl. z. 1).   3 *sunst.*   **1209,**2 *rate,* gebessert von V. 4 *ich hie ymmer,* gebessert von E. (vgl. z. 3). *ingesinden,* gebessert von Z. **1210.** Die Nibelungenstrophe ist entbehrlich. Kudrun hat sich 1209, 4 bereits entschieden. Der interpolator vermisste aber eine antwort. — 4 *leiden baide vbel,* gebessert von E.

daz si die schœnen weschen   bî dem stade sâhen.
si wurden des wol innen,   daz si wolten von den kleidern
gâhen.
1212 Si sprungen ûz der barken   und ruoften in hin nâch:
'ir vil schœnen weschen,   war ist iu sô gâch?
wir sîn vremede liute,   daz müget ir an uns kiesen.
scheidet ir von hinnen,   sô müget ir die vil rîche sabene
vliesen.'
1213 Si tâten dem gelîche,   sam sis niht heten vernomen.
doch was in diu stimme   wol zuo den ôren komen.
Herwîc der herre   sprach ein teil ze lûte.
er wiste niht der mære,   daz er sô nâhen stüende sînem
trûte.
1214 Dô sprach der voget von Sêwen: 'ir minniclîchiu
ir sult uns lâzen hœren,   wes disiu kleider sint.   [kint,
wir biten iuch valsches âne,   allen meiden tuot ez ze êren:
ir minniclîchen vrouwen,   jâ sult ir wider zuo dem stade
kêren.'
1215 Dô sprach diu vrouwe Kûdrûn: 'sô diuhte ich
mich geschant,
sît ich ein maget heize   und ir mich habet gemant
durch aller megede êre.   des müezet ir nu gȩniezen,'
sprach diu vrouwe hêre,   'swie des müezen mîniu ougen
riezen.'
1216 Si giengen in ir hemeden,   diu wâren beidiu naz.
den vil edelen vrouwen   was ê gewesen baz.
dô bidemte von dem vroste   daz arme ingesinde.
si wârȩn in swacher koste.   jâ wâtȩn die kalten merzischen
winde.

1211,3 *weschin*, gebessert von Pl.; vielleicht war ein cäsurreim *we-schinne* (Lexer III, 798): *innen* beabsichtigt.   **1212**,1 *aus den b.*, gebessert von vdH.   2 *wescherin*, gebessert von B.   3 *seint freünde leute*, gebessert von vdH.   4 *verliesen*.   **1213**,1 *tetten*   4 *seiner trautine*; *trûte* stellte vdH. her, *sinem* erst E.   **1214**,3 *euch on valsch*, gebessert von vdH.   **1215**,3 *durch annder maget*, gebessert von M. (ebenso stellt B. 1214, 3b her; über die formel vgl. Myth.[4] 329)   4 *swie* fehlt, ergänzt von B.   *augen nu riessen*, gebessert B. (vgl. z. 3).   **1216**,3— **1218**,2 ist wol ein einschub des cäsurreimers. 1216,1. 2 u. 1218,3. 4 kann die ursprüngliche strophe gewesen sein.   **1216**,4 *in* darf nicht mit B. aus metrischen gründen gestrichen werden, vgl. Bit. 837.   *wâten* M.] *waren*

1217 Ez was in den zîten,   do der winter sich zerlie,
und daz in widerstrîte   die vogele wolten hie
singen aber ir wîse   nâch des merzen stunden.
in snêwe und ouch in îse   wurden die vil armen weisen
   1218 Mit strûbendem hâre   sâhen si si gân.   [vunden.
swie in diu houbet wâren   beiden wol getân,
ir vahs was in zervüeret   von merzischen winden.
ez regente oder ez snîte,   *harte* wê was den vil edelen
                                                      kinden.
   *1219 Der sê allenthalben   mit dem îse vlôz;
daz hete sich zerlâzen.   ir sorge diu was grôz.
in schein durch diu hemede   wîz alsam der snê
ir lîp der minniclîche.   in tete diu unkünde wê.
   1220 Herwic der edele   in guoten morgen bôt,
den ellenden kinden.   des wære in dicker nôt,
wan ir meisterinne   diu was vil ungehiure.
'guoten mórgęn' und 'guoten âbent'   was den minniclîchen
                                        meiden tiure.
   1221 'Ir sult lâzen hœren'   sprach her Ortwîn,
'wes disiu rîchiu kleider   ûf dem sande sîn
oder wem ir waschet.   ir beide sît sô schœne:
wie tuot erz iu ze leide?   daz in gót von himele immer
                                                   gehœne!
   1222 Ir sit sô rehte schœne,   ir möhtet krône tragen.
ob ez iu wol möhte   von erbe her behagen,
ir soltet landes vrouwen   sîn mit grôzer êre.
dem ir sô swache dienet,   hât er sô schœner weschen noch
                                                   iht mêre?'

1217,3 *merces,* gebessert von E.   4 *snee.*   **1218,**1 *Mit ir str.,* ge-
bessert von V.   4 *schneibte. harte* fehlt, so ergänzt von B.   **1219.**
Diese Nibelungenstrophe ist ganz überflüssig und leer. — 2 *mit dem das,*
gebessert von vdH.   4 *diu unkünde*] wol nicht 'der aufenthalt unter frem-
den' (B.) sondern ∴ 'dass sie nicht wusten, wer die fremden waren' (M.)
1220,2 *war. dicke;* der sinn ist 'einen so freundlichen gruss hätten sie
öfter brauchen können, allein usw.'   3 *wann*   4 *meiden* fehlt, ergänzt
von E.   **1222,**1 *schone daz ir,* gebessert von V.   2 *mocht wol,* um-
gestellt von vdH. *behagen* in der hier geforderten bedeutung 'passen, zu-
kommen' ist auffallend. Ist zu bessern *ob ir ez wol möhtet von erbe her
bejagen,* oder war das reimwort ursprünglich *behaben,* das später geglättet
wurde zu *behagen?*   3 *solt,* gebessert von Z.   4 *weschin,* gebessert von V.

1223 Dô sprach vil trûriclîchen   daz schœne magedîu:
'er hât noch manege schœner,   dan wir mügen sîn.
nu vrâget swes ir wellet.   wir haben ein meisterinne,
ez kumt uns niht vergebene,   siht si uns mit iu sprechen
    ab der zinne.'

1224 'Lât iuch niht verdriezen   und nemet unser golt.
guoter bouge viere   daz sî iuwer solt,
daz ir schœne vrouwen   iuch niht lât betrâgen,
— die geben wir iu gerne —   daz ir uns saget des wir iuch
    wellen vrâgen.'

1225 'Got lâze iu iuwer bouge   beiden sælic sîn.
wir nemen von iu niht miete'   sprach daz magedîn.
'nu vrâget swes ir wellet: wir müezen scheiden hinnen.
siht man uns bî iu beiden,   daz ist mir leit von allen mînen
    sinnen.'

1226 'Wes sint disiu erbe   und ditze rîche lant
und ouch die guoten bürge?   wie ist er genant?
daz er iuch âne kleider   lât sô swache dienen,   [niemen.'
wolt er iht haben êre,   sô solte imz vür guot vervâhen

1227 Si sprach: 'der vürsten einer   heizet Hartmuot:
dem dienent lant diu wîten   und veste bürge guot.
der ander heizet Ludewîc   von Ormanîerîche.
in dienent vil der helde;   die sitzent in ir lande lobelîche.'

1228 'Wir sæhen si vil gerne'   sprach Ortwîn.
'müget ir uns bescheiden,   vil schœniu magedîn,
wâ wir die vürsten beide   in ir lande möhten vinden?
wir sîn zuo in gesendet.   jâ sî wir eines küneges ingesinden.'

1229 Kûdrûn diu hêre   sprach den helden zuo:
'ich lie si in der bürge   hiute morgen vruo
ligen an ir bette   wol mit vierzic hundert mannen.
daz ist mir ungewizzen,   sint si in der zît geriten indert
    dannen.'

1223,2 *maniger,* gebessert von Z.   3 *swes* B.] *was,* vgl. 1225, 3.
1225,1 Vgl. zu der formel Nib. 640, 3 und J. Grimm in Haupts Zs. 2, 1.
Sie findet sich auch 1233, 1. vgl. 309, 1.   4 *baide,* gebessert von vdH.
1226,3 *âne* Z.] *ainer.   sô* fehlt, ergänzt von vdH.   4 *verfahen yemen,*
gebessert von Z.   **1227,**3 *Ormanie der reiche,* gebessert von Hpt.   4 *im*
d., gebessert von E.   **1228,**1 *si* fehlt, ergänzt von vdH.   3 *möhten*
streichen die herausgeber seit E. ohne zwingenden grund.   **1229,**4
indert geriten von d., so gebessert von B.

1230 Dô sprach der künic Herwîc: 'müget ir uns ge-
sagen,
von wiu die künege beide   *sô* grôze swære tragen,
daz si mit *sô* vil helden   sitzent zallen zîten?
het ichs in mînen selden,   ich troute wol eins küneges lant
bestrîten.'

1231 'Uns ist niht kunt dar umbe'   sprâchen dô diu kint.
'wir enwizzen welhen enden   der vürsten erbe sint.
ein lant, daz liget wîten,   daz heizet Hegelinge.
die vürhtent si zallen zîten,   daz si in dar ûz herte vînde
bringen.'

1232 Dô bidemten vor der kelte   diu schœnen meidîn.
dô sprach der vürste Herwîc: 'möhte daz gesîn,
daz ez iuch minniclîchen   diuhte niht ein schande,
ob ir edele meide   unser mentel trüeget ûf dem sande?'

1233 Dô sprach *diu* Hilden tohter: 'got lâze iu sælic
iuwer beider mentel.   an dem lîbe mîn   [sîn
suln nimmer iemens ougen   gesehen mannes kleider.'
möhtens sich erkennen,   sô wær in dicke geschehen leider.

1234 Ofte erblîhte Herwîc   die juncvrouwen an.
si dûhte in sô schœne   und ouch sô wol getân,
daz ez im in sînem herzen   harte siuften brâhte.
er gelîchte si ze einer   der er vil ofte güetlîchen gedâhte.

*1235 Dô sprach aber Ortwîn,   der künic von Hortlant:
'ich vrâge iuch meide beide,   ist iu iht bekant

1230, 2 *wiu* Hpt.] *wem.   künege beide* V.] *kuene helde:* die meisten
herausgeber beseitigen das wegen z. 3 anstössige *helde* gänzlich oder setzen
ein synonymes wort ein, doch verdient V's. scheinbar stärkere, in wirklich-
keit aber einfachere, besserung den vorzug.   *sô* fehlt, ergänzt von Hpt.
3 *sô* fehlt, ergänzt von Hpt.   4 *aines.*   **1231**, 3 *Hegelingen*, gebessert
von V.   4 *fürchtens;* die schlecht gebaute halbzeile scheint in dieser
fassung vom cäsurreimer herzurühren.   **1232**, 1 *Doch pidemte*, gebessert
von V.   *kelten*, gebessert von Z.   4 *vnnsere mantl* (so auch 1233, 2).
1233, 1 *diu* fehlt, ergänzt von V.   3 *sol*, gebessert von V.   4 *mochten
sy sich.   in offt vnd dick*, gebessert von Z.   **1234**, 2 *sy dauchte sy so*,
gebessert von vdH.   3 *harte* B.] *offt* (s. z. 4).   4 *er* E.] *es.   geleichte vil
sy; vil* gestrichen von Mh.   **1235**. Diese Nibelungenstrophe mit ihren
vier gleichen reimen ist keinesfalls ursprünglich. Doch lässt sie sich nicht
schlechtweg ausscheiden. E., dem sich Mh. und M. angeschlossen haben,
nahm an, dass dieser und der folgenden strophe éine echte zu grunde
liege (1235, 1a. 2b. 3 u. 1236, 3. 4). Mit W. s. 29 f. scheint mir damit das

umb ein hergesinde,   daz kom in ditze lant?
einiu was dar under,   diu was Kûdrûn genant.'
1236 Dô sprach diu juncvrouwe: 'daz ist mir wol kunt.
her kom ein gesinde,   des ist nu langiu stunt.
in starker herverte   brâhte mans in ditze rîche.
die ellenden vrouwen   kômen her ze lande jâmerlîche.'
1237 Si sprach: 'die ir dâ suochet,   die hân ich wol
in grôzer arbeite;   des wil ich iu verjehen.'   [gesehen
jâ was siz der einiu,   die Hartmuot dar brâhte.
ez was selbe Kûdrûn.   si wæn der mære deste baz gedâhte.
1238 Dô sprach der vürste Herwîc: 'nu seht, her Ortwîn,
sol iuwer swester Kûdrûn   indert lebende sîn
in deheinem lande   ûf al dem ertrîche,
sô ist daz diu selbe.   ich gesach ir nie deheine sô gelîche.'
1239 Dô sprach der künic Ortwîn: 'si ist vil minniclîch
und doch mîner swester   nindert anelîch.
von unser beider jugende   gedenke ich noch der stunde,
daz man in al der werlde   sô schœne maget hête nindert
                                                   vunden.'
1240 Dô sich alsô nante   der vil küene man,
daz er Ortwîn hieze,   dô sach in wider an
Kûdrûn diu arme.   ob ez ir bruoder wære,
daz wiste si harte gerne: sô hête gar ein ende al ir swære.
1241 'Swie ir sît geheizen,   ir sît lobelîch.
einen ich erkande,   dem sît ir anelîch.
der was geheizen Herwîc   und was von Sêlande.
ob der helt noch lebete,   so erlôste er uns von disen starken
                                                   banden.

---

ursprüngliche nicht getroffen zu sein. Dieses entzieht sich einer widerher-
stellung. — Im übrigen hat Wilmanns scharfsinnig erkannt, dass in den
strophen, welche zur erkennung führen (1234—1251), zwei verschiedene an-
schauungen über die art der herbeiführung der erkennung verschmolzen
sind. Doch scheint es mir unerlaubt, hieraus auf eine contamination zweier
dichtungen zu schliessen. — 4 ainer.   **1237**,2 arbaiten   4 ich wan
sy der, gebessert von V.   **1238**,2 lebentig, gebessert von B.   3 lande
oder auf allem, gebessert von V.   **1239**.2 andlich, gebessert von Z.
3 nach den stunden, gebessert von V.   4 in aller welde, gebessert von E.
hette ir nyndert, gebessert von Z.   **1240**,4 sy so hart, gebessert von
vdH.   gar fehlt, ergänzt von B.   **1241**,1 Sy sprach wie; si sprach ge-
strichen von V.   2 ainen den ich, gebessert von B.   3 Seelannden.

*1242 Ich bin ouch der einiu,   diu von Hartmuotes her
in strîte wart gevangen   und gevüeret über mer.
ir suochet Kûdrûnen: daz tuot ir âne nôt.
diu maget von Hegelingen   ist in grôzen arbeiten tôt.'

1243 Dô trahenten Ortwînen   sîniu ougen lieht.
ouch enliez ez´Herwîc   ungeweinet nieht.
dô si in gesaget hête,   daz erstorben wære
Kûdrûn diu schœne,   dô hêten die helde grôze swære.

1244 Dô si si beide   vor ir weinen sach,
diu maget ellende   zuo in dô sprach:
'ir tuot dem gelîche   und sît in der gebære,
sam diu edele Kûdrûn   iu vil guoten helden sippe wære.'

1245 Dô sprach der vürste Herwîc: 'jâ riuwet mich ir
ûf mînes lebenes ende.   diu maget was mîn wîp.   [lîp
si was mir bevestent   mit eiden alsô stæten.
sît muoste ich si verliesen   durch des alten Ludewîges ræte.'

1246 'Nu wellet ir mich triegen'   sprach diu arme meit.
'von Herwîges tôde   ist mir vil geseit.
al der werlte wünne   die solte ich gewinnen,
wær er indert lebende;   sô hête er mich gevüeret von hinnen.'

1247 Dô sprach der ritter edele: 'nu sehet an mîne
ob ir daz golt erkennet,   sô bin ich Herwîc genant.   [hant.
dâ mite ich wart gemahelet   Kûdrûn ze minnen.   [hinnen.
sît ir danne mîn vrouwe,   sô vüere ich iuch gewalticlîche

1248 Si sach im nâch der hende;   ein rinc dar an erschein.

1242. Die Nibelungenstrophe ist eng mit den folgenden verbunden
und **muss** eine echte Kudrunstrophe verdrängt haben. Beachtenswert ist in
dieser beziehung, dass 4b leichter mit fünf als mit vier hebungen sich
lesen lässt. Stand vielleicht ursprünglich das flectierte praedicative adjectiv
tôte und dazu ein anderes reimwort? — 1 *von* V.] *mit*   3 *Chaudrun*.
1243, 2 *liess.   nicht* (die form (n)*ieht* im reime auch 1325, 2. Nib. 581, 1.
1682, 4. s. Weinhold mhd. gr. § 476).   3 *hete gesaget*, umgestellt von Z.
1244, 1 *sys b.   2 maget vil ellennde*, gebessert von V.   4 *iu* B.] *ewr.*
1245, 2 *was die maget*, umgestellt von E.   4 *Ludwigen räten*, gebessert
von Z.   **1246,** 3 *aller der*, gebessert von E.   *ich solte*, umgestellt von V.
4 *er* V. (das erste)] *der.   lebentig*, gebessert von B.   **1247,** 2 B. strich
Herwîc als glosse, doch kann der name wol nicht fehlen. Dreisilbiger auf-
takt darf nicht angenommen werden, vgl. Beitr. 9, 89.   4 *gewalticliche*]
mynniclich. Die hsliche lesart gibt nicht den erwünschten sinn (vgl. 1255, 4)
und erklärt sich durch *minnen* z. 3, das dem schreiber vor augen stand.
1248, 1 *erscheinen*, gebessert von vdH.

dà lac in dem golde   von Abalî der stein,
der beste den *ir* ougen   zer werlte ie bekanden.
den het vrou Kûdrûn   diu schœne ê getragen an ir handen.
1249 Si ersmielte in ir vreuden.   dô sprach daz magedîn:
'daz golt ich wol erkande: hie vor dô was ez mîn.
nu sult ir sehen ditze,   daz mîn vriedel sande,
dô ich vil armez magedîn   mit vreuden was in mînes vater
                                                lande.'
1250 Er blihte ir nâch der hende.   dô er daz golt ersach,
Herwîc der edele   ze Kûdrûnen sprach:
'dich truoc ouch ander niemen,   ez enwære küneges künne.
nu hân ich nâch manegem leide   gesehen mîne vreude und
                                                mîne wünne.'
1251 Er umbeslôz mit armen   die hêrlîchen meit.
in was ir beider mære   liep unde leit.
er kuste, ine weiz wie ofte,   die küniginne rîche,
si unde Hildeburc   die *ellenden* maget minniclîche.
1252 Ortwîn begunde vrâgen   die hêrlîchen meit
— des schamte si sich sêre,   wande ir was leit —,
ob si niht anders kunde   dienen in dem lande,
wan daz si kleider wüesche   ze allen zîten an dem *wilden*
                                                sande.
1253 'Nu saget mir, vrou swester,   wâ sint iuwer kint,
diu ir bi Hartmuoten   habet getragen sint,
daz si iuch waschen lâzent   eine an den griezen?
sît ir werdiu küniginne,   des lât man iuch hie übele geniezen.'
1254 Si sagete im weinende: 'wâ solte ich nemen kint?

1248, 2 über *Abalî* vgl. zu 267, 3.   3 *ir* fehlt, ergänzt von Z.
1249, 2 *hiebeuor*, gebessert von V.   *es was*, umgestellt von E.   3 *dits*.
1250, 2 *edele* E.] *ellennde*.   *Chaudrun*.   3 *anders nyemands*.   *ware*.   **1251,** 3
kusstes ich ways nit wie, gebessert von Z. und E.   4 *ellenden* fehlt, ergänzt
von E.   **1252,** 2 *wann*, gebessert von M.   4 *wüeschen*, gebessert von Z.
wilden fehlt, ergänzt nach 849, 2; *kleider* | *wüesche*, durch die cäsur getrennt,
geht nicht an.   **1253,** 3 *aine lassent waschen*.   4 *sit ir werdiu*] *solt ir*
ymmer werden; wie die hs. lesen auch die herausgeber, nur dass sie seit V.
immer streichen.   M. bemerkt aber mit recht, dass die voraussetzung, Kudrun
müsse erst noch *küniginne* (im sinne des mittelalters gefasst) werden, nach
dem bisher von Ortwin gesagten 'fast unverständlich' sei.   Im zusammen-
hange kann O. nur sagen wollen: 'für Hartmuts gemahlin lässt man euch
sunderbare arbeit verrichten'.   Diesen geforderten sinn versucht meine
änderung herzustellen, vgl. Beitr. 9, 99.   *man mich hie*, gebessert von vdH.

ez ist allen den wol künde,   die bî Hartmuoten sint,
daz er mir nie kunde   solhez ie gebieten,
daz ich *in* nemen wolte.   des muoz ich mich der arbeit sît
                                        nieten.'
    1255 Dô sprach der herre Herwîc: 'des müge wir ver-
daz uns an dirre verte   ist alsô wol geschehen,   [jehen,
daz uns nimmer kunde   baz dar an gelingen.
nu sul wir des gâhen,   daz wir si von der veste bringen.'
    1256 Dô sprach der degen Ortwîn: 'ich wæn des niht
und hête ich hundert swester,   die lieze ich sterben ê,   [ergê.
ê daz ich mich sô starke   in vremeden landen hæle,
die man mir mit sturme næme,   daz ich die mînen grimmen
                                        vînden stæle.'
    1257 Dô sprach der degen Herwîc: 'war tuost du dînen
die mîne triutinne   die wil ich vüeren hin.   [sin? (1259)
werben, swie wir künnen,   über unser vrouwen.'
dô sprach der degen Ortwîn: 'ê lieze ich mit der swester
                                        mich zerhouwen.'
    1258 Dô sprach diu ungemuote: 'waz hân ich dir ge-
                                        tân, (1260)
lieber bruoder Ortwîn?   wan ich nie gewan
deheine gebære,   daz man mich möhte schelten.
ich enweiz welher dinge   du mich, edele vürste, lâst engelten.'
    1259 'Jâ tuon ichz, liebe swester,   niht durch dînen
dîne schœne meide   genesent deste baz.   [haz. (1261)
ich kan dich niht geziehen   *hinnen* wan nâch êren.
du solt *noch* haben holden   Herwigen dînen vriedel hêren.'
    1260 Dô sprach der helt von Sêwen: 'daz ist diu angest
wirt man unser innen,   daz man diu meidîn   [mîn, (1257)

1254,4 *in* fehlt, ergänzt von V. (*nemen* in diesem sinne auch 959, 2.
1639, 3. 1640, 4. vgl. Klee Germ. 25, 401).   **1255,**1 *iehen*, gebessert von V.
3 *baz dar an* B.] *als wol*, aus z. 3 widerholt.   4 *den vesten*, gebessert
von V.   **1256,**2 *hundert swester*] ähnliche übertreibung Ortnit 71, 4.
Bit. 3015.   3 *ê* fehlt, ergänzt von V.   *sô* V.] *also*   4 der conjunctiv
des relativsatzes *næme* wird durch attraction genügend erklärt: B. M. lesen
nam.   **1257 — 1261.** In der hs. und den ausgg. stehen 1257. 1258. 1259
nach 1260. 1261. Die umstellung nach W. s. 31.   **1257,**4 *ich mich mit
der swester mein z.*, gebessert von V.   **1258,**3 *dhain gebar*.   **1259,**3
hinnen fehlt; V. ergänzte *von hinnen* vor *gezichen*   4 *noch* fehlt; die er-
gänzung scheint mir dem mhd. sprachgebrauch angemessen.   **1260,**1
Seeben. ist vdH.] *ich*   2 *mayden*.

enphüere alsô verre   — des sî wir bî in tougen —,
man lât uns deheine   nimmer mêr gesehen mit unsern ougen.'
1261 Dô sprach aber Orwîn: 'wie liezę wir danne hie
daz edele ingesinde?   daz hât gebiten ie   [(1258)
in disem vremeden rîche,   deis si mac verdriezen.
mîner swester Kûdrûn   suln alle ir meide wol geniezen.'
1262 Si giengen zuo dem schiffe.   dô klaget diu schœne
meit. (1262)
si sprach: 'owê mir armen!   nu ist endelôs mîn leit.
der ich mich ie gestrôste,   sol ich den nu versmâhen,
daz mich ir helfe lôste?   mir ist mîn gelücke vil unnâhen.'
1263 Den ellenthaften degenen   was von dem stade gâch.
Kûdrûn diu arme   ruoftę Herwîgen nâch:
'ê was ich diu beste,   nu hât man mich zer bœsten.
wem wil du mich lâzen   oder wes sol ich mich armer weise
trœsten?'
1264 'Du bist niht diu bœste,   du muost diu beste sîn.
vil edele küniginne,   verhil die reise mîn.
ê morgen schînt diu sunne,   ich bin vor disen selden,
daz habe ûf mînen triuwen,   mit ahzic tûsent *mîner küenen*
1265 Si vuoren sô si kunden   beldiste dan.   [helde.'
dô wart ein herter scheiden   von vriunden getân,
dan noch vriunde tæten,   daz weiz ich âne lougen.
so si verriste kunden,   beleiten si die boten mit den ougen.
1266 Der wesche dô vergâzen   diu hêrlîchen kint.
des hete wol gegoumet   diu übele Gêrlint,
daz si stuonden müezic   dâ nidene ûf dem sande.
daz zurnte si vil sêre: ez was ir an ir wesche leit und ande.

1260, 3b die parenthese ist wol zu fassen: 'lasst uns sie deswegen
heimlich entführen', nämlich Kudrun und Hildeburc.   4 ist dann ana-
koluthisch gesetzt statt eines satzes mit *daz*.   **1261,** 2 *het gepeten*
3 *deis* B.] *des*.   **1262,** 1 *den schiffen*, gebessert von V.   2 *wir armen*,
gebessert von Z.   *ist mir endelos*, gebessert von Z.   4a ist von *getrôste*
abhängig, doch verdankt die verschränkte construction wol der späteren
einführung des cäsurreims ihre entstehung.   **1263,** 1 *degene*   3 *nun*
4 *wem last du mich oder*, so gebessert von M.; vgl. Bit. 2344. Alph. 104, 3.
109, 1. und weiter Amelung zu Ortn. 450, 1.   **1264,** 1 vgl. 1263, 3. 1631, 2.
Klage 274 (Bartsch). 2282. 3721.   3 *ee es morgen*, gebessert von vdH., doch
vgl. Bartsch Germ. 10, 212.   4 *mîner küenen* fehlt, so ergänzt von B.
helden.   **1265,** 1 *von dan*   2 *hertes*, gebessert von V.   3 *dan* V.] *als*.
4 *sy allerverriste*, gebessert von B.   **1266,** 2 *geraumet*   4 *des z.* ge-
bessert von E.

1267 Dô sprach diu vrouwe Hildeburc,   diu meit ûz Îrlant:
'wes lât ir, küniginne,   ligen ditz gewant?
daz ir *niht* enwaschet   Ludwîges man diu kleider,
und wirt des Gêrlint innen,   so getete si uns mit slegen noch
                                              nie leider.'

1268 Dô sprach diu Hilden tohter: 'dar zuo bin ich ze
daz ich Gêrlinde   wasche immer mêr.   [hêr,
dienest alsô swachez   sol mir nu versmâhen.
mich kusten zwêne künege   und ruochten mich mit armen
                                              umbevâhen.'

1269 Dô sprach aber Hildeburc: 'lât iu niht wesen leit,
daz ich iuch daz lêre: wir bleichen baz diu kleit,
daz wir si iht sô salwiu   tragen ze kemenâten;
anders wirt uns beiden   der rücke mit slegen wol berâten.'

1270 Dô sprach daz Hagenen künne: 'mir gêt vreude
trôst unde wünne.   der mich unz morgen vruo   [zuo,
die zît mit besemen slüege,   ich troute niht ersterben.
die uns dâ tuont sô leide,   der muoz etelîcher ê verderben.

1271 Nu wil ich disiu kleider   tragen zuo der vluot.
si suln des wol geniezen'   sprach diu maget guot,
'daz ich mac gelîchen   einer küniginne.
ich wirfe si ûf die ünde,   daz si vrîlîche vliezen hinnen.'

1272 Swaz Hildeburc geredete,   Kûdrûn truoc dan
die Gêrlinde sabene.   zürnen *si* began.
si swanc si von den handen   verre zuo den ünden.
si swebeten eine wîle   ine weiz, ob sis immer mêre vünden.

1273 Dô nâhent ez der nahte,   daz in des tages zeran.
Hildeburc gie swære   zuo der bürge dan.
si truoc ander kleider   und siben sabene rîche.
diu Ortwînes swester   gienc bî Hildeburge lediclîche.

1274 Ez was nu harte spâte.   si kômen hin gegân

1267, 3 *niht* fehlt. ergänzt von vdH.   *waschet*   4 *sy getet vnns mit
schlegen so noch*, umgestellt von V.   **1268**, 2 *nymmermer*, gebessert von B.
(vermutungsweise schon Z.)   **1270**, 1 *des* H.   4 *ê* B.] dafür.   **1271**, 4
vliessen von hynne.   **1272**, 1 *gerete*   2 *der G.*   *si* fehlt, ergänzt von
vdH.   **1273**, 3 Haupt Zs. 5, 506 hielt zu *kleider* ein zahlwort für nöthig
und schlug vor *driu kleider*: 'aus dem verderbten *andriu* ward *ander*', doch
verweist B. mit recht auf 1189, 2, wo ebenfalls die *sabene* (feine leinen, vgl.
Weinhold Deutsche Frauen[2] II, 239; Schultz Höfisches Leben I, 269) von
ander wât unterschieden werden.   4 *Hildeburg*.

ze Ludewîges bürge.   dâ vundens vor stân
Gêrlint die übelen;   diu warte ir ingesinde.
die vil edelen weschen   gruozte si mit worten harte swinde.

1275 'Wer hât iu daz erloubet?'   sprach des küneges
'ez sol sêre erarnen   iuwer beider lîp,   [wîp.
daz ir gêt den âbent   über wert vil spâte.
ez zimt niht küneges wîbe,   daz si iuch sehe in ir kemenâten.'

1276 Si sprach: 'nu saget mir balde,   war umbe tuot ir
ir versprechet rîche künege,   den sît ir gehaz,   [daz?
und kôset gegen âbent   wider bœse knehte.
welt ir erwerben êre,   sô enkumet ez iu niht ze rehte.'

1277 Dô sprach diu maget hêre: 'wes lieget ir mich an?
wande ich vil armiu   den willen nie gewan,
daz ieman lebe sô tiure,   mit dem ich sprechen wolte,
ez enwæren mîne mâge,   mit den ich von rehte reden solte.'

1278 'Nu swîc, du übele galle.   du heizest liegen mich?
daz sol ich hînt rechen   alsô über dich,
daz dir dîn zorn erhillet   sô lûte nimmer mêre.
ê daz ich erwinde,   sô gemüet ez dînen rücke sêre.'

1279 'Daz wil ich widerrâten'   sprach diu maget hêr,
'daz ir mich mit besemen   gestrâfet nimmer mêr.
jâ bin ich verre tiurer,   danne ir mit iuwern mâgen.
als ungevüeger zühte   der möhte iuch *lîhte* nu betrâgen.'

1280 Dô sprach diu wülpinne: 'wâ sint die sabene mîn,
daz du alsô gewunden   hâst die hende dîn
sô rehte müeziclîche   in den dînen gêren?
und leb ich deheine wîle,   ich wil dich ander dienest lêren.'

1281 Dô sprach daz Hagenen künne: 'ich hân si ligen
dâ nidene bî der vlüete.   dô ich si wolte dan   [lân

1274—1279 sind wahrscheinlich aus einer andern bearbeitung auf-
genommen. Vgl. Wilmanns s. 21 ff.   1274,2 *funden sy darvor*, ge-
bessert von Z.   3 *Gerlinde*   4 *wescherin*, gebessert von B., vgl. 1212, 2.
1275,2 *erardnen*   3 *spaten*.   1276,3 *gen*   4 *kumbt*.   1277,1
lieget V.] *beget*, vgl. 1278,1.   2 *wann*   3 *nieman*, gebessert von Z.
4 *waren*.   1278,4 *ruggen*(1269,4 aber hat die hs. *rugke*).   1279,2 *mich
nicht mit*, gebessert von E.   3 *mit allen ewren*, gebessert von V.   4 *lîhte*
fehlt; B. ergänzt *vil lîhte* und streicht *nu*.   1280,1 *die vbel vlpine*, ge-
bessert von Z.   3 *m. gewunden in deinen*, gebessert von V.   1281,1 *des
Hagene kunde*, gebessert von vdH. und E.

mit mir hér ze hove tragen,   si wâren mir ze swære.

beschouwet ir si nimmer,   daz ist mir ûf mîn triuwe vil
unmære.'

1282 Dô sprach diu tiuvelinne: 'ja geniuzest du sîn niht.

ê daz ich entslâfe,   wie leide dir geschiht!'

dô hiez sis ûz ziehen,   ûz dornen besemen binden.

der ungevüegen zühte   woltę diu vrouwe Gêrlint niht erwin-

1283 Ze einem bettestalle   binden si si hiez.   [den.

in der kemenâte   nieman si bî ir liez.

si wolte ir hût die schœnen   slahen von den beinen.

die vrouwen die daz westen,   *die* begunden krefticlîchen
weinen.

1284 Mist listen sprach dô Kûdrûn: 'daz wil ich iu sagen:

wird ich mit disem besemen   hînt hie geslagen,

gesiht mich immer ouge   gestên bî künegen rîchen,

daz ich trage krône,   iu wirt sîn gelônet sicherlîchen.

1285 Daz ir mich der zühte   müget vil gerne erlân,

sô wil ich ê minnen   den ich versprochen hân.

ich wil das künicrîche   ze Ormanîe bouwen.

wird ich gewaltic immer,   sô tuon ich des nieman mac ge-
trouwen.'

1286 Dô sprach diu vrouwe Gêrlint: 'sô lieze ich mînen
zorn.

und ob du tûsent sabene   hêtest mir verlorn,

die wolte ich verkiesen.   ez kœme ouch dir ze guote,

ob du von Ormanîe   minnen wilt den vürsten Hartmuote.'

1282,3 *sy ausziehen prechen vnd aus*, so gebessert von Z.   **1283**,1
petstal.   *sys h.*   4 *die* nach *westen* fehlt, ergänzt von E.   **1284**,2
pesme.   4 *iu*] *es*; B. liest *es wirt iu gelônet*, doch erklärt sich *es* am ein-
fachsten als verderbt aus *ew*. M. liest wie in unserem texte. — Auf die
überlegte zweideutigkeit in der rede der Kudrun hier sowie in der folgen-
den str. hat Hildebrand Zs. f. d. phil. 2, 475 f. hingewiesen. Er geht aber
in der ausdeutung zu weit, vgl. zu 1285, 2 und W. s. 37 f.   **1285**,1 *Dar-
umb ir*, gebessert von V.   2 *versprochen*] Hildebrand a. a. o. will auch
dies wort als doppelsinnig fassen: 'zurückgewiesen, ausgeschlagen', nämlich
Hartmut, und 'dem ich mich verpflichtet habe', nämlich Herwig. Letztere
bedeutung ist aber nicht nachzuweisen. Immerhin ist wahrscheinlich, dass
auch in diesem ausdruck neben der gewöhnlichen bedeutung und im gegen-
satz zu ihr noch eine andere steckt, die nicht genügend aufgeklärt ist.
Unverkennbar ist die zweideutigkeit in z. 3. 4, sowie in 1284, 3. 4.

*1287 Dô sprach diu maget schœne: 'jâ wil ich mich
erholn.
dise manege quâle   mag ich niht verdoln.
heizet mir gewinnen   den künic ûz Ormanîn.
swie er mir gebiutet,   sô wil ich immer *mêre* sîn.'
1288 Die dô die rede hôrten,   die liefen balde dan.
dem snellen Hartmuote   wart ez kunt getân.
bî im sâzen mêre   der sînes vater manne.
dô sagete im einer mære,   daz er ze Kûdrûnen gienge dannen.
1289 Der sagete im offenlîchen: 'gebet mir daz boten-
der schœnen Hilden tohter   ir dienest iu enbôt,   [brôt.
daz ir komen ruochet   zuo ir kemenâten.
si wil iuch nimmer vremeden.   si hât sich bezzer dinge sît
berâten.'
1290 Dô sprach der ritter edele: 'du liugest âne nôt.
wæren wâr dîn mære,   ich gæb dir botenbrôt
guoter bürge drîe   und dar zuo huobe rîche
und sehzic bouge goldes.   jâ wolte ich immer leben wünnic-
lîche.'
1291 Dô sprach ein sîn geselle: 'ich hân ez ouch ver-
nomen;
die gâbe wil ich teilen.   ir sult ze hove komen.
ez sprach diu maget edele,   daz si iuch gerne minne,
ob ir des geruochet,   si werde hie ze lande küniginne.'
1292 Hartmuot der sagete   dô den boten danc.
wie rehte vrœlîchen   er von dem sedele spranc!
er wânde daz in minne   hête got berâten.
in vrœlîchem sinne   gieng er zuo der meide kemenâten.
1293 Dô stuont in nazzem hemede   daz hêrlîche kint.
mit weinenden ougen   gruozte si in sint.

1287. Die Nibelungenstrophe ist offenbar ein jüngerer zusatz. Der
interpolator vermisste, dass Kudrun Hartmut rufen lässt. Die strr. 1289 —
1291 finden aber ausreichende begründung in str. 1285. —   3 *Ormanien*
4 *mêre* fehlt, ergänzt von V. vgl. zu 531, 2.   **1288,** 1 *dô* B.] *so*   3 *der*
V.] *die*   4 *Chaudrun.*   **1290,** 2 *deine.*   **1291,** 1 *ainer*, gebessert
von Z.   **1292,** 1 *dem poten;* es war aber von zwei boten die rede.
3 *got mynne het,* umgestellt von V.   4 E. vermutete mit recht, dass ur-
sprünglich gestanden habe *in vrœlîchem muote.* Der cäsurreimer, der statt
muote sinne schrieb, vergass die präposition *in* zu ändern in das *in* verbin-
dung mit *sinne* gewöhnliche *mit. maide ze kemmenaten,* gebessert von E.

si gieng im hin engegene   und stuont im alsô nâhen,
daz er mit sînen armen   wolte Kûdrûnen umbevâhen.
1294 Si sprach: 'neinâ, Hartmuot,   des entuot noch niht.
jâ wîzent iuz die liute,   swer sô daz ersiht.
ich bin ein armiu wesche: ez mag iu wol versmâhen.
ir sît ein künic rîche: wie gezæme ich iu mit armen ze
                                            umbevâhen?
1295 Ich erloube ez iu danne   vil wol, Hartmuot,
swanne ich stên under krône   vor iuwern recken guot.
sô heize ich küniginne,   sô sol ich iu niht versmâhen.
sô zimt ez wol uns beiden,   sô sult ir mich mit armen um-
                                            bevâhen.'
1296 In sînen grôzen zühten   er stuont ûf hôher dan.
er sprach ze Kûdrûnen: 'maget vil wol getân,
nu du mich ruochest minnen,   ich wil dich hôhe mieten.
mir und mînen vriunden   maht du, swaz du selbe wilt, ge-
                                            bieten.'
1297 Dô sprach diu juncvrouwe: 'mir wart sanfter nie.
sol ich vil gotes armiu   nu gebieten hie,
so ist mîn gebot daz êrste   nach grôzer arbeite,
ê daz ich hînt slâfe,   daz man mir ein schœnez bat bereite.
1298 Mîn gebot daz ander   *daz* sol ditze sîn,
daz man mir balde bringe   mîniu magedîn,
swâ man si vinde   under Gêrlinde wîben.
in ir phieselgademe   ensol ir deheiniu *niht* belîben.'
1299 'Daz schaffe ich williclîche'   sprach her Hartmuot.
dô suohtę man ûz dem gademe   manege maget guot,
die mit strûbendem hâre   und in swachen kleiden
hin ze hove giengen.   diu übele Gêrlint was umbescheiden.

------ --- -- - -

1293,3 *stunde*   4 *Chaudrun.*   **1294**,2 *wissent.*   *sô* fehlt, ergänzt
von vdH.   3 *wescherin*, gebessert von B.   **1295**. Mit Mh. halte ich
diese strophe für nicht ursprünglich. Die reimworte in z. 3. 4 stimmen zu
str. 1294 und teilweise auch zu 1293. Vor allem aber wird die herbe ab-
weisung der vorigen str. durch sie abgeschwächt, und es fehlt die wirk-
same ausweichende doppeldeutigkeit der rede. — 1 *erlaubet ewch*, gebessert
von V.   3 *iu* fehlt; zu lesen ist wol i' *iu*, wie B. in den text setzt.
1296,2 *Chaudrun*   4 *selbs.*   **1297**,3 *ist das mein*, gebessert von E.
4 *pade.*   **1298**,1 das zweite *das* fehlt, ergänzt von vdH.   3 *swâ* B.]
wie.   4 *sol.*   *niht* fehlt, ergänzt von V.   **1299**,3 *claidern.*

1300 Dô kômen drî und sehzic   dâ Hartmuot si sach.
Kûdrûn diu edele   gezogenlîche sprach:
'nu schouwet, künic rîche,   welt ir daz hân vür êre?
wie sint erzogen die meide?'   dô sprach er: 'ez geschiht in
nimmer mêre.'

1301 'Tuot mirz ze liebe, Hartmuot'   sprach daz edele
'alle mîne meide,   die hie verderbet sint,   [kint,
daz man si bade hînte.   volget mîner ræte.
ir sult si sehen selbe,   daz si stên in wünniclîcher wæte.'

1302 Des antwurte Hartmuot,   der ritter ûz erkorn:
'liebiu mîn vrou Kûdrûn,   ist iht der kleider vlorn,
diu mit in her brâhten   iuwer ingesinden,
sô gibet man in diu besten,   diu man *in der werlte* indert
vinde.

1303 Ich sol si sehen gerne   bî iu gekleidet stân.'
bades vlîziclîchen   gâhen man began.
Hartmuotes künnes   wart maneger kamerære.
si îlten ir alle dienen,   durch daz si in dar nâch genædic

1304 Dô wart gebadet schône   diu hêrlîche meit   [wære.
mit ir juncvrouwen.   diu aller besten kleit,
diu ieman haben kunde,   brâhte *man* in allen.
diu swacheste drunder   diu möhte einem künege wol gevallen.

1305 Dô si gebadet wâren,   dô brâhte man in wîn,
daz in Ormanîe   niht bezzer mohte sîn.
mete den vil guoten   brâhte man den vrouwen.
wie es im gedanket würde,   wie solte des her Hartmuot
getrouwen?

1300, 1a vgl. zu 801,3. Die zahl 63 ist formelhaft, vgl. J. Grimm
Rechtsalt. 220.   4 *erzogen*] 'schlecht behandelt, übel zugerichtet', vgl.
Haupt, Zs. 13, 177.   **1301**, 3 *meinem rate*, gebessert von Z., vgl. zu 591, 4.
1302, 2 *verlorn*   3 *bracht ewr ingesinde*, gebessert von B.   4 *in der werlte*
fehlt, ergänzt von Hpt.   **1303**, 3 *kunne*, gebessert von B.   4 *alle ze
dienen*, gebessert von Z.   *durch* B.] *darumbe*.   **1304**, 1 *Da gepadet schone
ward*, umgestellt von vdH.   3 statt *kunde* stand wol ursprünglich *mohte*.
man fehlt, ergänzt von vdH.   4 *darunder*.   **1305**, 4 *im* E.] *in*.   **1306** —
1311. Diese strophen, welche die fröhliche zusammenkunft zwischen Ortrun
und Kudrun in höfischer weise schildern, werden nicht zur alten dichtung
gehört haben. Sie stimmen weder zu Kudruns charakter noch zu ihrer
sonstigen zurückhaltung und heben den zusammenhang von 1312 mit 1305
auf. Mit unrecht hat jedoch Mh. auch str. 1312—1315 als zu dieser 'nutz-
losen höfischen scene' gehörig betrachtet. Ebensowenig stimme ich der

Kudrun.   16

1306 In *einen* sal gesâzen   diu minniclîchen kint.
ir tohter Ortrûnen   hiez vrou Gêrlint
daz si sich dar zuo kleite   mit ir juncvrouwen,
ob si die Hilden tohter   wolte mit ir ingesinde schouwen.

1307 Ortrûn diu edele   kleite sich zehant.
si gienc vil vrœlîchen   dâ si Kûdrûnen vant.
dô *gienc ir* hin engegene   des alten Waten künne.
dô si ensamet wâren,   dô gesach man vreude unde wünne.

1308 Si kusten beide ein ander   under rôtem golde guot.
dar zuo schein ir varwe. gezweiet was ir muot.
liep was Ortrûnen,   der küniginne rîche,
daz si die edelen weschen   sach gekleidet alsô wünniclîche.

1309 Dô vreute sich diu arme,   als wir hân verjehen,
daz si ir edelez künne   sô schiere solte sehen.
spilnde bî ein ander   sâzen *dô* die hêren.
swar si dicke sæhen,   ez möhte ein trûric herze vreude lêren.

1310 ‘Wol mich’ sprach vrou Ortrûn,   ‘daz ich gelebet
daz du bî Hartmuote   wilt hie bestân.   [hân,
des dînen guoten willen   gibe ich dir ze lône,
die ich tragen solte,   mîner muoter Gêrlinde krône.’

1311 ‘Nu lône dir got, Ortrûn’   sprach daz magedîn.
‘swie du mir gebiutest,   sô wil ich gerne sîn.
du hâst beweinet dicke   mînes herzen leide.
getriulîcher dienste   wil ich *mich* nimmer tac von dir scheiden.’

1312 In kintlîchen listen   sprach diu maget guot:
‘ir sult boten senden,   mîn her Hartmuot,

---

ansicht von W. s. 41 (vgl. s. 34 f.) bei, dass str. 1315 mit 1306—1311 fallen
müsse, vgl. zu 1315.   **1306,** 1 *einen* fehlt, ergänzt von V.   2 *Ortweinen*
3 *darzu schaiden solte mit*, so gebessert von V.; ein cäsurreim *solte : wolte*
scheint beabsichtigt.   4 *ingesinde* B.] *junckfrawen;* der schreiber irrte in
z. 3 hinüber.   **1307,** 2 *Chaudrun*   3 *gienc ir* fehlt, ergänzt von Z.
des alten Waten künne] eine auffallende bezeichnung für Kudrun. Irolt
heisst so 1416, 3, Oigier von Dänemark im Rolandsliede 7801 (266, 19 W.
Grimm). Verwantschaft zwischen Wate und Hetel kennen allerdings auch
515, 4. 516, 1.   4 *da sach*, gebessert von M.   **1308,** 1 *baide an einander*,
gebessert von Z.   1b. 2a vgl. Nib. 742, 4. 536, 3.   2 *gezweiet*] der aus-
druck findet seine erklärung im folgenden: ‘ihre freude hatte verschiedenen
ursprung’.   3 O. *den k.*, gebessert von vdH.   4 *wescherin*, gebessert
von B.   **1309,** 2 *sô* V.] *also*   3 *dô* fehlt, ergänzt von vdH. (dd). *herren*
4 *swar* Z.] *wohin. sahe. hertze trauriges*, gebessert von V.   **1311,** 1
maidlin   3 *laiden*, gebessert von Z.   4 *mich* fehlt, ergänzt von B., vgl. 585, 2.

in Ormanîerîche,   ob ez in wol gevalle,
nâch iuwern besten vriunden,   daz si her ze hove komen alle.

1313 Gestênt mit vride diu erbe,   daz wil ich iu sagen,
sô wil ich bî iu krône   vor den helden tragen,
daz ich daz müge erkennen,   wer mîn ger ze vrouwen.
mich und mîne mâge   lâze ich danne iuwer recken schouwen.'

1314 Ez was ein list sô wîser.   swaz er der *boten* vant,
wol hundert oder mêre   wurden ûz gesant.
deste minner was der vînde,   dô die Hegelinge
suohten Hartmuoten.   daz was ouch der meide gedinge.

1315 Dô sprach diu vrouwe Gêrlint: 'liebiu tohter mîn,
nu sult ir iuch scheiden.   sol ez aber morgen sîn,
sô sît bî ein ander   mit gezogenheite.'
dô neic si Kûdrûnen   unde bat got sîn ir geleite.

1316 Von dannen gienc dô Hartmuot.   schenken man
                                          ir schuof
unde truhsæzen.   dâ was vil kleiner ruof.
man hiez dâ haben *schône*   die stolzen meide rîche.
mit trinken und mit spîse   phlac man der ellenden vlîzic-
                                          lîche.

1317 Dô sprach von Hegelingen   ein vil schœne meit:
'sô wir dar an gedenken,   sô wirt uns dicke leit,
sul wir bî den belîben,   die uns her brâhten,
uns selben âne wünne: des wir uns doch selten ie gedâhten.'

1312, 3 *Ormanie die reiche,* gebessert von Hpt., vgl. den gleichen fehler
1227, 3.   **1313.** Auch in dieser str. versteckt Kudrun widerum die
wahrheit, indem sie ihr versprechen von einer bedingung abhängig macht,
von welcher sie weiss, dass sie nicht eintreten wird. Doppelsinnig ist
auch z. 4 *mîne mâge.* —   3 *beger*   4 *vnd ewr mage,* gebessert von vdH.
1314, 1 *weisen.   wo er den,* gebessert von E.   *boten* fehlt, ergänzt von vdH.
3 *mynder;* vielleicht mit B. *diu minner.*   **1315,** 1. 2 *liebiu tohter mîn*
muss auf Kudrun bezogen werden, die Gerlint ganz wol bereits so anreden
kann, *ir* z. 2 auf Kudrun und Hartmut, wozu auch der ausdruck *mit ge-
zogenheite* (über die verwendung des wortes s. Jänicke zu Bit. 4336, und vgl.
zu str. 120, 2) besser passt als zur beziehung auf Kudrun und Ortrun.
Letztere wird überdies verboten durch 1316, 1, wo freilich E. statt *Hartmuot*
liest *Ortrûn.* Vgl. auch W. s. 34 f. —   2 *euch nu schaiden,* gebessert von
E.   *so es aber morgen sey,* gebessert von vdH.; ein reim *mîn : sî* scheint für
die Kudr. nicht anzunehmen.   4 *naigt sy Chaudrun; si* ist Gerlint.
pat. sy g., gebessert von Z.   **1316,** 1 *ir da schuff,* gebessert von V.
2b bezieht sich auf die aufmerksame und geräuschlose bedienung, vgl. 163, 3.
3 *schône* fehlt; *haben* = 'halten, behandeln', vgl. 1018, 2.

1318 Si begunde weinen   dâ ir vrouwe saz.
dô der kinde mêre   gesehen heten daz,
si gedâhten in ir sorgen   ir ungemaches sêre;
si weinten sumelîche.   des erlachte Kûdrûn diu hêre.

1319 Si wânden, daz si solten   immer dâ bestân.
dô was der vrouwen wille   nindert sô getân,
daz si belibe gerne   bî in tage viere.
dô kom ez an die zîte,   daz siz Gêrlinden rûnten schiere.

1320 Ein teil ûz ir zühten   lachen si began,
diu in vierzehen jâren   vreude nie gewan.
daz hete wol gehœret   diu übele tiuvelinne.
diu winkte Ludewîgen.   ez was ir leit von allen ir sinnen

1321 Dô gienc si schiere   da si Hártmuoten vant.
si sprach: 'sun der mîne,   über allez ditze lant
müezen haben arbeit   die liute dar inne.
ich enweiz, wes hât gelachet   Kûdrûn diu *hêre* küniginne.

1322 Swiez sich habe gevüeget   oder swie siz habe
ir sint von ir vriunden   heimlîche boten komen. [vernomen,
dâ von solt du dich hüeten,   edel ritter hêre,
daz du von ir vriunden   iht vliesest beidiu lîp und ouch
                               die êre.'

1323 Er sprach: 'lât ez beliben.   ich gan ir harte wol,
swaz si bî *ir* wîben   vreude haben sol.
mir sint ir næhste mâge   gesezzen alsô verre:
wâ kœme ich in ir lâge?   jâ wæn mir von in immer iht
                               gewerre.'

1324 Kûdrûn ir gesinde   vrâgen dô began,
ob ir gebettet wære: si wolte slâfen gân.

1318, 1 *begunden*, gebessert von V.   2 *geiehen*, gebessert von V.
1319, 4a vgl. Bit. 9503.   **1320.** Dass diese str. in merkwürdigem
widerspruch zur unmittelbar vorhergehenden steht, hat W. s. 32 hervor-
gehoben. Während 1319,4 Kudruns überlautes lachen der Gerlint hinter-
bracht wird, nimmt sie es 1320,3 selbst wahr. Auch ist z. 1 nach 1318,4
sehr auffallend. Es scheint hier ein bruchstück einer andern bearbeitung
vorzuliegen.   4 *all irem synne*, gebessert von V.   **1321,** 3 *han*   4 *ge-
lachet hat.*   *hêre* fehlt, vgl. 1322,3.   **1322,** 1 *Wie es*   4 *verliesest.*
1323, 2 *swaz* V.] *wo. ir* fehlt, ergänzt von Z.   *wîben*] der cäsurreim ist
offenbar nachgetragen statt *meiden* oder *vrouwen*, ebenso in der auffallenden
redeweise 4a, die an den ähnlichen cäsurreim 919,2 erinnert.   4 *wän ich
daz mir*, gebessert von V.   *gewere.*

si was die naht al eine   gescheiden von ir swære.
dô giengen mit der meide   des künic Hartmuotes kame-
ræere.
1325 Diu kint von Ormanîe   diu truogen ir diu lieht.
si heten ir gedienet   dâ vor vil selten ieht.
man vant dâ gerihtet   wol drîzic oder mêre
vil sûberlîcher bette,   dâ solten ligen der ritter tohter hêre.
1326 Dar ûf lâgen golter   dâ her von Arabê
vil maneger hande varwe,   und grüene als der klê
von lîsten harte tiure   diu deckelachen rîche.
rôt von dem viure   schein golt ûz den sîden sûberlîche
1327 An den liehten phellen.   von maneger vische hût
bezoge wâren drunder.   Hartmuot wânde er trût
der minniclîchen wære   dâ her von Hegelingen.
er weste niht der mære,   waz im ir künne leides möhte
bringen.
1328 Dô sprach diu maget edele: 'jâ sult ir slâfen gân,
ir Hartmuotes helde.   wir wellen ruowe hân,
ich und mîne vrouwen,   doch dise naht al eine.
sît wir her bekômen,   sô gewunne wir mêr deheine.'
1329 Swaz dâ was der vremeden,   die sach man dan-
nen gân,
die wîsen mit den tumben.   die Hartmuotes man

1325,1 vgl. Nib. 603,1. Weinhold Deutsche Frauen[2] II, 98. Die
norwegischen *kertissveinar* oder *kertasveinar* (vgl. auch Paul Beitr. 8, 201)
gehören ihrem ursprunge nach vielleicht hierher.   2 *daruor* Zum reime
vgl. zu 1243, 2.   4 *ligen solten*, umgestellt von Mh.   **1326,**1—**1327,**2
sind Nib. 1763, 1—1764, 2 nachgebildet. Vgl. auch Nib. 353 f. Der über-
gang der construction aus der einen str. in die andere macht es wahrschein-
lîch, dass beide strr. aus éiner erweitert sind.   Nachweislich findet sich
dieser verstoss gegen die forderungen der strophischen poesie in der Kudr.
nur an stellen, wo der cäsurreim oder die Nibelungenform die bearbeitung
schon äusserlich anzeigen (s. str. 73/74. 257/258. 274/275. 466/467. Beitr. 9, 9. 53.
1326, 1 vgl. Nib. 1763, 3. 353, 1. 535, 3. 776, 2. Kudr. 266, 1. Bit. 7060.
2b vgl. Nib. 353, 2. Bit. 1162. 9802.   4 Etwa *rôt nâch dem viure* 'wie feuer' ?
golt schein, umgestellt von V.   **1327,**1. 2 vgl. Nib. 354, 1 und Lach-
manns anm., Bit. 1156 f. und Jänickes anm.   2 *bezogen w. darundter. wânde*
vdH.] *war*   3 *die myaniclichen maiden daheer*, so gebessert von M. Das
hsliche *meide* ist wol eigentlich glosse und hat dann die verwirrung veran-
lasst, indem es in den text geriet.   **1329,** 2 *die wisen* .. die *kamerære*
1324, 4; die *tumben* — *diu kint* 1325, 1.

die îlten zir gemache   ûz der vroúwen kemenâten.
von mete und ouch von wîne   die armen wâren vlîziclich
berâten.
1330 Dô sprach diu Hilden tohter: 'besliezet mir die
starker rigele viere   schôz man dar vür.   [tür.'
ouch was daz gadem sô veste,   swes man dâ begunde,
deiz ûz der kemenâte   bescheidenlîchen nieman hœren kunde.
1331 Dô sâzens aller êrste   und trunken guoten wîn.
dô sprach diu aller̲ hêrste: 'vrô müget ir wol sîn,
alle mîne vrouwen,   nâch starkem iuwerm leide.
ich lâze iuch morgen schouwen   an iuwer vil lieben ougen
weide.
1332 Ich hân geküsset hiute   Herwîge mînen man
und Ortwîn mînen bruoder.   dâ sult ir gedenken an:
swelhiu wil werden rîche   von mir ân allez sorgen,
diu sî des genœte,   daz si nâch der naht verkünde uns den
morgen.
1333 Ir miete wirt niht ringe.   uns nâhent vreuden zît.
jâ gibe ich ir ze miete   guote bürge wît,
dar zuo vil der huoben.   die mac ich wol gewinnen,
gelebe ich an die stunde,   daz man mich nennet eine küni-
ginne.'
1334 Dô legten si sich slâfen.   vrô was in der muot.
si westen daz in kœme   manic ritter guot,
die in gehelfen mohten   von ir grôzen sorgen.
dar zuo stuont ir gedinge,   daz sis sæhen an dem næhsten
morgen.

1329, 3 *zu ir.   vrouwen* streichen V. B. M., wol ohne not.   4 Der
schlaftrunk ist gemeint (vgl. Schultz Höfisches Leben 1, 341).   **1330**, 2
vgl. Nib. 612, 4.   3 *gadme also veste,* gebessert von Z.   4 *deiz* B.] *daz.*
1331, 2 *allerherriste;* hier wie in z. 3 ist der cäsurreim unursprünglich.
4 *ewren,* gebessert von Mh. und V.   **1332**, 1 *Herwîge*] zu dieser accusativ-
form vgl. Haupt zu Neidhart 54, 32.   Weinhold Bair. gr. § 354. Mhd. gr.
§ 450.   2 *Ortweinen   4 uns* vor *nâch.*   **1333**, 1 Es lässt sich nicht
entscheiden, ob *nâhent* die 3. pers. plur. von *nâhen* und *zît* plural des neu-
trums ist, oder *zît* singular und *nâhent* die 3. pers. sing. praes. von *nâhenen.*
Für die letztere auffassung sprechen 1074, 1. 1273, 1.   3 *hube   4 kuni-
ginnen.*   **1334**, 1 *Damit legten,* gebessert von V.   *si* fehlt, ergänzt
von vdH.

(26.) Âventiure,
wie Herwîc und Ortwîn wider zuo dem here kômen.

1335 Nu hœren wir ein mære, des habe wir niht ver-
Ortwîn und Herwîc wârẹn nu balde komen   [nomen.
dâ si ir recken vunden noch ûf dem wilden sande.
dô liefen in engegene die helde ûz Hegelingelande.

1336 Die boten si wol enphiengen und bâten in daz
sagen,
waz si mære bræhten; si soltens niht verdagen.
Ortwîn den küenen, den man dar umbe sande,
si vrâgten: 'lebet noch Kûdrûn in des künic Ludewîges
lande?'

1337 Dô sprach der ritter edele: 'ich mag iu niht ge-
allen besunder; jâ muoz ich iuch verdagen,   [sagen
unz unser beste vriunde bî mir gestênt vil nâhen:
sô lâze wir iuch hœren, swaz wir vor Hartmuotes bürge
sâhen.'

1338 Dô sagete manz den helden: der kom ein michel
kraft.
dô wurdens umbestanden mit grôzer ritterschaft.
dô sprach der degen Ortwîn: 'nu bringe ich iu mære,
mühte ez sich gevüegen, der ich mit mînen vriunden gerne
enbære.

1339 Nu hœret michel wunder, daz hie ist geschehen.
Kûdrûn mîne swester die hân ich gesehen
und Hildeburge, die maget ûz Îrrîche.'
dô er in daz sagete, dô heten ez vür lüge sumelîche.

Für die **Aventiurenüberschrift** gilt die gleiche bemerkung wie für
die zu Âventiure 14 und 25.   **1335,**1 Ob durch diese wendung 'das
was folgt dem vorhergehenden gegenüber als etwas neues, selbsterfundenes'
bezeichnet werden soll (W. s. 101), ist doch sehr fraglich. Sie ist wol nur
eine übergangsformel, vgl. Jänicke zu Bit. 3973.   4 *Hegelingenlannde*.
1336,3 *der küene*, gebessert von vdH.   **1337,**2 f. vgl. Bit. 7251 ff.; ähn-
lich Nib. 711. Klage 3568 ff. (Bartsch).   **1338,**1 *der* V.] *da*.   **1339**
—**1341**. Vielleicht eine erweiterung éiner ursprünglichen strophe 1339, 1. 2
u. 1341, 3. 4. Die reime sind dieselben 1339, 1. 2 = 1341, 1. 2 und 1340, 3. 4
= 1341, 3. 4. Ebenso betrachtete Hahn 1336 — 1338 als entstanden aus der
str. 1336, 1. 2 u. 1338, 3. 4. Auch hier ist der reim 1336, 1. 2 = 1337, 1. 2.
1339,1 *ist hie*, umgestellt von B.   3 *Hyldeburg*. *ûz* fehlt, so ergänzt
von V.   4 *hettens*.

1340 Dô sprâchen sumelîche: 'den spot mügt ir wol
wan wir nâch ir gesinnet   nu lange zîte hân,   [lân,
wie wir si wider bræhten   von Ludewîges lande.
Ortwîn und sîne degene   die sint noch ûf dem schaden und
                                          der schande.'
1341 'Nu vrâget Herwîgen,   der hât si ouch gesehen
und alsô, daz uns leider   kunde niht geschehen.
nu gedenket, alle ir mâge,   ob uns daz sî ein schande:
wir vunden Hildeburgen   und vroun Kûdrûn waschen ûf
                                          dem sande.'
1342 Dô weinten alle mâge,   die man dâ sach.
Wate der vil alte   zorneclîche sprach:
'ir gebâret alle   wîben vil gelîche,
ir enwizzet war umbe.   jâ stêt ez helden niht lobelîche.
1343 Welt ir Kûdrûnen   helfen ûz der nôt,
sô sult ir nâch der wîze   diu kleider machen rôt,
diu dâ habent gewaschen   ir vil wîze hende.
dâ mite sult ir ir dienen.   sô mac si komen ûz ir ellende.'
1344 Dô sprach von Tenen Fruote: 'wie viengen wir
daz wir ze ir lande kœmen,   ê Ludewîges man   [daz an,
und Hartmuotes helde   ervünden disiu mære,
daz *daz* Hilden ingesinde   bî in in Ormanîer*îche* wære?'
1345 Dô sprach Wate der alde: 'daz kan ich râten wol.
ich getrouwe in vor der halde   gedienen als ich sol,
gelebe ich die zîte,   daz ich in kum sô nâhen.   [gâhen.
ir helde, ir sultz hie rûmen   und sult gên Ormanîer*îche*

1340,1b vgl. Bit. 12711.   4 *der* fehlt, ergänzt von B. Der sinn ist:
'die stehen noch auf dem boden des schadens und der schande' (B.), sie
stecken noch in der schande, sie ist noch nicht gerochen.   **1341,**1 *den
han ich auch*, gebessert von vdH.   2 *kunde laide; leider* ist besserung vdH's.
4 *frawen;* vielleicht ist blos *Kûdrûnen* mit E. zu schreiben, oder mit V.
umzustellen *Kûdrûnen | und Hildeburgen.*   **1342,**3 *allen*, so gebessert
von V. Die änderung vdH's. *alten* wäre unbedenklich aufzunehmen (vgl.
Jänicke zu Bit. 8185), wenn nicht das adjektiv in diesem falle durch die
cäsur von seinem substantiv getrennt würde. Uebrigens ist auch *alt* in
diesem vorwurf kein stehendes epitheton, vgl. z. b. Nib. 1932,3 Bit. 7881.
Kl. 1021. Alph. 90,3. Virg. 519,12.   **1343,**1 *Chaudrun.*   **1344,**1 *Tene*
4 ein *daz* fehlt (oder ist zu lesen *daz Hilden ingesinden .... wæren?*).
rîche fehlt, ergänzt von B.   **1345,**2 *halde* ist wol des cäsurreims wegen
eingesetzt; *selde*, das B. und M. in den text setzen, mag das ursprüngliche
sein.   4 *solt es hie* (zu *ez rûmen* vgl. Gramm. 4, 333.)   *rîche* fehlt.

1346 Der luft ist sô heiter,   sô rîche und só breit
der mâne schînet hînte: des bin ich gemeit.
nu gâhet von dem sande,   ir tiurlîchen helde,
ê ez morgen tage,   daz wir sîn ze Ludewîges selde.'
    1347 Si wurden harte unmüezic   durch den Waten rât,
ê si zen schiffen bræhten   ir ros und ir wât.
si îlten, swaz si mohten,   des nahtes zuo dem lande.
ê daz ez tagen begunde,   si wâren vor der bürge ûf dem
    1348 Wate der bat swîgen   daz here über al,   [sande.
daz si sich sanfte legten   den griez hin ze tal.
den wazzermüeden helden   den wart daz erloubet,
daz si strâhten nider die schilde.   dar ûf legten sumelîche ir
                                                                    houbet.
    1349 'Swer an dem morgen vrüeje   gerne welle gesigen'
sprach Wate der alte,   'der sol *sich niht ver*ligen.
jâ hân wir dirre verte   erbiten harte kûme.
sô wir den *morgen* kiesen,   daz iuch guóte recken ihtes iht
                                                                    dann sûme.
    1350 Und wil iuch warnen mêre: ûf und ouch ze tal
swer sô hœre diezen   mînes hornes schal,
daz der sich sâ ze stunde   rihte gên dem strite,   [bîte.
künde ich iu den morgen,   daz iuwer dẹheiner dâ iht lenger
    1351 So ich ander stunt geblâse,   des sult ir niht lân,
iu ensî gesatelet.   zen rossen sult ir gân
und stêt dâ bereite,   unz ich den tac erkiese,
ze rehter sturmes zîte   daz nieman dâ sîn arbeit verliese.
    1352 Sô ich drî stunt geblâse,   ir lieben vriunde mîn,
sô sult ir wol gewâfent   ûf den rossen sîn.   [(1353)

    1346,3 *tiurlichen*] das adj. findet sich in der Kudr. nur an dieser
stelle; über den sonstigen gebrauch desselben vgl. Jänicke zu Bit. 1195.
1347, 1 *des W.*   **1349—1354** vgl. 1392 ff. Vielleicht eine jüngere nach-
bildung letzterer stelle (Mh. s. 31, W. s. 101).   **1349,** 1. 2 M. verweist
auf Hávamál 58 (ed. Hildebrand), s. noch Zingerle Sprichww. s. 133.   2 *sich
niht ver* fehlt, ergänzt von E.   4 *morgen* fehlt, ergänzt von vdH.   *ichts-
icht danne.* Der satz mit *daz* ist durch ellipse eines übergeordneten satz-
gliedes 'drum seid darauf bedacht' zu erklären.   **1350.** 1 *wil ich euch,*
gebessert von V.   *ouch* V.] *auf;* 'auf und ab', vgl. Bit. 13316.   3 *sá* Z.]
so   4 *so kunde,* gebessert von V.   **1351,** 1 *Da ich,* gebessert von Hpt.
2 *sey. ze rossen,* gebessert von B.   3 *dabey raite,* gebessert von B.
1352 nach **1353.** —   1 *dreymal,* gebessert von V.

dannoch sult ir degene   mîn gerne bîten,
unz ir mich sehet gewâpent   nâch der schœnen Hilden
zeichen rîten.'

1353 Si jâhẹn, siz gerne tæten   swaz er geriet. (1352)
waz er dâ schœner vrouwen   *von ir vriunden* schiet
mit verchtiefen wunden   in dem herten strîte!
si warten al gemeine   niwan gên des næhsten tages zîten.

1354 Dô legten sich die müeden   ûf den wert ze tal.
si wâren dô vil nâhen   vor Ludewîges sal.   [(1354)
swie ez bî der naht wære,   den sâhen si doch alle.
die stolzen helde mære   lâgen dâ mit wênigem schalle.

1355 Nu was der morgensterne   hôhe ûf gegân.
dô kom ein maget schœne   in ein venster stân.
si spehete, wanne ez wære,   daz ez tagen solte,
dâ mite si grôze miete   an vroun Kûdrûnen dienen wolte.

1356 Dô kôs diu maget edele   ein teil des morgens schîn,
und gên des wazzers brehene,   als ez solte sîn,
sach si liuhten helme   und vil der lichten schilde.
diu burc was besezzen;   von gewæfen lûhte al daz gevilde.

1357 Dô giene si hin widere   dâ si ir vrouwen vant.
'wachet, maget edele!   allez ditze lant
und disiu burc veste   mit vînden ist besezzen.
unser vriunt dâ heime   habent unser armen niht vergezzen.'

1358 Kûdrûn diu hêre   ûz dem bette spranc.
gâch was ir in daz venster.   si saget der meide danc

1352,3 *degene alle mein*, gebessert von E.   B. ergänzt noch *dâ* nach *mîn*, vielleicht mit recht.   **1353**,1 *iahen daz sys; daz* habe ich gestrichen, um eine unzulässige trennung von *gerne tæten* durch die cäsur zu vermeiden. *wes*, gebessert von V.   2 *von ir vriunden* fehlt, ergänzt von vdH.   3 in vdH.] *mit.   den herten streiten*, gebessert von B.   4 *waren*, gebessert von vdH.   *des nachtes zeiten*, gebessert von B.   **1354**,2 *waren doch vil*, gebessert von V.   3 *swie* V.] *wann*.   4 *dâ* V.] *doch*.   **1355**,1 *hoch*   2 *venster gestan*, gebessert von B.   4 *miete* V.] *mære*; ein cäsurreim war hier kaum beabsichtigt, sondern *mære* ist aus 1354,4 hierher geraten.   *frawen Chaudrun*.   **1356**,4 *von gewaffent leuchte alles das*, gebessert von Z.   **1357**,2 *sy sprach wachet*, gebessert von vdH.   4 *vnnsere*.   **1358**,2 *sagte*   3 nach *potschefft* hat die hs. *märe*, das E. tilgte. Es rührt offenbar vom cäsurreimer her und ist wol als adjectiv gemeint. *si*] wol die jungfrau, welche Kudrun die kunde gebracht hat (vgl. 1332,3); auf Kudrun bezieht es Klee Germ. 25,402.

dirre boteschefte.   dâ von wart si rîche.

von ir grôzen swære   si goumte nâch ir vriunden vlîziclîche.

*1359 Dô sach si rîche segele   wagen ûf dem sê.

dô sprach diu maget edele: 'nu ist mir êrste wê.

owê ich gotes armiu,   daz ich ie den lip gewan.

man siht hie hiute sterben   manegen wætlîchen man.'

1360 Dô si daz geredete,   daz liut noch meistec slief.

Ludewîges wahtære   krefticlîchen rief:

'wol ûf, ir stolzen recken!   wâfen, herre, wâfen!   [slâfen.'

ir küenę von Ormanîe,   jâ wæne ich ir ze lange habet ge-

1361 Ditze erhôrte Gêrlint,   daz Ludewîges wîp.

dô liez si ligen slâfen   des alten küneges lip.

dô gâhtę si harte balde   selbe in eine zinne.

dâ sach si vil der geste.   unmâzen leit was dô der tiuvelinne.

1362 Si îlte hin widere   dâ si den künic vant.

'wachâ, herre Ludewîc!   din burc und ouch dîn lant

daz ist umbemûret   von gesten ungehiure.

daz lachen Kûdrûnen   koufent dîne recken hiute tiure.'

1363 'Swîget' sprach dô Ludewîc,   'ich wil si selbe sehen.

wir müezens allęs erbîten,   swaz uns nu mac geschehen.'

dô gienc er harte snelle   in sin palas schouwen.

er het des tages geste,   der er übele mohte getrouwen.

1364 Dô sach er vanen breite   vor sîner bürge wagen.

dô sprach der künic Ludewîc: 'jâ sul wir ez sagen

mînem sune Hartmuote.   ez sint lihte pilgerîne   [mînen.'

und ligent hie durch koufen   vor der stat und vor der bürge

1359. Diese Nibelungenstrophe, die unnatürlich weich ist und die situation verkennt, muss ein jüngerer zusatz sein. Der interpolator scheint aber auch den anfang von 1360 angetastet zu haben, denn 1360, 1a hat nach tilgung von 1359 keine genügende beziehung. Uebrigens ist W's. ansicht (s. 99 f.), dass ursprünglich 1361 unmittelbar auf 1357 folgte, sehr ansprechend. Dass jedoch derselbe überarbeiter die strophen 1358. 1360 und die Nibelungenstrophe 1359 hinzugefügt haben soll, ist nicht glaublich. — 2 *mir von erste*, gebessert von Z.   3 *den leib ye*, umgestellt von Z.   4 *heut hie*, umgestellt von V.   *waydelichen*, gebessert von V. vgl. 140, 1.   **1360,** 1 *gerette. leüte. meistec* B.] *maists tail*, vgl. auch Nib. 230, 3. 238, 4. Vielleicht ist aber *meisteil* richtig, vgl. Gramm. 3, 140. Mhd. wb. III, 21a.   3 *here*, gebessert von Z.   **1361,** 1 *das* B.] *kunig*, vgl. z. 2.   3 *selbs*.   **1363,** 1 *Swiget*] vgl. 763, 4. Ludwig heisst seine frau schweigen, da man das schreckliche nicht aussprechen soll.   *selber*.   **1364,** 1 *fane*   3 *sein villeicht pilgrinne*, gebessert von E.   4 *minen* Hpt.] *inne*.

1365 Maṇ wahte Hartmuote.   dô ez im wart geseit,
dô sprach der degen guote: 'lât iu niht wesen leit.
ich erkenne vürsten zeichen   wol in zweinzic landen.
ich wæne, daz die vînde   wellen rechṇen an uns ir alten
anden.'

(27.) Âventiure,
wie Hartmuot Ludewigen nante der vürsten zeichen.

1366 Dô liez er ligen slâfen   alle sîne man.
Ludewîc und Hartmuot   die zwêne giengen dan
schouwen in diu venster.   dô si diu here sâhen,
schiere sprach dô Hartmuot: 'si ligent mîner bürge ein teil
ze nâhen.

1367 Ez sint niht pilgerîne,   vil lieber vater mîn.
Wate und ouch *die* sîne   mügen ez vil wol sîn,
der helt von Sturmlanden   und der von Hortrîche.
dort sih ich wagen ein zeichen,   daz mac dem mære sich
vil wol gelîchen.

1368 Ez ist *ein* brûner phelle   dâ her von Karadê.
ê daz sich der geneige,   dâ bî wirt helden wê.
dar inne swebet ein houbet,   daz ist von rôtem golde.
alsô küener geste   ich hie ze lande gerne enberen wolde.

1369 Uns bringeṭ der voget von Mœren   wol zweinzic
tûsent man.
daz sint vil *küene* degene,   als ich gesehen kan.
die wellṇ an uns erwerben   mit strîte michel êre.
noch sih ich dort ein zeichen,   dâ bî lît der helde noch mêre.

1365, 1 *weckte*.   **1367,** 2 *die* fehlt, ergänzt von vdH. Vermutlich
hiess es statt *die sine* ursprünglicher *Ortwin*, vgl. z. 3b.   3 *Hortreichen*
4 *mag sein dem mare vil*, gebessert von vdH. und umgestellt von V. Der
sinn ist: 'das sieht ganz danach aus' (M.)   **1368—1374.** Zur teicho-
skopie vgl. W. s. 185 f. Die strophen 1369. 1370. 1374 stören das gleichmass
der darstellung augenscheinlich. Beschrieben werden nur in je einer str.
die fahnen von Sivrit (1368), Ortwin (1371), Hilde (1372, sie führt Horant
1112, 2. 1181, 3. 1394, 4. 1421, 2. 1497, 1) und Herwic (1373).   **1368,** 1 *ein*
fehlt, ergänzt von vdH.   3 *ein houbet*] ein mohrenkopf wird gemeint
sein.   **1369,** 1 vgl. jedoch 1120, 4. *der voren von*, so gebessert von vdH.
Vielleicht verdient B's änderung *der von Mœren*, oder *der von den Mœren*,
den vorzug. 2 *küene* fehlt, ergänzt von vdH. *kan* V.] *han*; der gleiche
fehler in der hs. 538, 4. 1028, 1.   4 *der helden leit*, umgestellt von B.

1370 Der van ist Hôrandes   dâ her von Tenelant.
dar bî sih ich hern Fruoten,   der ist mir erkant,
und hern Môrungen   von Wâleis dem lande.
der hât uns vil der vînde   gevüeret wider morgen zuo dem
sande.

1371 Noch sih ich ir einen   mit liehten sparren rôt;
dâ stênt örter inne.   des koment helde in nôt.
der ist Ortwînes   dâ her von Hortrîche,   [lîche.
dem wir den vater sluogen.   der enkumt uns niht ze vriunt-

1372 Dort sih *ich* vanen einen,   der ist wîzer danne
guldîniu bilde   müget ir kiesen dran.   [ein swan.
den hât mîn swiger Hilde   gesendet über ünde.
der haz der Hegelinge   wirt ê morgen âbent vil wol künde.

1373 Noch sih ich hie bî weiben   einen vanen breit
von wolkenblâwen sîden.   daz sî iu geseit:
den bringet uns her Herwîc   dâ her von Sêlande.
sêbleter swebent dar inne.   er wil hie vaste rechen sînen
anden.

1374 Ouch kumt uns her Îrolt,   des mag ich wol jehen;
er bringet vil der Friesen,   als ich mich kan versehen,
und ouch der Holzsæzen: daz sint ziere helde.
ez nâhet zeinem sturme.   nu wâfent iuch, *ir* recken, in der
selde!

1375 Nu wol ûf' sprach Hartmuot,   'alle mîne man!
wan ich den grimmen gesten   der êre niht engan,

1370, 3 *herren* 4 *wider morgen gefueret,* umgestellt von B.   **1371,** 1
sparren] 'querbalken', sonst auch *bâr, schranc, strich* genannt.   2 *order;*
eine heraldische anspielung auf den namen Ortwins.   4 *kumbt.*   **1372,** 1
ich fehlt, ergänzt von vdH.   *wizer danne ein swan* wird in M's. anm. als
formelhaft nachgewiesen.   2 *bilde*] 'wappenbilder', wie 488, 3.   *daran*
3 *hat* vor *vber,* umgestellt von E.   *min swiger*] ebenso ironisch wie *sin
sweher* 490, 2.   4 *ê morgen âbent* = *ê morgen âbent werde* 998, 4 (Hildebrand
Zs. f. d. Phil. 2, 477).   Eine treffende analogie zu dieser starken kürzung ist
freilich nicht nachgewiesen [Amis 1846 liest Lambel mit recht *daz ez âben-
den begunde*], doch vgl. im allgemeinen Gramm. 4, 131 ff.   Die nächstliegende
erklärung 'vor morgen abend' ist sachlich nicht wol möglich, da der
kampf noch an demselben tage stattfindet, vgl. auch 1381, 4 *noch hiute.*
1373, 1 *fanen der ist prait,* gebessert von V.   3 *Seelannden*   4 *sébleter*]
die blätter der seerose, hier als wappenbild mit bezug auf den namen *Sêlant*
(vgl. Myth.⁴ 545. Uhland Germ. 4, 53.   Müllenhoff Zs. für d. alt. 12, 314).
1374, 4 *ir* fehlt, ergänzt von V.   **1375,** 2 *gan.*

daz si ze mîner bürge   geriten sint sô nâhen.   [hen.'

wir suln si vor der porten   mit *den* swertslegen wol enphâ-

1376 Dô sprungen von den betten   die man noch ligende

si ruoften, daz man bræhte   ir liehtez wîcgewant.   [vant.

si wolten dem künege   helfen wern daz rîche.

wol vierzic hundert degene   garten sich dar inne sûberlîche.'

1377 Dô wâfent sich Ludewîc   und ouch Hartmuot.

die vrouwen ellende   dûhte ez übel und guot.

si heten in der bürge   ganzen trôst deheinen.

dô sprach einiu drunder: 'der vert lachte, den lât hiure

weinen.'

1378 Vil schiere kom vrou Gêrlint,   *daz* Ludewîges wîp.

'waz welt ir tuon, her Hartmuot?   zwiu welt ir den lîp

selbe hie verliesen   und alle dise helde?

jâ slahent iuch die vînde,   kumt ir zuo in *hin* ûz der selde.'

1379 Dô sprach der ritter edele: 'muoter, gêt hin dan.

ir müget niht bewîsen   mich und mîne man.

râtet iuwern vrouwen,   die mügenz sanfte lîden,

wie si gesteine   legen mit *dem* golde in *die* sîden.'

1380 'Du weist vil wol, Hartmuot,   daz si dir sint ge-

haz, (1382)

den du ir mâge slüege.   nu hüetę dich deste baz.

du hâst vor der bürge   gesipter vriunde dęheinen.

die stolzen Hegelinge   bringent ie *drîzic* wider einen.'

1381 'Nu sult ir' sprach Hartmuot,   'waschen heizen

Kûdrûn mit ir meiden,   als ir ê habet getân.   [gân (1380)

1375,3 *bürge* vdH.] *porten*, aus z. 4.   4 *den* fehlt, ergänzt von E.
1376,4 *garten* vdH.] *gurten*.   **1377**,2 *übel und guot*, wofür B. *übele
guot*, M. *unguot* lesen, habe ich belassen. Furcht und hoffnung kreuzen sich
im gemüt der gefangenen mädchen: die furcht erläutert z. 3, die hoffnung
kleidet sich im munde der Kudrun (sie ist gewis mit *einiu* (z. 4) gemeint)
in das sprichwort *der vert lachte, den lât hiure weinen*, d. h. im zusammen-
hang 'jetzt kömmt die reihe an weinen an unsre peiniger'; s. auch 628, 2.
4 *darundter*.   **1378**,1 *daz* fehlt, ergänzt von vdH.   3 *selber*   4 *hin*
fehlt.   *den selden*, gebessert von vdH.   **1379**,4 *dem* fehlt, ergänzt von
E. *die* fehlt, ergänzt von Z.   **1380** nach **1382**, umgestellt mit W.
s. 187. —   3b vgl. Bit. 4165, *sippevriunt* 3322, hier bitter ironisch.   4 *drîzic*
fehlt. Die zahl ist in dieser verbindung formelhaft, vgl. Nib. 975, 3. Bit.
9614. Die herausgeber ergänzen meist *sehene*, M. und B. (in den späteren
auflagen) *zweinzic* mit rücksicht auf das tatsächliche verhältnis von 80000
(1264, 4) zu 4000 (1376, 4), von welchem Gerlint aber doch nichts wissen kann.

ir wândet, si enhête   niht vriunt noch ingesinde:
ir müget noch hiute schouwen,   daz uns die geste gedankent
swinde.'
1382 Dô sprach diu tiuvelinne: 'dâ mite diente ich
dir, (1381)
daz ich si wânde twingen.   nu solt du volgen mir.
dîn burc ist sô veste: heiz dîniu tor besliezen.
sô mügen dise geste   ir reise harte wênic her geniezen.
1383 Ir sult ouch daz bedenken,   vil lieber sun mîn: (1383)
ir habet in disem hûse   brôt unde wîn
unde guote spîse   vollen zeinem jâre.
swer hie wirt gevangen,   jâ lâzent si den lœsen harte undâre.'
1384 Dô riet aber dem recken   daz Ludewîges wîp:
'behüetet iuwer êre,   verlieset niht den lîp.
mit armbrusten heizet   ûz den venstern schiezen
die grimmen verchwunden,   daz ez ir vriunt dâ heime be-
1385 Antwerc diu besten   heizet seilen wol   [riezen.
gegen disen gesten.   diu burc ist recken vol.
ê ich iuch mit den vînden   der swerte lâze brûchen,
ich und mîne meide   tragen iu die steine in wîzen stûchen.'
1386 Dô sprach in zorne Hartmuot: 'vrouwe, nu gêt hin.
waz müget ir mir gerâten?   zwiu solte mir mîn sin?
ê man mich beslozzen   in dirre bürge vinde,
ê wolte ich sterben   dâ ûzen bî Hilden ingesinde.'
1387 Dô sprach weinende   des alten küneges wîp:
'jâ tuon ichz dar umbe,   daz du dînen lîp
deste baz behüetest.   swer sich lât hiute schouwen [wen.
under dînem zeichen,   der mac uns alles guotes wol getrou-
1388 Nu wâfent iuch' sprach Gêrlint.   'bî dem sune mîn
houwet ûz den helmen   den heizen viures schîn.

1381,3 *ir maynet sy het*, gebessert von B. *freunde.* **1382,**3 *dein
tor*, gebessert von vdH.   **1383,**4 *undâre*] 'nicht ansehnlich, kaum, gar
nicht'. Das wort ist dem volksepos sonst fremd; vgl. über dasselbe Gramm.
1, 340. 2, 625 anm. Benecke zu Iw. 2247.   **1384,**1 *den r.*, gebessert von B.
des L. 3 *mit pogen vnd mit*, gebessert von V. 4 *freunde.*   **1385,**1
Handtwerch 2 *gen*, gebessert von Z. 3 *ichs auch m. d. v. mit schwerten*,
gebessert von V. 4 *stûchen*] 'ärmel' (*stûche* swmf.), die als säcke verwant
werden konnten (Schultz Höfisches Leben 1, 191, anm. 6. 7. Lexer 2, 1259).
1387,3 *hewt lat*, umgestellt von B. 4 *deinen*, gebessert von E. *guten,*
gebessert von V.   **1388,**2 vgl. zu 499, 2.

ir sult bî dem recken   hiute wesen nâhen.
jâ sult ir die geste   mit den tiefen wunden wol enphâhen.'

    1389 'Mîn vrouwe saget iu rehte'   sprach dô Hartmuot,
'ir vil guote knehte.   swer ez mit willen tuot
und mir ez mit den vînden   hiute hilfet tîchen,
swaz der alten stirbet,   den wil ich die weisen alle rîchen.'

    1390 Gewâpent wart dar inne   der Ludewîges man
tûsent unde hundert.   ê daz si vüeren dan
ûz des küneges porte,   der bürge schuof er huote.
noch liezen si dar inne   wol vünf hundert snelle ritter guote.

    1391 Dô slôz man ûf die rigele   ze vier bürge torn.
si heten niht gebresten   gegen einigem sporn.
die dem jungen künege   wolten helfen strîten,
mit helmen ûf gebunden   sach man der drîzic hundert nâch
                                    im rîten.

    1392 Nu nâhent ez dem strîte.   der helt ûz Sturmlant
begunde ein horn blâsen,   daz manz über sant
wol von sînen kreften   hôrte drîzic mîle.
die von Hegelingen   begunden zuo dem Hilden zeichen îlen.

    1393 Dô blies er ander stunde.   daz tete er umbe daz,
daz ieclîcher recke   in den satel saz
und ir schar schihten   dar si wolten kêren.
man gevriesch in den strîten   nie alten *recken* alsô hêren.

    1394 Er blies ze dritten stunden   mit einer krefte grôz,
daz im der wert erwagete   und im der wâc erdôz.

1389, 2 *mit euch eilen tuet*, gebessert von E.   3 *deichen;* s. über das wort Gramm. 4, 335.   4 *dem wil*, gebessert von Z.   **1390**, 2 *furten*, so gebessert von V. (*fuoren* vdH. Z. E.)   *sneller*, gebessert von Z.   **1391**, 2 *gegen einigem sporn*] = Nib. 1598, 8, vgl. *gegen einem halben sporn* C.   4 *der sach man*, umgestellt von V.   *drîzic hundert*] sie sind wol unterschieden gedacht von den 1100 *Ludewiges man* 1390, 2. Mit den 500, welche die besatzung der burg bilden (1390, 4), würde die mannschaft aus 4600 Normannen bestehen, während sie 1376. 4. 1229, 3 auf *wol viersic hundert* berechnet wird. Wahrscheinlich müssen aber die 500 von 1100 abgezogen werden, sodass die gesamtsumme auch hier 4100 ergäbe. Zur allmählichen vergrösserung der verhältnisse in der dichtung vgl. übrigens Wilmanns s. 204 ff.   **1392**, 2 *mans vbers sant*, gebessert von vdH.   3 *meylen*   4 *der H.*   **1393**, 1 *an der*   4 *recken* fehlt, ergänzt von W. Gr. (*recken alten* Z.), vgl. zum ausdruck Klage 52 und Alph. 371, 4.   **1394**, 2 *vnd in den werdt erdos*, gebessert von vdH., vgl. 501, 1. Nib. 1492, 1, s. auch Klage 630 f. Bit. 8663.

Ludewîges eckesteine môhten ûz der mûre rîsen. [wîsen.
dô hiez er Hôranden der *schœnen* Hilden zeichen dannen
1395 Si vorhten Waten sêre. dâ wart nieman lût.
man hôrte ein ros ergrînen. daz Herwîges trût
stuont obene in der zinne. stateliche rîten
sach man die küenen, die mit Hartmuoten wolten strîten.
1396 Nu was ouch komen Hartmuot unde sîne man,
ze vlîze wol gewâpent, ûz der porten dan.
von vremeden und von kunden durch die venstersteine
erglasten in die helme. jâ enwas ouch Hartmuot dâ niht eine.
1397 Der bürge in vier *enden* giengen zuo die schar.
allez ir gewæte was nâch silber var.
dar zuo sach man schînen gespenge ab liehten schilden.
si vorhten Waten den alten alsam einen grimmen lewen
wilden.
1398 Die helde von den Mœren man sunder rîten sach,
schiezen starke schefte. vil trunzen dâ zerbrach.
dô si den strît erhuoben mit den von Ormandîne,
dô sach man ûz ir wâfen und ûz ir brünnen viures blicke
erschînen.
1399 Die von Tenemarke zer bürge riten dan.
Îrolt der vil starke wîsen dô began
der mûre an ein ende sehs tûsent oder mêre.
daz wâren guote helde. ez geschadete Ludewîgen sêre.
1400 Dô reit mit sînen mannen sunder Ortwîn.
er vuorte wol ahzic hundert. daz muose schade sin

1394,3 *egkstain;* der plural ist wol erforderlich au unserer stelle; der
singular Bit. 9634 und bildlich En. 12621. Rol. 5175. 4 *schœnen* fehlt,
ergänzt von B. **1395,**2a 'man hätte ein pferd wiehern hören können',
so still war es. Dass hier nicht an ein ominöses rossegewieher in heid-
nischem sinne zu denken ist (vgl. Tac. Germ. 10. Myth.[1] 548. 932. dazu
III,189 f.), zeigt die unmittelbar vorhergehende halbzeile (Martin Bemerkk.
s. 15 f. und anm. z. d. st.). *des H.* **1396,**1 *auch* vor *seine*, umgestellt
von B. 4 *was.* **1397,**1 *enden* fehlt, ergänzt von vdH. *die* Hpt.]
dreyen 2 *farbn* 3 *scheinen das gespenge*, gebessert von B. 4 *als*, ge-
bessert von B. **1398,**2 Ist *schieénde* zu lesen? *druntzen* 3 *Orman-
dinen* 4 *und auf ir prune*, gebessert von V. **1399** scheint jünger.
Die strophe verstösst wider die disposition des angriffs 1397,1; vgl. 1368 ff.
1458 ff. — 1 *zu der* 3 *zu der maure*, gebessert von B. 4 *es schadet*,
gebessert von M.

Kudrun. 17

dem lande ze Ormanîe   und ouch den liuten drinne.
Gêrlint und Ortrûn   stuonden weinende an der zinne.

1401 Dô kom ouch her Herwîc,   vroun Kûdrûnen man,
des vil manic vrouwe   grôzen schaden gewan,
dô er begunde strîten   nâch sînes herzen trûte.
von den starken wâpen   hôrte man helme erdiezen harte lûte.

1402 Nu was ouch Wate der alte   mit sînen recken
komen.
der helt was grimmes muotes,   daz heten si vernomen.
mit spern ungeneigten   reit er unz an die schranken.
leit was ez Gêrlinde.   dô mohte aber es Kûdrûn im gedanken.

1403 Dô sach man Hartmuoten   rîten vor der schar.
ob er ein keiser wære,   sô kunde er nimmer gar
vlîziclîcher werben.   ez lûhte gên der sunnen
allez sîn gewæte.   im was noch hôhes muotes unzerrunnen.

1404 Dô sach in Ortwîn,   der künic von Hortlant.
er sprach: 'und saget uns iemen,   dem ez sî erkant,
wer ist jener recke?   er vert dem wol gelîche,
sam er mit sîner hende   an uns welle erdienen ein künicrîche.

*1405 Dô sprach ir einer drunder: 'daz ist Hartmuot.
dâ man sol helde kiesen,   da ist ér ein ritter guot.
jâ ist ez der selbe,   der dînen vater sluoc.
er ist in allen strîten   küene und biderbe genuoc.'

1406 In zorne sprach Ortwîn: 'sô ist er mîn geschol.
er muoz mir sicherlîche   hiute gelten wol.

1400,3 *dar ynne.*   **1401,**1 *frawen.*   *man*] 'geliebter, verlobter'.
So heisst Herwig in beziehung zu Kudrun auch 682,3. 704,3. 1332,1; vgl.
auch Haupt zu MSF 3,20.   2 vgl. Nib. 210,4 C.   4 *man die helme.*
1402,3 *ungeneigte*] 'ohne zu kämpfen' (M.), s. dagegen 1410,1.   **1403,**2a
Vgl. über den gebrauch von *keiser* in allgemein lobender bedeutung, der im
volksepos höheren stils nicht häufig ist (in unserem gedichte nur hier,
ferner Nib. 50,3. Bit. 7753. 6748), Haupt zu Engelh. 863. Zupitza Deutsches
Heldenbuch 5, XIX f. XLI. Wilmanns zu Walth. 37,38.   **1404,**1 *den k.*
— *Hortlant*   2 *vnd yemand sagt,* gebessert von B.   4 *erdienen vnd erzwingen*
ain; die worte *vnd erzwingen* hat E. gestrichen. Sie sind ein glossem zur
erklärung des ironisch gebrauchten *erdienen,* das im eigentlichen sinne
Bit. 4073 steht. V. B. M. stellen überdies um *erdienen welle.*   **1405.** Diese
Nibelungenstrophe ist für den zusammenhang unentbehrlich, scheint also
eine Kudrunstrophe verdrängt zu haben; s. Beitr. 9, 20 f. Einl. 14.   1 *dar-*
under   3 Diese angabe ist entweder eine flüchtigkeit des bearbeiters (vgl.
880, 4) oder sie stammt aus einer andern fassung der sage.   4 vgl. 1498,1.

swaz wir von im verlorn hân,   daz sul wir hie gewinnen.
des hilfet im niht Gêrlint,   daz er immer lebende kome
. 1407 Dô hete Ortwînen   Hartmuot erkorn.   [hinnen.'
swie er sîn niht erkande,   doch houte er mit den sporn
sîn ros, daz spranc vil wîte.   er reit ûf Ortwînen.
ir sper si neigten bêde.   dâ von man sach liehte brünne
                              erschînen.
*1408 Ir ietweder des andern   mit stiche niht vergaz.
Ortwînes ros daz guote   ût die helsen saz.
der künege ungemüete   si mohten niht verdoln.
dô sach man ouch strûchen   des künic Hartmuotes voln.
1409 Diu ros ûf gesprungen.   dô huop sich michel klanc
von der künege swerten.   man mohte in sagen danc,
daz si den strît erhuoben   sô rehte ritterlîchen.
si wâren beide küene.   si wolten an einander niht entwîchen.
1410 Ir beider ingesinde   kom mit geneigten spern.
daz geschadete manegem kinde.   ein ander sach mans wern
mit hurte tiefer wunden,   die guoten ritter, sêre.
si wâren alle biderbe   unde wurben *vil* vaste umb êre.
1411 Tûsent wider tûsent   der Hartmuotes man
ze Waten ingesinde   dringen dô begân.
der herre von den Stürmen   leidet ez in sêre:
swer im kom sô nâhen,   der gedâhte des dringens nimmer
1412 Dô was underschüttet   diu Herwîges schar   [mêre.

1406,4 *lebentig*, gebessert von V.   **1407**,2 *sin* fehlt, ergänzt
von Z.   3 *sin* vdH.] *eins*.   **1408**. Von dieser Nibelungenstrophe gilt
die gleiche bemerkung wie von 1405. Verbindet man mit Mh. unmittelbar
str. 1407 und 1409, so steht 1409,1 beziehungslos und unverständlich (s. auch
W. s. 192 f.). — 2 der ausdruck ist höfisch; doch auch Bit. 11971.   3 *ver-
dolen*   4 *voln*] *vole* 'streitross' in der Kudr. nur hier: über das vor-
kommen des wortes in dieser bedeutung s. Jänicke zu Bit. 2784.   **1409**,2
Der schwertkampf wird hier ausnahmsweise zu rosse geführt, wie ebenfalls
Nib. 184,4. (zu 1407,1 vgl. Nib. 183,1).   4 *an einander*] ich habe die hsliche
lesart beibehalten mit hinblick auf Lachmanns anm. zu Nib. 2047,4 (s. M's.
anm. zu unserer stelle).   **1410**,2 *man sy*   3 *tieffe*, gebessert von Z.
4 *vil* fehlt, ergänzt von B.   **1411**,1 *die H.*, gebessert von V.   3 *in
so sere*, gebessert von M.   4 *dringen*, gebessert von vdH.   **1412**,1. 2a
sind mir unverständlich. Das nur hier vorkommende *underschüttet* wird von
den herausgebern erklärt 'durchbrochen, untermischt', und B. fügt hinzu:
zehntausend mann der feinde waren zwischen Herwigs schaar geschüttet,
gemischt, gedrängt'. Von 10,000 Normannen kann aber gar nicht die rede

mit zehen tûsent mannen; die kômen zornic dar.
ô daz si ieman solte von dem lande trîben,
si wâren in dem muote, daz si wolten tôt dâ belîben.

1413 Herwîc was ein recke. wie wackerlîche er streit!
er diente vlîziclîchen, daz im diu schœne meit
deste holder wære. wie im dâ gelunge,
wie möhte er des getrouwen? ez sach allez Kûdrûn diu junge.

1414 Dô het sich gesamenet mit den von Tenelant
Ludewîc der alte. der truoc an sîner hant
ein vil starkez wâpen. er stuont alsam ein herre.
er und sîne degene kômen vür die schranken ze verre.

1415 Mit den Holzsæzen manegen ersluoc
Fruote der küene. vrum was er genuoc.
von Wâleis ûz dem lande Môrunc den degen jungen
vor Ludewîges bürge sach man die erde mit den tôten

1416 Îrolt der junge was ein ritter guot. [tungen.
der houwet ûz den ringen daz heize walbluot.
bî dem Hilden zeichen streit daz Waten künne.
man sach diu houbet bleichen. jâ tâten si die dicken schar
vil dünne.

1417 Dô samente sich her Hartmuot und Ortwîn alsam ê.
die winde wæten verren sô dicke nie den snê,
sô die helde tâten diu swert an den handen.
dô wart aber Hartmuot von dem künege ûz Hortlant be-
standen.

*1418 Ortwîn der junge biderbe was genuoc.

sein (vgl. zu 1391,4); überdies kann *si* z. 3. 4 sich nur auf die Hege-
linge beziehen. Auch die *zehen tûsent* in z. 2 müssen Hegelinge sein: ver-
mutlich soll gesagt werden, dass Herwigs schaar eine bedeutende verstärkung
erhalten hatte, vgl. Beitr. 9, 99. 1 *des H.* 2 *komend zorniklichen dar*,
gebessert von E. **1413,**4 *ez* vdH.] *er*. Richtig erklärt B. 'wie hätte
er glauben können solches glück zu haben, nämlich dass Kudrun ihn sah',
vgl. 1395, 2. **1414,**4 *degne waren kumen für*, gebessert von B. **1415,**1
Holtssassen leute m., gebessert von B. *m. er erslug*, gebessert von vdH.
4 vgl. 675, 3. Die kampfredensart ist häufig in Dietrichs fl. und Rab. (s.
die stellen DHB 2, XXXIX). **1416,**3 *der H. des W.*, vgl. zu 1307, 3;
hier ist Irolt gemeint (vgl. 402, 4). 4b vgl. zu 711, 4b. **1417,**2 *wäten
von verren*, gebessert von Hpt. *dicke mee den*, gebessert von vdH. 3 *so
sich tr h.*, gebesser von Hpt. 2. 3 vgl. zu 502, 3. 861, 2. S. auch 1455, 1. 2.
Hier ist der ausdruck ungenau; ist statt *die helde tâten* zu lesen *den helden
drâten*, vgl. 861, 3? 4 *Horlant*. **1418** vgl. zu den strr. 1405 u. 1408.

Hartmuot der starke   in durch den helm sluoc,
daz im sîn liehtiu brünne   mit bluote gar beran.
daz sâhen vil ungerne   des küenen Ortwînes man. [strît.

1419 Dô wart ein michel dringen;   gemischet wart der
si sluogen durch die ringe   vil manege wunden wît.
dô sach man mit den swerten   geneiget manegez houbet.
der Tôt tet dem gelîche, ´ daz er die liute guoter vriunde
                                                        beroubet.

1420 Dô sach von Tenen Hôrant   Ortwînen wunt.
dô begunde er vrâgen,   wer iht ungesunt
gemachet in dem strîte   sînen lieben herren.
Hartmuot der lachte: jâ wârens von einander vil unverre.

1421 Ortwîn sagete im selbe: 'daz tete her Hartmuot.'
dô gap daz Hilden zeichen   von im der degen guot,
daz er wol kunde bringen   nâch maneger grôzer êre
ze schaden sînen vînden.   des drang er nâch Hartmuoten sêre.

1422 Hartmuot bî im hôrte   ungevüegen schal.
er sach daz bluot rîlîchen   vliezen hin ze tal
vil manegen ûz den wunden   nider zuo den vüezen.
dô sprach der degen küene: 'den schaden sol ich mînen
                                          helden büezen.'

1423 Dô kêrte er sich hin umbe   da er Hôranden sach.
von ir beider ellen   balde daz geschach,
daz viur von den ringen   in drâte vür diu ougen.
sich bugen swertes ecke   von ir handen ûf den helmbougen.

1424 Er wundet Hôranden,   als ouch ê geschach
dem küenen Ortwînen,   daz im *ein* rôter bach
vlôz ûz sînen ringen   von Hartmuotes handen.
er was sô rehte biderbe: wer solte muoten dô nâch sînen
                                                        landen?

1425 Gescheidet wart mit strîte   von ir beider man

1418, 2 *helme.*   **1419,** 2 *ringen*   4 *freude,* gebessert von vdH.
Zu dieser zeile vgl. Nib. 2163, 1. Der tod ist hier persönlich gefasst.
1420, 1 *Tene*   2 *wer ist vngesunt,* gebessert von vdH.   3 *hette gemachet,*
gebessert von B.; *gemachet* ist praet. conj., der schreiber fasste es als part.
praet.   4 *vnuerren.*   **1421,** 2 *des H.*   4 *drange.*   **1422,** 2 *reich-*
lichen.   **1423,** 3 vgl. 361, 3. Nib. 1552, 3. Bit. 12964.   4 *helmpogen,* vgl.
519, 3.   **1424,** 2 *ein* fehlt. ergänzt von vdH.   Zum ausdruck vgl. Jänicke
zu Bit. 11046; ähnlich 532, 3.   **1425. 1426** unterbrechen den zusammen-
hang von 1424, 4. 1427, 1.

in angestlîcher zîte   vil schilde wol getân
mit den guoten swerten,   diu si ûf einander sêre
vlîzieclîchen sluogen.   Hartmuot werte sich nâch grôzer êre.

1426 Ortwînes und Hôrandes   vriunde huoten sît
daz si ûz der schar wichen,   daz man ir wunden wît
vrumte gebunden: des gâhten si vil sêre.
dô riten si hin widere.   von in wart gestriten sider mêre.

1427 Nu lâze wir si muoten   swes si nu gezeme.
wer dâ vrume gewinne   oder wer dâ schaden neme,
daz ist nu unverscheiden   vor Ludewîges veste.
sîn vole daz werte sich grimme.   dâ wurben wol nâch êre
die geste.

1428 Man kunde in von in allen   gelîche niht gesagen.
der man dâ gedenket,   der wart dâ vil erslagen.
man hôrte in vier enden   der swerte vil erschellen.
man mohte dâ zen stunden   niht gescheiden die trægen noch
die snellen.

1429 Wate stuont niht müezic,   des ich gelouben wil.
er het ir vil gegrüezet   des lîbes an ein zil,
die von sînen handen   vor im zerhouwen lâgen.
daz wolten rechen gerne   ûz Ormanîe der guoten ritter mâgen.

1430 Nu was komen Herwîc,   als uns ist geseit,
gegen Ludewîge   mit einer schar breit,
aldâ er sach strîten   Ludewîgen den alten,
daz er und sîne degene   wunder vil der guoten recken valten.

1425, 2a ein geschraubter cäsurreim, der wol bedeuten soll 'in ge-
fahrvoller zeit', vgl. Klage 3838.   2b *vil* vdH.] *die* (aus z. 3).   **1426**, 3
frumte ze pinden, gebessert von B.   **1427**, 1 *gezûne*   2 *schade*   3 *vn-
derschaiden*, gebessert von B. Das wort ist aber in der bedeutung 'nicht
entschieden' nicht nachweisbar, sodass vielleicht *ungescheiden* hergestellt
werden muss, vgl. Parz. 744, 21.   4 *ere da die*, gebessert von vdH.
1428, 1 *euch wol von*, gebessert von E.   *geleich da nicht*, gebessert von Z.
2 *der man dâ gedenket*] 'namhafte, tapfre helden' (M.) Zu vergleichen sind
ausdrücke wie *die man vil dicke in hôhem prîse nande* 971, 4.   *die man hôhe*
nennen muos MSH 1, 107a und das in späterer zeit übliche epitheton *hôch-*
genant, worüber s. Haupt zu Engelh. 2896 und Jänicke zu Wolfd. D VII 66, 2.
3 *ende*.   **1429**, 2 *leibes on zal*, so gebessert von B. Die zeile soll bedeuten
'er hatte ihrer viele an ihr lebensende besorgt', ist aber jedesfalls über-
arbeitet zur herstellung einer assonanz in der cäsur. Vgl. übrigens Bit.
9528. 13492.   **1430**, 2 *schar breit*] M. weist die verbindung als formel-
haft nach; sie findet sich auch Nib. 2270, 3. Bit. 11278. Klage 2779.   3 *als*
er da sach, gebessert von B.   4 *degene vnnder seinem zaichen vil*, gebessert

1431　Lûte ruoftę dô Herwîc:　'ist ieman daz erkant,
wer ist jener alte?　der hât mit sîner hant
sô vil der tiefen wunden　al hie gehouwen
von sînem starken ellen,　daz ez beweinen müezen schœne
vrouwen.'
1432　Daz erhôrte Ludewîc,　der voget ûz Ormanîn.
'wer ist der in der herte　hât gevrâget mîn?
ich bin geheizen Ludewîc　von Ormanîerîche.
möhte ich mit vînden strîten,　daz tæte ich wol *nâch êren*
sicherlîche.'
1433　Dô sprach der künic Herwîc:　'du hâst verdienet
nu du heizest Ludewîc,　daz ich dir bin gehaz,　[daz,
wan du uns vil der helde　slüege ûf einem sande.
von dir erstarp ouch Hetele,　der was ein küener helt ze
sîner hande.
1434　Du tæte uns schaden mêre,　ê daz du schiedest dan.
den klage wir noch vil sêre,　dâ von ich gewan
sô vil der herzen swære,　du stæle mir mîn vrouwen,
ûf dem Wülpensande　du lieze mîner helde vil verhouwen.
1435　Ich bin geheizen Herwîc:　du næme mir mîn wîp;
die muost du geben widere,　oder unser eines lîp
muoz dar umbe sterben,　dar zuo der recken mêre.'
dô sprach der künic Ludewîc:　'du dröust mir in mîm lande
gar ze sêre.
1436　Du hâst mir dîne bîhte　âne nôt getân.
ir ist hie noch mêre,　den ich genomen hân

---

von Hpt.; *wunder* wurde verlesen als *vnnder* und hatte den zusatz zur
folge.　**1431**,1 *das yemand*, umgestellt von Mh. und V.　**1432**,1
Ormanien　2 *der nider herte*, gebessert von vdH.　3 *O. dem reiche*, ge-
bessert von Hpt., vgl. 1227,3. 1312, 3.　4 *ich gestreiten mit den veinden wol
das tet ich sicherleiche;* die herausgeber stellen eine falsche cäsur her, eine
kühnere besserung muste deshalb gewagt werden.　**1433. 1434** sind vom
cäsurreimer überarbeitet, und zwar wahrscheinlich stark. Entfernt dürfen
sie aber nicht werden, da 1436,1. 3, namentlich aber der ausdruck *bihte*,
eine andere rede Herwigs voraussetzen, als str. 1435 allein sie bietet. Dies
hat W. s. 197 erkannt, aber zu abweichenden folgerungen benutzt.　**1433**,4
handt, s. zu 476,4.　**1434**,4 *Wlpensant. —　l. deiner helden*, gebessert von
Hpt.　**1435**,4 *troest. meinem*, so gebessert von M.　**1436**,1 'du
hättest deine beichte wol für dich behalten können, dein herzeleid ist mir
gleichgiltig'; ähnlich Alph. 221,2.　2 *noch hie*, umgestellt von E.

ir guot und ir mâge.   des solt du mir getrouwen,
ich sol ez alsô schaffen,   daz du *nimmer* küssest dîne vrouwen.'

1437 Nâch dem selben worte   liefens ein ander an,
die zwêne rîche künege.   swer ez dâ guot gewan,
der holte ez unsanfte.   von ir ungelinge
von ir beider zeichen   sach man manegen guoten zuo in
                                        springen.

1438 Herwîc was biderbe   und küene genuoc.
der vater Hartmuotes   den jungen künic sluoc,
daz er begunde strûchen   vor Ludewîges handen.
er wolte in hân gescheiden   von sînem lîbe und von sînen

1439 Wæren niht sô nâhen   die Herwîges man,   [landen.
die im mit vlîze hulfen,   sô kunde *er* nimmer dan
âne sîn ende   von im sîn gescheiden.
Ludewîc der alte   kunde alsô den kinden bî im leiden.

1440 Die hulfen Herwîge,   daz er dâ genas.
dô er sînes valles   wider komen was,
dô blihte er harte schiere   ze berge gegen der zinne,
ob er indert sæhe   dar inne stên sîns herzen triutinne.

(28.) Âventiure,
wie Herwîc Ludewîgen sluoc.

1441 Er gedâhte in sînem muote: 'ach wie ist mir ge-
ob mîn vrouwe Kûdrûn   ditze hât gesehen,   [schehen!
gelebe wir daz immer,   daz ich si sol umbevâhen,
si tuot mir itewîze,   sô ich bî mîner vrouwen lige nâhen.

1442 Daz mich der alte grîse   hie nider hât geslagen,
des scham ich mich vil sêre.'   sîn zeichen hiez er tragen

1436,4 *nimmer* fehlt, ergänzt von vdH.   **1437,**1 *lieffen sy*   2 *die*
V.] *dise*   2b—4 'wenn da einer von beiden einen vorteil erreichte, so ge-
schah es doch mit grosser mühe. Da es beiden nicht gelang (den sieg zu
erringen), sah man aus beider scharen manchen tapfern recken zur hilfe
herzuspringen.'   3 *der holte ez unsanfte*] *ez holn* auch Bit. 10081.   *vnge-*
lingen; ungelinge (stn.?) oder *ungelinc* (s. Lexer II, 1843) in der bedeutung
'anfänglicher miserfolg' giebt hier einen genügenden sinn (vgl. auch Klee
Germ. 25,402), jedesfalls einen besseren als Mh's. änderung *jungelingen*, die
auch B. und M. aufgenommen haben.   **1439,**1 *Wäre*, gebessert von vdH.
2 *er* fehlt, ergänzt von vdH.   3 *an sein*, gebessert von V.   4 *also kunde*
Ludwig der alte den, mit fehlerhafter cäsur.   **1440,**4 *seines*.   **1441,**4
ytwitze.

hin nâch Ludewîge   mit den sînen mannen.
si drungen nâch den vînden.   si wolten in niht lâzen von
dannen.

1443 Ludewîc der hôrte   hinder im den schal.
dô kêrte er wider umbe   gegen im ze tal.
dô hôrte man ûf den helmen   swerte vil erdiezen.
die dâ bî in wâren,   die mohte ir beider grimmes wol ver-
driezen.

*1444 Si sprungen zuo einander   durch strît in daz wal,
dâ herte wider herte   in dem sturme ergal.
waz dâ liute ersturbe,   wer kunde des wizzen aht?
des vlôs den sie Ludewîc,   dô er mit Herwige vaht.

1445 Der Kûdrûnen vriedel   under helme über rant
erreichte Ludewîgen   mit ellenthafter hant.
er wundet in sô sêre,   daz er niht mohte gestrîten.
dâ von muoste Ludewîc   des grimmen tôdes dâ vor im
erbîten.

1446 Er sluoc im ander stunde   einen vesten swanc,
daz des küneges houbet   von der ahsel spranc.
er het im wol vergolten,   daz er was gevallen.
der künic was erstorben: des muosten schœnin ougen über
wallen.

1447 Die Ludewîges helde   daz zeichen wolten tragen
wider zuo der selde,   als er wart erslagen.
dô wâren si der porten   komen gar ze verre.
dô nam man in daz zeichen.   ir muoste vil belîben bî ir herren.

1448 Dô sach der bürge huote,   wie er verlôs den lîp.
dô hôrte man weinen   man unde wîp.
si westen wol erstorben   den alten künic rîchen.
Kûdrûn und ir gesinde   stuonden dâ ze hove angestlîchen.

1449 Dô weste niht der mære   der degen Hartmuot,
daz er erslagen wære   mit manegem ritter guot,

1442,4 *lassen nicht*, umgestellt von ₁V.   **1443**,1. 2 vgl. 1442,1.
1443,1.   3 *man* M.] *er* (aus z. 2).   4 *bey im w.*, gebessert von M.   *mochte
da ir*, gebessert von Mh. und V.   **1444**. Diese Nibelungenstrophe kann
ausgeschieden werden. Z. 4 ist = 1042,4, gleichfalls eine Nibstr. —   3 *achte*
4 *cerlos Ludwig den sig*, gebessert von V.   *vachte.*   **1445**,1 *Chaudrunne.*
-- *h. vnder rant*, gebessert von Z., vgl. Bit. 9274 (Mh.)   **1446**,1 *an der*,
gebessert von B.: 'zum zweiten male', vgl. 1393,1.   **1447**,3 *verren.*
S. 1414,4.   **1448**,4 *stund*, gebessert von E.

sîn vater und manic *tumbe*,   die ir mâge wâren.

dô hôrte er in der bürge   lûte schrîen und angestlîche ge-

bâren.

1450 Dô sprach ze sînen mannen   Hartmuot der degen:

'nu wendet mit mir dannen.   ir ist hie vil gelegen,

die uns slahen wolten   in dem herten strîte.

nu kêret zuo der bürge,   unze daz wir bezzer wîle erbîten.'

1451 Des wolten si im volgen.   si kêrten dâ er reit.

si hetenz überhouwen   mit grôzer arbeit

dâ si gewesen wâren   bî grimmen vîanden.

daz bluot vlôz wîten   von Hartmuotes und sîner recken

handen.

*1452 'Ir habet mir sô gedienet,   ir mâge und mîne man,

daz ich in miner erbe   mit mir ze habene gan.

nu sul wir rîten ruowen   zuo der veste mîn.

man tuot uns ûf die porten   und schenket uns mete unde

1453 Si heten vil der degene   hinder in verlân. [wîn.'

wær daz lant ir eigen,   si enkunden *hân* getân

niht bezzers in dem strîte.   si wolten zuo der selde.

Wate sûmtę si starke   mit tûsent sîner . . . . . helde.

1454 Er was unz an die porte   mit grôzer kraft gegân,

dâ Hartmuot hin wolte   mit den sînen man.

si kundenz niht verenden;   in zouwet es harte kleine.

si sâhen ab der mûre   werfen mit manegem lassteine.

1449,3 *tumbe* fehlt, ergänzt von V.   4 vor *da hort* hat die hs. *er weste nicht warumb.* Diese worte sind offenbar zur herstellung eines câsurreims eingeschoben, vgl. 724,4. 745,4. Schon Z. hat sie nach einer bemerkung vdH's. gestrichen. In hinblick auf diesen einschub ist V's. ergänzung von z. 3 ohne zweifel richtig. Im übrigen aber scheinen auch die beiden ersten zeilen nicht unentstellt überliefert.   **1450,**3 *den h. streiten,* gebessert von B.   4 *untz wir,* gebessert von B.   **1451,**2 *den tag sy hetten vb.,* gebessert von V., der bereits mit recht auf Wolfr. Wh. 394,11 verwies; *ez überhouwen* (*ez   daz wal*) 'die walstatt hauend überschreiten'. 3 *veinden*   4 *vnd von seiner,* gebessert von Z.   **1452.** Diese Nibelungenstrophe ist überflüssig, war aber vielleicht bestimmt vor str. 1451 zu stehen, da sie die rede Hartmuts in str. 1450 fortsetzt. — 2 *euch ymmer erbe,* gebessert von B.   **1453,**2, 3 *sy kunden nicht getan pessers in,* so hergestellt von Mh. (*hân* ergänzte vdH.)   3 *den selden,* gebessert von vdH. 4 *saumet sich starcke,* gebessert von vdH.   Die lücke ist nicht mit sicherheit zu ergänzen; es fehlt ein zusammengesetztes adjectiv, denn der halbvers hat zwei hebungen zu wenig.   **1454,**3 *in zürnet es,* gebessert von Hpt. 4 *laitstaine,* gebessert von vdH., s. zu 790,4.

1455 Ûf Waten und sîne helde   sô grimme man dâ schôz,
sam von dem lufte nidere   gienge ein schûr *grôz*.
wer lebete oder stürbe,   daz ahte Waten ringe.
wie er den sie erwürbe,   dar nâch stuont aller sîn gedinge.
1456 Dô sach in her Hartmuot   vor dem bürge tor.
er sprach: 'daz wir verdienet   haben hie bevor,
daz wil sich wærlîche   hiute an uns erzeigen.
die gesunden haben sorge: jâ lît hie *vaste* vil der veigen.
1457 Daz ich der starken vinde   ie sô vil gewan,
daz miiet mich nu vil sêre.   Waten und sîne man
den sih ich an dem bürge tor   dort mit swerten houwen.
sol er sîn portenære,   so mag ich im deheines guotes niht
                                 getrouwen.
1458 Ir recken, schouwet selbe: die mûre und ouch
sint vaste umbezimbert.   da ist vil der helde vor. [diu tor
in allen vier enden   bouwent si die strâze.
Kûdrûnen vriunde   werbent nâch dem sige âne mâze.
1459 Daz müget ir selbe kiesen.   als ich kan gesehen,
wir müezen vriunde vliesen.   swie daz sî geschehen,
vor der ûzern porten   sih ich von Môrrîchen
wagen des landes zeichen.   daz werent mîne helde vlîzic-
                                     lîchen.
1460 Dâ bî in der næhsten   sih ich den vînden mîn
den wint diu örter rüeren.   dâ ist her Ortwîn,
vroun Kûdrûnen bruoder;   der wil hie dienen vrouwen.
ê im der muot erkuolet,   sô wirt mêre helme hie verhouwen.
1461 Sô sih ich bî der dritten   Herwîgen stân.
dem habent dar gevolget   wol siben tûsent man.
er dienet ritterlîche   nâch sînes herzen wünne.
daz siht hiute gerne   vrou Kûdrûn und ouch der megede
1462 Nu hât sich versûmet   mînes herzen sin. [künne.

1455,1 *vnd auf seine*, gebessert von Z.   2 *grôz* fehlt, ergänzt von Z.
1456,3 *hewte werlich vast an*, gebessert von B.   4 *vaste* fehlt; es ist fehler-
haft in z. 3 geraten. Allerdings vermag ich *vaste vil* nicht nachzuweisen.
1457,1 *starche*   4 *portenære* wird ebenso ironisch gebraucht Nib. 1910, 4 C
(Zarncke 302, 6 ᵇ).   **1458—1462** vgl. 1368 ff. 1398 ff.   **1458,**4 *Chau-*
drun.   **1459,**1 *ich han g.*, gebessert von V.   2 *verliesen*   3 *Moren-*
reîchen.   **1460,**1 *die veinde*   2 *der w. rüeret*; zum ausdruck vgl. 1371, 2
und Bit. 9902 f.   3 *frawen Chaudrun*   4 *ee in*, gebessert von vdH.   *mer*.
1461,2 *den haben*, gebessert von Z.

nu enweiz ich wâ ich wende   mit mînen recken hin,
sît daz Wate der alte   zer vierden porten strîtet.
mîn gesinde drinne   daz wæn et sîner vriunde lange bîtet.

1463 Ich mac niht gevliegen: veder hân ich niht.
ich enmac ouch under die erde,   swaz anders mir geschiht.
wir mügen ouch vor den vînden   niht zuo den linden.
den besten mînen willen   wil ich *iu* bescheidenlîchen künden.

1464 Sîn mac niht anders werden,   ir edele ritter guot:
erbeizet zuo der erden   und houwet heizez bluot
ûz den lichten ringen: des lât iuch *niht* verdriezen.'
si stuonden von den sateln,   diu ros si hinder *sich ze*
                                              rücke stiezen.

1465 'Nu zuo, ir mæren helde!'   sprach dô Hartmuot.
'gêt næher zuo der selde.   ez sî übel oder guot,
ich muoz ze Waten dem alten;   swie mir dâ gelinge,
ich wil doch versuochen,   ob ich *in* hôher von der porten
                                              bringe.'

1466 Mit ûf geworfen swerten   begunden si dô gân,
Hartmuot der küene   und ouch sîne man.
do bestuont er Waten den grimmen: daz was dem helde
                                              ein êre.
dô hôrte man swert erklingen.   dô starp guoter ritter deste
                                              mêre.

1467 Dô Wate Hartmuoten   zuo im dringen sach
— den vanen truoc her Fruote —,   der helt mit zorne sprach:
'jâ hœre ich zuo uns vaste   vil guoter swerte erklingen.
vil lieber neve Fruote,   lât iuch nieman von der porten drin-
1468 Wate vil zorniclîchen   lief Hartmuoten an. [gen.'
dô wolte im niht entwîchen   der wætlîche man.

1462,2 *war*, gebessert von B.   3 *zu der*   4 *darynne das wanet s.*,
gebessert von vdH.   **1463**,1—3 s. die anmm. zu dieser stelle von Mh.
und M.   2a vgl. Bit. 9521.   3 *mügen* V.] *künnen*   4 *iu* fehlt, ergänzt
von E.   **1464**,1 *mac* V.] *kan.   annders nicht*, umgestellt von Z.   3 *niht*
fehlt, ergänzt von vdH.   4 *sich ze* fehlt, ergänzt von B., vgl. Nib. 1841,3.
1465,4 *iu* fehlt, ergänzt von vdH.   *porte*.   **1466**,1a · 782,1a, vgl.
Jänicke zu Bit. 10690.   3 *dem helde*] doch wol Hartmut.   4 *dester*.
1467,2 *Fruote* ist wol dem cäsurreim zu liebe statt *Hôrant* eingetreten, der
die fahne auch nach seiner verwundung 1497,1 führt. Vielleicht ist der
ganze zwischensatz indes unursprünglich.   **1468**,2 *waydeliche*, ge-
bessert von V.

der melm gên der sunnnen   truobte harte sêre.
ir kraft was unzerrunnen.   Hartmuot und Wate wurben vaste
                                    umb êre.

1469 Waz half daz man sagete,   sehs und zweinzic manne
hête Wate der alte?   doch gab im ritterschaft   [kraft
Hartmuot der junge,   der herre von Ormanîne.
swie die geste tæten,   er versuohte ez vaste mit den sînen.

*1470 Er was ouch ein recke   und tete in strîte wol.
der berc von den tôten   lac allenthalben vol.
ez was ein michel wunder,   daz dâ Hartmuot
von Waten niht muoste sterben.   vil grimme was der recke
                                    gemuot.

1471 Er hôrte lûte erschrîen   daz Ludewîges wîp.
sîn muoter Gêrlint klagete   des *allen* küneges lîp.
si bôt vil grôze miete,   daz manz iht vertrüege:
daz man Kûdrûnen   mit allem ir ingesinde slüege.

1472 Dô lief ein ungetriuwer   — dem was liep daz
                                    guot —,
daz er beswârte sêre   der schœnen vrouwen muot,
dâ bî einander sâzen   diu kint von Hegelingen.
durch die vil hôhen miete   wolte er si alle von dem lebene
                                    bringen.

*1473 Als diu Hilden tohter   sach blôz ein wâfen tragen
gegen ir zornicliche,   si mohte balde klagen,
daz si sô verre wære   von ir vriunden komen.
und sæhe ez niht her Hartmuot,   ir wære ir houbet dâ be-
                                    nomen.

1468,3 *melme* (allerdings kommen auch schwache formen vor: Lexer
I, 2096); zum ausdruck der zeile vgl. Bit. 10422. 11332.   4 *was in zerunnen*,
gebessert von M., vgl. zu 257,3.   **1469**,1 *sagte daz sechs*, gebessert von
E. Dieselbe frage auch Nib. 620,1. 1872,3. 1919,4. Zu 1b vgl. 106,1.
254,3. Nib. 336,3. Ortn. 6,3. Laur. 539.   3 *Ormanien*.   **1470**. Diese
Nibelungenstrophe kann fehlen. 1471 schliesst an 1469 abenso abrupt an
als an 1470. —   2 *der berc*] der ausdruck ist nicht recht verständlich, da
von einem berge nirgends die rede war. Der dichter dieser str. hatte keine
lebendige anschauung von der situation.   **1471**,1 *des Ludwigen*   2 *alten*
fehlt.   4 *Chaudrun*.   **1473. 1475**. Wie diese zwei unentbehrlichen
Nibelungenstrophen zeigen, hat die bearbeitung hier weit um sich gegriffen.
Eine herstellung des ursprünglichen ist nicht möglich. Verdächtig ist,
namentlich an dieser stelle, die ganze episode 1471—1477, die sich besser
an 1448,4 anschlösse (vgl. W. s. 202).

1474 Si vergaz ein teil ir zühte.   wie lûte si schrê,
als si ersterben solte!   diu angest tete ir wê.
sam tâtẹn die andern vrouwen,   die dâ bî ir wâren
obene in den venstern.   jâ sach man si vil übele gebâren.

  *1475 Si erkante bî ir stimme   der recke Hartmuot.
in wundert waz ir wære.   dô sach der helt guot
einen ungezogenen   mit dem swerte stân,
als er si slahen wolte.   der helt rüefen dô began:

  1476 'Wer sît ir, zage bœse?   waz twinget iuch des nôt,
daz ir die juncvrouwen   wellet slahen tôt?
und slüeget ir *ir* eine,   iuwer leben wær zergangen.
allez iuwer künne   müese sicherlîchen drumbe hangen.'

  1477 Jener spranc ûf hôher: er vorhte sînen zorn.
dô het der künic selbe   nâch den lîp verlorn,
daz er die gotes arme   durch sîne triuwe trôste,
do er selbe stuont in sorge,   daz er si von dem grimmen
                                       tôde erlôste.

  1478 Schiere kom Ortrûn   von Ormanîelant,
diu junge küniginne,   mit windender hant
ze vroun Kûdrûnen.   diu junge maget hêre
viel ir vür die vüeze.   si klagete ir vater Ludewîgen sêre.

  1479 Si sprach: 'lâ dich erbarmen,   edelez vürsten kint,
sô vil mîner mâge,   die hie erstorben sint,
und gedenke wie dir wære,   do man sluoc den vater dînen.
edele küniginne,   nu hân ich hiute vlorn hie den mînen.

  1480 Nu sich, maget edele,   ditz ist ein grôziu nôt.
mîn vater und mîne mâge   sint aller meiste tôt.
nu stêt der recke Hartmuot   vor Waten in grôzer vreise.
verliuse ich den bruoder,   sô muoz ich immer mêre sîn ein
                                       weise.

  1481 Und lâz mich des geniezen'   sprach daz edele kint,

1474, 2 *als ob sy,* gebessert von B.   3 *also tetten,* gebessert von E.
4 *obene* fehlt, ergänzt von vdH., vgl. Nib. 377, 3.   **1475,** 3 *swert hoher stan,*
gebessert von E., vgl. 1477, 1.   **1476,** 2 *welt*   3 ein *ir* fehlt, ergänzt
von vdH.   4 *darumbe.*   **1477,** 2 *da der kuniy selber het,* umgestellt
von Z.   *nahend,* gebessert von B. *nâhunt* findet sich freilich schon ahd.
(Graff I1, 1003), scheint aber mhd. erst in späterer zeit in der bedeutung
'beinahe' vorzukommen (Lexer II, 22).   **1478,** 2 nach *küniginne* hat die
hs. noch einmal *von Ormanielant,* gestrichen von vdH.   *hende*   3 *frawen*
4 *sy viel,* gebessert von V.   **1479,** 4 *verloren.*   **1480,** 4 *verleüre.*

'sô dich nieman klagete   aller die hie sint,
du hetest vriunde niht mêre   danne mich vil eine.
swaz dir ieman tæte,   sô muoste ich zallen zîten umb dich
weinen.'

1482 Dô sprach diu Hilden tohter: 'des hâst du vil
ich enweiz niht wie ich müge   den strît understân, [getân.
ich enwære danne ein recke,   daz ich wâpen trüege:
sô schiede ich ez gerne,   daz dir dînen bruoder nieman slüege.'

1483 Si weinte angestlîche.   wie tiure si si bat,
unze daz vrou Kûdrûn   in daz venster trat.
si winkte mit der hende   und vrâgte si der mære,
ob von ir vater lande   ieman *guoter* dar komen wære.

1484 Des antwurte Herwîc,   ein edel ritter guot:
'wer sît ir, juncvrouwe,   diu uns vrâgen tuot?
hie ist von Hegelingen   nâhen bî iu niemen.
wir sîn her von Sêwen.   nu saget uns, maget, waz sul wir
iu dienen?'

1485 Dô sprach daz küneges künne: 'ich wolte iuch
gerne biten,
möhtet irz gescheiden   — hie ist doch vil gestriten —,
daz wolte ich immer dienen,   swer mich des getrôste,
daz er mir Hartmuoten   *ûz strîte* von dem alten Waten
erlôste.'

1486 Dô sprach gezogenlîche   der helt von Sêlant:
'nu saget mir, maget edele,   wie sît ir genant?'
si sprach: 'ich heize Kûdrûn   und bin daz Hagenen künne.
swie rîche ich vor ie wære,   sô sach ich hie vil wênec dę-
heine wünne.'

1487 Er sprach: 'sît ir ez Kûdrûn,   diu liebe vrouwe
sô sol ich iu gerne   immer diende sîn: [mîn,

1481,2 *aller der die*, gebessert von E.   3 *ainen*, gebessert von V.
4 *tet ze laide so*, gebessert von V.   **1482**,1 *der H.*   2 *wayss. den
streit müg*, umgestellt von vdH.   3 *wär*.   **1483**,4 *guoter* fehlt, so
ergänzt von M. nach Rab. 157, 6. Das *guot* der folgenden zeile erklärt den
ausfall.   ·**1484**,3—**1486**,2 betrachtet M. wol mit recht als eine inter-
polation (Bemerkk. s. 18 f., ausg. s. 332b, vgl. W. s. 204).   **1484**,2 *vrägen
tuot*] s. zu 939,3.   3 *nahend*.   *nyemand*   4 *iu* Hpt.] *nu*.   **1485**,1
des k.   2 *mocht*   4 *ûz strîte* fehlt, ergänzt von B. nach 1488,4, nach
welcher stelle die unsere gebildet scheint.   **1486**,1 *Sewenlandt*   3 *des
Hagene*   4 *ie* E.] *hie*.   *sych*.   **1487**,1 *irs*   2 *dienende*.

sô bin ich ez Herwîc   und kôs iuch mir ze trôste,
und lâze iuch daz wol schouwen,   daz ich iuch von allen
sorgen gerne lôste.'

1488 Si sprach: 'wolt ir mir dienen,   ritter ûz erkorn,
sô sult ir uns vervâhen   daz vür deheinen zorn.
mich bitent vlizeclîche   hie die schœnen meide,
daz man Hartmuoten   ûz strîte von dem alten Waten scheide.'

1489 'Daz sol ich gerne leisten,   vil liebiu vrouwe mîn.'
lûte ruoftę dô Herwîc   zuo den recken sîn:
'nu sult ir mîniu zeichen   hin ze Waten wenden.'
dô sach man sêre dringen   Herwîge und alle sîne venden.

1490 Ein herter vrouwen dienest   wart von im getân.
Herwîc ruoftę dô lûte   den alten Waten an.
er sprach: 'Wate, lieber vriunt,   gunnet daz man scheide
disen strît vil swinden: des bitent iuch die minneclîchen
meide.'

1491 Wate sprach mit zorne: 'her Herwîc, nu gêt hin!
solte ich nu vrouwen volgen,   war tæte ich mînen sin?
solte ich sparn die vînde,   daz tæte ich ûf mich selben.
des volge ich iu nimmer.   Hartmuot muoz sîner vrevele
engelden.'

1492 Durch Kûdrûnen liebe   zuo in beiden spranc
Herwîc *der küene*.   der swerte vil erklanc.
Wate was erzürnet: er kunde daz wol leiden,
daz in strîte niemen   in von sînen vînden *torste* scheiden.

1493 Dô sluog er Herwîgen   einen tiuren slac,
der dâ wolte scheiden,   daz er vor im lac.

1487,3 *ichs.*   **1488**,4 *aus dem streite*, gebessert von B.   **1489**,3. 4
lauten in der hs. *nu bringend meine zaichen Waten veinde da sach man sere
dringen Herwigen vnd alle die sine.* Die herausgeber lesen verschieden. Mir
schien der anfang der verderbnis in *veinde* zu stecken, das für ein nicht verstan-
denes *venden* eingetreten sein kann. Hieran hat sich der wegfall des reim-
wortes *wenden* und die weitere umgestaltung geschlossen. *vende* in der be-
deutung 'geselle, krieger' ist aus dem XII. jh. belegt Mhd. Wb. III, 297b.
Lexer III, 63, vgl. Alph. 150, 1 und anm. Beitr. 9, 100.   **1490**,1 *Sein*, ge-
bessert von V.   8 *er sprach* fehlt, ergänzt von Z.   **1491**,2 *wohin*
3 Parallelen zu diesem spruche haben M. in der anm. und Amelung zu
Ortn. 102, 1—3 gesammelt. Statt *tæte*, das aus z. 2 stammen kann, ist viel-
leicht *riete* zu lesen.   **1492**,1 *Chaudrunne*   2 *der küene* fehlt, ergänzt
von Z.   4 *torste* fehlt, ergänzt von vdH.

dô sprungen sine recken und hulfen im von dannen.
genomen wart dô Hartmuot vor Herwîge und vor allen
sînen mannen.

(29.) Âventiure,
wie Hartmuot gevangen wart.

1494 Wate tobete sêre. dô gieng er vür den sal
gegen der porten hôher. manegen enden schal
hôrte man von weinen und von swerte klingen.
Hartmuot was gevangen. dô muoste ouch sînen helden
misselingen.

1495 Dô vienc man bî dem künege ahzic ritter guot.
die andern sluoc man alle. dô wart Hartmuot
ûf ir schif gevüeret und beslozzen sêre.
ez hete noch niht ende: si muosten liden arbeit dannoch
mêre.

1496 Swie dicke man si schiede von der bürge dan
mit würfen und mit schlüzzen, Wate doch gewan
die burc mit grimmen stürmen. sît wurden ûf gehouwen
die rigele ûz der mûre. daz beweinten dô die schœnen
vrouwen.

1497 Hôrant von Tenemarke daz Hilden zeichen truoc.
im volgten vil der recken — der het er dâ genuoc —
vür einen palas wîten ûf den turn aller besten,
den die Hegelinge indert *in der bürge* dâ westen.

1498 Diu burc was gewunnen, als ich iu hân geseit:
die si dâ inne vunden, den was grimme leit.
dô sach man nâch gewinne dringen vil der recken.
dô sprach Wate der grimme: 'wâ sint nu die knehte mit
den secken?'

1499 Dô wart ûf gehouwen vil manic rîchez gadem.

1493,4 *von H. vnd von a.*, gebessert von V. Die **Aventiuren-
überschrift** bezieht sich nicht auf das folgende, sondern auf strophe 1493.
1494,1b. 2a 'die pforte war gegenüber dem hauptgebäude, in dem der ritter-
saal sich befand' (B.) 4 *helden bey dem kunige misselingen*, gebessert von
vdH. Die gestrichenen worte stammen aus der folgenden zeile. **1495**,3
beslozzen vil sere, gebessert von E. **1496**,1 *von* E.] *vor* 2 *werffen*,
gebessert von B. 3 *burge*. **1497**,1 *der H.* 2. 3. vgl. 792,3. 4. 4 *in
der bürge* fehlt, ergänzt von E. (vor *indert*), vgl. 1302,4.

dô hôrte man dar inne   vil ungevüegen kradem.
joch wâren die geste   niht in einem muote:
genuoge sluogen wunden,   die andern wurben vaste nâch
                dem gnote.

1500   Si vuorten ûz der bürge,   sô wir hœren sagen,
daz ez zwêne kiele   kunden niht getragen,
von phelle und ouch von sîden,   von silber und von golde,
der ûf tiefer vlüete   sîniu schef dâ *mite* laden wolde.

*1501   In der bürge niemen   deheiner vreude gezam.
daz volc von dem lande   grôzen schaden nam.
dô sluoc man dar inne   man unde wîp.
der kindel in den wiegen   verlôs dâ manegez sînen lîp.

1502   Îrolt der starke   ruofte Waten an:
'jâ habent iu den tiuvel   diu jungen kint getân.
si habent an unsern mâgen   deheiner slahte schulde.
durch die gotes êre   sô lât die armen weisen haben hulde!'

1503   Dô sprach Wate der alte: 'du hâst kindes muot,
die in der wiegen weinent,   diuhte dich daz guot,
daz ich si leben lieze?   solten die erwahsen,
sô wolte ich in getrouwen   niht mêre danne einem wilden
                Sahsen.'

1504   Bluot in manegem ende   ûz den gademen vlôz.
ir vriunde die daz sâhen,   wie sêrę si des verdrôz!
dô kom vil sorclîche   Ortrûn diu hêre
dâ si sach Kûdrûnen.   jâ vorhte si des schaden *dannoch*
                mêre.

1505   Dô neigte si ir houbet   vür die schœnen meit.
si sprach: 'vrou Kûdrûn,   lâz dir wesen leit
mînen starken jâmer   und lâ mich niht verderben.
ezn stê an dînen tugenden,   ich muoz von dînen vriunden
                hie ersterben.'

1499,3 *joch* Z.] *auch.*   **1500,**4 *mite* fehlt, ergänzt von Hpt.
1501. Diese Nibelungenstrophe muss durch bearbeitung entstanden sein.
Fehlen kann sie nicht. Ebensowenig darf man aber um ihretwillen auch
die strr. 1502 f. streichen (Mh. s. 37. M. zu str. 1503. W. s. 207). — 1 *nye-*
mand   4 *die kindel,* gebessert von B.   *maniges da,* umgestellt von E.
1502,2 *den tiuvel*] vgl. Nib. 1930,4. 1682,1. Roth. 890. s. Gramm. 3,734.
4 *waysen lan hulde.*   **1503,**1b vgl. 1156,1.   4 *nicht mere getrauen.* —
einem wilden Sahsen] s. zu 366,4.   **1504,**4 *dannoch* fehlt, so ergänzt
von B.   **1505,**1 *haupte*   4 *es stet,* gebessert von Hpt., vgl. 1516,4.

1506 'Ich wil dich nern gerne,   ob ich mit rehte kan,
wan ich dir aller êren   und alles guotes gan.
ich wil dir vride gewinnen: du maht lebendec wol belîben.
sô stant mir deste nâher   *her* mit dînen meiden unde wîben.'

1507 'Daz tuon ich harte gerne'   sprach Ortrûn daz kint.
mit drî und drîzic meiden   ernerte si si sint.
zwêne und sehzic degene   stuonden bî den vrouwen.
wæren die niht entwichen,   si wæren von den gesten gar
zerhouwen.

1508 Dô wart ir Wate der alte   in der zît gewar. (1510)
mit grisgramenden zenden   zehant huop er sich dar,
mit schînenden ougen,   mit ellenbreitem barte;
alle die dâ wâren   vorhten den helt von den Stürmen harte.

1509 Mit bluote was er berunnen,   naz was sîn wât. (1511)
swie gerne in sæhe Kûdrûn,   doch hête si des rât,
daz er sô tobelîche   gegen ir iht gienge.
jâ wæn ich ir deheiniu   vor vorhte in iht *minneclîche* en-
phienge.

1510 Niwan Kûdrûn diu vrouwe   gienc dâ si Waten
sach. (1512)
diu reine Hilden tohter   sorgende sprach:
'willekomen Wate!   wie gerne ich dich sæhe,
ob sô vil der diete   *hie* niht leide von dir geschæhe.'

1511 'Genâde, maget edele!   sît ir daz Hilden kint? (1513)
wer sint dise vrouwen,   die iu sô nâhen sint?'
dô sprach *diu vrouwe* Kûdrûn: 'daz ist Ortrûn diu hêre.
der soltu, Wate, schônen.   jâ vürhtent dich die vrouwen
harte sêre.

1506, 3 B. streicht *lebendec* vielleicht mit recht als glosse zu *belîben*
4 *nâhner. her* fehlt, ergänzt von Z.   *mit maiden vnd mit weiben*, gebessert
von Mh.   **1507,** 3 *vnd zwen*, gebessert von Z.   4 *so warn*, gebessert
von Z.   Zwischen **1507** und **1508** stehen in der hs. und den ausgg.
die beiden strophen 1516 und 1517. Die gründe für meine umstellung habe
ich ausführlich erörtert Beitr. 9, 77 ff.   **1508,** 2 *grysmamenden*, gebessert
von vdH.   *ze hannde*   3 *mit sehennden augen*, gebessert von Hpt.   *ellen-
praiten.*   **1509,** 1 *wate*   3 *gen ir so tobelich*, umgestellt von vdH.
4 *dhainer*, gebessert von E.   *minneclîche* fehlt, ergänzt von B.; vgl. 1529, 4.
1510, 1 *Nun*, gebessert von Z.   4 *hie* fehlt, ergänzt von vdH.   *laid.*
1511, 1 *der H.*   2 *sein. nahent*   3 *diu vrouwe* fehlt, ergänzt von B.
4 *harte* fehlt, ergänzt von B.

1512 Daz ander sint die armen, die mit mir über mer
von Hegelingen brâhte daz Ludewîges her. [(1514)
ir sît von bluote sweizic; nu gêt uns niht sô nâhen.
swaz ir uns danne gedienet, daz lâze wir arme uns niht
versmâhen.'

1513 Wate gienc ûf hôher, da er Herwîgen vant (1515)
unde Ortwînen, den künic von Hortlant,
Îrolden und Môrungen und ouch von Tenen Fruoten.
die wâren vil unmüezic: si sluogen *dô vil manegen* ritter
guoten.

1514 Vil schiere kom Hergart, diu junge herzogîn. (1516)
'Kûdrûn vil edele, du solt genædic sîn
mir vil armen wîbe. gedenke daz wir hiezen
und sîn noch dîn gesinde. des lâz mich, *edele* vrouwe, ge-
niezen.'

1515 In zorne sprach vrou Kûdrûn: 'ir sult ûf hôher
allez daz uns armen leides wart getân, [stân. (1517)
daz klagetet ir vil kleine und ahte ez iuch ringe.
nu ist ouch mir unmære, ob iu übele oder wol gelinge.'

1516 Dô kom ouch dar gegâhet diu übele Gêrlint. (1508)
diu bôt sich vür eigen vür daz Hilden kint.
'nu ner uns, küniginne, vor Waten und sînen mannen.
ezn stê an dir al eine, ich wæne ez sî umb mich ergangen.'

1517 Dô sprach diu Hilden tohter: 'nu hœre ich iuch
gern, (1509)
daz ich iu sî genædic. wie möhte ich iuch gewern?
ich bat iuch nie zer werlte, des ir mir woltet volgen.
ir wârt mir ungenædic; des müese ich iu von herzen sîn
erbolgen.

1518 Iedoch stêt mir dar nâher under diu magedin.'
(1518)

1512,2 *des L.* **1513**,2 *Horlant* 3 *Tene* 4 *dô vil manegen*
fehlt, so ergänzt von B. (*manegen* schon vdH.) **1514**,3 *weibe vnd ge-*
dencke, gebessert von E. *wir dein gesinde hiessen*, gebessert von Z. 4 *vnd*
bin noch, gebessert von V. *edele* fehlt, ergänzt von B. **1515**,3 *claget*
ich vil, gebessert von vdH. *achtets auch*, gebessert von Z. 4 vgl. 1094,4,
für den ausdruck auch Nib. 1709,4. **1516**,2 *des H.* 3 *vnd vor seinen*,
gebessert von Z. 4 *es stee.* **1517**,1 *der H.* 3 *zu der. ir mir* E.]
yemand 4 *mus;* ich habe wegen 1518,1 den conj. praet. hergestellt.
1518,1 *Yedoch mir sey d.*, gebessert von V., vgl. 1506,4. 1515,1.

noch suohte Wate der alte   die widerwarten sîn,
wâ er vinden solte   die übelen Gêrlinde.
bî vroun Kûdrûnen   was diu tiuvelinne mit ir ingesinde.
   1519 Wate grimmiclîche   gienc hin vür den sal.
er sprach: 'mîn vrou Kûdrûn,   gebt mir her ze tal
Gêrlint mit ir vriunden,   die iuch der wesche nôten,
und der selben künne,   die uns dâ heime manegen recken
                                 tôten.'
   1520 Dô sprach diu minniclîche: 'der ist deheiniu hie.'
Wate in sînem zorne   dô dar nâher gie.
er sprach: 'welt ir *niht* balde   mir die rehten zeigen,
die vremeden zuo den vriunden   müezen alle wesen *hie* die
                                veigen.'
   1521 Er zurnte harte sêre; des wurden si gewar.
im winkte ein maget schœne   mit den ougen dar.
dâ von er bekante   die übelen tiuvelinne.
er sprach: 'sagt mir, vrou Gêrlint,   wellet ir der weschen
                        mêr gewinnen?'
   1522 Er vienc si bî der hende   und zôch si von in dan.
Gêrlint diu übele   trûren dô began.
er sprach in tobeheite: 'küniginne hêre,
iu sol mîn juncvrouwe   iuwer kleider waschen nimmer mêre.'
   1523 Als er si danne brâhte   vür des sales tür,
wes er mit ir gedâhte,   des goumten si hin vür.
er vienc si bî dem hâre. . wer *het* im daz erloubet?
sîn zürnen was vil swære: er sluoc der küniginne ab daz
                           houbet.
   1524 Die vrouwen schrirn alle: des twanc si michel sêr.
dô gienc er hin widere.   er sprach: 'wâ ist ir mêr,
die ir dâ heizent sippe?   die sult ir mir zeigen.
ir deheiniu ist *sô* tiure,   ine getürre ir houbet wol geneigen.'

1518, 2 *widerwarteten* 3 *vbele (ierlinten* 4 *frawen.* **1519,** 1 *grimlich,* gebessert von B. **1520,** 3 *niht* fehlt, ergänzt von V. 4 *hie* fehlt, ergänzt von E. **1521,** 3 *vbel* 4 *welt. ir die weschen,* gebessert von vdH. **1522. 1523.** W. (s. 210) vermutet, dass éine ursprüngliche strophe 1522, 1. 2. 1523, 3. 4. zu grunde liegt. **1523,** 1 *wane pracht für des pales t.,* gebessert von vdH. 3 *het* fehlt, ergänzt von Hpt. Zur richtigen auffassung dieser frage vgl. Hildebrand Zs. f. d. Phil. 4, 362. 4 *vil* B.] *gar.* **1524,** 1 *schrien* 3 *haysset sipe,* gebessert von Hpt. 4 *sô* fehlt, ergänzt von vdH. *ich geture,* gebessert von Z.

1525 Dô sprach weinende   daz Hetelen kint:
'nu lât mîn geniezen   die durch vride sint
her ze mir gegangen   und bî mir gestanden.
daz ist Ortrûn diu edele   und ir gesindę von Ormanielande.'

1526 Den si het vride gewunnen,   die hiez man hôher
Wate vil ungüetliche   vrâgen began: [stân.
'wâ ist mîn vrou Hergart,   diu junge herzoginne,
diu in disem lande   des küneges schenken nam durch hôhe
minne?'

1527 Si wolten si niht zeigen;   dô trat er aber dar.
er sprach: 'ob ir vür eigen   hetet diu rîche gar,
solher hôchverte   wer möhte iu der getrouwen?
ir habet gedienot kleine   in disem landę Kûdrûnen iuwer
vrouwen.'

1528 Si ruoften al gemeine: 'lât si noch genesen.'
dô sprach Wate der alte: 'des enmac niht wesen.
ich bin kamerære: sus kan ich vrouwen ziehen.'
er sluog ir ab daz houbet.   si begunden hinder Kûdrûnen
vliehen.

1529 Si heten nu gemuozet   des strîtes über al.
dô kom der künic Herwîc   ze Ludewîges sal
mit sînen walgenôzen   nâch bluote var gegangen.
als in ersach vrou Kûdrûn,   dô wart er von ir minniclîche
enphangen.

1530 Sîn swert der degen schiere   von der sîten bant.
dô schutte er sîn gewæfen   in des schildes rant.
dô gie *er* îsenvarwer   dâ stên zuo der vrouwen.
er hete durch ir liebe   daz wal des tages dicke durchhouwen.

1531 Dô kom ouch her Ortwîn,   der künic von Hortlant.
Îrolt unde Môrunc   die zugen ab ir gewant,
durch daz si erkuolten   ûzerhalp der ringe.   [dinge.
si wolten zuo den vrouwen: die helde heten des guot ge-

1525, 1 der *H.*   4 *Ormanielunnden*.   **1526**, 2 *vngüettlich*   4 *nam des iungen kuniges schencken durch*, gebessert von E.   **1527**, 2 *het*   3 *der gefrewen*, gebessert von vdH.   **1528**, 3 *kamercere*] ebenso ironisch Nib. 1895, 1, vgl. 1684, 4.   3b vgl. Nib. 805, 1.   4 *Chaudrun*.   **1529**, 4 *minneklichen*.   **1530**, 1 *degene*   3 *er* fehlt, ergänzt von vdH.   *da ze steen*, gebessert von Z.   *zu den frawen*, gebessert von B.   **1531**, 1 *Hortlannt*. 3 *durch* B.] *darumb*.

1532 Îrolt unde Môrunc   nigen sâ zehant (1533)
der minniclîchen meide.   wie schierę man daz bevant,
daz si gerne sæhe   daz edele ingesinde!
dô was wol ze muote   ûz Hegelingelandę dem Hilden kinde.

1533 Dô sich erhouwen hêten   die helde ûz Tenelant,
ir schilde und ouch ir wâpen   legtens ûz der hant. [(1532)
ir helme si ab gebunden   und giengen zuo der meide.
ein gruoz vil minneclîche   wart von Kûdrûnen in beiden.

1534 Der künic von *den* Mœren   der wart enphangen
als man guote recken   nâch arbeite sol.   [wol, (1540)
gedanket von der vrouwen   wart dô dem guoten herren,
daz er von Karadîne   het gehervertet alsô verre.

1535 Dô wurden ze râte   die herren und ir man, (1534)
sît man Kassiâne   die guoten burc gewan,
dâ mite wæręn betwungen   die bürge zuo dem lande.
dô riet Wate der alte,   daz man türne unde palas brande.

1536 Dô sprach von Tenen Fruote: 'des enmac niht
                              sîn. (1535)
hie inne muoz belîben   diu liebe vrouwe mîn.
nu heizet ir die tôten   tragen ûz den selden.
ez mac diu min gewerren   hie ze lande allen disen helden.

1537 Diu burc ist vil veste,   wît unde guot. (1536)
heizet ab den wenden   waschen daz bluot,
daz iht verdrieze hinne   die minniclîchen vrouwen.
daz Hartmuotes erbe   sul wir baz mit herverte schouwen.'

1538 Des wart gevolget Fruoten;   wisę was er genuoc.
vil manegen ritter guoten   man ûz der bürge truoc [(1537)

1532 nach **1533.** —   1 *naigten sich zehanndt*, gebessert von Z.
2 *die m. m.*, gebessert von V.   3 *sahen*, gebessert von V.   4 *dem werden
Hylden*, gebessert von Z.   **1533**, 3 *den maiden*   4 *mineclich   Chaudrun.*
1534 folgt in der hs. und den ausgg. nach 1540, wo die strophe viel zu
spät kommt. B. bemerkt: 'diese strophe stände vielleicht besser etwa nach
1532'; W. s. 211, der str. 1530—1533 für interpoliert hält, meint, dass sie
auf 1529 folgen sollte. — 1 *den* fehlt, ergänzt von vdH.   2 *arbait*   3 *von
den frawen*   4 *verren.*   **1535**, 1a 'da kamen durch beratung zur über-
zeugung . . . . ., dass mit der burg das ganze land unterworfen sei'; es
ist nicht nötig, mit B. *des ze râte* zu schreiben (vgl. die stellen Mhd. Wb.
II, 567a).   2 *Kassidne* (auch 1541, 2. 1543, 3. 1692, 2) tritt hier plötzlich als
name von Ludwigs burg auf.   3 *warn*, gebessert von E.   *den lannden*
(: 4 *prannden*).   **1536**, 1 *Tene.   mag*   4 *mag dest mynnder*, gebessert
von B.   **1537**, 4 *des H.*   **1538**, 1 *weisz.*

sêro verhouwen   mit tiefen vorchwunden.

dò vuortens zuo den ünden   die si erslagen vor der porten

vunden.

1539 Der bevulhen si dem wâge   vier tûsent oder baz.

daz was ein ungenâde;   Fruote riet in daz.   [(1538)

des si phlegen solten,   daz was noch unergangen.

in Ludewîges bürge   wart Ortrûn diu küniginne gevangen.

1540 Zwêne und sehzic degene   und drîzic meidîn (1539)

die wurden mit ir gîsel.   dô sprach diu künigîn:

'der *meide* wil ich hüeten: si nâmen vride den mînen.

nu tuo, swaz er welle,   Wate mit den gîselen sînen.'

1541 Do bevalch man Hôrande,   dem helde ûz Tenes-

swaz man der gîsel   ze Kassiâne vant.   [lant, (1541)

man bevalch im Kûdrûnen,   si und alle ir vrouwen.   [wen.

er was ir næhstez künne: man mohte im deste baz getrou-

1542 Man hiez in wesen meister   der vierzic türne guot

und sehs sale wîter,   die stuonden bî der vluot,

und drî palas rîche.   ein herre *er* was dar inne.

dô muoste noch belîben   bî im vrou Kûdrûn diu küniginne.

1543 Dô hiez man schaffen huote   den schiffen bî der

hin wider wart gevüeret   der degen Hartmuot   [vluot.

ûf Kassiânen   ze andern sînen mâgen,

dà die schœnen vrouwen   ouch bî den helden dô gevangen

lâgen.

1544 Man hiez ir alsô hüeten,   daz nieman in entran,

und liez ouch *dà* belîben   tûsent küener man,

die mit dem Tenemarken   huoten dà der vrouwen.

Wate und der küene Fruote   wolten noch der schilde mêr

zerhouwen.

1545 Dô schihtens ir reise   mit drîzic tûsent man.

daz viur allenthalben   hiez man werfen an.

1538,4 *dô* fehlt, ergänzt von vdH.   **1539**,1 *beualhen*.   **1540**,1
Mit zw., gebessert von V.   *degenen*.   *maiden*. Der übergang der construc-
tion ist gewis nicht ursprünglich.   2 *sprach das maidin*, gebessert von vdH.
3 *meide* fehlt, ergänzt von V.   4 *Wate was er welle*, umgestellt von Hpt.
gysel.   **1541**,3 *Chaudrun*   4 *nachster;* vgl. 1112,3.   *dester*.   **1542**,2
sechtzig, gebessert von V.   Aber auch so stimmt die angabe nicht zu 1145,3.
3 *er* fehlt, ergänzt von Z.   **1543**,1 *flute*.   **1544**,2 *dà* fehlt, ergänzt
von vdH.   3 *Tenmarche*.   **1545**,1 vgl. Nib. 881,1. 1464,1.

dô begunde ir erbe   an manegen enden brinnen.

dem edelen Hartmuote   wart êrste leit von allen sînen sinnen.

1546 Die helde von den Stürmen   und von Tenelant
die brâchen guote bürge,   swaz man der dâ vant.
si nâmen roup den meisten,   den ieman möhte bringen.
vil manic schœniu vrouwe   wart dâ gevangen von den
Hegelingen.

1547 Ê daz die Hilden vriunde   ir reise kêrten wider,
sehs und zweinzic bürge   brâchen si dâ nider.
si wâren ir urliuges   vil stolz unde hêre.
sît brâhten si vroun Hilden   tûsent gîsel oder *dannoch* mêre.

1548 Man sach daz Hilden zeichen   durch Ormanîelant
vüeren unverirret   hin wider ûf den sant,
dâ si heten lâzen   die edelen maget hêre.
si wolten dannen scheiden.   si muoten dâ ze wesene niht

1549 Die si dâ heten lâzen   in Hartmuotes sal,   [mêre.
die riten gên ir vriunden   ûz der burc ze tal.
si gruozten williclîche   die alten zuo den jungen.
dô sprâchen die von Tenelant: 'wie ist *iu* jungelingen dort
gelungen?'

1550 Dô sprach der künic Ortwîn: 'daz ist die mâze
daz ichs mînen vriunden   immer danken sol.   [wol,
wir haben in vergolten   mit strîte alsô sêre,
swaz si uns ie getâten,   wir nâmen in wol tûsent stunde
mêre.'

1551 Dô sprach Wate der alte: 'wen wellen wir hie lân,
der uns phlege der lande?   nu heizet abe gân
die schœnen Kûdrûnen.   wir suln gên Hegelingen
und lâzen dâ vroun Hilden   sehen waz wir ir ze lande brin-

1552 Dô sprâchens al gemeine,   alt unde junc: [gen.'

1546,3 *roup* vdH.] *weib. yemand da mochte,* gebessert von Z. Statt *bringen* ist vielleicht *gewinnen* das ursprüngliche, das entfernt wurde von einem schreiber der an der assonanz anstoss nahm, obgleich diese sich auch 225. 594. 635. 692. 877. 906. 945. 1516. 1646 findet.   4 *von den von H.,* gebessert von E.   **1547**,1 *widere* : 2 *nidere*   4 *frawen. dannoch* fehlt, ergänzt von B.   **1548**,1 *der H.*   3 *daz sy,* gebessert von vdH.   4 *muteten*   **1549**,4 *iu* fehlt, ergänzt von vdH., der aber *jungelingen* fälschlich in *Hegelingen* änderte. Die richtige lesart rührt von B. her.   **1550**,4 *nemen. stunde* V.] *mal.*   **1551**,3 *Chaudrun. gegen*   4 *sehen da frawen Hilden,* umgestellt von V.   **1552**,1 *alte.*

'daz tuon die Tene Hôrant   unde Môrunc.
die suln hie belîben   mit tûsent küenen mannen.'
dô muosten si in volgen.   die herren vuorten manegen gîsel
dannen.

1553 Dô si ze Hegelingen   der verte heten muot,
si brâhten zuo den schiffen   maneger slahte guot,
daz si genomen hêten   und daz was ir eigen.
die vremedez gerne brâhten,   die mohten ez dâ heime vil
wol zeigen.

1554 Dô hiez man Hartmuoten   ûz dem sale gân,
den recken vil guoten   mit vünf hundert man,
die alle gîsel hiezen   und wâren dâ gevangen.
si gewunnen bî ir vînden   sider manegen zæhen tac vil
langen.

1555 Man brâhte ouch Ortrûnen,   die hêrlîchen meit,
mit ir ingesinde   ze grôzer arbeit.
dô si von dem lande   und von vriunden muosten scheiden,
dô mohtens wol gelouben,   wie Kudrûnen wære und al ir
1556 Die gevangen liute   vuorten si dan.   [meiden.
die gewunnen bürge   wurden undertân
Môrunge und Hôrande.   dô si vuoren dannen,
si belîben in Ormanîe   wol mit tûsent ir vil küenen manne.

1557 'Nu bæte ich iuch gerne'   sprach dô Hartmuot,
'dar umbe wolte ich setzen   lîp unde guot,
daz ir mich ledic liezet   in mînes vater rîche.'
dô sprach Wate der alte: 'ja behalten wir iuch selben vlî-
zicliche.

1558 Ich enweiz von welhen schulden   ez mîn neve tuot,
der im gerne næme   lîp unde guot,
daz er den heizet vüeren   heim ze sînem lande.
wolt er, ich schüefe ez schiere.   daz er gesorgte nimmer in
den banden.'

1552,2 *da tun*. gebessert von vdH.   **1554,**1 *Hartmut*   2 *gut*.
1555,3 *den lannden*, gebessert von B.   4 *mochten sy*. Chaudrun.   *alien*,
gebessert von Z.   **1556,**2 *vnd die*, gebessert von E.   3 *dannc*
1557,1 *Nu het ich*, gebessert von vdH.   3 *lazzet*, gebessert von B.   4 *selber*.
1558,4 *schüeffs*. *er sein gesorgete*, gebessert von Hpt. *dem pande*, gebessert
von V. Der sinn der zeile ist: 'wenn er (·· mîn neve z. 1, Ortwin) nur da-
mit einverstanden wäre, so würde ich bald machen, dass er (Hartmut)

1559 'Waz hülfe, ob wir si alle'   sprach her Ortwîn,
'hie ze tôde slüegen   in dem lande sîn?
Hartmuot und sîn gesinde   die suln baz gedingen.
ich wil si lobelîche   ze lande mîner muoter Hilden bringen.'
    1560 Si brâhten zuo den schiffen   den kreftigen rât,
mit golde *und* mit gesteine   ros unde wât.
des si gedingen hêten,   dar an was in gelungen.
die vor vil harte klageten,   man hôrte daz si sumelîche
                                                 sungen.

(30.) Âventiure,
wie si Hilden boten sanden.

    1561 Sich huop mit vreuden widere   *daz* Hegelinge her.
die si gevüeret hêten   mit in über mer,
der muoste dâ belîben   tôter unde wunder
driu tûsent unde mêre.   si klagtẹn ir vriunt heimlîche be-
                                                 sunder.
    1562 Ir schif giengen ebene,   ir winde wâren guot.
die den *roup* dâ brâhten,   die wâren hôch gemuot.
swie si daz gevuogten,   ir boten si vür sanden,
die brâhten disiu mære   *Hilden* heim ze Hegelingelande.
    1563 Si gâhten swaz si mohten,   daz wil ich iu sagen.
si kômen heim ze lande   in neizwie manegen tagen.
ez gehôrte vrou Hilde   nie sô liebiu mære,
dô si ir daz sageten,   daz der künic Ludewîc erslagen wære.
    1564 Si sprach: 'wie lebet mîn tohter   und ir meidîn?'
'dâ bringet iu her Herwîc   die triutinne sîn.
ez darf niht baz gelingen   helden alsô guoten.
si bringent Ortrûnen   gevangen und ir bruoder Hartmuoten.'

---

keine sorge weiter in der gefangenschaft hätte', d. h. Wate würde Hart-
mut töten. Zugleich ist *in den banden* ein wortspiel mit *ledic* 1557, 3.
1559, 1 *ob ir sy*, gebessert von vdH.   **1560**, 1 *den kreftigen rât*] 'den
gewaltigen vorrat', wie sonst *daz kreftige guot* gesagt wird, vgl. 321, 1.
2 *und* fehlt, ergänzt von V.   **Aventiurenüberschrift:** *sannde.*   **1561**, 1
daz fehlt, ergänzt von V.   2 *mit in hetten gefueret*   4 *si* ist accusativ.
1562, 1 *gienge*   2 *roup* fehlt, ergänzt von vdH.   4 *Hilden* fehlt. *Hege-*
lingenlannden.   **1563**, 2 *in neizwie* Hpt.] *ich wais nit in* (vgl. Haupt zu
Erec[2] 7990).   **1564**, 3 *bedarff*, gebessert von Z.   4 *Ortrun.*

1565 'Daz sint mir liebiu mære' sprach daz edele wîp.
'ez was von iu bekumbert   mîn herze und ouch mîn lîp.
ich solz in itewîzen,   gesehent si mîn ougen.
michel ungemüete   leit ich offenlîchen unde tougen.

1566 Ir boten, ich sol iu lônen   daz ir mir habet geseit,
dâ von mir ist entwichen   mîn ungevüegez leit.
ich gibe iu *golt* daz mîne   und tuon daz billîchen.'
si sprâchen: 'vrouwe hêre,   jâ müget ir uns sanfte gerîchen.

1567 Daz wir dâ hân geroubet,   des bringen wir sô vil.
wir tuonz *niht* durch versmâhen,   swer daz iuwer niht enwil.
jâ sint unser kocken   von liehtem golde swære.
wir haben ûf unser verte   lâzen vil guote kameræere.'

1568 Vrou Hilde hiez bereiten,   sô siz het vernomen,
gên ir vil lieben gesten,   die ir dâ solten komen,
trinken unde spîse,   stüele zuo den benken,
dâ si dâ sitzen solten.   jâ kunde sis nâch êren wol bedenken.

1569 Die ze Matelâne   unmüezic man dô vant.
dâ nidene ûf dem plâne   und ouch ûf dem sant
schuof man zimberliute.   die îlten des vil sêre,
wie dâ nâch êren sæze   Herwîc und Kûdrûn diu hêre.

1570 Ich kan iu niht bescheiden,   ob si ûf dem mer
heten iht der leide.   daz Ortwînes her
was in sehs wochen   hin ze Matelâne.
si brâhten dar *die* vrouwen   unde manege maget wol getâne.

1571 Dô si nu komen wâren   — daz saget man uns
dô het ir herverten   geweret wol ein jâr.   [vür wâr —,
ez waz in einem meien,   dô si ir gîsel brâhten.
nu vuoren si mit schalle,   swie si maneger arbeit gedâhten.

1572 Dô man nu ir kocken   vor Matelâne sach,
von trumben und pusûnen   hôrtę man manegen krach,

1565, 1 *sein*   3 *solts*, gebessert von E.   *itwizen;* es findet sich aller-
dings 331, 2 die form *itewizzen*, aber im cäsurreime (: *vlizzen*), s. daselbst.
4 *ich lidt michel vngemüete*, umgestellt von vdH.   **1566,** 3 *golt* fehlt, er-
gänzt von vdH.   **1567,** 1 *Des wir*, gebessert von V.   2 *niht* fehlt, er-
gänzt von vdH.; vgl. Bit. 4995. 6745.   *swer daz* V.] *daz wir*   3 *küchen.*
1568, 1 *so sy hette*, gebessert von V.   **1569,** 1 *Da zeʒ* gebessert von vdH.
Macelane (und so ferner immer)   2 *die niden*, gebessert von vdH.   **1570,** 1.
2 vgl. 286, 1.   1 *mere*   4 *brachten da frawen*, gebessert von Z.; *die*
ergänzte vdH.   **1571,** 4 *swie* Z.] *wie wol* (das nhd. *wiewohl!*)   **1572,** 1
kuchen   2. 3 vgl. 49, 1—3. Nib. 751, 1. 2. Jänicke zu Bit. 8662.   2 *trummen.*

vloiten unde bläsen,   ûf sumber sêre bôzen.

Waten schif des alten   wâren nu in eine habe gestôzen.

1573 Dô kômen ouch die degene   ûz Hortlant.

dô reit in engegene   nider ûf den sant

vrou Hilde und ir gesinde   ûz der burc ze Matelâne.

dô was ouch komen Kûdrûn: dâ sach man *manege* vrouwen
wol getâne.

1574 Si wâren von *den* rossen   gestanden ûf den sant,

vrou Hilde und ir gesinde.   dô vuorte an sîner hant

die schœnen Kûdrûnen   Îrolt der mære.

swie si Hilde erkante,   si weste niht wer ir deheiniu wære.

1575 Si sach mit ir gesinde   wol hundert vrouwen gân.

'nu enweiz ich' sprach vrou Hilde,   'wen ich sol enphân

vür mîne lieben tohter: diu ist mir gar unkünde.

willekomen sîn mîn vriunde,   die getreten sint ab der ünde.'

1576 'Daz ist iuwer tohter'   sprach Îrolt der degen.

dô gienc si ir dar nâher.   wer möhte in widerwegen

mit guote dise vreude,   die si dô gewunnen?

dô si einander kusten,   dô was in *ir* leides zerunnen.

1577 Vrou Hilde enphienc Îrolden   und alle sîne man.

Waten si vil tiefe   nîgen began.

'willekomen, helt von Stürmen!   du hâst gedienet schône.

wer möhte dich versolden,   man engebe dir danne lant und
eine krône?'

1578 Dô sprach er zuo der vrouwen: 'swaz ich iu ge-
dienen mac,

des bin ich iu vil willic   unz an den lesten tac.'

dô kuste si in vor liebe: sam tete *si* ouch Ortwînen.

dô was ouch komen Herwîc   mit den stolzen werden recken
sînen.

1579 Der vuorte an sîner hende   Ortrûn daz kint.

1573,2 *dem sant,* gebessert von vdH.   4 *manege* fehlt, ergänzt von M.
1574,1 das erste *den* fehlt, ergänzt von E.   2 *an ir hannde,* gebessert
von V., vgl. 1579,1. 1584,4.   3 *Chaudrun.*   **1575**,1 *mit ir gesinde*]
hier sind die begleiterinnen der Kudrun, 1574,2 die der Hilde gemeint.
2 *nun*   3 *liebe*   4 *sein ab,* gebessert von Z.   **1576**,1 *degene*   2 *sy*
ye d., gebessert von E.   4 *an einander,* gebessert von Z.   *ir* fehlt, ergänzt
von E.   **1577**,2 *Wate sich vil,* gebessert von V.   3 *von den Sturmen,*
gebessert von E.   4 *gebe.*   **1578**,2 *letzsten*   3 *sam* B.] also,   *si* fehlt,
ergänzt von Z.   *Ortwein* : 4 *sein.*

Kûdrûn bat ir muoter　güetlîchen sint:
'nu küsset, liebiu vrouwe,　dise maget hêre.
in mînem ellende　bôt si mir manegen dienest unde êre.'

1580 'Ich wil hie nieman küssen,　ern si mir danne be-
wer sint der vrouwen mâge　oder wie ist si genant,　[kant.
die du mich heizest küssen　sô rehte vriuntlîche?'
si sprach: 'ez ist Ortrûn,　diu junge maget von Ormanîerîche.'

1581 'Ich sol ir niht küssen.　zwiu rætest du mir daz?
daz ich si hieze tœten,　daz zæme mir vil baz.
jâ habent mir ir mâge　getân vil der leide.
swaz ich hân her geweinet,　daz was ir kunden bestiu ougen
weide.'

1582 'Vrouwe, dir riet selten　disiu schœniu meit'
sô sprach aber Kûdrûn,　'dehein herzen leit.
gedenke, liebiu muoter,　waz ich des hiete schulde,
swen slüegen mîne mâge:　lâz die armen *maget* haben hulde.'

1583 Si wolte es ir niht volgen.　weinende allez an
Kûdrûn ir muoter　vlêhen dô began.
si sprach: 'ich wil dich lenger　niht sehen alsô riezen.
hât si dir iht gedienet,　des muoz si in disem lande geniezen.'

1584 Dô kuste diu schœne Hilde　daz Ludewîges kint.
si gruozte ouch mêr der vrouwen　durch Kûdrûnen sint.
dô kom ouch vrou Hildeburc　ûz vremeden landen,
diu mit ir het gewaschen.　die vuorte her Fruote an sîner
hande.

1585 Dô sprach aber Kûdrûn:　'vil liebiu muoter mîn,
nu grüezet Hildeburgen.　möhte iht bezzers sîn
dan vriuntlîchiu triuwe?　golt oder edel gesteine,
swaz des ein rîche hête,　daz soltę man Hildeburgen geben
eine.'

1579,2 *Chautrun*.　3 *die maget*, gebessert von vdH.　**1580,**1 *er
sey* 2 *wer sein. ist* E.] *sein*: die stellen 212, 1. 401, 1. 2 scheinen zwar für
die haliche lesart zu sprechen (vgl. zu 1160, 2), aber die antwort in z. 4 ge-
bietet dennoch die änderung.　4 *O. dem riche*, gebessert von V.　**1582,**2
Chautrun.　3 *wes ich*, gebessert von Z.　4 *maget* fehlt.　**1583,**1 *way-
nende an*, gebessert von Hpt. (vgl. Haupt zu Erec[2] 4178).　**1584,**1 *des
Ludwigen*　2 *Chaudrun* 4 *die dick mit*, gebessert von V. Mit stärkerer
änderung, aber ansprechend, lesen E. und M. 3b. 4a *diu dicke in vremeden
landen mit ir hete gewaschen*.　4 *seinen handen*, gebessert von B. (der sin-
gular auch 1574, 2. 1579, 1).　**1585,**1 *aber fraw Ch.*, gebessert von E.

1586 Dô sprach diu küniginne: ez ist mir wol geseit,
wie si mit dir getragen hât   liep unde leit.
ich gesitze nimmer   vrœlîch under krône,
des si dir hât gedienet,   unze ich irs mit rehten triuwen
gelône.'
1587 Dô si die maget kuste   — die andern tete si sam —,
vrou Hilde sprach ze Fruoten: 'daz ist mir âne scham,
daz ich dir gienc engegene   und dînen wîganden.
willekomen sît ir degene   alle *her* ze Hegelingelande.'
1588 Si nigen ir vlîziclîchen.   dô ir gruoz geschach,
den künic von den Mœren   komen man dô sach
mit den sinen recken   ûf den griez mit schalle.
ein wîse von Arâben   sungen dô die bezzisten alle.
1589 Vrou Hilde dô gebeite,   daz er zem stade gie.
den voget von Karadîe   si vlîziclîche enphie:
'sît willekomen, her Sivrit,   ein künic ûz Môrlande.
ich sol ez immer dienen,   daz ir hulfet rechen mînen anden.'
1590 'Vrouwe, ich tuon ez gerne,   swa ich iu gedienen
sô ich in diu lant nu kume,   diu mîn vil manegen tac   [mac.
sint her gewesen von jugende,   sît ich begunde rîten
ûf schaden Herwîges,   nu wil ich nimmer mêr mit im ge-
strîten.'
1591 Dô entluoden si die kocken   und truogen ûf den
vil dinges, des si brâhten   mit in in daz lant.   [sant
. . . .
. . . . sach man si gegen herberge gâhen.
1592 Vrou Hilde mit ir gesten   reit ûf daz velt.
man sach vor Matelâne   hütten und ouch gezelt

1586,2 *liebe*   3 *vnnder der crone,* gebessert von Z.   **1587**,3 *ent-*
gegen gienge, umgestellt von Z.   *wîganden] wigant* findet sich in der Kudr.
nur hier, in den Nibelungen nur 943, 4 und 62, 4 (jedoch an letzterer stelle
nicht in ADI), häufig dagegen in Klage, Biterolf, Alphart.   4 *her*
fehlt, ergänzt von B.   *Hegelingenlandn.*   **1588**,1 *naigten*   3 *grüs,* ge-
bessert von vdH. (aus z. 1).   4 *pesten,* gebessert von B.   **1589**,1 *zu dem*
3 *Morlannden*   4 *soll,* gebessert von E.   **1590**,1 *ich dien es,* gebessert
von vdH.   **1591**,1 *kuchen*   3. 4a. Drei zeilen sind in der hs. frei ge-
lassen. Die herausgeber seit vdH. ergänzen die lücke nach Nib. 556,1. 2.
dô ez begunde kuolen | vor âbende nâhen ‖ *si biten dâ niht langer.* Diese er-
gänzung wird durch die überlieferte letzte halbzeile nicht gestützt.   4 *her-*
berge Z.] *Herwîge.*   **1592**,1 *Hilte.*

von golde gezieret.   manic sedel rîche
heten si dâ vunden.   dar inne phlac man ir vlizielîche.

1593 Vrou Hilde hete heizen   vüeren in ir lant,
daz si dâ niht liezen   ir bürgen noch ir phant.
ez wart in allen rîchen   ein wirt nie sô guoter
sam diu edele witewe.   ir geste gulten weder wîn noch
vuoter.

1594 Dô ruoweten die müeden   unz an den vünften tac.
swie wol man doch ir aller   mit handelunge phlac,
dar under wart Hartmuot   mit sorgen doch berâten,
unz daz die schœnen meide   vroun Hilden umb einen vride
bâten.

1595 Ir tohter und Ortrûn   giengen dâ si saz.
si sprach: 'vil liebiu muoter,   gedenket an daz,
daz nieman mit übele   sol deheines hazzes lônen.
ir sult iuwer tugende   an dem künic Hartmuote schônen.'

1596 Si sprach: 'vil liebiu tohter,   des solt du mich niht
biten.
ich hân von sînen schulden   grôzen schaden erliten.
im sol mîn kerkære   sîns übermuotes büezen.'
wol mit sehzic meiden   vielen ir die vrouwen dô zen vüezen.

1597 Dô sprach Ortrûn: 'vrouwe, lât in genesen.
daz er iu gerne diene,   des wil ich bürge wesen.
ir sult genædiclîchen   mînen bruoder halten.
ez kumt iu zallen êren,   sol er noch sîner krône walten.'

1598 Si weinten al gemeine   durch daz er gevangen saz
in vil starken banden.   ir ougen wurden naz
umbe Hartmuoten,   den künic von Ormandîne.
die vil grôzen boien   lâgen an im und an den sînen.

1599 Dô sprach diu küniginne: 'ir sult daz weinen lân.
ich wil si ungebunden   ze hove lâzen gân.
si müezen mir erstæten,   daz si uns iht entrinnen,
und müezen swern eide,   daz si âne mîn gebot iht rîten
hinnen.'

1592,3 *golde* Hpt.] *walde*   **1593**,2 *bürge*   4 *gulten nicht w. w.*
noch das fueter, gebessert von V.   **1594**,1 *die* zweimal.   4 *frauen*
Hylten. *ain.*   **1595**,4 *an Hartmuten dem künige sch.*, umgestellt von B.
1596,3 *kärcher.* *seines*   4 *ze den.*   **1597**,3 *behalten*, gebessert von
Hpt.   **1598**,3 *Ormandinen.*   **1599**,3 *erstatten*, gebessert von Z.

1600 Die vil edele gîsel   man ûz den banden liez.
Kûdrûn die helde   tougen baden hiez
unde schône kleiden   und hin ze hove bringen.
si wâren guote degene: des muoste in deste baz gelingen.

1601 Dô man Hartmuoten   sach bî den recken stân,
man vant wætlîcher   *nie* deheinen man.
in allen sînen sorgen   stuont er in der gebære,
als er mit einem pensel   *an ein permint* wol entworfen wære.

1602 Dô sâhen in die vrouwen   güetlîchen an.
dâ von er heimlîche   bezzer sît gewan.
mit vollen wart versüenet   der haz, den si dâ truogen,
daz si des gar vergâzen,   daz ir recken ê einander sluogen.

1603 Herwîc dô gedâhte,   wie er Hegelingelant
mit êren möhte rûmen.   wâpen und gewant
hiez er zen rossen bringen.   man luot sîne soume.
daz gevriesch vrou Hilde: si werte in der reise harte koume.

1604 Si sprach: 'mîn her Herwîc,   ir sult hie bestân.
mir ist sô vil der liebe   von iuwer schult getân,
daz ichz immer diene.   jâ sult ir nindert rîten.
ê sich die geste scheiden,   ich wil mit mînen vriunden
                                        hôchzîten.'

1605 Dô sprach der vürste Herwîc: 'vrouwe, ez ist
                                        wol erkant,
die ir mâge sendent   in ander künege lant,
daz ieslîcher   die sînen gerne sæhe;   [geschæhe.'
si erbeitent des vil kûme,   wann unser widervart hin heim

1606 Dô sprach aber Hilde: 'ir sult *mir* gunnen hie
der êren und der vreude,   sô wart mir sanfter nie.
vil edel künic Herwîc,   nu gebt mir daz ze lône,
daz mîn liebiu tohter   bî mir armen vrouwen trage krône.'

1607 Er volgte des ungerne.   si bat und ouch gebôt.

1600,2 *baiden*   4 *dester.*   **1601,**1 *bey den recken sach,* umge-
stellt von E.   2 *waydelicher.*   *nie* fehlt, ergänzt von V.   4 *an ein permint*
fehlt, ergänzt von Z. nach Nib. 285, 2; s. aber auch Kudr. 660, 4.   **1602,**2
sit pesser, umgestellt von B.   4 *einander in grossen sturmen ze tode schlugen,*
gebessert von Z.   **1603,**3 *zu den.*   *ladet,* gebessert von V.   4 *gewerte,*
gebessert von B. Zum reime *soume : koume* s. Einl.   **1605,**2 *in aines
anndern küniges,* gebessert von B.   3 *yetzlicher,* woraus B. *ir eteslicher* her-
stellt.   **1606,**1 *mir* fehlt, ergänzt von vdH.   4 *tr. die kr.,* gebessert
von V.   **1607,**1 *volgete.*

Kudrun.   19

dâ mite die ellenden   kômen sît ûz nôt.

dô er verjehen hête,   daz erz gerne tæte,

dô wart vrou Hilde   *berâten* mit hôhen vreuden stæte.

    1608 Den helden hiez si sidelen   ie baz unde baz

dâ sît vil manic recke   mit êren bî ir saz

ze einer hôchzîte,   die erkante man sît verre.

die schœnen Kûdrûnen   hiez dô krœnen Herwîc der herre.

    1609 Die mit in komen wâren,   der schiet ê nieman dan,

unz man der hôchzîte   vor Matelâne began.

dar zuo kleidet Hilde   wol sehzic oder mêre

minniclîcher meide.   vil liep was ir ir lop und ouch ir êre.

    1610 Wol hundert schœnen wîben   gap man guot ge-

man liez der niht belîben,   die man in daz lant   [want.

dar ze gîsel brâhte: die kleidet man besunder.

diu vil schœne Hilde   tete mit ir gâbe michel wunder.

    1611 Îrolt wart kamerære.   der degen in ir lant

muoste komen gæhes.   vil schiere man den vant.

Wate wart truhsæze,   der helt von Sturmlande.

nâch dem starken Fruoten   von Tenemarke man dô *ouch*

                                    sande.

    1612 Man hiez in wesen schenke.   der helt sprach ir zuo:

'ich leiste ez gerne, vrouwe;   welt ir daz ichz tuo,

diu lêhen sult ir lîhen   mit zwelf vanen rîchen:

sô wirde ich herre in Tenelant.'   des lachte dô vrou Hilde

                                  minneclîchen.

    1613 Dô sprach diu küniginne: 'des mac niht gesîn.

in Tenelant ist herre   Hôrant der neve dîn.

1607,4 *berâten* fehlt, so ergänzt von M.   **1608,**4 *Chaudrune.*
1609,1 *schied er n.*, gebessert von vdH.   2 *vor* Z.] *von.*   **1610,**3
dar fehlt, ergänzt von Z.   4 *es tet die vil schœne Hilde mit*, umgestellt
von B.   **1611,**2 *der muesset*, gebessert von E. Dass Irolt, der 1574,3.
1576 noch dagewesen ist, hier herbeigeholt werden muss, ist eine gedanken-
losigkeit, die kaum dem dichter dieser strophe, sondern dem bearbeiter zur
last fällt, welcher eine assonanz in der cäsur herstellen wollte. Er scheint
dazu verleitet durch eine unrichtige auffassung von z. 4, die aber nur aus-
sagen will, dass Fruote *ze hove* gebeten wird, dh. zur königin, vgl. 1617,2. —
4 *ouch* fehlt, so ergänzt von M.   **1612** 1 *schencken*, gebessert von V.
2 ff. Fruote meint scherzend, wenn er Horant als schenke vertreten solle,
so müsse er auch die lehngebiete erhalten, an welchen das amt des schenken
haftete. Vgl. R. Schröder Zs. für deutsche Phil. 1, 259. Zu 3 vgl. noch
Bit. 11602 f.

du solt in vriundes mâze   an sîner stat schenken.
swie er sî ze Ormanîe,   sô solt du doch hie heime in be-
denken.'
1614 Daz liut hiez man berihten,   wes si solten phlegen.
vrou Hilde hiez zervüeren   daz lange was gelegen
in kisten und in kameren,   manegen phelle richen.
die truogen kameræren: die teilte man *den gesten* willic-
lîchen.
1615 Dâ was sô swacher niemen,   man engæbe im guot
gewant.
ob si noch vremeder iemen   brâhten in daz lant,
daz ist mir ungewizzen,   wes si dâ mite gedâhten.
der was wol drîzic tûsent   die si von Ormanîe dar brâhten.
1616 Der si alle wolte kleiden,   wâ solte er daz hân?
ob ze Arabî daz rîche   im wære undertân,
sô wæne ich drinne niemen   vünde bezzer wæte,
dan man dâ gap den gesten.   daz wâren ouch vroun Kûdrû-
nen ræte.
1617 Dô diu vil minniclîche   bî den gesten saz,
nâch Ortwîn si sande.   dar umbe tete si daz,
daz si im râten wolte   nâch Ortrûnen minne.
diu Ludewîges tohter   saz bî Kûdrûnen ouch dar inne.
1618 Der helt von Hortrîche   zir kemenâten gie.
Ortwînen vlîziclîche   manegiu maget enphie.
sîn swester stuont von sedele   und nam in bî der hende.
Kûdrûn diu edele   gie *mit im* des hoves an ein ende.
1619 Si sprach: 'vil lieber bruoder,   nu solt du volgen
mit vil rehten triuwen   sô wil ich râten dir: [mir.
wilt du bî dînem lebene   vreuden iht gewinnen,
swie du daz gevüegest,   sô solt du Hartmuotes swester
minnen.'
1620 Dô sprach der ritter küene: 'diuhte dich daz guot?
wir sîn sô niht gevriunde   ich und Hartmuot.

1614, 1 *Die leut*, gebessert von B.   3 *phellen*   4 *den gesten* fehlt,
ergänzt von B.   **1615**, 1 *gab*   4 *Ormanien*.   **1616**, 3 *darynn*
4 *fraw Chaudrun.*   **1617**, 2 *Ortrun*   3 *Ortrune*   4 *Chaudrun.*   **1618**, 1
von Normandinen zu ir   2 *Ortrun vil vl.*, gebessert von E.   3 *vom*, ge-
bessert von Z.   4 *Chautrun.*   *mit im* fehlt, ergänzt von B.   **1619**, 3
freüde, gebessert von B.

wir sluogen Ludewîgen.   swan si dar an gedæhte,
und si bî mir læge,   ir wæn ez under wîlen siuften bræhte.'
    *1621 'Dâ solt du daz verdienen,   daz si des niht entuo.
an mînen rehten triuwen   sô râte ich dir dar zuo,
die ich zer werlte z'iemen   bî mîner zît gewan.
du hâst mit ir wünne,   sol si dir werden [ze vrouwen]
                                                    undertân.'

    1622 Dô sprach der ritter edele: 'ist si dir sô bekant,
daz ir suln dienen   liute unde lant,
weist dus in den zühten,   ich wil si gerne minnen.'
dô sprach aber Kûdrûn: 'jane kanst du bî ir leiden tac
                                                    gewinnen.'

    1623 Er sagete ez sînen vriunden.   vrou Hilde ez wider-
                                                    sprach,
unz er sîn Herwîgen   dem recken ouch verjach.
der riet ez im mit triuwen.   ouch sagete er ez Fruoten.
er sprach: 'du solt si minnen.   du hâst von ir manegen
                                                    recken guoten.

    1624 Man sol den haz versüenen,   den wir hân getragen.
mit wie getânen dingen,   daz wil ich dir sagen.'
alsô redete . . . . . .   der snelle degen Fruote.
'dâ sul wir Hildeburge   gemahelen dem künege Hartmuoten.'

    1625 Herwîc der biderbe   mit triuwen sprach dar zuo:
'ich wilz gerne râten   daz ez diu maget tuo.
von Hartmuotes landen   ist si *vrouwe* rîche.
er hât under sînen handen   wol tûsent bürge *vil gewalticlîche*.

    1626 Kûdrûn diu schœne   heimlîchen sprach
zer edelen Hildeburgen: si vuogte ir gemach.

    1620,4 *lage vnd wann es ir*, so gebessert von B.   **1621**,3 *zu der
welte ze*   4 *solt*, gebessert von E.   *ze vrouwen* streichen E. V. M., wodurch
die strophe das mass der Nibelungenstrophe erhält. B. hat eine Kudrunstrophe
aus ihr hergestellt (vgl. Germ. 10, 222), jedoch mit unrichtiger cäsur in der
letzten zeile.   Das ursprüngliche war wol *gewünne : sol si dir ze vrouwen
werden | du hâst mit ir immer guote wünne*.   **1622**,3 den Hpt.] *deinen*
4 *ja k. d. b. ir nymmer l.*, gebessert von B.   **1624**,3 ist nicht mit wahr-
scheinlichkeit zu ergänzen.   B. füllte die lücke aus *ûz Tenelant*.   **1625**,3
H. *hannden*, gebessert von vdH.   *vrouwe* fehlt, ergänzt von Z.   4 *vil ge-
walticlîche* fehlt; *gewalticliche* ergänzte an dieser stelle V. Die ursprüng-
liche strophenfassung scheint durch den inneren reim zerstört.   **1626**,2
zu der.

si sprach: 'trûtgespil mîn,   wilt du, daz ich dir lône
des du mir hâst gedienet,   sô wirt dir ze Ormanîe ein rîchiu
krône.'

1627 Dô sprach diu schœne Hildeburc: 'unsanfte mir
daz tuot,
sol ich einen minnen,   der herze noch den muot
nie an mich *gewante*   zuo deheinen stunden.
sol ich mit im alten,   wir werden etewenne in zorne vunden.'

1628 Dô sprach diu vrouwe Kûdrûn: 'daz solt du
understên.
ich wil nâch Hartmuoten   balde heizen gên,
ob im daz gevalle,   daz ich in ûz banden
œse *mit* den recken   und in sende heim ze sînen landen.

1629 Sô saget er mir genâde.   zehant râte ich daz,
daz erz immer gerne   diene *deste* baz;
sô wil ich iu vrâgen,   ob er welle minnen,
dâ mite er mîne mâge   unde mich ze vriunden müge ge-
winnen.'

1630 Man brâhte Hartmuoten,   den künic von Normandîn.
mit im gie dô Fruote   dâ stolziu meidîn
vor der Hilden tohter   ze kemenâten sâzen,
die sît vil maneges leides   von der vrouwen râte vergâzen.

1631 Dô sun der Ludewîges   durch den palas gie,
diu beste noch diu bœste   deheiniu daz verlie,
si tâtenz im ze liebe   und stuonden von dem sedele.
er was bevollen küene: dar zuo was er rîche unde edele.

1632 Dô bat in sitzen Kûdrûn,   diu minniclîche meit.
ez hete niht ir grüezen   deheiniu im verseit.
dô sprach diu Hilden tohter: 'zuo der gespiln mînen
solt du sitzen, Hartmuot,   diu ê mit mir wuosch den helden
dînen.'

1633 'Ir welt mir itewîzen,   küniginne hêr.
swaz man iu tete ze leide,   daz wâren mîniu sêr.

1626,3 *meine.*   **1627**,3 *gewante* fehlt, ergänzt von E.   **1628**,4
mit fehlt, ergänzt von B.   *vnd ich in haym sende zu*, gebessert von V.
1629,2 *deste* fehlt, ergänzt von B.   4 *mich vnd meine mage*, umgestellt
von vdH.   **1630**,2 *dd* vdH.] *das.   maydlin.*   **1631**,1 *des L.*   2
peste nach der peste, gebessert von E.   **1632**,4 *ee* vor *solt*, umgestellt
von V.   **1633**,1 *itewîzen* (*ytwitzen* hs., vgl. über die form zu 331,2.)
ist hier absolut gebraucht, wie Bit. 12505.

jâ hiez michz alle zîte   heln diu vrouwe mîne,

daz ichz *iht* ervünde   noch mîn vater und al die helde sine.'

   1634 Dô sprach diu juncvrouwe: 'ich kan des niht ich muoz mit in, Hartmuot,   sundersprâchen gân. [verlân: daz sol nieman hœren   wan ich und ir eine.'

dô gedâhte im Hartmuot: 'nu gebiete ir got, daz siz mit triuwen meine.'

   1635 Dar zuo hiez si niemen   niwan Fruoten gân.

dô sprach zuo dem künege   diu maget wol getân: 'welt ir des volgen, Hartmuot,   alsô ich iuch lêre, tuot ir daz williclîche,   sô scheidet ir von aller hande sêre.'

   1636 'Ich weiz iuch in den tugenden'   sprach dô Hart-'daz ir mir niht râtet   wan êre unde guot.   [muot, ich weiz in mînem herzen   niht alsölher sinne, ich entuo *williclîche*   swaz ir mir râtet, edele küniginne.'

   1637 Si sprach: 'sô râte ich gerne   dir vristen dînen lîp. ich und mîne mâge   wir geben dir ein wîp. dâ mite wirt behalten   dîn lant und ouch dîn êre, [mêre.' und ouch der vîntschefte   dâ von wirt gewahenet nimmer

   1638 'Sô lât mich wizzen, vrouwe,   wen welt ir mir ê daz ich alsô minte,   ê lieze ich mîn leben,   [geben? daz ez dâ heime diuhte   mîne mâge smæhe: sô wolte ich *wærlîche*,   daz man mich ê veigen gesæhe.'

   1639 'Dâ wil ich Ortrûnen,   die *schœnen* swester dîn, hie ze wîbe geben   dem lieben bruoder mîn. sô nim du Hildeburgen,   die edelen küniginne. du kanst in der werlte   tiurer maget nindert dir gewinnen.'

   1640 'Müget ir daz gevüegen,   als ir mir habet geseit, daz iuwer bruoder Ortwîn   Ortrûn die schœnen meit nimet wærlîchen   hie ze einem wibe, sô nim ich Hildeburgen,   daz ez immer âne haz belîbe.'

1633, 3 *hiess es mich allezeit,* gebessert von E.   4 *iht* fehlt, ergänzt von B. alle.   **1634,** 2 *sunder sprechen,* gebessert von Z. (vgl. zu 420, 1a). 4 *gepiete dir got,* gebessert von vdH.   **1635,** 1 *wan,* gebessert von E. 3 *als,* gebessert von V.   4 *ir euch von,* gebessert von V.   **1636,** 4 *ich thue. willicliche* fehlt, ergänzt nach 1635, 4.   **1637,** 1 *die friste,* gebessert von B.   4 *veintschafft.*   **1638,** 2 *mynnete*   3 *vnd auch daz es dahayme meine mage deuchte,* gebessert von Hpt.   4 *wœrliche* fehlt, ergänzt von V. *sahe,* gebessert von Hpt.   **1639,** 1 *schanen* fehlt, ergänzt von vdH   **1640,** 3 *warlichen nimbt,* umgestellt von Z.

1641 Si sprach: 'ich hânz gevüeget,   daz erz gelobet hât.
ob dich des genüeget,   daz er dir wider lât
dîn lant und ouch dîn erbe   und ouch die bürge drinne,
sô mac dich des wol lusten,   daz Hildeburc *dâ* werde küni-
ginne.'

1642 Er sprach: 'daz lobe ich gerne'   und lobete ez an
an ir hant.
'swie *schiere* sô mîn swester   bî dem von Hortlant
stêt under krône,   sô wil ich niht verzîhen
die schœnen Hildeburge,   si enmüeze mit mir geben unde
lîhen.'

1643 Dô erz gelobet hête,   dô sprach diu maget hêr:
'ich wil der vriuntschefte   gerne machen mêr,
daz *si* mit uns stæte   immer mêr belîbe.
wir geben ouch dem *von* Karadie   Herwîges swester ze
einem wîbe.'

1644 Ich wæne als grôziu süene   nie wart als tete daz
die tiure helde küene   kômen zesamene sint.   [kint.
daz riet allez Fruote   ûz Tenelande,
daz man nâch Ortwîne   unde nâch der Mœre künege sande.

1645 Ze hove si dô giengen   und truogen guot gewant.
dô schuof daz vrou Kûdrûn,   daz ez Wate ervant.
man hiez ouch Îrolden   sagen diu selben mære.
si giengen sundersprâchen.   dô wart der helde rât vil lobe-
bære.

1646 Dô sprach Wate der alte: '*wer* möhte ez süenen ê,
unz Ortrûn unde Hartmuot   vür vroun Hilden gê
und biete sich ze vüezen   der edelen küniginne.
und lobet siz al eine,   sô müge wirs alle wol ze hulden
bringen.'

1641, 1 *das es g.*, gebessert von vdH.   3 *darynne*   4 *dâ* fehlt, er-
gänzt von B.   **1642,** 1 *es auch an*, gebessert von V. (s. aber auch B.
Germ. 10, 223).   2 *wo so* (*schiere* fehlt), gebessert von B.   3 *vnnder der
crone*, gebessert von Z.   4 *schone. muesse.*   **1643,** 3 *si* fehlt, ergänzt
von vdH.   4 *von* fehlt, ergänzt von vdH.   **1644,** 1 *wäne also grosser
süne nye gefüeget wart,* so gebessert von E. Ob damit freilich das ursprüng-
liche hergestellt ist, scheint fraglich, da der cäsurreimür hier tätig ge-
wesen ist. Ihm gehört wol auch die blos dem reimzwecke dienende form
süene.   3 *Tenemarchelannde*, gebessert von vdH.   **1645,** 2 *Kûdrûn* V.]
Hilde.   **1646,** 1 *wer* fehlt, ergänzt von Z.   *versüenen*, gebessert von Z.
2 *frawen.*   4 *alle* E.] *alles.*

1647 Dô sprach diu edele Kûdrûn: 'daz wil ich iu sagen:
si ist in niht ungenædic. nu sehet ir si doch tragen
diu kleider, diu mîn muoter gap mir und mînen vrouwen.
ich wil ez gerne süenen: des mügen die ellenden mir ge-
trouwen.'

1648 Dô hiez man Ortrûnen zuo dem ringe gân
und ouch Hildeburge, die maget wol getân.
Ortwîn und Hartmuot die nâmen si ze wîbe.
'nu wil ich' sprach vrou Hilde, 'daz ez immer mit vride
belîbe.'

1649 Ortwîn von dem ringe ze im daz meidîn
zuhte minniclîchen. ein guldîn vingerlîn
gab er der küniginne in ir vil wîzen hende.
dâ mîte was verdrungen gar von ir daz michel ellende.

1650 Dô umbeslôz ouch Hartmuot die meit ûz Îrlant.
ir ietwederz dem andern daz golt stiez an die hant.
si hete niht untugende, diu sich im mehte leiden.
Hartmuot und Hildeburc die wâren sît mit triuwen unge-
scheiden.

1651 Dô sprach Hilden tohter: 'lieber herre mîn,
mügen dîniu erbe hie sô nâhen sîn,
daz man dîne swester, swie man daz bedæhte,
dem künege ûz Karadîe her ze mîner muoter lande bræhte?'

1652 Dô sprach der künic Herwic: 'daz wil ich dir
sagen.
der sîn wolte gâhen, ez geschæhe in zwelf tagen.
der die maget junge bræhte her ze lande,
er müeste es hân arbeit, ê ich ir mîn geleite dar sande.'

1653 Dô sprach Hilden tohter: 'wie gerne ichs biten wil
sô brüevet ir iu selben maneger hande spil.
dar zuo gît iu mîn muoter kleider unde spîse.
nu bringet uns die vrouwen, daz ich iuchs mit rehten
triuwen prîse.'

1647,1 *Chautrun.*   **1648**,4 *ymmer in fride*, gebessert von V.
1649,1 *Ortrun.* *maydlin*   3 *ir wol weyssen hennden*, gebessert von vdH.
4 *gar*, fehlt, so ergänzt von B.   **1650**,1 *die herrlichen maid*, gebessert
von vdH.   4 *Hartman.*   **1651**,1 *tochter Herwig lieber*, so gebessert
von Z. (*Herwic* ist glosse).   **1652**,4 *müesset sein han*, gebessert von V.
1653,2 *selber*   3 *gibt*   4b 'dass ich euch aufrichtig darum lobe' vgl. 4,3.

1654 Dô sprach der vürste Herwîc: 'wâ næme si ge-
der von Karadîe   wuoste mir mîn lant   [want?
und brante mîne bürge.   dô vlôs ich ir gewætc.'
dô sprach der künic von Mœren,   daz er ir wan in cinem
hemede bæte.
1655 Herwîc hundert recken   nâch ir sande dan.
dô hiez er ûf der verte   gâhen sîne man.
er bat mit in rîten   Waten unde Fruoten.
daz was in ein arbeit;   iedoch gewerten si den degen guoten.
1656 Si strichen, swaz si kunden,   die tage zuo der naht.
dô si die maget vunden,   daz Wate dô niht vaht,
daz understuonden kûme   die Herwîges helde.
mit vier und zweinzic vrouwen   brâhten si die recken von
der selde.
1657 Wate was ir geleite   von der bürge unz ûf den
dâ er zwô galeide   und zwêne kocken vant.   [sant,
der nâmen si den einen;   si begunden îlen.
des hulfen in die winde.   si kômen wider in zwelf tagewilen.
1658 Dô si die maget brâhten   ze Hegelingelant,
die ritter des gedâhten,   wie si über sant
îlten gên der schœnen.   mit panieren si vuoren.
si behielten wol ir eide,   die nâch der edelen vrouwen
minnen swuoren.
1659 Wie möhte ein gruoz iht schœner   von edelen
kinden sîn?
ir vuoren hin engegene   diu schœnen meidîn
und Hilde diu edele   mit vrouwen vil gemeine.
swie ir lant verbrennet wære,   Herwîges swester vuor niht
eine.
1660 Ir volget ûz dem hûse   wol driu hundert man.

1654 2 *wüestet*   3 *prennet. verlos.*   **1655.** 2 *auf die ferte*, ge-
bessert von V.   3 *Waten pat er mit in reiten dan vnd den schnellen Fruten;*
dan hat vdH. gestrichen, im übrigen bessern die herausgeber verschieden.
Waten im auftakt darf man dem dichter wol nicht zutrauen.   **1656,** 1
kunden] s. zu 1304, 3.   4 *recken* V.] *helde* (fehlerhaft aus *z.* 3 widerholt,
vgl. 1684, 4).   *von den selde*, gebessert von vdH.   **1657,** 2 *galide*; die
zwecklose erwähnung der vier schiffe gehört wol dem cäsurreimer.   4 *tagn-*
weylen.   **1658,** 1 *Hegelingenlant*   3 *si* fehlt, ergänzt von Z.   *fueren.*
1659, 2 *maydlein*   3 *Hilte. mit den fueren vil,* so gebessert von B.   4 *war*
verprennet, gebessert von B. Die zeile ist ebenso scherzhaft gemeint wie 1654.

dô ir der künic Herwîc nâhen nu began,
manegen puneiz rîchen reit er durch ir êrc.   [sêre.
sam tâtẹn die andern alle: mân hôrte schilde stôzen helde
 1661 Die vier künege *rîche* ir hin engegene riten.
dô si zesamene kômen, von helden wart gestriten
umb ir aller schœne, wer diu beste wære.
man lobete ir aller tugende. hie mite gestuonden disiu mære.
 1662 Dô kuste si vrou Kûdrûn und die andern al ze-
si giengen ûf dem grieze dâ man ein hütte vant [hant.
von vil rîchen sîden, dâ si gestuonden under.
wes man dâ phlegen wolte, des nam Herwîges swester
           wunder.
 1663 Den künic von Karadîe hiez man dar gân.
si sprâchen zuo der vrouwen: 'welt ir disen man?
der machet iuch gewaltic niun künicrîche.'
bî dem sach si salwen stên manegen ritter lobelîchen.
 1664 Sîn vater und sîn muoter diu wâren niht enein.
sîn varwe kristenlîche an dem helde schein.
sîn hâr lac ûf dem houbte als ein golt gespunnen.
si wære gar unwîse, soltes im ir minne niht engunnen.
 1665 Doch lobete si in trâge, als dicke ein maget tuot.
dô bôt man im ir minne. dô sprach der degen guot:
'si behaget mir in der mâze, daz ich niht erwinde,
ine gediene sô der vrouwen, daz man mich an der schœnen
          bette vinde.'
 1666 Dô lobeten si einander, der ritter und daz kint.
si erbiten alle kûme der naht des tages sint.
ir aller heimlîche vuogtẹ sich alsô schône.
vier künege tohter die wihtẹ man vor den helden zuo der
          krône.

  1660, 2 *nu nahen,* umgestellt von Z. 3 *puneiz*] das wort findet sich
in der Kudrun nur hier, in den Nibelungen zweimal (738, 4. 1293, 3). 4 *hort*
wol schilde, gebessert von B. **1661,** 1 *rîche* fehlt, ergänzt von vdH.
2. 3 vgl. Nib. 550. 3 *wer* V.] *welhe.* **1662,** 4 vgl. Nib. C 565, 5 (Zarncke
92, 7[1]). **1663,** 1 *Karadi* 2 vgl. Nib. 568, 4. 4 *lobeleiche,* gebessert
von Z. **1664,** 4 *solte sy.* *gunnen.* **1665,** 1 vgl. Nib. 569, 1. 1622, 4.
4 *ich gediente,* gebessert von vdH. **1666,** 1 *lobtens an einander,* gebessert
von Z. 2 *des nachtes tages,* gebessert von vdH. 3 *haymlichet.* *fuegte*
4 *weyhet,* vgl. Nib. 595, 3. 4. Zu dieser und der folgenden strophe s. R.
Schröder Zeitschr. f. d. Phil. 1, 271.

(31.) Âventiure,
wie die vier künege in Hilden lande hôchzîten.

1667 Dô wâren ouch die künege   gewîhet nâch ir ê.
dâ wurden swertdegene   vünf hundert oder mê.
disiu werde hôchzît   geschach in Hilden lande.
ez was ze Matelâne   vor der bürge *nidene* ûf dem sande.

1668 Dô gap diu schœne Hilde   al ir gesten kleit.
hei wie vor dem gesidele   der alte Wate reit,
Îrolt unde Fruote,   die recken ûz Tenelande!
man hôrte vil schefte brechen,   die dâ die helde neigten in
ir handen.

1669 Swie lützel windes wæte,   der stoup wart sam diu
die helde lobebære   hetens lützel aht,   [naht.
ob dâ an schœnen vrouwen   salwet iht guoter wæte.
si nâmen buhurt manegen   vor dem gesidele in Matelâne
stæte.

1670 Man wolte dô niht lâzen   beliben dâ diu kint.
mit der schœnen Hilden   brâhte man si sint
in diu wîten venster   den recken zougenweide.
dô sach man bî den vieren   wol hundert meide in wünnic-
lîchem kleide.

1671 Der varnden kunst muoste   schînen den tac.
swaz ieclîcher kunde,   wie gerne er des phlac!
an dem andern morgen   nâch vruomesse zîte.
dô dâ wart gote gedienet,   dô sâhens aber die swertdegene
rîten.

*1672 Waz möhte dâ sîn mêre   dan vreude unde schal?
von maneger *hande* dône   der palas ofte erhal.
daz werte volliclîche   unz an den vierden tac.
daz edele ingesinde   selten müezic dâ gelac.

1673 Dô was der milten einer   hin ze hove komen.
der hete von den varnden   daz *vil wol* vernomen,

1667, 2 vgl. 19, 1. 178, 4. Nib. 596, 1.   3 *die werde.* gebessert von V.
4 *was vor M.*, gebessert von V.   *nidene* fehlt, so ergänzt von M.   **1668,** 1
allen, gebessert von B.   3 *Tennelannden.*   **1669,** 1—3 vgl. Nib. 554, 3. —
1 *wint*, gebessert von B.   4 *namen da buhurt*, gebessert von V.   **1670,** 4
vern.   **1671,** 1. 2 vgl. 48. — 1 *varender*, gebessert von V.   3 *vntz an*
den, gebessert von B.   *früemesszeiten*   4 *dô* B.] *als.   sahen sy.* ⌐   **1672,**
2 *hande* fehlt, ergänzt von vdH.   **1673,** 2 *vil wol* fehlt, ergänzt von vdH.

daz si alle würden rîche,   dar nâch stüend ir gedinge.
do erhuob erz williclîchen,   daz in möhte deste baz gelingen.

1674 Ez was der voget von Sêwen,   der die êrste gâbe
sô williclîch von hende,   daz im des sageten danc   [swane
alle die ez sâhen   unde sît ervunden.
des sînen rôten goldes   gap dâ her Herwîc wol ze tûsent
phunden.

1675 Dar zuo gâben kleider   sîne mâge und sîne man.
ros mit guoten satelen   maneger dâ gewan,
der si selten hête   geriten vor disen zîten.
daz sach dô Ortwin: si begunden mit der milte strîten.

1676 Der künic von Hortlande   gap sô rîche wât.
ob ieman bezzer deheine   sît getragen hât,
des wizzen wir niht mære   noch habens niht ervunden.
er und sîne degene   gestuonden kleider blôz in kurzen
stunden.

1677 Ez kunde erahten niemen,   wie manege rîche wât
die von Môrlande,   als man uns gesaget hât,
liezen dâ belîben   ze rossen den vil guoten.
den si dâ geben wolten,   die dorften dâ hœhers niht en-
muoten.

1678 Die jungen zuo den alten   die wurden guotes rîch.
dô sach man Hartmuoten;   der tete dem wol gelîch,
ob er niht verheret wære,   der junge künic hêre.   [mêre.
den wiste man sô milten,   daz deheiner hête niht gegeben

1679 Er und sîne vriunde,   die im volgten dan,
die dâ gîsel hiezen,   wie sanfte man gewan
swaz si haben mohten   und ieman an si gerte!
Hartmuot mit den sînen   die liute des güetlîchen werte.

1680 Kûdrûn diu schœne   diu was holt genuoc
Hildeburgen ûz Îrlande,   diu ofte mit ir truoc
diu kleider zuo dem grieze,   dâ si waschen solden.
si wæn des ouch niht lieze,   sine gewünne ir Hartmuoten
holden.

―――――――

1673,3 gedingen   4 erhub es ꝛc., gebessert von vdH.   daz den
varenden mochte, gebessert von Z.   1674,1 gabe gab vnd er swang, ge-
bessert von Z.   1675,3 des sy, gebessert von Z.   1676,1 Hortland.
1677,1 maniger reich ward, gebessert von vdH.   2 Morlanden   4 muten.
1679,2 dá fehlt, ergänzt von vdH.   1680,4 wan et des, gebessert
von V.   sy gewunne.

1681 Dem hiez si von ir kameren   der mâze guotes
tragen,
swem si daz geben wolte,   daz man daz möhte sagen,
daz im diu junge künegîn   sô guotes willen wære,
daz er ze gebene hête   *beidiu* wât unde golt daz swære.

1682 Man sach *die von* den Stürmen   von dem sedele
in sô guoter wæte,   daz künic noch küneges man   [stân
bezzer nie getruogen   in deheinen zîten.
die dâ ir gâbe wolten,   die liezen si dar nâch niht lenger
1683 Wate der gap eine   alsô guot gewant,   [bîten.
daz man an küneges lîbe   bezzer nie bevant.
von golde und von gesteine   was ez überhangen
mit einem netze rîche.   dâ mite kom der helt ze hove ge-
gangen.

1684 In ieclîchem stricke   lac ein edelstein.
swie sîn name hieze,   dâ bî wol daz schein,
daz si versliffen wâren   ze Abalî dem lande.
Wate und sîne helde   nâmen dô die helde bî ir handen.

1685 Si muosten al gelîche,   die ez heten dâ gesehen,
Waten dem degene   der wârheite jehen,
daz vür küneges gâbe   sîn gâbe reichte verre.
dem si dâ kom ze handen,   der was von hôhem guote lange
ein herre.

1686 Îrolt der liez schouwen   willic sînen muot,
daz im niht erbarmte   deheiner slahte guot.
von Tenemarke Fruote   was Hilden kamerære.
er diente sîner vrouwen,   daz man dâ von lange sagete mære.

1687 Dô wolten si sich scheiden;   diu hôchzît ende nam.
dô liez man Hartmuoten   die mâze als im gezam

1681, 1 *cammerere,* gebessert von vdH.   4 er] *sy. beidiu* fehlt, so
ergänzt von M. Den sinn von 2—4 fasse ich: 'dass man das sagen könnte,
wenn die königin jemand beschenken wollte, dem sei sie so freundlich ge-
sinnt, dass er nun seinerseits reiche geschenke austeilen künne.'   **1682,** 1
die von fehlt, so ergänzt von M.   **1683,** 2 *kunige,* gebessert von vdH.
1684, 1 *edelgestain,* gebessert von V.   3 *verslozzen,* gebessert von Sommer
bei M. Bemerkk. s. 14.   *Abalî* B.] *Abagy,* s. 1248, 2 und zu 267, 3.   4 ist
verderbt.   **1685,** 3 *künig,* gebessert von vdH.   *recht,* gebessert von vdH.
1686, 3 Irolt ist 1611, 1 *kamerære* (doch s. die anm.); sonst aber kommt
dies amt wie hier Fruote zu 281, 1. 549, 4.   4 *frawen so daz,* gebessert von Z.
1687, 1 *hochzeit ein ennde,* gebessert von E.   2 *im wol gezam,* gebessert von E.

gedingen mit den vînden· in vride sîner vrouwen.
si kômen sît ze lande   baz dan sîn ieman möhte getrouwen.
   1688 Vrou Hilde minniclîchen   si scheiden von ir lie.
si und ir tohter   mit Hildeburge gie
und allez daz gesinde   von der bürge verre.
dô si von dannen wolten,   urloup nam dô Hartmuot der herre.
   1689 Vrou Hilde in gap geleite   ûf erde und ûf dem
si gewunnen sunder   ein sûberlîchez her,   [mer.
die Ortwîn und her Herwîc   hin wider mit in sanden.
die ir gesinde hiezen,   der brâhten si wol tûsent zuo den
                                    landen.
   1690 Küssen manegen enden   man sich die vrouwen sach.
ir sumelîcher scheiden   alsô dâ geschach,
daz si dar nâch selten   gesâhẹn einander mêre.
si beleite unz ûf ir kocken   Ortwîn und Herwîc der hêre.
   1691 Ir geleite muoste werden   Îrolt unz an ir lant.
den hiez der künic sô werben,   daz erz tæte erkant
Hôrandẹ von Tenemarke,   wie si gescheiden wæren.
sît vuorte er ze lande   mit im vil manegen degen mære.
   *1692 Ich enweiz, in welher zîte   spâte oder vruo
daz si begunden segelen   Kassiânen zuo.
sich vreutẹ dô williclîchen   alliu diu diet.
ich wæn nâch arbeite   got vil manegen dâ beriet.
   1693 Îrolt saget Hôrande   in Normanîelant,
wie in die künege hêten   mit in dar gesant.
er sprach: 'sô ist ez billîch,   daz manz den recken rûme.
si sint hie heime gerne,   so erbîte ouch ich ze mînen landen
                                     kûme.'
   1694 Si enphiengen Hartmuoten   und rûmten im sîn lant.
wie er der lande phlæge,   daz ist mir unbekant.
Hôrant und sîne vriunde   gâhten des vil starke,
dô si von dannen schieden,   daz si kœmen schiere in Tene-
                                     marke.

1687, 3 *seine,* gebessert von E.   **1688,** 1 *Hylte.*   **1689,** 1 *im,*
gebessert von E.   **1690,** 3 *danach,* gebessert von B.   *gesahen an ein-*
ander, gebessert von Z.   4 *herre;* zum helichen reim vgl. 613, 4.
1691, 2 *er es*   4 *mit im ze lande,* umgestellt von V.   **1692.** Diese
Nibelungenstrophe kann ausgeschieden werden. B. stellt aus ihr eine Ku-
drunstrophe her. —   2 *da sy,* gebessert von V.

1695 Ir vart wir lân belîben und wellen ahten daz,
daz von hôchgezîten nie geschieden baz
recken al deheine noch *von* ir mâgen.
dannoch hôchverte die von Káradîe in dem lande phlâgen.

(32.) Âventiure,
wie die andern ze lande vuoren.

1696 Dâ ze Hegelingen biten si niht mê.
Herwîges swester gegen Alzabê
vuorten si mit schalle. in was dâ wol gelungen.
dô si ûf der strâze wâren, die stolzen ritter vrœlîchen
sungen.
1697 Vrou Hilde liez si alle minniclîchen dan.
swie rîche si ir kômen, Herwîges man,
si liez si âne ir gâbe dannoch niht belîben.
der nu sô milte wære, jâ müeste man imz vür ein wunder
schrîben.
1698 Vrou Kûdrûn sprach zir muoter: 'nu solt du sælic
getrœste dich der veigen. ich und der herre mîn [sîn.
suln dir alsô dienen, daz selten dîn gemüete
belîbe in deheiner swære. du solt geniezen Herwîges güete.'
1699 Dô sprach diu küniginne: 'vil liebiu tohter mîn,
wil du mir sîn genædic, mich suln die boten dîn
drî stunt des jâres sehen hie zen Hegelingen.
ân michel ungemüete getrouwe ich *sus* nimmer hie gedingen.'
1700 Dô sprach diu edele Kûdrûn: 'muoter, daz sol sîn.'
mit lachen und mit weinen si und ir magedîn
verwendeclîche giengen ûz Matelâne.
ir sorge het nu ende. man gesach nie niht sô wol getânes.
1701 Dô brâhte man gesatelet, diu solten tragen dan
si und ouch ir meide, diu ros vil wol getân

1695, 3 *von* fehlt, so ergänzt von vdH. 4 *hochwart* 4b. Nimmt
man an dem allerdings schweren doppelten auftakt *die von* anstoss, so kann
man mit B. *in* streichen oder mit M. umstellen *die von Karadie | dannoch
hôchvart.* **1696,** 1 *mere* 2 *Azzabe,* vgl. zu 579, 1. 4 *auf die strasse,*
gebessert von V. **1697,** 1 *Hilte.* **1698,** 1 *zu ir.* **1699,** 2. 3. Aehn-
lich ist Helche's bitte am schluss des Biterolf (vs. 13283—94). 3 *ze den*
4 *sus* fehlt, ergänzt von B. *ymmer,* gebessert von E. **1700,** 2 *maide*
3 *Matelanes* 4 *nichts.* **1701,** 1 vgl. 303, 1.

mit goltrôten zoumen, mit smalen vürbüegen.
langer dâ ze wesene ich wæn diu vrouwe dô iht gewüege.

1702 Die ir ungebunden under golde riten bî,
ich wæne die des hazzes iht wæren vrî,
dô si von Ortrûnen schieden und ouch ir meiden.
ob ieman schôner lebete, daz wære Kûdrûn der vrouwen
leide.

1703 Diu triutinne Ortwînes danken dô began
der edelen Kûdrûnen, daz von ir schult gewan
Hartmuot ir bruoder daz lant ze Normandîe.
'des lône dir got, Kûdrûn; des bin ich immer mêr diu
sorgen vrîe.'

1704 Des begunde si ouch genâde ir muoter Hilden
daz si ze Hortlande krône solte tragen [sagen,
bî Ortwîne dem künege, daz si dâ vrouwe hieze.
dô sprach diu küniginne, daz siz immer ungeniten lieze.

1705 Ortwîn und Herwîc die swuoren beide ensamt
mit triuwen stæte einander, daz si ir vürsten amt
nâch ir hôhen êren vil lobelîche trüegen;
swelhe in schaden wolten, daz si die beide viengen unde
slüegen.

Hie hât Kûdrûn ein ende.

1701, 3 *golteroten*; vgl. zu der zeile Nib. 75, 1. 2. 385, 1. 531, 7. 4 *die frawen;* Hilde ist doch wol gemeint, vgl. 1603, 4. *genügen.* 1702, 1 *reyten* 3 *dô si* V.] *die sich. maide* 4 *Chautrun.* 1703, 2 *Chautrunen* 4 *der sorgen frey*, gebessert von Z., vgl. 540, 2. 1704, 2 *Nortlande* 3 *bî* vdH.] *die* 4 *nymmer vngenitens*, gebessert von V. 1705, 1 *Ortrun* 2 *fursten lanndes amt*, gebessert von vdH. **Unterschrift:** *Chautrum.*

Berichtigungen und Nachträge.

Zur Einleitung: S. 2 anm. zeile 5 lies *zu Saxo Gramm. s. 158—161.* — S. 3 anm. 1 zeile 3 l. *Ragnarsdrápa.* — S. 24 z. 13 v. o. l. *letzterer.* — S. 30: Ueber das alter der vorlage der Ambraser Hs. hat ganz neuerdings gehandelt O. Zingerle, Zs. f. d. A. 27, 136 ff. — S. 31 f.: Abweichende ansichten über die ableitung der Kudrunstrophe sind aufgestellt von Scherer, Deutsche Studien, 1, 3 und von Strobl, Zs. f. d. österr. gymn. 27, 881 ff. — S. 39 letzte zeile l. *von der* st. *der von.* — S. 41: Zu den nhd. übersetzungen käme noch die von H. A. Junghans (Reclams Universal-Bibliothek no. 465. 466).

Zum Texte: Str. 21, 3 *sî*] l. *si.* — 30, 4 *nâh*] l. *nâch.* — 34, 4 nach *beträgen* fehlt ein anführungszeichen. — 38, 2 ist die aufgenommene conjectur aufzugeben, da *wite* wol nur 'brennholz' bedeuten kann. Es wird zu lesen sein *von dem wilden walde* | *muostę man dar tragen.* — 63, 4 *grœzlichen*] l. *grœzlíchen.* — 86, 1 fehlt ein komma nach *zerbrâsten.* — 193, 4 hätte *genœdiclîche* behalten werden sollen, vgl. zu 725, 4. — 224, 1 *helden*] l. *helde.* — 231, 4 fehlt ein anführungszeichen nach *liute.* — 234, 2 fehlt ein komma nach *gie.* — 247, 2 *so*] l. *sô.* — 275, 3 *helden*] l. *helde.* — 295, 1 Paul will *hiez* lesen und hält z. 4 an der hslichen lesart fest, indem er unter *geste* die boten versteht, welche Wate mit geschenken an Hagen sendet. — 311, 4 fehlt ein anführungszeichen nach *anden.* — 352, 4 *degene*] l. *degen.* — 372, 3 *es*] l. *ez.* — 399, 1 fehlt nach *hant* ein kolon. — 469, 1 wird *Môrunc* in *Hôrant* zu ändern sein (vgl. Klee Germ. 25, 399). — 493, 3 fehlt nach *helde* ein punkt. — 575, 4 *der*] l. *des.* — 621, 1 *das*] l. *daz.* — 633, 1 *tüsent*] l. *tûsent.* — 652, 4 *so*] l. *sô.* — 766, 4 *guoten*] l. *küenen.* So hat die Hs. (Germ. 4, 108). — 768, 2 *das*] l. *daz.* — 848, 4 fehlt nach *melden* ein ausrufungszeichen. — 874, 4 *sî*] l. *si.* — 887, 3 *da*] l. *dâ.* — 949, 2 *üf*] l. *ûf.* — 1003, 3 si] l. *si.* — 1033, 1 *die*] l. *diu.* — 1320, 4 fehlt ein

punkt nach *sinnen*. — 1404, 4 fehlt nach *künicrîche* ein an-
führungszeichen.

Ferner ist zu lesen *do* statt *dô* 79, 1. 101, 4. 144, 3. 153, 4.
184, 1. 189, 2. 245, 1. 265, 2. 632, 2. 895, 2. — *da* statt *dâ*
118, 4. 150, 4. 247, 3. — *so* statt *sô* 131, 3. 478, 4.

Zu den Anmerkungen: Leider haben sich einige
fehlerhafte angaben in betreff der lesart der Hs. eingeschlichen,
die ich zu entschuldigen bitte und im folgenden berichtige.
Sie rühren daher, dass mir bei der letzten redaction meines
manuscriptes für den druck die collation der Hs. von
F. Gärtner (Germ. 4, 106 ff.) nicht zur hand war. Auf die her-
stellung des textes sind diese nachträglichen berichtigungen
ohne einfluss.

S. 45 füge hinzu 11, 3 *das laub*. — S. 68 streiche die
lesart zu 174, 1. — S. 83 füge ein: 281, 3 *in an*. — S. 110
streiche in der anm. zu 463, 2 *leichter*. — S. 121 l. in der
la. zu 532, 3 *regen tät w*. — S. 122 füge ein: 538, 2 *den g*.
— S. 131 füge ein: 598, 4 *ande* vdH.] *laide*. — S. 134 füge
ein: 618, 1 *im*. — S. 138 füge ein: 644, 1 *schlûgen*. — S. 139
l. in der la. zu 648, 4 *nu wissten* statt *wissten nu*. — S. 141
füge ein: 667, 4 *frieslichen*. — S. 142 füge ein: 668, 1 *vor*. —
S. 167 l. die la. zu 839, 2 *darnach wie es vnns*. — S. 178
füge ein: 910, 4 *disem*. — S. 182: 939, 3 liest die Hs. *sunder
sprache*. — S. 183 z. 1 füge ein die verszahl 4 vor *wil*. —
S. 185 füge ein: 958, 4 *den d*. — S. 192 füge hinzu zu 1003, 3:
si fehlt, ergänzt von vdH. — S. 201 streiche die la. zu 1051, 3.
— S. 207 füge ein in die lesarten zu 1090, 4 *von m. r*. —
S. 209 in der anm. zu 1105, 4 l. *V.* statt *B*. — S. 215 streiche
in den laa. zu 1137, 2 *krachen*. — S. 216 füge zu den laa. zu
1143, 4 hinzu *den pergen*. — S. 218 l. in der anm. zu 1158, 3
trewe. — S. 226 füge ein: 1206, 3 *lannden*. — S. 233 füge
ein: 1251, 2 *ir* vdH.] *in*. — S. 263 l. in der la. zu 1434, 4
helde. — S. 271: 1486, 4 hat die Hs. *ich hie vor w*. —

Halle, Druck von E. Karras.

www.ingramcontent.com/pod-product-compliance
Lightning Source LLC
Chambersburg PA
CBHW021407110726
47901CB00008B/2085